国际奥林匹克委员会官方唯一授权

皮埃尔·德·顾拜旦 著

奥林匹克宣言
Le Manifeste olympique
Olympic Manifesto

人民出版社

责任编辑:柯尊全　贺　畅
装帧设计:北京雅昌
版式设计:北京雅昌
责任校对:王　惠

图书在版编目(CIP)数据

奥林匹克宣言/皮埃尔·德·顾拜旦　著. -北京:人民出版社,2008.5
ISBN 978 - 7 - 01 - 006958 - 6

Ⅰ. 奥…　Ⅱ. 顾…　Ⅲ. 奥运会-宣言-汇编　Ⅳ. G811. 21

中国版本图书馆 CIP 数据核字(2008)第 038941 号

奥林匹克宣言

AOLINPIKE XUANYAN

皮埃尔·德·顾拜旦　著

人民出版社 出版发行
(100706　北京朝阳门内大街 166 号)

北京新魏印刷厂印刷　　新华书店经销

2008 年 5 月第 1 版　2008 年 5 月北京第 1 次印刷
开本:640 毫米×960 毫米 1/8　印张:21.75
字数:330 千字

ISBN 978 - 7 - 01 - 006958 - 6　　定价:58.00 元

邮购地址 100706　北京朝阳门内大街 166 号
人民东方图书销售中心　电话 (010)65250042　65289539

INTERNATIONAL
OLYMPIC
COMMITTEE

**Message from
the President of the International Olympic Committee
Jacques Rogge**

On 8 August 2008, the people of Beijing and China will host the entire world for the first time for a magnificent celebration: the Games of the XXIX Olympiad.

The Beijing Games will not be only an opportunity to enjoy sporting excellence, but will also be where the peoples of China and the world will be enriched through cultural exchanges, celebrating the strength and power of the Olympic values. This is a key part of the message delivered by Pierre de Coubertin in the "Olympic Manifesto", his first appeal to the world to revive the Olympic Games.

On 25 November 1892, speaking at the main amphitheatre of the Sorbonne University in Paris, the French pedagogue Pierre de Coubertin used the fifth anniversary of the Union des Sociétés Françaises de Sports Athlétiques, to ask his peers to help him "to continue and realise on a basis appropriate to the conditions of modern life, this grandiose and beneficent work: the re-establishment of the Olympic Games". This dream would become a reality less than two years later, with the establishment of the modern Olympic Games and the creation of the International Olympic Committee (IOC).

While much has changed in over 110 years since the man people called "the visionary" launched his idea of Olympism into the world, the role of the Olympic Movement has remained the same: to use sport as a vehicle by which we can teach our young people traditional, humanistic values that are important not only for building their inner character but also for shaping the communities in which they live.

For this reason, the IOC is more than ever committed to ensuring that the Olympic Games bring the world together every two years to celebrate the core Olympic values described by Coubertin: fair play, respect for others, balance between a strong body and mind, and of course the joy of taking part in the pursuit of excellence.

The Beijing 2008 Games will be a wonderful opportunity for China and the world to witness these values in action — to see first-hand the excellence, friendship and respect that sport brings to life, to witness the harmony, understanding and peace that sport can engender.

I should like to express my thanks to the People's Publishing House for publishing the Chinese translation of the "Olympic Manifesto" by Coubertin, thus showing its strong attachment to the promotion of the Olympic values and ideals among people of China, and recalling that Olympism is more than just a question of competition sport: it is a state of mind.

Jacques Rogge

来自国际奥委会主席雅克·罗格的一封信

2008年8月8日，中国北京人民将第一次以东道主的身份承办举世瞩目的盛会——第29届奥林匹克运动会。

北京奥运会对中国来说不仅仅是一次体育盛会，更是一次与世界各国文化交流的良机，同时也能体现奥林匹克更高、更强的主题。这也是当初皮埃尔·德·顾拜旦先生第一次宣读《奥林匹克宣言》所要表达的核心内容。

1892年11月25日，在巴黎索邦大学举行的法国田径运动联盟成立5周年的大会上，皮埃尔·德·顾拜旦号召所有人一起协助他完成一项对人类来说伟大而受益匪浅的工作——再现古希腊的奥林匹克运动会。这一梦想竟然在两年以后便得以实现，1894年国际奥委会成立，第一届现代奥林匹克运动会也成功举行。

虽然奥林匹克运动会经过了110多年的历史变迁，但他所要向世界传达的精神与主题从未有丝毫的改变。那就是以体育作为载体，教导那些不同性格与生活在不同社会体制下的年轻人以正确的人生观。

正是基于此，国际奥委会每隔两年，通过举办奥运盛会将顾拜旦的理念传递给全世界。那就是：公平竞赛、相互尊重、力量与智慧兼备，同时感受到挑战极限时的乐趣所在。

无疑，2008年北京奥运会将是全世界见证这一理念的最佳时机。通过体育竞技得到挑战、友谊与尊重。全世界的人们会意识到体育的魅力，它是和平与团结的催化剂。

在此，我对中国人民出版社对顾拜旦先生的《奥林匹克宣言》一书的翻译与发行表示由衷的感谢。希望通过此书能够让全体中国人民领会奥林匹克的精神与价值。它绝不仅仅是竞技体育那么简单，它是一种信念。

雅克·罗格

人民出版社特使王益群女士在顾拜旦任孙若弗鲁瓦·德·纳瓦塞勒·德·顾拜旦法国家中的合影。

Message de Geoffroy de Navacelle de Coubertin
Président d'honneur du Comité International Pierre de Coubertin
Petit neveu de Pierre de Coubertin
à
People Publishing House(Chine)

Beijing, Capitale de la Chine,est choisie par le Comité
International Olympique pour accueillir les Jeux de la XXIX ième
Olympiade de l'ère moderne.
La jeunesse venant du monde entier se trouve réunie par cette
grandiose manifestation.Merveilleuse occasion pour la Chine de
faire connaitre sa culture toute imprégnée d'Art

Lorsque Pierre de Coubertin le 25 Novembre 1892 dévoile son
projet de rétablir les Jeux Olympiques il ne rencontre qu'une
incompréhension polie.
Deux ans de labeur le conduisent à la proclamation du
rétablissement des Jeux Olympiques dans l'enthousiasme d'un
public de grande qualité soigneusement sélectionné et réuni en
Sorbonne,temple de l'Université,le 23 Juin 1894.C'est la date de
naissance du mouvement Olympique
" Pourquoi j'ai rétabli les Jeux Olympiques ?" demande Pierre de
Coubertin".Pour anoblir et fortifier les sports ,leur assurer
l'indépendance et les mettre ainsi à même de mieux remplir le
role éducatif qui leur incombe dans le monde moderne"
C'est ainsi qu'est célébré la fète du" printemps humain"
offrant l'unique occasion de rencontre pour tous ceux qui y
participent.

" Demander aux peuples de s'aimer les uns les autres n'est qu'une
manière d'enfantillage"dit Coubertin qui ajoute:"Leur demander de
se respecter n'est pas une utopie"
Mais pour se respecter il faut se connaitre et se rencontrer
"Le respect mutuel s'exerce aussi bien dans le respect des
croyances et des comportements que dans la Culture de l'autre."

Pierre de Coubertin attache autant d'importance à la pratique
culturelle et sportive qu'à la bonne connaissance de
l'histoire."Ouvrez les portes du temple pour que la démocratie
recueille l'enseignement des siècles" car, dit'il,
"C'est l'ignorance historique qui est en grande partie cause de
guerre"

Est il nécessaire de rappeler que les Jeux Olympiques sont
rétablis" pour la glorification de l'Athlète individuel"
 et non pas l'athlète pour la gloire des Jeux .Et à celui-ci que
"le succès n'est pas un but mais le moyen de viser plus haut".
Le record oui mais pas à n'importe prix."
Coubertin lutte déja contre le dopage...

Puissent ces Jeux de Beijing se dérouler selon :"l'état d'esprit"
voulu par Pierre de Coubertin qui au soir de sa vie nous dit
que "toute son existence a été vouée à la jeunesse et au progrès
et, conscient des périls dont l'un et l'autre sont menacés n'a
pourtant perdu au soir de sa vie ni l'amour des jeunes et ni sa
foi en leur avenir."

致（中国）人民出版社

中华人民共和国的首都北京此次被国际奥委会选为第29届现代奥运会的举办城市，年轻人从世界各地聚集到这里来参加这个伟大的庆典。这对中国来讲是一个珍贵的机会，可以让全世界了解充满艺术气息的中国文化。

1892年11月25日，当皮埃尔·德·顾拜旦第一次提出恢复奥运会的建议时，遭到了周围人们的不解。1894年6月23日，顾拜旦在经历了两年辛苦的准备工作后，向聚集在巴黎索邦大学礼堂里热情高涨的、经过精心挑选的高素质的人们宣布，奥运会自此将恢复举办。这一天标志着奥林匹克运动的诞生。

"为什么我要恢复现代奥运会？"谈到这个问题时顾拜旦说，"这是为了发展体育事业使之独立强大起来，发挥它在现代社会中的教育意义。"这也为所有参与者提供了一个齐聚一堂的机会，我们可以称之为一次"人文春天"的庆典。

"提倡人与人之间彼此爱护并不是一个幼稚的行为，"顾拜旦补充说，"让人们彼此间互相尊重也不是一种空想，但这有一个重要的前提，就是人们首先要互相了解互相接触，"互相尊重同样表现在对彼此信仰和行为的尊重，以及对彼此文化的尊重。"

顾拜旦认为文化和体育领域的实践活动与拥有丰富的历史知识是同等重要的。"打开大门，让民主接受这几个世纪来的教训"，因为，他说，"不懂历史是战争发生的一个重要原因。"

还有必须强调的是，恢复奥运会是为了赞扬个人竞技者，并非是为了那些只重视比赛荣誉的运动者。对于后者而言，胜利不是最终目标，而成为了一种获得某种更高利益的方法。"比赛的分数固然重要，但是却不能"不惜任何代价"。顾拜旦已经抵制使用兴奋剂了……

北京奥运会也会在一种精神的指引下成功举行，像皮埃尔·德·顾拜旦晚年时对我们说的，他整个一生都奉献给了青春和发展，晚年时尽管自知他的青春和发展都行将结束，但是也并不曾因此而失去对年轻人的爱，也不曾失去对年轻人未来的信心。

若弗鲁瓦·德·纳瓦塞勒·德·顾拜旦[1]

---

[1] 若弗鲁瓦·德·纳瓦塞勒·德·顾拜旦，皮埃尔·德·顾拜旦国际委员会荣誉主席，皮埃尔·德·顾拜旦任孙。

目 录

奥林匹克宣言

《奥林匹克宣言》
中文版

著作权登记证书
COPYRIGHT CERTIFICATE

No. 00009208

申请者人民出版社（中国）提交的文件符合规定要求，对根据顾拜旦（法国）原作翻译的中文版（简、繁体字）文字作品《奥林匹克宣言》，申请者以著作权人身份依法享有著作权。

经中国版权保护中心审核，对该作品的著作权予以登记。

登记号为：2007-A-09208；发证日期为：2007 年 12 月 26 日。

奥林匹克宣言

在巴黎大学索邦学院的演讲
1892年11月25日

　　现代世界的体育活动有三个中心：柏林、斯德哥尔摩和伦敦。从这些中心，产生了三套体系，随后被推广到其他地区。这些体系立足于古代世界所熟知的理念。这些理念可以用三个词来概括，即：战争、卫生和运动，中世纪和文艺复兴时期人们不完整地或者不自觉地把它们继承了下来。下面我想扼要谈谈其特征及其在现代世界中的发展过程，并在最后介绍一下法国在这场被称为人体复兴的浩大运动中所起的作用。

I

　　这个在悲剧中开始的世纪，行将在混乱与不稳定的和平中结束。它所继承的是一个智力活动十分丰富而身体活动却实在萎靡的世纪。从这种反差中寻找使我们至今仍受其害的失衡现象的根本原因，或许是必要的。但这不属于我们要谈的范围。只是，让我们注意：18世纪末期，剧烈的运动以及充满阳刚之气的竞技已经不再流行，人们开始寻求新的娱乐和消遣。在这方面，连英国也展示了一幅令人惊讶的景象。她不再是都铎王朝①时期那样人们热衷并陶醉于户外活动的英国；也还没有成为托马斯·阿诺德②等创始了竞技教育的英国。这是一个性格不稳定的民族，粗暴的天性中带有几分软弱。如果不是由于拿破仑的出现促使英国自强起来，这样的天性本来已可能成为她衰落的预兆；犹如北风阻止了冰雪的消融。在法国，网球场荒废了，人们只是在那里交换誓言③，却不再打球。那样的时代早已成为过去：在科唐坦半岛的海滩上，每周日下午古柏维尔的贵族老爷打着球，四周围着来自附近村庄的壮小伙儿；在一个又一个乡村教区举办着惊心动魄的角斗，西梅翁·吕斯先生④曾在他查阅的一些羊皮纸手稿中读到过关于这些比赛的记载；而阿弗朗歇⑤的教士们会在宗教年中的某些节日，则成群结队到沙滩高高兴兴地参加一场长曲棍球比赛。所有这一切都消失了，当怀念古希腊的督政府为了使人联想起奥林匹克运动会打算在巴黎战神广场上建立些什么时，却缺少了一个不可或缺的因素：竞赛者。当然总是会有人参加，像一些少年赶集时爬彩竿，想获得挂在竿顶的羊腿及甜酒。但这远不是一个像样的运动会。而且当时还没有像雷星俱乐部和法兰西体育场⑥那样的团体来组织和维持这些运动会。督政府组织的这些竞赛活动只是昙花一现，持续了很短的时间。

　　确实，与此同时，在我国的边境，进而在边境之外，直至遥远的金字塔脚下，在多瑙河两岸的西班牙，在莫斯科克里姆林宫墙下，法兰西的士兵在长达二十年的狂热和超凡的史诗般的经历，为全世界表演了一出闻所未闻、最为雄健的活剧。在这短暂的时期内，他们耗尽了整个民族积累了几个世纪的力量。他们所流的血，是网球运动员和古柏维尔的贵族那样的血，是法兰西的血，它在城市中已经污浊，而在乡村中却依然纯净。它当然不是摄政时期⑦那些软弱和放纵的人们那样的血。

　　先生们，你们知道我们的战士是什么样的吗？当他们用尽了力气的时候，竟会编造力量！

　　嗬！经过长期的英勇奋战之后，法兰西太需要好好休息了，上帝！我们多么理解为何人们玩起了多米诺骨牌，而不再锻炼疲惫的肌肉了。在畅饮胜利之酒后，法兰西有点昏昏欲睡；而在它的隔壁，一场彻底、完全、可怕的失败，却唤醒了一股力量，顽强地从事你们所知道的事业，即德意志帝国。于是，在柏林诞生了军事体育运动。

我们国内人们常说，在1866年和1870年的战争中，真正的胜利者是小学教师。如果是这一信念使我国遍布学校，大众教育迅猛发展，那是应该庆幸的。但是我认为，我们在这方面过分强调了小学教师的作用，而有些忽略他们的同行：体育教师。

先生们，从耶拿⑧之后，德国的体操拥有许多狂热并坚定的传道者，传布其福音，引来众多虔诚的信徒遵守其信条。德国体操的动作有力，纪律严明，总之其本质是军事化。在德国直到昨天还到处是等级制度、服从和严谨。从童年开始，小学生就在队列中站好，目光直视他们的上级，等待他发出口令。初中时他时刻保持肌肉的灵活和意志的灵敏，以便一声令下，就即刻行动。这就是德国体操的目的所在，我们很容易看到这种思想带来的优缺点。而大学生，他们最大的乐趣就是与同学打斗，由此而留下的面部伤疤甚至成了高贵的象征。即使是生活中最小的细节也都显出高度一致，这种条例化似乎使他们获得一种让英国人和法国人无法理解的内心喜悦。今天，只要去参观一所德国的大学，参加一次德国大学生的聚会，看到他们在一声"干杯"令下一饮而尽的情景，你就会明白狂热的崇尚纪律对这个民族的影响。社会党人在他们这个革命党派的章程中，就注入了某种军国主义的思想，这种思想在本世纪曾渗透了整个德国。

我刚才说，德国体操的动作十分有力。只有在这一点上，它是有效的。然而为了保持这种力量，体操运动员必须不断处于好战思想的影响下，战争的念头必须不停地激励着他。如果德国放弃了这个念头，那么它国内无数的体操社团都将迅速发生变化。在德国某些地方，已经出现了竞技性运动。这是二十年来国内外和平带来的结果。年轻的运动员们开始为他们自己的体魄而不是为了一些多少有些遥远的目标而付出努力。如果运动是要跨栏，他会穿得越轻便越好，以便越过栏架，并尽可能跳得高。但是在战争中，人

们并不是赤裸着双腿和胳膊只穿一件紧身内衣。从事体操的人更关心的是带着武器和背包是否能敏捷地通过障碍，而不关心是否能创造一项出色的体育成绩。同样，如果没有兵役这一前景的激励，集体的动作就会变得枯燥乏味，做的动作只是软绵绵的比划，心不在焉。同样，列队跑步解体了，跑步运动员们重新发扬其个性。他们不再关心整体效果好坏，是否步调一致；而是看谁跑得快，看谁最先到达。

从人体的角度看，德国的体操并不符合天然要求。它由一些本身并无存在理由的操练所组成，这些操练极不自然，只有当被告知这是为了一个伟大、崇高的目标，才会引起人们的热情，并吸引他们去从事这样的操练。先生们，正是这一点造就了它的成功；也正是这一点无疑导致了它明天的衰落。

然而，德国的体操还是有人赞同：在美国和澳大利亚都有。暂且不提法国，我在下面还要谈到众多的社团在美、澳这两个国家建立起来。英国人环游世界始终带着网球拍和《圣经》，移居国外的德国人则是带着他们的腌制酸菜和体操。你们都知道，在美国的德国移民数目巨大。最近发生的有些事件引起了世人的注意；如果我是美国公民，我会认为这些事对这个国家构成了危险。在美国的德国人宣扬他们对欧洲德国的深切仰慕之情。他们在那片自由的土地上已安居乐业，却不断颂扬远隔重洋的祖国那种他们曾经不能承受的桎梏，骄傲地高呼皇帝的名字，并梦想通过语言和风俗习惯将新世界的一大部分变得日耳曼化；在那里他们已经事业有成，也不再有任何回国的想法。他们按照原籍国的模式为自己的孩子创建了很多体操社团，在那里被称为集体教育的多种混乱体系中，这些体操社团形成自己单独的清一色的组织。

你们也许会说，这样的体操运动并没有我刚才提到的其成功的关键条件：军事意识和战场前景。先生们，千万别这么想。在这些6900万居民中你只看到了商人、生意人、实业家。既有一个思考的美国、一个科学的美国，同时也有一个军事的美国。如果从物质上看，南北战争的痕迹已经消失了，在精神上的那些伤痕却依然清晰可见：这场巨大的战争在美国人的

心里所产生的震荡一直延续到今天。我认为，美国公民的爱国情感是我所见过的最强烈、最深厚的情感之一；人们可以寄予一切期望。

在倍加推崇法国军事传统的西点军校，建立了一个由联邦军队的军官组成的精英团体。现在，每个州也都有自己的民兵。如果以为这支民兵部队只是一支没有多大价值的国民警卫队，那就错了。我没有时间也没有资格研究这些部队的运作，但是我请大家注意三个事实：应征入伍的人数，武器及装备的精良，以及刚在宾夕法尼亚州所展示的出色动员能力；当然，那次动员的时机并不有利，事先毫无准备。并不是为了抵御外敌，而是为了在一次流血罢工事件中维持秩序。在24小时内，商人和生意人放下了手头的一切，第25个小时，他们已手持武器，来到指定的地点。

这些民兵大部分都是按德国的方式指挥并组建的。这是一个特殊的混合体：既有催生了英国志愿者的公民道德；又有日耳曼军人的出了名的纪律观念。美国正致力于此，重建海军，一旦完成此任务，他们的进取心就很快可以变成征服精神：我认为，美国政府将来会动不动就开炮。很可能，由于这些不同的动机，从斯普里河畔⑨诞生、行将衰落的军事化体操，却在密西西比河岸找到了新的教主和崇拜者。总之，只要那里有巨大的野心要实现，有冤仇要报复，或者有奴役要冲破，这种军事体操就永远会有其生根发芽的机会。

在澳大利亚，德国移民很少，因此几乎可以不提。然而在那里也诞生了几个社团。虽然那里的军国主义不如在美国来得广泛和强烈，但仍引起了公众的关注。难道需要向大家提醒，在澳大利亚的一些大城市曾经发生骚乱，萨摩亚群岛和新赫布里底群岛⑩事件，以及占领新喀里多尼亚的强烈呼声，还有从新南威尔士⑪派遣民兵部队到苏丹支援英国人吗？

说到这里，我好像已经偏离了体育运动这个主题，去研究外交问题了。事实上，我只是在强调这样一个重要的社会法则：一个民族的精神状态、志向和习性，同这个民族如何理解体育、怎样加以组织两者之间存在着密切的关联。

II

先生们，德国如此，瑞典也如此。从德国体操转到谈瑞典的体操，就像是在听完了一首英雄交响曲之后，接着听一首田园交响乐。瑞典是一个幸福的民族，100年来少有可谈的历史。他们致力于在和平中发展有益于身心的民族体育项目——滑冰，以及一项独特的初看起来相当平和的体操——林格体操。

首先我要说，林格体操和滑冰相比，显然滑冰更能得到瑞典人的认可；健康的体魄，以及滑冰达到的美妙的身心平衡让这项运动独具一格。这种宁静的心态，这种生命均匀的气息使他们兴奋，他们感谢其伟大的发明者。而我则毫不犹豫为之归功于在平坦的冰面上在冰冷的空气中飞速的滑行，归功于斯堪的纳维亚冬季所带来的那种健康的快乐。

但这并不是说已开始在德国、伦敦和纽约建立起不多群体的瑞典体操毫无价值。我们的朋友，可以说是我们杰出的朋友——拉格朗日博士，他也是我们联盟理事会的成员，就曾经实地考察过这项体育。《两个世界》这本刊物的读者知道斯德哥尔摩的"疗养院"给他留下的印象。"瑞典的体操"，他写道，"是弱者的体操"。正是如此。这也是我们不愿意接受它的原因。它和缓的动作适合儿童和老人。从科学的角度讲，它还适用于病人。正是其在医疗上的作用引起了拉格朗日的兴趣并使他着迷。"去斯德哥尔摩学习的法国医生"，他写道，"面对的一些对他来说是全新的见闻，那些公立或私立的疗养院中各式各样的动作最初会让他找不到头绪。但是他会逐渐明白，并最终会将这些奇思妙想的方法加以分类，并了解到这些方法追求达到的就是两个结果：确定锻炼的量及部位。为了让大家对这一套基于对肌肉系统进行极其深入研究的医疗体操之大胆有所了解，我可以告诉你们，它通过锻炼和与之相配套的按摩甚至能够治疗心脏疾病，而且效果似乎很好。因此半个多世纪以来，瑞典人不厌其烦地在疗养院寻求健康的身体。仅这一点就值得我们留意，但是通常体育爱好者不会来自病人。我们打交道的是健康的人。瑞典的体育运动关注处于容易走上歧途或发展畸形的年龄段的少年，诊治病人，或向老人提供适合其体力的健身操，这都是它的优点。但是不要以为它会对青年人产生多大影响；青年人所需要的恰恰是瑞典体操所抛弃的：力量和竞争。在瑞典体操中，只在动作的幅度上，而从来不在动作的强度上奋力。人们只是缓慢地增加力量，而从不突然发力。至于竞争，瑞典体操的信条是：人们不应该相互较量，而只应和自己比较。

要让年轻的运动员们放弃奋力和竞争，也许首先应该抽出他们血管中所有的血液；只要还剩下一滴，我敢肯定，他们就不会放弃。事实上，给青年人上这样的课，像是在嘲笑他们；这很容易让人想起卡姆⑫的漫画：一位妈妈把女儿放在杜伊勒利花园⑬里，对她说："好好玩吧，孩子，但千万不要着凉，也不要受热，不要弄皱裙子，不要弄脏皮靴，不要弄乱头发，也不要解开领结"。

在瑞典，也有一些改革派，致力于使瑞典体操更具阳刚气，如果我能这么说的话。人们既愤怒又混杂着一点兴趣地看待他们，在各地都一样，人们总是这样看待革新者。但是某一天，他们最终会占上风……。当瑞典体操不再只是面对病人和弱者的时候，我看不到有什么能阻止它遍及全世界，我也将毫不犹豫地提供协助。

III

先生们，我们在这次讨论的开始，就谈到了有些人的错误：他们认为英国人对体育锻炼的爱好相当根深蒂固，从未湮没过。这些人一厢情愿地认为他们所看到的一直存在着；对于他们来说，英国没有体育运动是违背常理的。然而，这种反常现象却是上世纪末一直到本世纪初的特点。民众的赛会衰落了，大片土地的拥有者攫取了狩猎权，剥夺了乡村小资产阶级最喜爱的娱乐。人们有时看到互相残杀的拳击比赛，或者在泰晤士河举行一些划船比赛，其参加者都是职业运动员，目的是让那些下巨额赌注的观众获得输钱的乐趣。这不是体育，也不是竞技。当时的英国只有两种消遣方式：诚实地或不那么诚实地做生意，或多或少地醺醉。学校是社会的缩影。没有任何团结观念，教师对此漠不关心，在学生中奉行强者为王的法则。人们在研究这个粗浅不健全的学校机制时，肯定不会料想到凭着教育者的才干，居然从其中造就了优雅与精致。因为，这里我不同意在法国普遍存在的一个偏见，世界上没有一个教育体系能比当今的英国对青年人更加细腻、体贴、温情。表面现象是误导人的。

先生们，英国的田径运动也刚起步不久，但它已传遍全世界。这项伟大的运动还没有多长的历史，但是我们能了解其大概的轨迹。金斯利牧师⑭及其信徒们的名字还没有进入遥远的过去：六十年的时间已足以发生这一神奇的变化。最初的实践者并不想自成学派，他们更关心的是获得健康的乐趣。然而他们很有远见。他们怀有某种哲学的火花：对希腊的回忆，对斯多葛主义⑮传统的尊崇，以及竞技运动要为现代世界服务的相当明确的概念，这些使他们很快吸引了世人的注意。人们嘲笑他们，但是嘲笑并没有使他们有丝毫的气馁。当运动成了气候时，他们受到了激愤、猛烈的攻击。但是他们的事业已获得了青年人的支持。牛津大学和剑桥大学已经开始参与其中。他们在那里找到了振兴的萌芽以及十分必要的净化。同时，托马斯·阿诺德，这位伟大的公民、英国教育界的领袖和典范，提出了田径运动在教育学中所起作用的确切模式。他的见解很快被接受并获得了认可。运动场遍布英国，体育社团大量涌现，数目之多令你无法想象。伦敦就有大批，不是在贵族区，而是在贫民和平民区。每个村庄都有一到两个体育社团，致使即使英国法律不为孩子们的体育提供什么，民间的积极主动予以了足够的弥补。阿尔比翁⑯的子孙离开本土时，同时带走了宝贵经验，田径运动从而在两个半球的各种不同的气候中蔓延开来。

在美国，确切地说，在浪漫主义时代⑰之后，我们想知道那里变得怎么样，于是在1889年我们利用围绕着百年庆典展览会召开的一系列会议中的一次机会，向所有英属殖民地和英语国家发出了7000份调查问卷，内容涉及体育赛事、这些赛事对教育的影响以及其进展。进展从未停止过。问卷的答案一致表明：不断上升的田径运动已经达到了庞大的规模，五十年的经验到处证明了阿诺德和金斯利学说的正确性。在美国这个崇尚数字的国家，萨金特博士（该领域的权威）估算，用来建设运动场、体育馆或运动器械的经费在1860至1870年间为100万美元，1870至1880年间为250万美元，1880至1890年间为2500万美元，总共为2850万美元。

澳大利亚、开普敦、牙买加、香港和印度的俱乐部年鉴和田径赛事的规则都让人感受到了这个处在上升中的大潮。尽管我依据的数据不太完善，我估计在合法组建的社团会员名单上登记的成年人大约已有600万。此数字不包括比利时和荷兰，那里体育每天都取得重大进展，也不包括那些有分散单独的业余运动团体的国家。

出版了专门的刊物，以报道竞技界的动态。无数的报纸涌现了。在芝加哥举行的棒球比赛或者在帕拉马塔河⑱进行的赛艇比赛的结果都会被传到全世界，并在泰晤士报上占据一席之地。而四十年前，泰晤士报对牛津与剑桥之间的早期的赛跑比赛只是在报纸小小的一角加以报道。现在，在重大比赛的日子里，生意停了，办公室空了，就像在古代希腊，人们放下一切，去为向前跑的年轻人鼓劲。

先生们，年轻人正在向前跑。他们的可贵之处在于他们奋力追求的就是奋斗本身，他们对自己提出了严格要求，而并没有人强制他们这样做；他们自愿遵守纪律，因而效果倍增。考虑战争的需要固然是高尚的、美好的，为了保健也是值得称赞的，但是无私地推崇奋斗，乐于面对艰难，勇于挑战困难，则更属完美的人性。如此而已。

以上是一般体育运动的哲学，特别是我们联盟的哲学。

IV

先生们，1886年，在体育锻炼对国家的贡献方面，法国并不像某些人所认为的那样糟。我且不提阿马索斯上校这位好人，他当然是坚信这一点的，但他编纂了一本宗教的道德歌集，孤儿们跺着脚唱这些歌。因此，救世军和体操界都可以把他视为自己的鼻祖。

我仅限于顺便提到体育团体，它们是战争失败的产物……，希望它们成为通向胜利的跳板。不管那

些有时把这些团体与被称为学校军旅的儿童把戏混同起来的人怎么说，这些体操团体还是作出了巨大并且高尚的贡献；激励人们建立这些团体的精神本身，就应使所有法国人肃然起敬。阿尔卑斯俱乐部也值得一提，它告诉我们众多的同胞，在我们的边境有高高的山峰，在那里我们可以呼吸最清新的空气，获得身心健康。最后还有击剑，怎能忘记它呢？难道它不是我们民族的运动吗？只有意大利能在这项运动上与我们

一争高低，在击剑时能够真正体味到搏斗的乐趣，那是仅次于生存快乐的最大乐趣。

然而在1886年，在体育建设上比较滞后，我不知道是否有很多设计师注意到了这一点。但是据我所知，对于计划中的体育建设没有人提出任何具体的方案。1887年8月23日的《法国人》报上刊登了一个方案。虽然我不愿意在此谈任何个人见解，我还是要怀着别人无法质疑其合理性的感情，强调这个日期。当时，医学院大声疾呼，反对人们脑力劳动过度。对于那项方案的提出者来说，人们似乎是在一堵墙上寻找出路。医学院坚持要修改其课程安排，以便减少脑力劳动，腾出时间用于竞技运动：他们说，学生缺乏游戏时间。这就大错特错了。时间是有的、也是足够的，不需要给我们更多的时间，只是原先利用得不好。至于舆论，则陷入了另一个误区：他们对大学说，你们那里为什么不锻炼啊？来吧，运动吧！自己运动也要别人运动。这个说起来容易却难以实现。必须来自外部的推动，来自民间的积极性。要由在河的

两岸都有支撑点的某个社团，努力在河上架起桥梁。索邦学院是这些支撑点之一；雷星俱乐部和法兰西体育场可以是其他支撑点。这两个团体分别成立于1882年和1883年，有一个时期它们两家互不来往。在竞技体育领域比任何人的贡献都多的德圣克雷，在1887年1月18日将这两家联系起来。那一天在维尔达弗雷[19]镇的森林举行的一场拉力赛之后，决定成立田径运动联盟；同年11月29日联盟正式成立，其章程获得承认。1888年最初数月经过多次讨论和多方努力，成立了体育锻炼推广委员会。丁·西蒙先生和格雷阿先生是第一批登记入会者。次年5月31日和7月5日召开了会议；并在巴黎郊区举行了校际越野赛跑。大家都知道后来的事：成立了体育同盟和吉伦特社团，后者汇集了波尔多学区的多个高中；在法国各地组织了比赛，有时候声势很大但水平不高。简而言之，五年来这个伟大的运动最终达到了今天众所周知的结果。先生们，大家对这一结果是满意的：你们今天出席本会就足以证明这一点。

V

以土是过去，未来又将如何？

先生们，是结束我今晚对世界历史中那一段回顾的时候了。我用三句话来告诉大家我们作为负有责任的官员向会员提出的纲领，我相信这一纲领会得到大家的认同，即：在教育领域，巩固我们在学校中

的协会，并在还没有协会的地方创立新的机构，与法国大学一如既往保持联系，有意识地与他们合作；少说话，多做事，不受任何资助；保持我们充分的独立性；最后是稳步前进。

V

以上是过去，未来又将如何？

我不会向大家描述未来，因为当预言家有很大危险，并且到了结束我今晚对大家描述世界历史概貌的时候了，无论是面对大学还是面对会员，联盟担负着重大

的任务有待去完成：它一定尽心尽力，完成任务。

至于总体上的田径运动，我不知道它未来的命运；但是我想提醒大家注意一个重要的事实，即：在百年来一系列的变化之中，它展示了两个新的特征，

它是民主的、国际的。前者保证了它的前途：在民主的之外，目前再也没有任何可以长期存在的组织。至于第二个特点则为我们打开了意想不到的前景。如果有人对你说战争将会消失，你会认为这些人是空想主义者，你没有完全错；但是另有些人认为发生战争的可能性在逐渐减少，我并不认为这是空想主义。显然，电报、铁路、电话、热衷于科学研究、会议、展览，比起外交条约和协议来说，对和平的贡献更大。我希望田径运动还能做得更多：那些亲眼见过30000人冒雨跑去看一场足球赛的人，不会认为我在夸张。让我们输出赛艇运动员、赛跑运动员、击剑运动员吧！这就是未来的自由交换，有朝一日它成为古老欧洲的习俗，和平事业将会得到崭新的、强大的支持。

这足以激励我这个为你们服务的人现在去思考他计划的第二部分；希望你们一如既往帮助我，与你们一起，我将在与现代生活条件相适应的基础上，坚持不懈地追求并实现这项伟大和有益的事业：重建奥林匹克运动会。

---

① 都铎王朝，1485年－1603年，英国封建社会向资本主义社会转型的时代。

② 托马斯·阿诺德，1795年－1842年，英国教育家。

③ 1789年法国大革命爆发前的一个月，国王路易十六在朝臣的怂恿下，下令关闭了第三等级代表召开议会的会场。于是议会主席马伊率领代表到附近的网球场开会，在那里全体代表一致举手宣誓："在没有制定出法国宪法之前，议会决不解散。"这就是历史上著名的"网球场宣誓"。

④ 西梅翁·吕斯先生，1833年－1892年，法国历史学家。

⑤ 阿弗朗歇，法国芒什省所属一个区的所在地。

⑥ 雷星俱乐部和法兰西体育场均为法国历史最悠久的体育俱乐部。

⑦ 摄政时期，1715年－1723年，法国国王路易十六年幼时，由其叔父奥尔良公爵摄政。

⑧ 耶那，位于法国东部。1806年拿破仑在此击败普鲁士军队。

⑨ 斯普里河，易北河支流，流经柏林。

⑩ 新赫布里底群岛，今瓦努阿图国。

⑪ 新南威尔士，澳大利亚的一个州。

⑫ 卡姆，1819年－1887年，法国漫画家。

⑬ 杜伊勒利花园，巴黎名胜之一。

⑭ 金斯利牧师，1819年－1875年，英国圣公会牧师、教师和作家，基督教社会主义运动创始人之一。

⑮ 斯多葛主义，公元前四世纪雅典的一个学派，现今意指吃苦耐劳精神。

⑯ 阿尔比翁，英国的别称。

⑰ 浪漫主义时代，指十八世纪末、十九世纪初。

⑱ 帕拉马塔河，在澳大利亚新南威尔士州。

⑲ 维尔达弗雷，位于凡尔赛区。

何振梁同志审校手稿

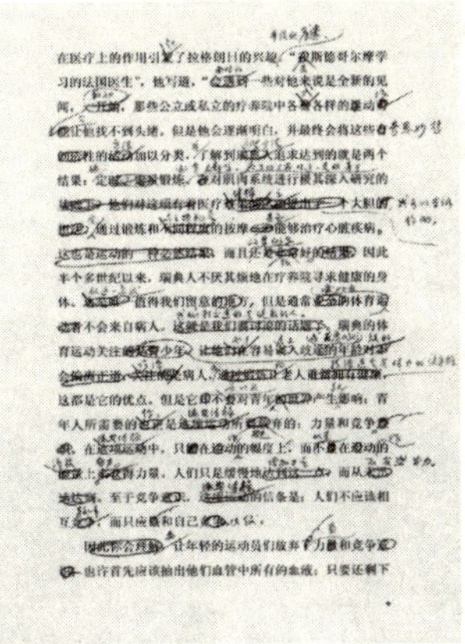

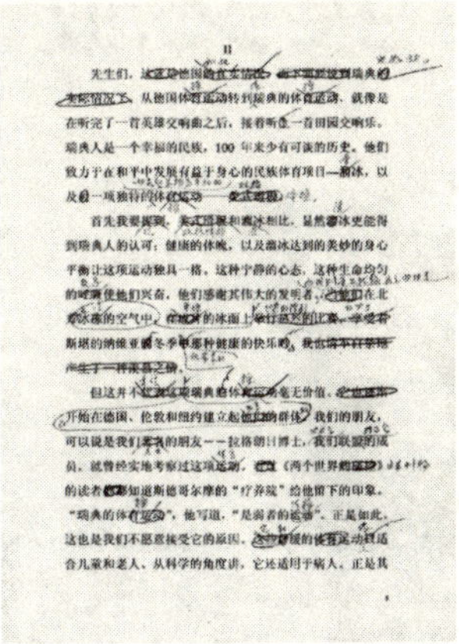

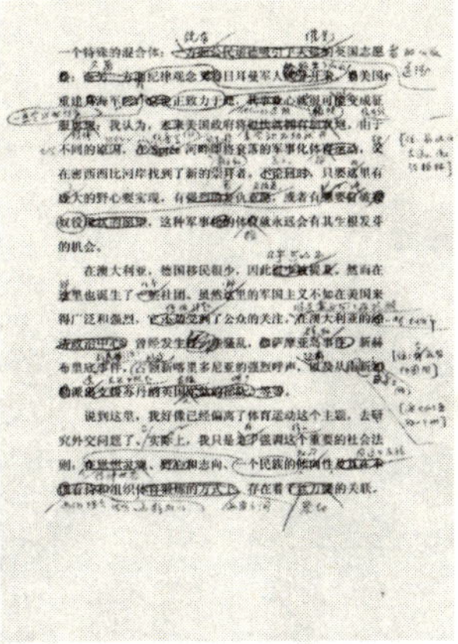

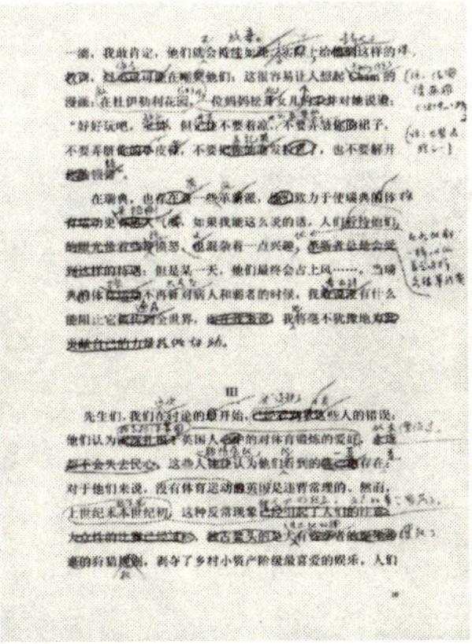

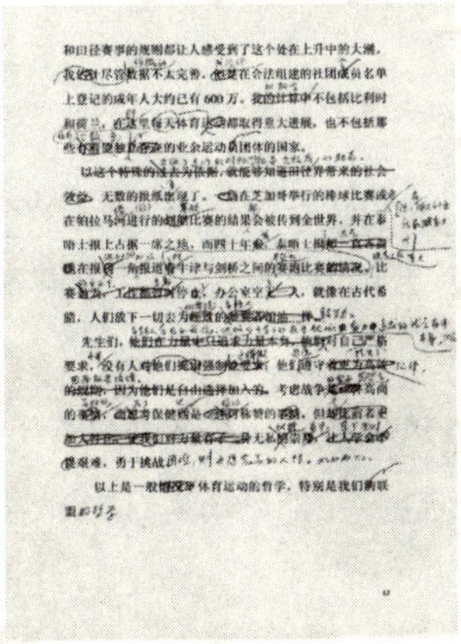

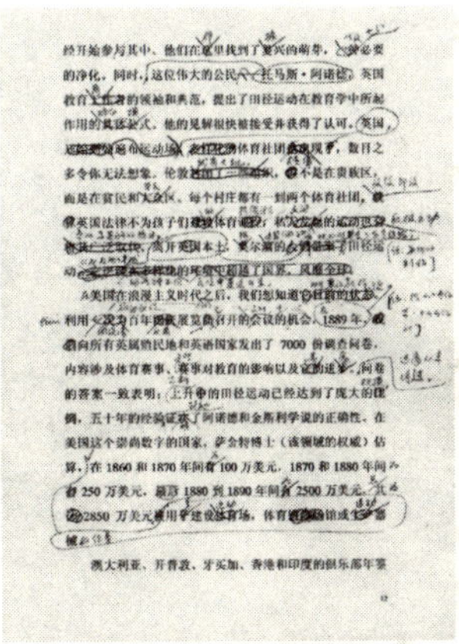

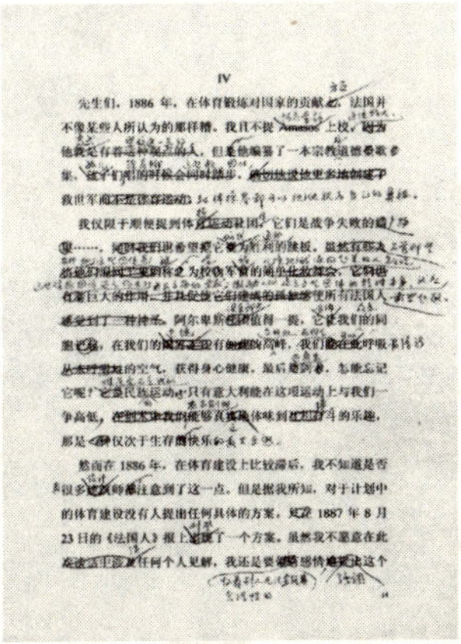

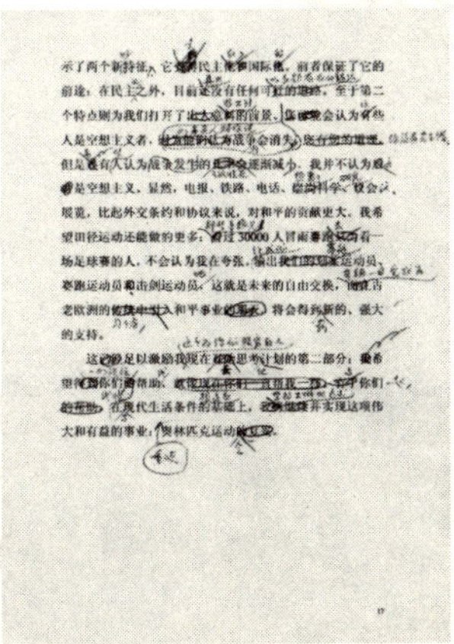

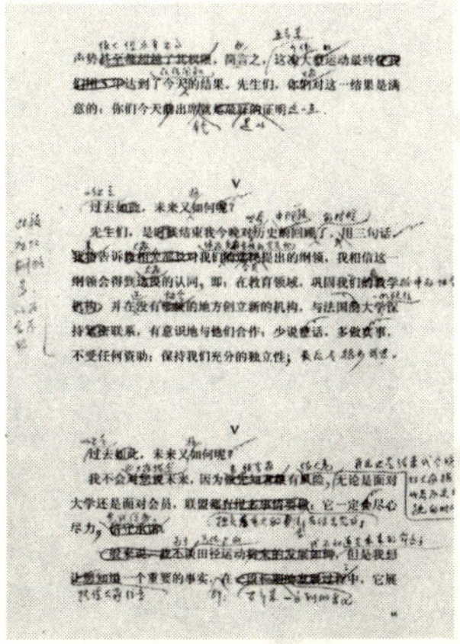

《奥林匹克宣言》
英文版

著作权登记证书
COPYRIGHT CERTIFICATE

No. 00009154

申请者人民出版社（中国）提交的文件符合规定要求，对根据顾拜旦（法国）原作翻译的英文版文字作品《奥林匹克宣言》，申请者以著作权人身份依法享有著作权。

经中国版权保护中心审核，对该作品的著作权予以登记。

登记号为：2007-A-09154；发证日期为：2007 年 12 月 27 日。

Olympic Declaration
A speech at Sorbonne
November 25, 1892

There are three sports centers in our present-day world: Berlin, Stockholm and London. Three sets of systems have been established in these places, and then popularized in other regions. These systems have been based on concepts that were popular in ancient times and conscientiously or unconscientiously acknowledged during the Middle Ages and the Renaissance. To generalize, these concepts mean three words: War, Health, and Sport. I would go briefly into their character and development in the modern world before illustrating to you the role France played in this great movement. We call the movement rejuvenation of sport.

I

This century began in tragedy and will be ended in chaotic and turbulent peace. This century, however, has seen the popularity of brainwork but the actual standstill of sports activities. Some people may wonder about the initial cause of this phenomenon of imbalance. But we are not going to talk about it today. By the late of 18th century, as we have seen, strenuous exercises and men's athletic items were no longer in vogue, giving place to recreation and entertainment. Britain was outstanding in this respect. By then, Britain did not run wild about outdoor activities as in the reign of the Tutor Dynasty; and Britain by then had not Thomas Arnold or any other athletic initiators. The Britons are a nation of instability. Tough in nature, they are somewhat flabby. If Napoleon had not brought Britain into prosperity, in the same way as the Boreas keeps ice from thawing, such a nature would have led to the decline of Britain. In France, the old-fashioned tennis had become a castoff. People still took oaths, but they no longer took up the sport. The old days are gone and will never return: on the beach of the Cotentin Peninsula, the milord Gouberville would play ball games every Sunday afternoon in the midst of vigorous young people from villages nearby. Wrestling competitions used to be organized between the parishes of these villages, as proved by their recordation in the lambskin scripts examined by Mr. Simeon Luce. According to the records, even the clergymen in Avranches would take interest to go and take part in hockey games on the beaches during some feast days in a year. All these, however, were gone during the Directoire, when ancient Greek ideology was held in esteem. When the Directoire planned to organize some events similar to Olympic Games on the Champs de Mars, an indispensable element was missing: players. Although some youngsters were attracted from the bazaar to try their hand in the pole-climbing contest for the prize of a gigot or a bottle of rum, the event fell far behind an athletic meeting. Since neither the Racing Club nor the French Stadium was set up yet, this type of events could not be organized and kept going. The contest organized by the Directoire died out very soon, just like a flash in the pan.

At the same time, however, French soldiers presented to the whole world their unparalleled vigorous power in France and then other parts of the world, at the foot of the pyramid in Egypt, by the Danube, in Spain, and by the wall of the Kremlin in Moscow, relying on their bravery and extraordinary war experiences accumulated over 20 years. Within a short span of time, they set free the strength of the French nation built up over centuries. The blood they donated equaled those by the old-fashioned tennis players and the milord Gouberville, and never flowed in the veins of the flabby and the self-indulgent during the Regency. This was the blood of France, a blood that had become turbid in urban districts but kept its purity in the countryside.

Gentlemen! You know what our soldiers were. Whenever they fell short of strength, they would create it!

Alas! After a long time of brave expedition, France badly needs a rest. God mercy it! We can fully understand it when France took to playing dominoes instead of tempering its languid muscles any longer. Once victoriously back, it had become drowsy. Just there across its border, however, a complete, total and frightful defeat had awakened a staunch force, which was committed to founding Reich. As a result, military athletics were born in Berlin.

We often say that teachers were the real victors at the battlefields in 1866 and 1870. If schools mushroomed across France and mass education developed rapidly for it, it would be something to be congratulated indeed. In my opinion, however, the role of primary school teachers has been overemphasized, while that of their colleagues, sports teachers, has been ignored.

Gentlemen! Ever since the Jena Dynasty, sports have won feverish supporters and followers in Germany. Sports tenets have been propagated, and followed by numerous followers. It was based on strict training which made abundance of strength available in action. In one word, it was a kind of military training in essence. In Germany, hierarchy, obedience and rigidity are observed by all. Even during their childhood, German pupils must stand in lines, set their eyes straight on their superiors, and wait for the order to go. After growing into middle school students, they must always keep their muscles and volition flexible so that they can be available at all times. This is the purpose of German sports. We can easily see the advantages and disadvantages of this type of thinking. As for German college students, fighting with each other is their greatest fan. Even scars on their faces are counted as symbols of honor. In their life, the Germans are kept in surprising conformity to each other even in the smallest details. For this reason, those strict rules delight them from the bottom of their hearts, which is never understood by Britons or French. If you go to visit a German university and watch the students bottom up at orders during a party, you will realize the extent of the discipline fever burning among the Germans. Militarism has penetrated the whole of Germany in this century. When establishing revolutionary parties, even the Socialists are armed with militaristic ideologies.

As I have pointed out, German sports are characterized by an abundance of strength in action. They become effective only under such a condition. However, to maintain the strength, all athletes must be trained to be militant throughout their life, and must be constantly inspired by the ideology of war. If Germany gives up this ideology, many of its sports organizations would immediately fall apart. In some parts of Germany, sports have begun to develop, thanks to the peace at home and abroad over the recent 20 years. Young athletes have begun to work hard for themselves, not for certain objectives. If they take part in a hurdle race, they will try to hurdle in the deftest way and over-stride as much as they can. In wars, however, it is impossible to put on doublets and bare their legs and arms. What the athletes are concerned about is how to jump over barriers swiftly with weapons and baggage. They never worry about the results they may achieve. In the same way, if the glorious prospect of joining the army no long spirits them up, the entire action would become slow, languid, lack of soul and impetus, and meaningless. Also the relay race is no longer held. Runners will become individualistic again. They no longer care about overall results. They do not worry out how to keep in step. To be the first to touch the finish line becomes their exclusive concern.

From a natural point of view, German sports are artificial. The training that constitutes parts of German sports does not conform to the original intention of sport. It is non-natural. It is intentional. The trainees are told certain greatness and loftiness of the cause so that they will be spirited up and be trained. Gentlemen! This is precisely what has led the Germans to their success, and what may lead to their fall in the future.

The German sports have been inherited, however, in the United States and Australia, let alone France that we will talked about soon. Many leagues have been set up in these two countries. Britain has given the world lawn tennis and the Bible; tennis racket and Bible are the things they never let apart. German expatriates have brought pickles and gymnastics with them. The German immigrants in the United States are large in number and great in influence, as you know. Some recent events have even caught the eye of the whole world. If I were a US citizen, I would count these events as an expression of a national crisis. The Germans residing in the United States have a deep admiration for their motherland in Europe. Although they have grown up on this land of freedom and are separated from their motherland by the Atlantic Ocean, they never stop praising the suppressions they have escaped and yell out the names of the German kings with pride. They even dream to Germanize the New World through their language and customs and ways. Growing up smoothly in this New World, they never have any idea to go home. They have also created many sports leagues for their offspring, and follow the way of their old motherland. Similar in organization but independent in presence, these leagues are operated under a mixture of systems. These are what people call sports there.

You may argue that this kind of sport lack the key conditions for success, namely, a military sense and a worship of battlefields, as I pointed out a few moments ago. Never think this way, gentlemen. You may have just seen the merchants, entrepreneurs and business people in a 69 million population. The United States has its ideology. It advocates science. But at the same time, it is a military country, too. Though viewed materially, the signs of the South-North War have disappeared, these signs are still clearly visible, however, at the spiritual level. For the Americans, the huge shock from the war has extended its travel to the present-day world. And I dare to say that the patriotic sensibility of the US people is one of the strongest and most profound I have ever seen. From this sensibility, people can get everything they want.

At West Point where the military traditions of France are held in great esteem, an elite corps comprising of officers from the Federal army has been set up. It is not the only case here. All states of present-day US have their own armies. People may misunderstand that these armies are nothing but militias that never perform any actual functions. I have neither the time nor the energy to study the operation of these armies. I can tell you, however, three facts: the number of people recruited into the army, the complete array of military equipment, and the excellent mobilization just displayed in Pennsylvania. It was not the right time to mobilize, of course. It was an impressment made abruptly. It was not intended to resist any foreign enemies. It was intended to maintain public order during a walkout that involved bloodshed. Merchants and businesspeople evacuated within 24 hours. By the 25th hour, they appeared at designated positions under the protection of weapons.

These armies are largely commanded and organized in the German way. It is a special mixture. On the one hand, it has public ethics of British volunteers. On the other hand, it has the sense of discipline of Teuton soldiers. The United States is dedicated to rebuild its navy, and its enterprise will soon develop into a desire to conquer once the objective is achieved. To my way of thinking, the US Government will become militant very soon in the future. For these reasons, the militarized sports waning by the Sprée have found new worshippers by the Mississippi. Time does not make any difference here. As long as there is a great ambition to fulfill, a strong will to revenge, or a yearning to change the slavery, there will be an opportunity for this type of military sports to take roots and bud.

The German immigrants in Australia are few in number, so they are seldom mentioned. Nevertheless, some leagues have sprung up here. Although militarism is not as widespread and strongly felt here as in the United States, it has aroused the concern of the public none the less. Turmoil has occurred in some political and economic centers of Australia, such as the Samoa Incident, the New Hebrides Incident, the strong cry for occupation of New Caledonia, and the troops sent from New South Wales to support the Britons in Sudan.

It seems I have now departed from the theme of sports to diplomatic issues. As a matter of fact, I have just tried to emphasize the important social theorem, namely, the close relationship between the ideological soul, ambition, ideal, and orientation of a nation, and the way of its outlook on and organization of sports and exercises at home.

II

Gentlemen! This is the true situation in Germany. I would like to change to that in Sweden now. To jump from sports in Germany to those in Sweden would be like turning our ear from a heroic symphony to a pastoral sonata. The Swedes are a happy nation offering little to talk about for more than 100 years. They have concentrated their efforts on development of skating in peace, a sports item helpful to both their body and mind. They also have another unique sports item. This sport seems nothing extraordinary, and is named after its founder, Ling.

First of all, I would like to point out that the Swedes obviously receive skating more readily than they do Ling, for their robust physique and the beautiful balance of their body and mind achieved in skating. As a result, skating has become a unique sports item in Sweden. The peaceful state of mind and the even breath of life bring energy. The Swedes owe their thanks to the great inventor of skating. When they compete enthusiastically against each other on whole pieces of ice in the freezing north air and enjoy the healthy and happy hours unique in Scandinavian winter, I cannot but raise my hat to them.

It does not mean, however, that this Swedish sports item is good for nothing. It is also getting colonies in Germany, London and New York, step by step. Our friend, a very famous friend of ours, Dr. Lagrange, a member of our league, once made a spot inspection of the sport. Readers of 'Collision of Two Worlds' know his impression of the sanatorium in Stockholm. 'The sports activities in Sweden,' he wrote, 'are activities for the weak.' They absolutely are. This is also why we are reluctant to accept them. These leisurely sports activities are only for the young and the old. From a scientific point of view, they are also for the sick. It is precisely their medical role that aroused the interest of Lagrange. 'French doctors studying in Stockholm will see something completely new to them.' he wrote. 'At the beginning, he may feel totally at a loss about the various kinds of sports activities organized in the public and private sanatoriums. As time goes on, however, he will finally understand and will classify these flexible activities, so as to conclude that the Swedes actually have two purposes in their mind when taking up these activities: doing exercises at fixed time and in fixed amount. On the basis of an in-depth study of the muscle system, they have come up with a bold idea about this sports item with its medical effect. Through exercise and a certain amount of massage which are naturally achieved in sports activities, this exercise can even cure heart diseases with marvelous effect. Thereby, for more than half a century, the Swedes have tried to build up their health in sanatoriums. This is the only fact calling for our attention. However, sports lovers do not grow out of the sick. This is precisely the point we will try to make. The Swedish sports activity is targeted at juveniles. It is designed to keep these people at the right track at an age when they are easy to go astray. It also gives concern to the sick, and helps the old regain their health through exercise. This is where these sports activities outshine. It does not produce any influence, however, in the world of young people because what they need is just what the sport has abandoned: exertion and a sense of competition. In this sports item, strength is gained from the extent rather than the intensity of action. It is performed in a relaxed way. It is never achieved in a hurry. As for the sense of competition, this sports item follows a credendum of its own: never compete with others, compete with oneself only.

As you may see, if the young athletes were required to give up their efforts and sense of competition, perhaps we had to have their blood totally let out from their veins in the first place, because so long as there is a single drop there, they will continue to go their way, I dare to say. Actually, a lesson like this means nothing but sneer. It reminds us of Cham's cartoon: In the Tuileries Garden, a mother let go her daughter's hand and said: 'Go and enjoy yourself, baby. But do take care not to catch cold, not to crumple your skirts, not to dirty your leather shoes, not to straighten your curls, and not to undo your cravat.'

There are also some reformists in Sweden. They are committed to inject manliness into Swedish sports, if I can put it this way. People give them black looks, along with curiosity. This is the usual treatment for reformists. One day or the other, they will surely get the run upon. When Swedish sports are no longer targeted at the sick and the weak, nothing will be able to prevent their popularization throughout the world, I dare to say. For me, I will never scruple to do my bit for it.

III

Gentlemen! At the beginning of our discussion, we pointed out the mistake of those who believe that the love for physical exercises deeply rooted in the Britons will never fade. These people tend to believe the permanent existence of what they see. In their eyes, a Britain without sports activities would be unconventional. Such unconventionality, however, did take place around the turn of the centuries, to the concern of all: popular games had become outdated, and the powerful men of property came into being who monopolized the right to hunting. As a result, the petty bourgeois in the countryside were deprived of recreation they used to love so tenderly. What was frequently seen was the brutal fighting between boxers or boat racing on the Thames. Taking part in these activities were professional players, while the audience tasted the sour of losing money in exaggerated gambling. There was neither sportsmanship nor competition found in those activities. There were only two types of recreation in Britain at that time: doing business honestly, and seeking pleasures wholeheartedly. Schools were the epitome of the society. The students had no idea about unity, and the tutors were not interested in it at all. What was cherished among the students was the law of win by the best. It is not imaginable that in these coarse and shapeless institutions, educators surprisingly fostered elegance and refinement with their talents. Consequently, there is no other educational system in the world that is as consummate and fine as that in present-day Britain and as lenient to young people—a viewpoint of mine that differs from the prejudice popular in France. Superficial phenomena are always misleading.

Gentlemen! Track and field has come to be practiced in every part of the world, although it has just got started in Britain. In spite of its short history, we can still get some insight into its course of development. The names of priest Kingsley and his disciples have not been dismissed from the historical stage yet: sixty years are long enough for the wonders to take place. The initial supporters cared about happiness and health, rather than establishing schools. But they were far-sighted. Their viewpoint had a philosophical sense: a recollection of Greece, an honouring of Stoic traditions, and a clear-cut concept about service of athletics to the modern world. As a result, they had immediately caught the eye of the world. People had laughed at them. They have not become disheartened, however, for the laughing. When the sports were first started, they met with fierce attacks. However, their achievements got protection from young people. Both Oxford and Cambridge had come to take a part. They had found the renascent bud and the necessary spiritualization force here. At the same time, Thomas Arnold, a great citizen and the leader and mirror of British educators, put forward the specific formula for the role of track and field in education. His viewpoint was accepted and acknowledged immediately. Sports grounds have begun to mushroom in Britain, and diversified sports associations and leagues have come forth in unimaginable numbers. London has some associations and leagues, but located in the poor and plebeian communities instead of in aristocratic districts. There are one or two such associations and leagues in every British village. Although sports courses are not offered to children in British law, civilian sports activities were initialed as sufficient supplement. Leaving their homeland, the offspring of Briton have brought valuable experience of track and field along with them to spread it across their border and all over the globe in diversified environments.

We are eager to know the present state of the United States after the Romanticist era. Taking the advantage of one of the series meetings during the exposition for the 100th National Day of France in 1889, we distributed 7,000 questionnaires in all British colonies and English-speaking countries involving sports events, their development, and their impact on education. There has been constant progress, as unanimously agreed by the respondents. The rising track and field has gained a tremendous scale. The theories of both Arnold and Kingsley have been proved to be correct through 50 years of experiences. According to estimates by Dr. Sargent, an authority in this field, the United States, a country fond of figures, has invested USD 1 million from 1860 to 1970, USD 2.5 million from 1870 to 1880, and USD 25 million from 1880 to 1890 in the construction of sports venues, exercise grounds and production of sports facilities, and the number totaled USD 28.5 million.

The upsurge can also be felt from the annuals of the clubs in Australia, Cape Town, Jamaica, Hong Kong and India, and from their rules on track and field events. According to my estimate, please note here that it is based on some incomplete statistics, the number of adults registered on the membership lists of legal associations and leagues comes around 6 million up to date. My estimate does not cover Belgium and Holland, where a large number of athletes are taking part in sports activities every day, or countries with independent organizations of sports amateurs.

Based on this, professional journals specializing in sports appeared, and a countless number of newspapers are now published. The results of a baseball game in Chicago or a boat race on Panama (Paramar??) will be transmitted across the globe and even get a space in the Times. For the recent 40 years, the Times has always stingily spared a corner to cover the races between Oxford and Cambridge. On the day of grand competition, all people would get out their office, like in ancient Greece, to cheer up the racers.

Gentlemen! They exert themselves just for the sake of exertion. They set strict demands on themselves, with no compulsory demands. They abide themselves by all rules, and are more efficient because of free will. To think of war is lofty, while to think of health is meritorious and more human than the former. It commands our self-giving worship of exertion and encourages us to challenge difficulties and to love difficult undertakings. That's all.

What we have discussed so far is the philosophy of sports in general terms, especially the philosophy of our league.

IV

Gentlemen! In 1886, the situation of France in contribution to physical exercises was not as bad as people might believe. I will not mention Colonel Amasos, who is among those cherishing the belief. He has compiled, however, a book of religious psalms. Children would mark time together when chanting. To be accurate, he has founded a salvation army instead of sports.

I am just having a random talk about sports leagues; though they have encountered failures... we still hope they would also become the springboard to victory. Although some people believe that they are nothing but puerile games on campuses, their significance and the unique emotion that has spurred their rise has given all French a sense of respect. We have to mention the Alps Mountaineering Club. It reminds our fellowmen that we boast such a height peak in our territory, where we could breathe the air we have never breathed before, and enjoy the healthiness of the body and the mind. What comes last is fencing. How can we forget it? It is a national sport. Only Italy is qualified to compete with us in it. In fencing, we can truly taste the joy of fighting against each other, a kind of joy that comes second only to existence.

In 1886, however, support to sports construction became scanty. I wonder if there are many planners have noticed it. To my knowledge, however, no specific programmes were put forward for the planning of sports construction except for the one published by the French newspaper in its August 23rd issue, 1887. I hate to refer to any individual in this meeting. Still, I mentioned the specific date, with an emotion of justice. During those days, France Medical Institute was uncompromisingly against the wide use of brainwork. A problem cropped up for the person who initiated the program: there was nothing but a dead wall where he was trying to find a way out. The Medical Institute pressed for a change in his work schedule so that they could cut the time of brainwork and have more time for sports and exercises. They argued that there was not time for exercises. That was totally wrong. There was time, enough time, and it was not necessary for more time, but for a sound arrangement of time. The public idea had gone astray: people said to the schools, why not do physical exercises there? Just go, go moving. Do it ourselves, and encourage others to follow suit. It is easier to say than to do. There must be some driving force from outside, from public enthusiasm. To build a bridge across a river, there must be supporting points on both sides. The Sorbonne is one of the supporting points, while the Racing Club and the French Stadium serve as other ones. Set up in 1882 and 1883 respectively, they seldom got into touch with each other for a long time. There is one person who has made outstanding contributions in the field of athletic sports. This person is G. de Saint Clair. On January 18th, 1887, he facilitated the association between the two. A rally was organized in Ville-d'Avray and at that day, a decision was made to set up a track and field league. On November 29th of the following year, the league was set up and legally approved. In early 1888, the Physical Exercise Promotion Committee was set up on the basis of repeated discussion and endeavors, with Mr. Jules Simon and Mr. Gerard as the first commissioners. Meetings were held on May 31st and July 5th of the following year. An inter-school cross-country obstacle race was also organized in the suburbs of Paris. You all know what happened later: the Sports League and the Girondin Association were set up, bringing together senior high schools from Bordeaux school district to organize competitions in various parts of France. Though sometimes they were of much said but little done, the grand event has brought us the achievement of today after five years of efforts. Gentlemen! You are surely satisfied with it. Your presence here today tells it.

V

Such has been our past. How would our future look like?

Gentlemen! It is time for me to conclude my review of history tonight—just in three sentences, I will tell you the programme submitted by pertinent ministers to our constituency, a programme that I believe will win their approval. That is, consolidation of our teaching institutions, creation of new ones in areas without schools, establishment of close ties with French universities, and conscious cooperation with them; less lip service, more down-to-earth efforts, and no imbursements; and maintenance of our sufficient independence.

V

Such has been our past. How would our future look like?

I am not going to talk about the future with you, because it is risky to be a prophet. Also, it is high time to round up our review of history tonight. For universities and our members, our league has a lot to do yet. It will keep its words.

I will not try to paint any picture about the future development of general track and field. I want to tell you, however, a very important fact which has taken on two new features during its long course of development: popularity and internationalization. The former is a guarantee of its future: Up to date, there has been no other way to go beyond popularity. As for the second feature, it has created an unexpected prospect for us. You may think that some people are just daydreaming because they believe war will never break out again. You may be justified. There are still some other people, however, who believe the probability of war is becoming smaller and smaller. I do not think this is daydreaming. It is obvious that telegrams, railways, telephones, advocating science, conferences, and exhibitions will all contribute more to peace than diplomatic treaties and protocols. Thereby I hope track and field will do even more: Those who have seen 30,000 people daring the rain to watch a football match will surely believe that I am not exaggerating. To export our canoemen, thinclads and fencers will be a kind of free exchange in the future, and render new and strong support to our cause of peace when it becomes common practice in our time-honored Europe.

Hereinbefore is enough to drive me into contemplation of the second part of the plan. I hope to get help from all at present, just in the way as you have so far. With your help, I will spare no effort in fulfilling this great and rewarding cause based on modern living conditions: rejuvenation of the Olympic Movement.

《奥林匹克宣言》
法文版

Le Manifeste Olympique

--Discourt du Baron Pierre de Coubertin
à la Sorbonne, le 25 Nov. 1892

Conférence faite à la Sorbonne
Le 25 Nov. 1892

Les exercices physiques ont dans le monde moderne trois capitales : Berlin, Stockholm et Londres, --d'où sont sortis pour rayonner ensuite sur d'autres régions trois systèmes basés sur des idées bien connues du monde antique。 Incomplètement ou inconsciemment admises par le Moyen Age et la Renaissance et que trois mots résument : la guerre, l'hygiène, le sport. Je voudrais en préciser très rapidement les traits caractéristiques, indiquer leur marche à travers le temps présent et vous décrire enfin la part de la France dans ce grand mouvement qu'on a si justement nommé : la renaissance physique.

- I -

Le siècle qui débuta si tragiquement et qui s'achève aujourd'hui dans une paix troublée et incertaine succédait à un siècle de grande activité intellectuelle et de véritable inertie physique. Il y aurait peut-être lieu de chercher dans ce contraste les causes premières de certains de ces déséquilibrements dont nous souffrons. Mais cela n'est pas de notre domaine. Constatons seulement que partout à la fin du XVIIIe siècle, les exercices violents, les jeux virils sont passés de mode et que les hommes vont chercher ailleurs la distraction et le plaisir. L'Angleterre elle-même présente sous ce rapport un aspect bien fait pour surprendre. Ce n'est plus l'Angleterre des Tudors qui vivait dans le plein air et en goûtait toutes les ivresses et ce n'est pas encore l'Angleterre de Thomas Arnold et des créateurs de l'éducation athlétique. C'est un peuple indécis chez lequel des brutalités natives se mêlent à une sorte d'amollissement qui pourrait bien être la préface de la décadence, si Napoléon n'allait venir pour consolider la Grande-Bretagne, comme le vent du nord arrête un dégel. En France, les jeux de paume sont déserts. On y échange des serments, mais on n'y joue plus. Le temps est loin où le Sire de Gouberville poussait son ballon, sur les plages du Cotentin, les dimanches après-midi, entouré de la vaillante jeunesse des villages avoisinants où de paroisse à paroisse se livraient des combats homériques dont M. Siméon Luce retrouve la mention dans les parchemins qu'il compulse – où le clergé d'Avranches lui-même, à certaine fête de l'année liturgique, descendait processionnellement sur la grève pour y faire une joyeuse partie de balle à la crosse. Tout cela est mort lorsque le Directoire, tout pénétré des souvenirs de l'ancienne Grèce, veut établir sur le Champ-de-Mars parisien quelque chose qui rappelle les Jeux Olympiques, un élément indispensable lui fait défaut : les concurrents. Il en vient sans doute comme il vient des gamins, dans les foires, pour tenter l'ascension du mat de cocagne et gagner le gigot traditionnel ou la bouteille de Bénédictine. Mais cela ne suffit pas pour alimenter des réunions athlétiques et faute d'un Racing-Club et d'un Stade français pour les organiser et les maintenir, les courses du Directoire vécurent ce que vivent les roses, l'espace d'un matin.

Il est vrai qu'en ce même temps, sur nos frontières, par-delà les frontières ensuite et bien loin, au pied des Pyramides, sur le Danube, en Espagne, sous les murs du Kremlin moscovite, les soldats de France, pendant vingt ans d'une folle et sublime épopée, donnent au monde l'un des spectacles les plus athlétiques qu'il ait jamais contemplé. Ils épuisent en ce court espace de temps, les forces de plusieurs siècles accumulés par la nation. Ce sang qu'ils versent, c'est le sang des joueurs de paume et des Sire de

Gouberville c'est le sang de la France, vicié dans les villes, intact encore dans les campagnes et non celui des amollis et des libertins de la Régence.

Et puis, Messieurs, vous savez comment ils sont nos soldats. Quand ils n'ont plus de forces, ils en inventent !

Oh ! le grand besoin de repos qu'eut la France après cette longue crise de vaillance et, mon Dieu !, comme on comprend bien qu'elle s'en soit allée jouer aux dominos au lieu de faire agir ses muscles lassés. Abreuvée de ses victoires, elle s'endormit un peu tandis qu'à côté d'elle, la défaite – une défaite noire, complète, épouvantable – avait réveillé des énergies qui ont travaillé âprement à l'œuvre que vous savez : l'Empire allemand. C'est ainsi que naquit à Berlin l'athlétisme militaire.

On a souvent répété chez nous que sur les champs de bataille de 1866 et de 1870, le véritable vainqueur avait été le maître d'Ecole ; si c'est à cette croyance que nous devons d'avoir vu notre cher pays se couvrir d'écoles et l'instruction populaire y progresser si rapidement, bénie soit-elle. Mais je pense qu'en ceci on a fait la part trop belle à l'instituteur en oubliant un peu son collègue le maître de gymnastique.

La gymnastique allemande, Messieurs, celle qui, dès le lendemain d'Iéna, trouva des apôtres ardents et convaincus pour prêcher son Evangile, puis des disciples nombreux et dociles pour suivre ses préceptes, est énergique dans ses mouvements, basée sur une discipline rigoureuse, en un mot, militaire dans son essence. Partout en Allemagne régnaient, hier encore, la hiérarchie, l'obéissance, l'exactitude. Dès l'enfance, le petit écolier prenait sa place dans le rang et tournait ses regards vers un supérieur pour attendre de lui ce mot d'ordre. Collégien, il continuait d'assouplir ses muscles et sa volonté, afin de pouvoir les mobiliser au premier signal. Car c'est là le but de la gymnastique allemande et l'on distingue aisément quelles sont les qualités et les imperfections qu'entraîne à sa suite un pareil idéal. Etudiant, son plus grand plaisir était de se battre avec ses camarades et les balafres qui en résultaient devenaient sur son visage autant de titres de noblesse. L'uniformité apparaissait dans les plus petits détails de son existence et leur réglementation semblait lui procurer une joie intérieure que les Anglais et les Français sont inaptes à saisir. Il suffit encore aujourd'hui de parcourir une université allemande, d'assister à une de ces réunions d'étudiants où les verres se vident au commandement pour comprendre la frénésie disciplinaire qui a joué sur ce grand peuple. Dans la constitution de leur parti révolutionnaire, les socialistes eux-mêmes ont apporté quelque chose du militarisme qui imprégna l'Allemagne entière au cours du présent siècle.

J'ai dit que la gymnastique allemande était énergique dans ses mouvements. A cette condition seule, elle est efficace. Or pour que cette énergie se maintienne, les gymnastes doivent être perpétuellement sous une influence belliqueuse. L'idée de la guerre ne doit pas cesser de les inspirer. Si l'Allemagne se détache de cette idée, ses innombrables sociétés de gymnastique se transforment rapidement. Déjà sur quelques points de son territoire, le sport a fait son apparition, résultat de vingt années de paix extérieure et intérieure. Le jeune athlète commence à envisager l'effort physique en lui- même et non dans ses conséquences plus ou moins lointaines. S'il veut sauter une haie, il se fera le plus léger possible afin de la sauter, aussi haute que possible. Or en campagne, on n'a pas les jambes et les bras nus et sur le corps un fin jersey pour tout costume. Le gymnaste, lui, s'inquiète moins d'accomplir une prouesse athlétique que de passer lestement avec armes et bagages. De même s'ils ne sont plus inspirés par la perspective du service militaire, les mouvements d'ensemble deviennent fastidieux, les gestes se font mous ; on les esquisse à peine, l'âme est absente. De même encore, la course en section se désagrège ; les coureurs reprennent leur individualité ; ils ne s'inquiètent plus s'ils vont bien ensemble, d'un pas égal ; c'est à qui ira le plus vite, à qui arrivera premier.

Au point de vue physique, la gymnastique allemande est artificielle. Elle se compose d'exercices qui n'ont pas eux-mêmes leur raison d'être, qui ne sont pas dans la nature et qu'on peut obtenir des hommes qu'en leur présentant pour but, quelque chose de grand, de noble, susceptible de les passionner et de les entraîner. C'est là, Messieurs, ce qui a fait son succès ; c'est là ce qui, demain sans doute, causera son déclin.

Elle a eu pourtant des rejetons : en Amérique et en Australie, sans parler de la France où nous reviendrons tout à l'heure, de nombreuses sociétés ont été créées. Les Anglais promènent avec eux autour du monde un lawn-tennis et une bible ; ils ne s'en séparent jamais. Les Allemands qui s'expatrient emportent la choucroute et la gymnastique. Vous savez l'importance numérique de la colonie allemande aux États-Unis. .Certains faits récents ont attiré l'attention sur ce que je considérerais, si j'étais citoyen des États-Unis, comme un danger national. Or les Allemands d'Amérique professent une grande admiration pour l'Allemagne d'Europe ; bien établis sur cette terre de liberté, avec un océan entre eux et leur ancienne patrie, ils exaltent sans cesse le joug qu'ils n'ont pu supporter, prononcent orgueilleusement le nom de l'Empereur et rêve de germaniser par la langue et par les mœurs une bonne partie du nouveau monde où ils sont établis sans le moindre esprit de retour. Aussi ont-ils fondé pour leurs enfants des sociétés de gymnastique calquées sur celles du vieux pays et qui constituent une organisation tout à fait à part et homogène dans ce chaos de systèmes qu'on appelle là-bas l'Éducation physique.

Vous me direz qu'il manque à cette gymnastique ce que j'indiquais tout à l'heure comme la condition essentielle de son succès : l'idée militaire et la perspective du champ de bataille. Ne croyez pas cela, Messieurs. Vous êtes portés à ne voir dans ces 69 millions d'habitants que des marchands, des commerçants, des faiseurs d'affaires. Il y a une Amérique pensante, une Amérique scientifique et il y a aussi une Amérique militaire. Si matériellement les traces de la guerre de Sécession ont disparu, les traces morales sont encore visibles : l'ébranlement produit dans les cœurs américains par cette lutte cyclopéenne s'est transmis jusqu'à nos jours et je déclare que le patriotisme du citoyen des États-Unis est l'un des plus puissants et des plus formidables que je connaisse ; on peut tout en attendre.

Tandis qu'à West Point où les traditions militaires françaises sont toujours en honneur se forme un corps d'élite, celui des officiers de l'armée fédérale, chaque Etat possède maintenant une milice qu'on aurait bien tort de considérer comme une garde nationale sans valeur. Le temps et la compétence me manquent pour en étudier le fonctionnement mais je puis attirer votre attention sur trois faits : le nombre des hommes enrôlés, la perfection de l'armement et de l'outillage et enfin cette remarquable expérience de mobilisation qui vient de se faire en Pennsylvanie ; et certes l'occasion n'était pas favorable. L'appel était imprévu et il s'agissait non point de combattre des ennemis du dehors, mais de maintenir l'ordre au milieu d'une grève sanglante. En 24 heures, ces commerçants, ces faiseurs d'affaires ont tout quitté, la 25ᵉ heure les a trouvés sous les armes, au lieu désigné.

Ces milices sont, pour la plupart, commandées et organisées à l'allemande. Elles présentent un singulier mélange de ces vertus civiques qui ont produit les volontaires anglais et de cet esprit disciplinaire qui distingue le soldat germanique. Quand les États-Unis auront reconstitué leur marine de guerre, ce à quoi ils travaillent, leur esprit d'entreprise pourrait bien devenir de l'esprit de conquête. Je suis de ceux qui croient que, dans l'avenir, le gouvernement de Washington aura le canon facile. Il se pourrait, par ces différents motifs, que la gymnastique militaire échappée des rives de la Sprée où sa décadence paraît prochaine, et retrouvât sur les bords du Mississippi des pontifes et des adorateurs. En tous les cas, elle aura toujours chance de germer là où il y aura de grandes ambitions à satisfaire, des revanches à prendre, ou un esclavage à briser.

En Australie, si petite est la colonie allemande, qu'à peine faut-il la mentionner. Quelques sociétés y ont pourtant pris naissance et pour ce qui est du militarisme, moins répandu et moins agressif qu'aux États-Unis, il n'est pas sans jouer un rôle dans les préoccupations publiques. Faut-il vous rappeler l'agitation que causèrent dans les capitales australiennes, les incidents des îles Samoa et des Nouvelles-Hébrides, le désir hautement manifesté par l'opinion de s'emparer plus tard de la Nouvelle-Calédonie, enfin l'envoi par la Nouvelle-Galle du Sud d'un contingent de ses milices pour soutenir les anglais au Soudan ?

J'ai l'air en tout ceci d'abandonner le sport pour étudier des questions diplomatiques. En réalité, je ne fais qu'insister sur cette importante loi sociale, à savoir qu'il existe une étroite corrélation entre l'état d'âme, les ambitions, les tendances d'un peuple et la manière dont il comprend et organise chez lui l'exercice physique.

- II -

Cela est vrai de l'Allemagne, Messieurs, et cela est vrai de la Suède. Passer de la gymnastique allemande à la gymnastique suédoise, c'est entendre une symphonie pastorale après une symphonie héroïque. Les suédois sont un peuple heureux qui a eu peu d'histoire depuis cent ans et qui se livre en paix à un sport national et bienfaisant, le patinage, et à une gymnastique singulière et au premier aspect anodine, qu'on appelle du nom de son inventeur, le système de Ling.

Je me hâte de dire qu'entre Ling et le patin, c'est assurément le patin qui aurait le plus de titre à la reconnaissance des suédois. Leur bonne santé, ce suave équilibre de l'âme et du corps qui les distingue, cette humeur tranquille, ce souffle régulier de la vie qui les anime, ils s'en croient redevables au savant inventeur, et je n'hésite pas à en faire honneur pour eux, aux courses folles sur la glace unie du nord, à l'air glacé, aux joies saines de l'hiver scandinave.

Cela ne veut pas dire que cette gymnastique suédoise qui commence même à fonder timidement quelques colonies en Allemagne, à Londres et à New York, soit dénuée de mérites. Notre ami, je pourrais dire notre illustre ami, le Dr Lagrange, membre du Conseil de notre Union, a été l'étudier sur place et les lecteurs de *La Revue des Deux Mondes* connaissent l'impression que lui ont faite les Instituts de Stockholm. « La gymnastique suédoise, a-t-il dît, est la gymnastique des faibles ». Précisément et c'est pourquoi nous n'en voulons pas. Par la modération de ses mouvements elle convient aux enfants délicats comme aux vieillards. Par son caractère scientifique, elle est applicable aux malades. C'est le côté médical qui a principalement intéressé et captivé Lagrange. « Le médecin français, écrit-il, qui va étudier à Stockholm, se trouve en présence de choses tellement neuves pour lui qu'il a peine au premier abord à se reconnaître au milieu des mouvements si variés qu'il voit exécuter dans les « Instituts » publics ou privés. Mais, peu à peu, la lumière se fait dans son esprit : il finit par classer tous ces ingénieux procédés et à voir qu'ils visent en résumé à deux résultats : doser l'exercice et le localiser .» Pour vous donner une idée de la hardiesse de cette gymnastique médicale basée sur une étude particulièrement approfondie du système musculaire, je vous dirai qu'elle traite par l'exercice et les différents massages qui en sont les corollaires, même des maladies de cœur. Les résultats paraissent excellents et depuis plus d'un demi-siècle les Suédois ne se lassent pas d'aller chercher la santé dans les Instituts . Cela seul vaut qu'on s'en occupe mais les amateurs d'exercices physiques ne se recrutent pas d'ordinaire parmi les malades. C'est aux biens portants que nous avons affaire. Que la Gymnastique suédoise veille sur les jeunes enfants à l'âge surtout où sont à craindre les déviations et les difformités, qu'on lui mène les malades et qu'enfin elle offre aux vieillards des exercices en rapport avec ce qui leur reste de force, voilà qui est bien. Mais qu'elle ne prétende pas exercer le pouvoir dans l'empire des jeunes ; ils ont besoin précisément de ce qu'elle répudie : l'effort et l'émulation. L'effort ne s'obtient chez elle que par l'amplitude, jamais par l'énergie du mouvement ; on l'atteint lentement, jamais brusquement. Et quant à l'émulation, c'est un dogme pour elle que les hommes ne doivent pas se comparer entre eux, mais seulement à eux-mêmes.

Obtenez donc de nos jeunes athlètes qu'ils renoncent à l'effort et à l'émulation. Il faudrait retirer d'abord tout le sang de leurs veines ;tant qu'il leur en restera une goutte, ils n'y renonceront pas, j'en réponds. En vérité leur donner pareils préceptes, ce serait se moquer d'eux ; et cela rappelle par trop cette caricature de Cham : « Amuse-toi bien, mon enfant, disait une mère à sa petite fille en la lâchant dans le Jardin des Tuileries, mais surtout prends bien garde de n'avoir ni chaud ni froid, de ne pas friper ta robe, de ne pas salir tes bottines, de ne pas défriser tes cheveux et de ne pas dénouer ta cravate. »

Il y a eu en Suède même un parti de réformateurs qui travaillent à viriliser, si je puis ainsi dire, la gymnastique suédoise ; on les regarde avec cette indignation mêlée d'intérêt qu'attirent partout et toujours les révolutionnaires ; ils auront le dessus… quelques jours. Lorsque la gymnastique suédoise n'aura plus de prétentions que sur les malades et les faibles je ne vois pas ce qui l'empêcherait de faire le tour du monde et pour ma part je n'aurais nulle objection à l'y aider.

- III -

Nous avons déjà vu, Messieurs, au début de cet entretien, quelle était l'erreur de ceux qui croient le goût des exercices physiques assez profondément ancré chez les Anglais pour n'avoir jamais subi d'éclipse. Ceux-là imaginent volontiers que ce qu'ils voient a toujours existé ; une Angleterre sans le sport leur paraît un contresens. Or, ce contresens a marqué toute la fin du siècle dernier et le commencement du nôtre. Les jeux populaires étaient tombés en désuétude, l'accaparement du droit de chasse résultant de la constitution de la grande propriété avait privé la petite bourgeoisie rurale de son plaisir favori et si l'on voit çà et là des boxeurs s'entretuer ou bien quelque course à l'aviron se disputer sur la Tamise, c'est entre professionnels pour procurer aux spectateurs le plaisir de perdre leur argent en paris exagérés. Rien de sportif, rien d'athlétique. L'Angleterre d'alors ne connaît que deux distractions : faire des affaires plus ou moins honnêtement et se griser plus ou moins complètement. Le collège est une réduction de la société. Nul esprit de solidarité, l'indifférence du côté des maîtres, la loi du plus fort du côté des élèves. On ne prévoit certes pas, en étudiant cet organisme grossier et informe, tout ce que le génie d'un éducateur en fera sortir de raffinement et de délicatesse. Car – je vais ici à l'encontre d'un préjugé courant en France –, il n'y a pas, dans le monde, de système d'éducation plus raffiné, plus délicat et plus tendre vis-à-vis de la jeunesse que le système anglais actuel ; les dehors sont trompeurs.

L'athlétisme anglais, Messieurs, ne date que d'hier et déjà il envahit le monde. L'histoire de ce grand mouvement n'a pas encore été écrite mais on en connaît les lignes principales. Les noms du chanoine Kingsley et de ses adeptes ne sont pas encore descendus bien avant dans le passé : soixante années ont suffi à cette prodigieuse transformation. Les premiers ouvriers s'inquiétaient moins de faire école que de se procurer à eux-mêmes de saines jouissances. Ils voyaient loin cependant. Une certaine lueur philosophique les environnait : des re-souvenirs de la Grèce, le respect des traditions stoïciennes et une conception assez nette des services que l'athlétisme pouvait rendre au monde moderne ne tardèrent pas à attirer l'attention sur eux. On se moqua d'eux, mais le ridicule ne les découragea point. Quand le mouvement prit de la consistance ils furent attaqués furieusement, avec rage. Mais leur œuvre était déjà sous la protection de la jeunesse. Les Universités d'Oxford et de Cambridge avaient commencé de s'y associer. Elles devaient y trouver le germe de magnifique relèvement, d'une purification bien nécessaire. En même temps, ce grand citoyen, Thomas Arnold, le chef et le type des éducateurs anglais donnait la formule précise du rôle de l'athlétisme dans la pédagogie. La cause fut vite entendue et gagnée. L'Angleterre se couvrit de champs de jeu. Les sociétés se multiplièrent. Vous ne soupçonnez pas leur nombre. Londres en renferme une collection, non pas dans les quartiers aristocratiques mais dans les quartiers pauvres et populaires. Chaque village en compte une ou deux   de sorte que si la loi anglaise ne pourvoit pas à l'éducation physique des enfants, l'initiative privée la remplace largement. Puis, en quittant le sol natal, les fils d'Albion emportèrent avec eux la recette précieuse et l'athlétisme déborda dans les deux hémisphères sous les climats les plus variés.

Aux États-Unis précisément après (l'ère?) de romantisme, nous avons voulu savoir ce qu'il y était devenu et profitant d'un des nombreux congrès qui se groupèrent autour de l'Exposition du centenaire, nous avons répandu en 1889 dans toutes les colonies britanniques et les pays de langue anglaise 7000 exemplaires d'un questionnaire relatif aux jeux, à leur influence sur l'éducation et à leurs progrès. Ces progrès sont incessants et les réponses témoignèrent d'une unanimité qui nous a prouvé que le mouvement ascendant de l'athlétisme atteindrait des proportions gigantesques et que l'expérience de cinquante ans n'avait fait que confirmer partout les doctrines d'Arnold et de Kingsley. Aux États-Unis, pour citer ce pays des chiffres, le Dr Sargent (une autorité en la matière) estime que de 1860 à 1870, 1 million de dollars, de 1870 à 1880, 2   millions 500 000 dollars, enfin de 1880 à 1890, 25 millions de dollars ont été dépensés pour établir des champs de jeu, des salles d'exercice ou fabriquer des appareils, soit un total de 28 millions 500 000 dollars.

D'Australie, du Cap, de la Jamaïque, de Hong-Kong, des Indes, les annuaires des clubs, les règlements des réunions athlétiques donnaient l'impression d'une véritable marée montante que j'estime aujourd'hui – mon calcul repose, je m'empresse de le dire, sur des données très imparfaites – à environ six millions d'individus, en ne comptant que les adultes inscrits comme membres actifs sur les listes de sociétés régulièrement constituées. Je ne fais entrer dans le calcul ni la Belgique et la Hollande où le sport fait chaque jour d'importantes conquêtes, ni les pays où pouvaient exister isolément des groupes d'amateurs.

Une presse spéciale s'est fondée pour savoir les intérêts du monde athlétique. D'innombrables journaux ont surgi. Les résultats d'une partie de base-ball, jouée à   Chicago ou d'une lutte à l'aviron sur le Paramatta font le tour du monde et s'en viennent prendre place dans ce *Times qui ,il* y a quarante ans, annonçait bien timidement dans un petit coin, les premières courses à pied entre Oxford et Cambridge. Les grands jours de rencontres, les affaires s'arrêtent, les bureaux se vident, il y a trêve comme jadis en Grèce pour applaudir la Jeunesse qui passe.

Elle passe, Messieurs, ayant le mérite de ne chercher dans l'effort que l'effort lui-même, de s'imposer des contraintes auxquelles personne ne la pousse, de se ranger sous une discipline doublement efficace parce qu'elle est librement consentie. Il est très noble et très beau de songer à la guerre, il est louable de penser à l'hygiène, mais il est plus parfaitement humain de rendre à l'effort un culte désintéressé et d'aimer les choses difficiles, parce qu'elles sont difficiles, voilà tout.

Cela, c'est la philosophie du sport en général et de notre union en particulier.

- IV -

En 1886, Messieurs, la France n'était pas aussi mal partagée sur le rapport des exercices physiques que quelques personnes semblent le croire. Je ne parlerai pas de ce brave colonel Amoros qui fut certainement un convaincu, mais avait composé un recueil de cantiques religieux et moraux que ses pupilles chantaient en piaffant, ce qui fait que l'armée du salut a bien autant de droit que la gymnastique de voir en lui un ancêtre.

Je me bornerai à saluer au passage les Sociétés de gymnastique, résultat de la défaite... et tremplin de la victoire, espérons-le. Quoi qu'en aient pu dire certains qui les confondent parfois avec cette mascarade enfantine qu'on a appelé les bataillons scolaires, elles ont rendu de grands et nobles services et le sentiment seul qui a inspiré leur formation doit les rendre sacrées à tous les Français. Le Club Alpin aussi mérite une mention pour avoir rappelé à tant de nos compatriotes qu'il y a sur leurs frontières des cimes où l'on peut respirer de l'air qui n'a jamais servi et où l'on emmagasine la santé du corps et celle de l'âme. **L'Escrime** enfin, comment l'oublier ? N'est-elle pas le sport national, celui dans lequel l'Italie seule peut nous disputer la palme, celui qui nous permet de savourer honnêtement la joie de se battre, la plus grande après la joie de vivre ?

En 1886 pourtant, il manquait une aide à l'édifice de l'éducation physique, je ne sais si beaucoup d'architectes s'en étaient aperçus. Mais nul à ma connaissance n'avait exposé un plan précis de la construction projetée. Il en parut un dans le journal *Le Français* à la date du 23 août 1887, et bien que désireux de ne rien mêler de personnel à cet entretien, j'insiste sur cette date par un sentiment dont la légitimité ne saurait être contestée. A cette époque l'Académie de Médecine s'élevait avec force contre le surmenage intellectuel. Il paraît à l'auteur du plan en question que l'on cherchait une issue là où il n'y avait qu'un mur. L'Académie de Médecine s'obstinait à vouloir la révision des programmes pour diminuer le travail mental autant que pour faire place aux Jeux : on n'a pas le temps de jouer disait-elle. Erreur grave, on avait du temps, on en avait suffisamment et nous ne désirons pas qu'on nous en donne davantage, mais on l'employait mal. Quant à l'opinion, elle s'égarait dans un autre sens : pourquoi ne joue-t-on pas chez vous, disait-elle à l'Université. Allons, remuez-vous. Jouez et faites jouer. C'était facile à dire et impraticable à faire. La chose devait venir de dehors, de l'initiative privée, il fallait qu'une société ayant un point d'appui sur chacune des rives entreprît de jeter un pont sur cette rivière. La Sorbonne était l'un de ces points : le Racing-Club et le Stade Français pouvait en être d'autres – ces deux sociétés fondées l'une en 1882, l'autre en 1883 s'étaient ignorées quelque temps. Un homme qui a plus fait qu'aucun autre pour les Sports Athlétiques, M.G. de Saint Clair, les rapprocha le 18 janvier 1887. A la suite d'un rallye couru ce jour-là dans les bois de Ville-d'Avray, l'Union des Sports Athlétiques fut décidée ; elle fut définitivement établie et reçut ses premiers statuts le 29 novembre suivant. Les premiers mois de l'année 1888 se passèrent en entretiens et démarches qui amenèrent la constitution d'un comité pour la Propagation des Exercices Physiques. M. Jules Simon et M. Gréard s'étaient inscrits les premiers. On se réunit le 31 mai et le 5 juillet suivants ; un cross-country interscolaire avait lieu aux environs de Paris. Vous savez le reste, la fondation de la Ligue de l'Éducation Physique, de la Ligue girondine qui groupe les lycées de l'académie de Bordeaux, l'organisation des concours sur tous les points de la France, parfois avec trop de bruit et pas assez de compétence, bref ce grand mouvement qui a abouti pour nous en cinq années au résultat que vous savez, Messieurs, et dont vous être satisfaits : votre présence ici le dit assez.

– **V** –

Partie hachuree par Pierre De Coubertin et probablement sans etre prononcee par lui le meme jour du
25 Nov 1892

Voilà le passé ; que sera l'avenir ?

En trois mots, Messieurs, car il est temps de clore le cycle de cette portion de l'histoire universelle qui vous a été présentée ce soir – en trois mots je vais vous dire quel est le programme que. Ministres responsables, nous proposons à nos électeurs et je crois qu'il a leur approbation. En pédagogie, fortifier nos associations scolaires, en créer de nouvelles dans les milieux où elles n'ont pas encore apparu, rester comme nous le sommes, attachés à l'Université de France au bien de laquelle nous avons conscience de coopérer, faire peu de bruit et beaucoup de besogne, ne recevoir aucune subvention et conserver notre pleine indépendance, enfin introduire lentement et sûrement.

– V –

Voilà le passé, que sera l'avenir ?

Je ne vous le dirai pas parce que le rôle de prophète est un rôle plein de dangers et aussi parce qu'il est grandement temps de clore l'aperçu d'histoire universelle qui vous a été présentée ce soir. L'Union a de grands devoirs à remplir tant envers l'Université qu'envers ses propres adhérents: elle n'y faillira pas.

Quant à l'athlétisme en général j'ignore quelles seront ses destinées, mais je veux attirer votre attention sur ce fait important qu'il présente deux caractères nouveaux cette fois dans la série de ces transformations séculaires. Il est démocratique et international. Le premier de ces caractères assure son avenir : en dehors de ce qui est démocratique, il n'y a plus rien de viable à présent. Quant au second il ouvre devant nous des perspectives inattendues. Il y a des gens que vous traitez d'utopistes lorsqu'ils vous parlent de la disparition de la guerre et vous n'avez pas tout à fait tort mais il y en a d'autres qui croient à la diminution progressive des chances de la guerre et je ne vois pas là d'utopie. Il est évident que le télégraphe, les chemins de fer, le téléphone, la recherche passionnée de la science, les congrès, les expositions ont fait plus pour la paix que tous les traités et toutes les conventions diplomatiques. Et bien, j'ai espoir que l'athlétisme fera plus encore : ceux qui ont vu 30 000 personnes courir sous la pluie pour assister à un match de football ne trouveront pas que j'exagère. Exportons des rameurs, des coureurs, des escrimeurs ; voilà le libre-échange de l'avenir et le jour où il sera introduit dans les mœurs de la vieille Europe, la cause de la paix aura reçu un nouvel et puissant appui.

Cela suffit pour encourager votre serviteur à songer maintenant à la seconde partie de son programme ; il espère que vous l'y aiderez comme vous l'avez aidé jusqu'ici et qu'avec vous, il pourra poursuivre et réaliser sur une base conforme aux conditions de la vie moderne, cette œuvre grandiose et bienfaisante :

Le rétablissement des Jeux Olympiques.

《奥林匹克宣言》
德文版

著作权登记证书
COPYRIGHT CERTIFICATE

No. 00009157

申请者人民出版社（中国）提交的文件符合规定要求，对根据顾拜旦（法国）原作翻译的德文版文字作品《奥林匹克宣言》，申请者以著作权人身份依法享有著作权。

经中国版权保护中心审核，对该作品的著作权予以登记。

登记号为：2007-A-09157；发证日期为：2007 年 12 月 28 日。

（中华人民共和国国家版权局 作品自愿登记专用章）

Olympische Deklaration
Ansprache an der Sorbonne
25. Nov. 1892

In der heutigen Welt gibt es drei sportliche Zentren: Berlin, Stockholm und London. Drei verschiedene Systeme wurden an diesen drei Orten begründet und danach an anderen Orten verbreitet. Diese Systeme sind populären Begriffen der Antike entlehnt und wurden waehrend des Mittelalters und der Renaissance bewusst oder unbewusst uebernommen und tradiert. Sie lassen sich begrifflich zusammenzufassen mit Wettbewerb, Gesundheit und Sport. Vorab möchte ich kurz ihre Entwicklung in der modernen Welt erörtern und dann auf die Rolle Frankreichs in dieser Bewegung eingehen. Wir nennen diese Bewegung *Renaissance des Sports*.

I

Das letzte Jahrhundert begann mit einer Tragödie und endete in einem von Chaos und Unruhe gepraegten Frieden. In diesem Jahrhundert, in dem das Geistige immer mehr an Bedeutung gewonnen hat, muss man fuer das Sportliche allerdings eine Art des Stillstands konstatieren. So Mancher wird wahrscheinlich intensiv über die Gründe dieses Phaenomens reflektieren. Das ist aber nicht unser Thema. Wie wir alle wissen, war sportlicher Wettbewerb Ende des 18. Jahrhunderts nicht sonderlich populär. Unterhaltung und Vergnügungen wurden immer beliebter. Die Briten sind ein besonders gutes Beispiel. Sportliche Aktivitäten im Freien waren nicht mehr so beliebt wie waehrend der Tutor- Epoche. Eine Figur wie Thomas Arnold oder andere Befuerworter sportlichen Wettbewerbs waren noch nicht in Erscheinung getreten. England ist eine instabile Nation mit substanziellen Schwachpunkten. Ohne die Grosstat Napoleons, der die Englaender gleich dem Nordwind, der Eis und Schnee wegfegt, stoppte, waere diese Nation wegen ihres gegebenen Charakters sicher schon zerfallen. In Frankreich z.B. wurde der Tennissport schon lange nicht mehr gepflegt. Nur der zeremonielle Eid wurde beibehalten. Die Zeit, als Gouberville am Strand Cotentins Tennis spielte, umringt von der Dorfjugend, ist lange vorbei. Simeon Luce fand Notizen über diese Wettkämpfe in historischen Dokumenten. Laut diesen Dokumenten gab es z.B. Ringkämpfe zwischen Pfarreien verschiedener Dörfer. Die Pfarrer aus Avranches nahmen während den jährlichen religiösen Feiern mit großem Interesse am Hockeyspiel teil. Die politischen Fuehrer hielten das Denken der Antike hoch und planten, auf dem Champs de Mars sportliche Wettkaempfe aehnlich den Olympischen Spielen zu veranstalten. Allerdings fehlte ein notwendiges Elemen: die Wettkämpfer. Auch wenn manche Jungendliche sich begeistern liessen und ihre Geschicklichkeit am Klettermast demonstrierten, um den Preis eines Lammschinkens oder einer Flasche Rum in Empfang zu nehmen, reichte das bei weitem nicht aus. Damals gab es weder Sportbünde noch eine nationale Sportarena. Unternehmungen dieser Art erstickten bald wieder im Keim.

Erst in Frankreich, dann in Ägypten, Deutschland, Spanien und Russland setzten französische Soldaten durch ihre Tapferkeit und großartigen Erfolge in den letzten 20 Jahren die Welt in Erstaunen. In einer kurzen Zeit wurden die in den vergangenen Jahrhunderten angestauten Energien einer Nation frei gesetzt. Das war das Blut Frankreichs, was zwar in den Städten unrein geworden war, auf dem Land aber immer noch frisch pulsierte.

Meine Herren, Sie kennen doch unsere Soldaten. Wenn es ihnen an Kräften fehlt, sammeln sie halt neue!

Oh Gott! Wie dringend brauchte Frankreich nach den vielen langfristigen und schweren Kriegen eine Pause! Man kann deswegen gut verstehen, warum die Franzosen danach auf Muskeltraining verzichteten und lieber Domino spielten. Nach dem Triumph schienen sie ein bisschen müde und schläfrig, während eine andere alte Macht sich schnell von einer schrecklichen Niederlage erholte und sich bemühte, ein neues Reich zu gründen. Der sportliche Wettkampf wurde deshalb in Berlin wiederbelebt.

Man sagt häufig, Lehrer waren die eigentlichen Gewinner auf dem Schlachtfeld in 1866 und 1870. Wenn das der Grund ist, warum sich unser Erziehungswesen so schnell entwickelte und unsere Schulen im ganzen Land blühten, sollten wir dafür dankbar sein. Meiner Meinung nach wurde die Funktion der Lehrer an Grundschulen allerdings uebertrieben während der Einfluss ihrer Kollegen, der Leibeserzieher, übersehen wurde.

Meine Herren! Seit der Jena-Kampagne hat Sport in Deutschland Konjunktur. Sport macht vital. Ganz allgemein ist es eine Art militärischer Ausbildung. In Deutschland werden Hierarchie, Gehorsam und Ernst hoch geschätzt. Schon im Kindergarten muss man Schlange stehen, sich ständig auf seinen Vorgesetzten konzentrieren und auf Befehle warten. Als Schüler muss man jeder Zeit sowohl physische als auch geistige Flexibilität bewahren, damit man möglichst schnell auf einen Befehl reagieren kann. Das ist doch die Bedeutung des Sports in Deutschland. Die Vorteile und Nachteile von so einer Erziehungsideologie ist leicht zu bemerken. Und für Studenten ist eine Schlägerei mit ihren Kollegen das lustigste Vergnügen. Eine Narbe aus einer Schlägerei auf dem Gesicht wird deswegen als ein Ehrenzeichen gewertet. Deutsche bekommen durch strenge Ordnung eine tiefe Freude in ihren Herzen, was für Briten und Franzosen unverstaendlich ist. Wenn man eine deutsche Universität besichtigt oder an einer Studentenvereinigung teilnimmt, wenn man sich anschaut wie die Deutschen sich nach einem Befehl zuprosten, ist die Leidenschaft dieser Nation für Disziplin leicht zu verstehen. Militaristisches Gedankengut hat Deutschland in diesem Jahrhundert überall infiltriert. Auch bei der Gründung einer revolutionären Partei können sich Sozialisten nicht vom Militarismus trennen.

Wie ich gesagt habe, ist Sport in Deutschland voller Vitalitaet. Nur mit dieser Voraussetzung ist es erst optimal. Das bedeutet also, die Sportler müssen immer von einer kriegerischen Denkart ermutigt werden und in ihrem ganzen Leben kriegslustig bleiben. Falls Deutschland diese Ideologie aufgibt, werden die zahlreichen inländischen Sportbünde gleichzeitig zerfallen. Als Ergebnis eines 20-jährigen Friedens gibt es in Deutschland schon neue Entwicklungen des Sports. Statt für irgendeinen anderen Zweck bemühen sich heutige junge Sportler für sich selbst. Wenn sie Hürden laufen, springen sie möglichst flink und hoch. Im Kampf ist es aber unmöglich, mit nackten Beinen und Armen und einem enganliegenden Wams zu kämpfen. Kaum kümmern sie sich um ihre Noten, sondern denken daran, wie sie mit Waffe und Gepäck alle Hindernisse erfolgreich ueberwinden. Wenn die Kämpfer nicht mehr von der Ehre des Armeebeitritts begeistert werden können, dann verliert ihr Sport Sinn und Motiv und wird langweilig. Auch die Wettläufer betonen das Individualismus-Prinzip. Kollektivität ist nicht ihr Thema. Wer am schnellsten läuft gewinnt.

Vom natürlichen Standpunkt betrachtet ist Sport in Deutschland aber künstlich. Grundlegende Elemente des Trainings entsprechen nicht dem Kern des Sports. Mit irgendeinem hehren Zweck wird das Sportliche als etwas großartiges und erhabenes propagiert, damit die Kämpfer mit begeisterter Freude das strengste Training akzeptieren können. Was ihren heutigen Erfolg geschaffen hat, meine Herren, koennte ihnen eines Tages zum Untergang gereichen.

Aber dennoch hat das deutsche Sportideal in den USA und Australien seine Nachahmer. Von Frankreich werde ich nachher erzählen. In den obengenannten zwei Staaten wurden zahlreiche Sportbünde gegründet. Die Briten brachten der Welt Bibel und Rasentennis und die deutschen Immigranten trugen Sauerkraut und Gymnastik in ihre neuen Wahllaender. Wie Sie wissen haben die deutschen Immigranten in den letzten Tagen die Aufmerksamkeit der ganzen Welt auf sich gezogen. Wäre ich Amerikaner, würde ich den „Zwischenfall" für ein Zeichen der Krise meiner Nation halten. Die in den USA aufgewachsenen und wohnenden Deutschen haben trotz der Trennung durch den Atlantik in der Tiefe ihres Herzens ein starkes Heimweh und eine Leidenschaft zu ihrem Vaterland bewahrt. Unaufhörlich nennen sie den Namen ihres Kaisers, rufen Schmerzliches und Schweres in ihren Gedaechtnissen auf, das sie selbst nie erlebt haben. Durch deutsche Sprache und Gewohnheiten hoffen sie sogar, die neue Welt zu germanisieren. In der neuen Welt wachsen sie frei auf und sind nie auf die Idee gekommen, in ihre Heimat zurueckzukehren. Ihre Vorfahren nachahmend organisieren sie viele sportliche Aktivitaeten für ihre Kinder.

Wenn Sie sagten, dass dem obengenannten Sport die Vorraussetzungen fehlen, nämlich militärisches Bewusstsein und Anbetung des Schlachtfeldes, bitte ich Sie, davon abzusehen, meine Herren. Konzentrieren Sie sich bitte nicht nur auf die Kaufleute, Unternehmer und Geschaeftsleute unter den 69 Mio. Einwohnern. Die USA haben ihre Ideologie und schätzen die Wissenschaft, sind gleichzeitig aber auch ein militärischer Staat. Zwar ist der Einfluss des Buergerkriegs vom materialen Standpunkt betrachtet verblasst, aber der psychologische Schatten und das Echo sind immer noch in den Herzen aller Amerikaner. Das vom Krieg hinterlassene Beben erschüttert sie bis heute. Der Patriotismus der Amerikaner, kann ich sagen, gehört zu den Ausgepraegtesten auf der ganzen Welt.

Im West Point, wo die militärische Tradition von Frankreich hoch geschätzt wird, wurde eine Elitegruppe aus den Offiziers von der Föderationsarmee gegründet. Das ist nicht das einzige Beispiel. Heute haben alle Staaten ihre eigene Armee. Wahrscheinlich werden diese Armeen als reine Verteidigungstruppen missverstanden. Zwar habe ich keine Zeit, die Funktion dieser Armeen zu untersuchen, aber ich kann Ihnen folgendes sagen: es sind starke Armeen. Ein Beispiel ist der erfolgreiche Einsatz der Armee in Pennsylvania. Es war natürlich nicht der richtige Zeitpunkt. Es ging um keinen Kampf gegen ausländische Feinde, sondern um die Wiederherstellung der öffentlichen Ordnung nach einem blutigen Streik. Innerhalb von vierundzwanzig Stunden war das Problem geloest.

Oftmals wird die Armee nach deutschem Vorbild organisiert und verwaltet. Die ist eine besondere

Mixtur: britsiche Einfluesse gehen Hand in Hand mit z.B. deutscher Disziplin. Falls die USA ihre Marine wiederaufbauen würde, koennte sich ihr Unternehmungsgeist offensiv nach aussen entfalten. Meiner Meinung nach wird in kurzer Zeit aus den USA eine krieglustige Macht. Aus obengenannten Ursachen hat der erloschene kaempferische Sportgeist der Spree seine neuen Anhaenger am Mississippi gefunden. Hier macht die Zeit keine Ausnahmen. Irgendwo erwaechst eine große Ambition, eine starke Begierde nach Revanche oder Änderung des Status Quo glimmt empor, gerade dort findet der kaepferische Sportgeist seinen Nährboden, verwurzelt sich, wächst und blüht.

In Australien gibt es nur wenige deutschen Immigranten, von ihnen wird deswegen selten gesprochen. Doch wurden auch hier einige Sportbünde gegruendet. Zwar ist der Militarismus hier nicht so weit verbreitet und so bedeutend wie in den USA, erregt aber dennoch die Aufmerksamkeit der Oeffentlichkeit. Im wirtschaftlichen und politischen Einflussgebiet Australiens waren einige Unruhen ausgebrochen. Zwischenfälle gab es z.B. in Samoa und auf den New Hebriden, dann der starke Aufruf zur Eroberung New Caledonias, und die nach Sudan verschickten britischen Hilfstruppen, um nur einige Beispiele zu nennen.

Es scheint, dass ich vom Thema Sport bereits zu weit abgekommen bin und zu viel über Diplomatie gesprochen habe. Eigentlich möchte ich nur ein wichtiges soziales Theorem aufstellen, nämlich die zahllosen Verbindungen zwischen Geist, Ambition, Ideologie, politischer Orientierung und dem Stellenwerts des Sports in einer Nation.

II

Das war die Situation in Deutschland, meine Herren. Im folgenden werde ich mich Schweden zuwenden. Verglichen mit Deutschland scheint der Sport in Schweden eine pastorale Sonate zu sein, wohingegen er in Deutschland sich wie eine heroische Symphonie ausnimmt. Die Schweden sind eine glückliche Nation. Von deren Geschichte in den letzten hundert Jahren gibt es kaum etwas zu berichten. Sie konzentrierten sich darauf, in Friedenszeiten das Eislaufen zu entwickeln, das der körperlichen und geistigen Gesundheit dient. In der gleichen Zeit haben sie eine andere typische sportliche Aktivität, die zwar nicht außerordentlich aussieht, und nach „Ling", dem Namen vom Gründer benannt wird. Eislaufen foerdert die physische Robustheit und vereinigt Physis mit geistiger Balance. Schweden betonen die Ruhe des Geistes und lieben tiefes Durchatmen. Eislaufen ist daher die richtige Sportart fuer sie. Im skandinavischen Winter fuehren sie ihre Eislaufwettkämpfe aus und genießen die Zeit. Dafuehr gebuehrt ihnen mein Respekt.

In Deutschland, London und den New York wurden sukzessive schwedische Sportbünde etabliert. Dr. Lagrange, ein Mitglieder unseres Bunds, ein guter und berühmter Freund von uns, hat einmal eine Untersuchung des Sports an Ort und Stelle gemacht. Alle Leser von „Kollision zweier Welten" wissen, was für einen Eindruck ihm das Sanatorium in Stockholm hinterlassen hat. „Sport in Schweden," so Lagrange, „ist ein Sport der Schwachen." Es stimmt. Das ist eben die Ursache, warum wir diesen schwedischen Nationalsport nicht akzeptieren wollen. So ein gemächlicher Sport ist nur geeignet für Kinder und Alte. Vom wissenschaftlichen Standpunkt betrachtet ist er auch gut fuer Kranke. Genau diese medizinische Bedeutung ist es, die Dr. Lagrange interessierte. Im seinem Werk schrieb er so: „Die in Stockholm studierenden französischen Ärzte werden mit etwas voellig Neuem konfrontiert. Anfaenglich werden sie von den zahlreichen Sportarten in den staatlichen und privaten Sanatorien verwirrt. Nach und nach jedoch verstehen sie besser und versuchen, Sportarten zu klassifizieren. Ihnen wird dann klar, dass Schweden bezwecken, Sport zur geeigneten Zeit und richtig dosiert zu treiben. Nach einer intensiven Untersuchung des Muskelsystems gewannen sie die Erkenntnis, dass Sport im Verbund mit Massage auch Herzkrankheiten heilen kann. Die Wirkung scheint deutlich zu sein. Die Schweden suchen daher seit einem halben Jahrhundert mit großer Geduld in ihren Sanatorien den richtigen Weg zur Gesundheit. Darauf müssen wir achten. Sport in Schweden zielt ab auf die Jugend, damit sie fit und gesund aufwaechst. Auch fuer Kranke ist er foerderlich, damit sie schneller genesen. Für junge Menschen ist das jedoch von sekundaerer Bedeutung. Was diese brauchen ist ein ausgepraegtes Konkurrenzbewusstsein und das ist dem schwedischen Sport fremd. Langsam, relaxend und ohne Eile sind die Bewegungsablaeufe des Eislaufens. Kraft ist nicht erforderlich.

Wie Sie wissen, bemühen sich junge schwedische Sportler nicht mehr und ihnen fehlt das Konkurrenzbewusstsein. Wir erteilen ihnen keine Lektion, sondern machen uns ein Gespött aus ihnen, wie in Chams Cartoon: Im Garten Tuileries laesst eine Mutter die Hand ihrer Tochter los und sagt: „Viel Spaß, mein Herzchen. Aber pass auf dich auf! Erkälte dich nicht! Zerknittere deinen Rock bitte nicht! Verschmutz deine Schuhe nicht! Lass den Schlips unaufgeschnürt. "

In Schweden gibt es auch Reformer, die sich bemühen, Sport in Schweden „männlicher" zu machen. In Schweden werden diese Leute, genau so wie Reformer anderswo, zumeist mit Argusaugen betrachtet und ein wenig schief angesehen. Jedoch werden sie sich eines Tages mit ihren Ideen durch, frueher oder später. Wenn der Sport in Schweden nicht mehr nur primaer auf Kranke und Schwache abzielt, würde er sich sicher reibungslos in der ganzen Welt verbreiten. Dafür tue ich gern alles in meiner Kraft stehende.

III

Meine Herren, am Anfang unserer Diskussion haben wir schon aufgezeigt, dass der tief verwurzelte Glaube an den Sport im Herzen der Briten ein Missverständnis ist. Für jene Leute, die diesen Glauben aufrecht erhalten, ist Großbritannien ohne Sport unvorstellbar. Deswegen war das unvorstellbare Phänomen beim Wechsel der Jahrhunderte umso erstaunlicher. Einst populäre Sportarten gerieten aus der Mode, wohingegen die Jägerei, ein Spiel der Reichen, populaer wurde, als die Bourgeois ihre früheren Lieblingsbeschaeftigungen - Erholung und Unterhaltung auf dem Land immer mehr einbuessten. Ein harter Boxkampf oder ein Bootswettbewerb auf der Thames finden häufig statt. Alle Teilnehmer sind professionelle Spieler. Die Zuschauer verloren viel Geld bei Wetten und Lotterien. Diese Sache hatte überhaupt nichts mit Sport zu tun. Im damaligen Großbritannien gab es nur zwei Beschaeftigungen: Geschaefte machen und sich vergnuegen. Schulen sind ein Spiegelbild der Gesellschaft. Die Schüler haben keine Ahnung und die Lehrer kümmern sich gar nicht darum. Die hervorragendste Tugend ist Disziplin. In der grobschlaechtigen und formlosen Institution Schule kann man keine Erzieher finden, die sublime Formen und Inhalte zu vermitteln in der Lage sind. Dennoch gibt es heute auf der Welt kein anderes Erziehungssystem, das so gut und vollendet ist wie das System in Großbritannien. Das ist meine Meinung. In Frankreich urteilen die Menschen natuerlich vielfach anders. Externe Phänomene sind allerdings häufig irreführend.

Meine Herren, zwar ist die Leichtathletik schon überall in der Welt anzutreffen, aber in Großbritannien nahm diese Sportart ihren Anfang. Trotz ihrer relativ kurzen Geschichte moechte ich kurz auf die Entwicklung der Leichtathletik eingehen. Der Name Canon Kingsley ist vielen noch ein Begriff. Anfaenglich bestand wenig Interesse an Theorie. Ziel war ein zufriedenes und gesundes Leben. Dennoch hatten Kingsley und seine Anhaenger Weitblick. Ihr Standpunkt war philosophisch untermauert, griechische Reminiszenzen, eine Achtung vor der Tradition des Stoizismus und ein klares Bild was den Sinn der Leichtathletik im globalen Kontext betrifft waren ihnen zu eigen. Ihre Ideen und Visionen wurden verlacht. Ja, man attackierte sie sogar heftigst. All dies konnte sie aber nicht entmutigen. Standhaftigkeit zahlt sich aus. Mithin, Erfolg stellte sich ein. Ihre Anhaenger nahmen an Zahl zu. Oxforder und Cambridger Eliten gehoerten dazu. Thomas Arnold, Vorbild aller britischen Erzieher, erlaeuterte den Sinn und die Funktion der Leichtathletik im Bereich Erziehung. Seine Meinung wurde sofort akzeptiert und unterstützt. Zahlreiche Sportstadien wurden gebaut und Sportassoziationen gegruendet in Großbritannien. Es gibt eine oder zwei davon in jedem britischen Dorf. Auch wenn Sportunterricht laut britischer Gesetze an den Schulen nicht vorgeschrieben ist, gibt es jedoch eine Vielzahl privat organisierter sportlicher Betaetigungsmoeglichkeiten. Auswandernde Briten haben ihre wertvollen Traditionen, inkl. der Leichtathletik, in die Welt getragen.

Lassen Sie mich nun uebergehen zu den USA. 1889 haben wir im Rahmen der Ausstellung anlaesslich des 100. Nationalfeiertags Frankreichs 7,000 Frageboegen in englischsprachigen Ländern und den englischen Kolonien verteilt. Inhaltlich ging es um die Entwicklung des Sports und seine Bedeutung im Erziehungsbereich. Die Auswertung ergab, dass Sport immer wichtiger wird. Der Einfluss der Leichtathletik ist beachtlich. Die Prognosen Arnolds und Kingsleys vor fünfzig Jahren finden sich bestaetigt. In den USA, wo Statistiken so beliebt sind, betrugen nach Schätzungen Dr. Sargents, einer der Autoritäten in diesem Bereich, die Investitionen in den Bau von Sportstadien und die Produktion von Sportartikeln und Sportausrüstung im Zeitraum 1860-1870 1 Mio. US Dollar, 1870-1880 2,5 Mio. US Dollar und 1880-1890 25 Mio. US Dollar. Das Volumen betrug insgesamt also 28,5 Mio. US Dollar.

Dieser Trend findet sich bestaetigt in den Jahrbuechern der Sportbünde Australiens, Cape Towns, Jamaikas, Hongkongs und Indiens. Nach meiner Schätzung beträgt die Anzahl registrierter Mitglieder in legalen sportbezogenen Assoziationen und Verbaenden etw. 6 Mio.. Diesbezuegliche Statistiken Belgiens und der Niederlande sind hier nicht beruecksichtigt und von vielen Laendern liegen keine einschlaegigen Zahlen vor. Ungeachtet dessen gibt es auch dort zahlreiche Sportaktivitäten und Anhaenger des Sports.
Die Vorzuege der Leichtathletik sind uns hinreichend bekannt. Taeglich wird in den Zeitungen darueber berichtet. Die Ergebnisse eines Baseballspiels in Chicago oder eines Ruderwettbewerbs in Panama werden weltweit verbreitet. Die Times z.B. berichtet seit 40 Jahren regelmaessig über den Wettlauf zwischen Oxford und Cambridge. An dem Tag des Ereignisses verlassen die Menschen ihre Arbeitsplaetze, um wie in der Antike, dem sportlichen Ereignis beizuwohnen und die Wettkaempfer anzuspornen.

Meine Herren, wonach die Menschen streben, liegt in der Natur der Sache. Sie sind streng gegenüber sich selbst und wahren Disziplin. Aus freien Stuecken sind sie bereit, Leistung zu bringen. Es ist zwar ehrenhaft, über den Krieg nachzudenken, aber viel verdienstvoller und menschlicher ist es, über die Gesundheit zu reflektieren. Die Bedeutung von Tugenden wie z.B. Mut und Strebsamkeit wird uns dann bewusst. Wir lernen, Herausforderungen anzunehmen und Schwierigkeiten als Chance zu begreifen.

Worüber wir bislang diskutiert haben, ist die allgemeine Philosophie des Sports, die unser Bund bis heute hochhaelt.

IV

Das Erscheinen Frankreichs auf der Buehne des Sports 1886, meine Herren, war bedeutsamer, als so mancher annahm.

Bei dieser Gelegenheit möchte ich kurz etwas über sportliche Bünde sagen. Sie sind ein Ergebnis der Niederlage des Kriegs. Wir hoffen, dass sie irgendwann einmal zu einem Sprungbrett des Sieges werden können. Obwohl manche Leute ihnen gegenueber keine gute Meinung haben, spielen sie doch eine wichtige Rolle. Das Gefühl der Erhabenheit, das sich im Zuge der Gründung und Entwicklung dieser Bünde einschlich, ist den Franzosen etwas Besonderes. Es erinnert meine Landsleute an die glanzvollen Zeiten unserer Nation, an vorher nie geatmete frische Luft und an die Einheit von Körper und Geist. Und nun ein Wort zum Fechten: nie werden wir die Duelle mit den Italienern, die ja besonders gute Fechter sind, vergessen. Beim Fechten erfreuen wir uns am Kampf und das bereitet uns Genuss.

1886 waren die Investitionen in den Aufbau von Sportanlagen kärglich. Es gab einige oeffentlich ausgeschriebene Projekte, aber keine umfassende konzeptionelle Planung. Im Gegensatz dazu sprossen damals medizinische Einrichtungen wie Pilze aus dem Boden. Die Initiatoren des Programms hatten ein Problem. Sie suchten nach Wegen, dem Sportlichen zu einer groesseren Bedeutung an diesen Einrichtungen zu verhelfen. Die Mitarbeiter zu sportlichen Aktivitaeten zu bewegen war allerdings schwierig. Man haette keine Zeit dafuer, hiess es. Das scheint mir fadenscheinig zu sein. Wir haben doch Zeit. Wir haben genug Zeit. Mehr Zeit brauchen wir nicht. Problem ist vielmehr, die Zeit sinnvoll zu nutzen. Fragen wir uns doch einmal selbst. Warum treiben wir keinen Sport zuhause? Fangen wie doch einfach damit an! Treiben wir Sport und ermuntern die Leute um uns herum, uns zu folgen. Das ist natuerlich leichter gesagt als getan. Anreize und Motivation sind erforderlich und Menschen, die etwas bewegen. M.G. de Saint Clair war so eine Figur. Auf seine Initiative wurde am 18. Januar 1887 ein Leichtathletik-Wettkampf in Ville d'Avray veranstaltet. Danach kam es zu einer Diskussion über die Gründung eines Leichtathletik-Bundes. Am 29. November des nächsten Jahr wurde der Bund offiziell begruendet. Anfang 1888 folgte die Gruendung des Komitees für Leibesuebungen. Unter den ersten Mitgliedern waren Jules Simon und Gerard. Nachfolgend wurden Sportwettkaempfe zwischen Schulen veranstaltet. Was dann passierte, wissen Sie alle: der Sportbund und die Girondin-Assoziation wurden gegründet, die Schulpartnerschaften landesweit foerderte. Manchmal laesst sich also durchaus eine gewisse Dynamik in den Entwicklungen beobachten und das ist gut. Haette sich vor ein paar Jahren nichts getan, waeren wir nicht da, wo wir heute sind. Wir koennen zufrieden sein.

V

Soviel zur Vergangenheit. Wie soll aber unsere Zukunft aussehen?

Ein von einem Minister aus unserem Wahlbezirk unterstütztes Programm gibt nach meinem Meinung die Richtung vor, das anerkannt wird. Gefordert wird z.B. die Gründung neuer Sport-Bündnisse, speziell dort, wo es keine Schulen gibt, die engere Verbindungen mit den französischen Universitäten, mehr Taten und weniger Gerede, keine finanzielle Unterstützung sowie Behaltung totaler Selbständigkeit.

Soviel zur Vergangenheit. Wie soll aber unsere Zukunft aussehen?

Über die Zukunft werde ich Ihnen kein Wort sagen. Es ist gefährlich, Prophet zu sein. Es ist auch schon Zeit für mich, meinen Rückblick der Geschichte zu beenden. Für Universitäten und ihre Mitglieder hat unser Bund noch viel zu tun. Er hält sein Wort.

Wie immer werde ich nie versuchen, ein zukünftiges Bild von der Entwicklung der Leichtathletik zu malen. Ich möchte Ihnen aber eine wichtige Tatsache sagen. Die Sportart ist mit einer langen Entwicklung durch zwei neue Charakter gekennzeichnet, nämlich Demokratisierung und Internationalisierung. Die vorne ist eine Garantie für ihre Zukunft. Bis heute gibt es außer Demokratisierung noch kein anderer Weg. Die zweite hat uns eine unerwartete Aussicht geschaffen. Sie können wahrscheinlich meinen, dass jene Leute am heillichten Tag träumen, weil sie glauben, dass der Teufel vom Krieg nie mehr zurückkommen wird. Es kann natürlich richtig sein. Es gibt dennoch die Leute, die die Wahrscheinlichkeit des Kriegs für immer geringerer halten. Und ich glaube, diese Leute sind keine Träumer. Telegrams, Eisenbahnen, Telefons, Wissenschaft, Konferenzen, und Ausstellungen scheinen einen gewichtigeren Beitrag zum Weltfrieden zu leisten als rein diplomatische Aktivitaeten. Deswegen hoffe ich, dass die Leichtathletik mehr machen kann. Hätte man die Szene davon gesehen, dass 30,000 Leute im Regen ein Fußballspiel zuschauen, würde er meine Worte nicht mehr übertreibend finden. Unsere Kanuspieler, Leichtathleten, Fechter zu exportieren kann eine Art von freiem Austausch in der Zukunft sein, und eine neue und starke Unterstützung für den gewünschten Frieden unser ehrenvoller Europas werden.

Das vorliegendes reicht für mich schon aus, mit dem zweiten Teil meiner Planung anzufangen. Hoffentlich würde ich, wie immer, Ihre Unterstützung bekommen. Mit Ihrer Unterstützung werde ich immer nach dem auf der Grundlage der modernen Lebenskonditionen liegenden, ehrenvollen und wertvollen Ziel streben, die Olympiade und ihren Geist wiederzubeleben.

《奥林匹克宣言》
日文版

著作权登记证书
COPYRIGHT CERTIFICATE

No. 00009161

申请者人民出版社（中国）提交的文件符合规定要求，对根据顾拜旦（法国）原作翻译的日文版文字作品《奥林匹克宣言》，申请者以著作权人身份依法享有著作权。

经中国版权保护中心审核，对该作品的著作权予以登记。

登记号为：2007-A-09161；发证日期为：2007年12月28日。

オリンピック宣言

ソルボンヌ大学での講演
1892 年 11 月 25 日

　現代世界には、ベルリン・ストックフォルム・ロンドンという3つのスポーツの中心があります。そこではそれぞれ異なる3つのシステムが確立されていて、それが他の地域に広がっています。そのシステムは古代世界に広く通用していた理念に基づいたもので、中世とルネッサンス期において人々が意識的、無意識的に継承してきた理念であります。それは、簡単にいえば、戦争、健康、スポーツという3つの言葉に集約することができます。私はその特徴と現代におけるその発展状況について簡単に説明し、最後にこの偉大なる動きにおいて、フランスが果たした役割について紹介したいと思います。この動きとは、我々が「スポーツ復興」と呼ぶものです。

―

　この世紀は、悲劇のなかに始まり、混乱と不穏な平和のなかに終わりを告げようとしています。そして今世紀は、頭脳労働がもてはやされ、スポーツは実質的に停滞した時代でもあります。このアンバランスの根本的な原因について考える人もいるでしょうが、このことは我々が今語ろうとしていることの範囲を超えています。我々が見てきたように、18 世紀末には激しいスポーツや男性的な競技種目はもはや流行らず、人々は娯楽やひまつぶしを求める方向にありました。この点でイギリスは典型的な例といえましょう。この時のイギリスでは、人々はすでにテューダー朝の時代のようにアウトドア活動を好まず、また、この時代のイギリスにはまだ、トーマス・アーノルドなどの競技スポーツの創始者はいませんでした。この不安定な民族は、天性の粗暴さのなかに軟弱さを垣間見せ、北風が氷雪の溶解を妨げるように、ナポレオンがグレート・ブリテンを奮い立たせることがなければ、このような天性がその没落を決定的にしたことでしょう。フランスでは、古式テニスはとっくにすたれて、人々はそのなかでの宣誓の儀式を残すのみで、この運動をするものはもはやいなくなりました。このような時代はすでに過ぎ去り、もう戻ることはないのです。コタンタン半島の海辺に、毎週日曜日の午後、グーベルヴィール旦那がテニスをしに出てきて、近隣の村のたくましい青年たちがそれを取り巻いて見ていました。これらの村の教区間では格闘技やレスリングが行われましたが、シメオン・ルーツェ氏が調査した羊皮紙にこれらの競技についての記載が見つかっています。ここには、アブランシュの聖職者も、毎年の宗教的な祭日に、砂浜の上で楽しくホッケーを行っていたとも記されています。これらはみな、古代ギリシア思想崇拝が強かった総裁政府時代（1795～1799 年）に失われてしまいました。総裁政府がパリのマルス広場でオリンピックに似た活動を行ったときには、一つの基本的な要素、「競技者」を欠いていたのです。定期市から数人の少年たちを引き寄せ、彼らは棒をのぼってそのてっぺんにある羊の脚やリキュールの瓶を奪おうとしたものの、組織性・競技性のあるスポーツには遠く及ばないものでありました。なぜなら当時、スポーツクラブや運動場はまだ建てられておらず、このような活動を推進し、維持することができなかったからです。総裁政府が行った競技スポーツ活動は一時的なものに過ぎず、ほんのわずかな間しか行われませんでした。

それと同時期に、フランスの国境ひいては世界各地で、エジプトのピラミットの下でも、ドナウ川河畔でも、スペインでも、そしてモスクワのクレムリンの城壁の下でも、フランス兵士は 20 年間にわたる勇敢で非凡な戦争をもって、空前絶後の強さを世界に見せ付けました。このわずかな期間に、彼らはこの民族が数世紀にもわたって蓄えてきた力を発揮したのであります。彼らの血は、古式テニスのプレーヤーやグーベルヴィール旦那たちと同じく、軟弱な人たちのものでも摂政時代（1715～1723 における放埓な人たちのものでもありません。これはフランスの熱き血であり、都市ではすでに混濁してしまったものの、地方にはいまだ純潔なまま残っているものであります。

紳士方よ、我々の戦士とはいかなるものかご存知でしょう。彼らは力が尽き果てようとも、新たな力を生み出すことができるのです。

ああ、神よ、長期にわたる勇敢なる戦いののち、フランスは休息を必要としていたのです！フランスが彼らの疲れ果てた筋肉を鍛えるのではなく、ドミノをやるのを選んだことも十分理解できます。勝利の帰還ののち、疲れ果てて眠りを欲していたのです。そのとき別の場所では、徹底的で完全な、恐ろしいまでの失敗が、別の力を生み出していました。その力がドイツ帝国を建立したのであります。このようにして、ベルリンに軍事競技スポーツが生まれたのです。

1866 年と1870 年の戦争における真の勝利者は、学校の教師であるとよく言われます。この敗戦のために我々の国家の至るところに学校がつくられ、大衆教育が発展したのならば、喜ばしいことだったといえましょう。しかし私には、小学校の教師の役割というのが強調されすぎて、彼らの同業者、体育教師が軽く扱われすぎているように感じられるのです。

紳士方よ、イエナの戦いの後、ドイツではスポーツの熱狂的なファンと信者が生まれました。彼らのスポーツ主義が広まり、その信徒が続々と増えていきました。厳格なトレーニングに基づいた、力に重点をおいたこのスポーツは、一言で言えば軍事的訓練でありました。ドイツでは人々は階級や絶対服従、厳格さを重んじます。それは子どものころから始まり、小学生はきちんと整列し、指導者に視線をすえ、スタートの号令を待ちます。中学生になると、彼らは常に筋肉を鍛え、注意力を磨き、最初の命令ですみやかに動くことができるように訓練します。これがドイツのスポーツの目的であり、我々はこの目的がもたらすメリット・デメリットについて、簡単に見通すことができます。大学生になると、彼らの最大の楽しみは同級生との殴り合いのケンカを行うことであり、顔にできた傷は彼らの勲章となります。彼らの生活は、どんな細部においても驚くべき一致性をもちます。というのは、この厳格な規定が心の底からの快楽を生むのであり、これはイギリス人やフランス人には理解できないものです。現在でも、ドイツの大学を訪れ、大学生のパーティに参加すれば、命令に服して全員が杯を干す光景を見ることができるでしょう。これによって、この民族の紀律性に対する熱狂の程度を知ることができます。軍国主義思想は今世紀、ドイツ全域に浸透し、社会主義者でさえも、革命党を組織する際、いくぶんか軍国主義的色彩をもっていたのであります。

　前に申し上げたとおり、ドイツのスポーツは力に重きを置いていて、このような条件のもとでのみ効果をもつのです。この力を保つため、すべてのスポーツマンは生涯を通じて好戦的な教育を施され、好戦的なイデオロギーによって、絶えず鼓舞されなければなりません。もしいったんドイツがこのイデオロギーを放棄すれば、国内の無数の体育団体はすぐに瓦解してしまうでしょう。ドイツの一部の地域ではスポーツは発展しつつあり、これは 20 年間にわたる国内外の平和の結果であります。若いスポーツマンたちはある種の目標のためではなく、自分のために努力をするようになりました。彼らがハードル・レースに参加するならば、最も巧みな方法でできる限り高く飛び越えます。しかし、戦争中には、人々はすねも腕もむき出しで、ぴったりとした服を身につけるわけではありません。その時のスポーツマンは、武器と荷物をもって、いかにすばやくハードルを越えるかについて考えねばならず、この競技の成績については心を悩ます必要はありません。また、軍隊に参加するという栄光を感じなくなれば、すべての動作は遅く無力となり、魂と力を欠き、無意味なものとなってしまうでしょう。同じように、リレー競技は行われなくなり、ランナーはふたたび個人主義に戻ってしまいます。彼らは全体的効果について関心をもたず、歩調の統一にも注意を払わず、早くゴールにつくことだけが関心事となってしまうのです。

　運動の角度からみれば、ドイツのスポーツは人為的なものです。トレーニングのなかにはスポーツのもとの目的に符合しないものも含まれます。ドイツのスポーツは自然ではなく、人が目的性をもたせたものなのです。訓練を受ける者にある種の偉大さと崇高さを訴え、その情熱を高めて、トレーニングを受けさせる。紳士方よ、これがドイツに成功をもたらしたものであり、将来的には失敗をもたらすものかもしれないのです。

　ドイツのスポーツにはアメリカとオーストラリアという後継者がいます。ここではフランスについては少しおいておきましょう。このふたつの国ではたくさんの団体がつくられました。イギリスは世界にテニスと聖書をもたらしました。テニスラケットと聖書、このふたつはイギリス人がいつでも持ち歩いているものです。国外に移住したドイツ人はピクルスと体操を伝えました。みなさまもご存知のように、ドイツ移民はアメリカにおいて大きな人口と影響力をもちます。最近、いくつかの出来事が世界中の注目を引きました。もし、私がアメリカ国民ならば、これは民族的危機であると受け取るでしょう。アメリカに住むドイツ系の人々はヨーロッパのドイツに対して深い慕情をもっており、この自由の国に生まれ育った彼らは、祖国が遠く大西洋に隔てられていても、かつては耐えられなかった圧迫を絶えず褒め称え、ドイツ皇帝の名を誇りを持って口にするのです。彼らは言葉と習慣によって新世界をドイツ化しようという夢想さえもっています。この新世界のなかで彼らは成長し、かつ、祖国に戻ろうという考えはもちません。彼らは祖国の方法にならって、自分の子どもたちのために多くの体育団体を組織しました。混乱した体制のなかで、これらの団体は似たような組織をもちながらもそれぞれに独立した存在であり、その地の人々はこれをスポーツと呼んだのです。

　しかし、このようなスポーツは私が先ほど申しました成功のためのカギ、すなわち軍事的センスと戦場崇拝を欠いていると思われる方もおられるかもしれません。決してそのようにはお考えにならないように。あなたは6900万人の住民のなかの商人や企業家、ビジネスマンしかみていないのです。アメリカは、科学を崇拝すると同時に、軍事国家でもあるのです。物質的に見るならば、南北戦争の痕跡はすでに消失していますが、精神的にはその痕跡はいまだくっきりと残っています。アメリカ人にとって、この巨大な戦争がもたらしたショックは今日まで尾を引いているのです。さらに、あえていうならば、アメリカ人の愛国心は私が見るところ、最も強烈で深い感情の一つです。人々はそこから欲するものをすべて得られるのです。

　フランスの軍事的伝統はウエストポイント陸軍士官学校に重んじられ、連邦軍の士官という精鋭団体を生み出しました。これだけではなく、いまやアメリカのすべての州には自己の軍隊があります。これらの軍隊がたいした力がない形だけの自衛隊であると思ったら、それは間違いです。私にはこの軍隊の役割について研究する時間も力もありませんが、3つの事実だけは述べておきましょう。軍隊の人数、完全な軍事装備、そしてこのたび、ペンシルヴァニアに見られたような突出した動員能力です。当然このときは動員の時期ではありませんでした。これは突然の召集で、外敵に対抗するためではなく、ストライキ中におこった流血事件の秩序維持のためでした。商人やビジネスマンは24時間以内にすべての仕事をなげうち、25時間目には彼らは武器を手にして、指定された地点に現われたのです。

　これらの軍隊の大部分はドイツ方式により指揮・組織されています。これは特殊な混合体で、一方でイギリス義勇兵的な公衆道徳をもち、他方でドイツ軍人式の強烈な規律意識をもっています。いまアメリカは海軍を立て直しており、これを終えたのちには、この目的意識は征服欲へと変化していくことでしょう。私は遠くない将来、アメリカ政府は好戦的な政府になると思います。これらの理由から、シュプレー川河畔で衰えつつある軍事化されたスポーツは、ミシシッピ川の岸辺で新しい崇拝者を得るだろうと私は考えます。いつでも、実現させたい大きな野望がある限り、そして、強烈な報復意識がある限り、あるいは奴隷制度を打破したいという願いがある限り、軍事的なスポーツは復活する可能性があるわけなのです。

　オーストラリアには、ドイツからの移民は少ないため、言及されることが少ないのですが、ここにもいくつかの団体が生まれています。この地の軍国主義は、アメリカのものほど広範でも強烈でもありませんが、やはり人々の注目を浴びています。オーストラリアの政治・経済の中心地では、サモア事件、ニューヘブライズ（現在のヴァヌアツ）事件、ニューカレドニア占拠の世論、ニューサウスウェールズ州から派遣されたスーダンのイギリス人援助のための民兵部隊など、一連の騒動もおきています。

　ここまでくると、スポーツというテーマからはずれて、外交問題に向っているようにお思いでしょうか。実際のところ、私はこの重要な社会的法則を強調したかったに過ぎないのです。それは、イデオロギー、野望、方針、民族性と、その国のスポーツに対する態度と組織方法のあいだには、切っても切れない関係があるということです。

二

　紳士方よ、以上はドイツの真実の状況です。次にスウェーデンの事情について話してみましょう。ドイツのスポーツからスウェーデンのスポーツに移ることは、英雄交響曲を聴き終わったのち、続けて田園交響曲を聞くのに似ています。スウェーデンは幸福な民族で、この 100 年間、語るべき歴史をほとんどもちません。彼らは平和のなかで心身によい民族的体育種目、スケートを発展させ、さらに平凡にみえながらも独特なスポーツ、我々がその創始者の名をとり、リング体操とよぶものを生み出してきました。

　まず、リング体操とスケートでは、明らかにスケートのほうがスウェーデンの人々の心を捉えてきたということを申し上げておかねばなりません。彼らの健康的な身体とスケートによって得られた心身のバランスが、このスポーツに独特な風格を与えています。この穏やかな心、このむらのない呼吸が彼らに活力を与え、その偉大なる発明者に感謝をささげさせるのです。彼らが北方の凛と冷えきった空気のなかで、熱い氷上レースを繰り広げ、スカンジナビア半島の冬の健康な楽しさを享受するとき、私もまたある種の尊敬の念を抱かずにはおれません。

　ただしこれはスウェーデンの体操に価値がないといっているわけではありません。ドイツやロンドン、ニューヨークで、この体操は少しずつ行われるようになっています。我々の著名な友人ラグランジェ博士はわれわれの連盟の顧問ですが、この体操について実地考察を行ったことがあります。『ふたつの世界の衝突』をお読みになっている方はストックフォルムのサナトリウムについて覚えていらっしゃることと思います。「スウェーデンのスポーツ活動は、弱者の運動である」と、彼は書いています。これは、まさにそのとおりなのです。これはまた、我々がこのスポーツを受け入れようとしない理由でもあります。このゆるやかなスポーツは子供や老人にのみ適しているのです。科学的な角度からみれば、病人にも適しているのでしょう。ラグランジェはまさに医療という観点から、このスポーツに興味をもったのです。彼は以下のように書いています。「ストックフォルムで勉強したフランスの医者は、彼にとってすべてが新鮮な体験に遭遇します。公立や私立のサナトリウムでさまざまな体操が行われているのを見て、当初、彼はまるで理解できませんでした。しかし、彼はしだいに理解してゆき、最終的にはこれらの効果的な体操は分類できることを知り、スウェーデン人が求めているのは、定時に、きまった程度の体操をするというふたつのことだという総括を得るに至ったのです。」これらの医療的な体操は、筋肉システムに関する深い研究のうえに確立されています。医療作用はトレーニングとさまざまな強さのマッサージによって得られ、心臓病を治すなど、さまざまな効果をもたらします。このため、半世紀以上にわたってスウェーデン人はサナトリウムに身体の健康をもとめてきたのです。ここに私たちは気をつけねばならないのですが、スポーツ愛好者は通常は病人ではないのです。これが、いま私たちが語らなければならない問題です。スウェーデンのスポーツは青少年に焦点をあてていて、誤った道に迷い込みやすい年齢の彼らを、正道からそれないようにさせるものであります。また、このスポーツは病人にも注目しており、トレーニングにより、老人の健康を取り戻すのが、そのメリットといえましょう。しかし、青年たちにはあまり影響力はありません。彼らが必要としているのは、これらのスポーツがすでに放棄してしまった、努力と競争意識なのです。これらのスポーツでは、力は運動の程度によってではなく、運動の幅によって獲得されます。人々はしだいに、せっかちでないやり方を覚えてゆくのです。競争意識に関しては、このスポーツの信条は、人々は相互に競争すべきでなく、自分と戦うべきだ、ということなのです。

　我々がもし若いスポーツマンたちの努力と競争意識を棄てさせようとするならば、まず彼らの血管のすべての血液を抜いてしまうべきなのです。一滴でも残しておけば、彼らは競争意識を捨て去ることはありえないと、私はあえて言います。実際のところ、彼らにこのような教訓を与えるのは、彼らをあざけっているにすぎないのです。これはチャムの漫画を連想させます。それは、チュイルリー公園で、一人の母親が娘から手をはなし、娘にこう言っているものです。「楽しく遊びなさい、かわい子ちゃん。でも、体を冷やしちゃだめよ。あと、スカートを皺にしないでね。靴もよごしちゃだめよ。カールをのばしてはだめで、蝶ネクタイをほどくのもだめよ。」

　スウェーデンには革新派も存在します。いわば、彼らはスウェーデンのスポーツをもっと男っぽいものにしようと努力しています。しかし、人々は彼らを疑いと好奇の目で見ています。革新者は常にこういった待遇を受けるものなのです。ただしいつの日か、彼らが勝利を得る日がくるでしょう。スウェーデンのスポーツがもはや病人や弱者のためだけのものでなくなったとき、それが全世界に伝わるのを妨げるものはないと、私は思います。そして私も、そのために私の全ての力を注ぐのに躊躇しません。

三

　紳士方よ、私たちはこの討論のはじめに、すでにこれらの人々の過ちについて見ています。彼らはイギリス人の心のなかに深く根をおろしたスポーツに対する愛好は、永遠に衰えることがないと考えているのです。これらの人々は往々にして彼らが眼にしたものはずっと存在してきたのだと考えます。彼らからいえば、スポーツのないイギリスなんてあり得ないのです。しかし、前世紀末から今世紀初めにかけて、大衆的なスポーツ活動が衰退し、大資産家が生まれて狩猟権を独占し、田舎の小資産家たちが大好きな娯楽を奪ったことが人々の注意を引いたのです。至る所にボクサーたちの決闘やテームズ川のボートレースが見られますが、それはそれを専門とした人々による、人々から賭け金をうばいとる賭博にすぎません。これらの活動にはまったくスポーツの精神と競技の精神が見られないといっても差し支えないでしょう。当時のイギリスにはふたつの生活様式しかありませんでした。まじめにあるいはふまじめに商売をやるか、徹底して享楽を楽しむか、です。学校はまさに社会の縮図であります。いかなる団結観念もなく、指導者もこれに対する関心はうすく、学生のなかで最強のものが勝利を収めるという法則なのです。このような荒削りで不健全な教育体制のもとで、教育者がその才能によって優雅さと緻密さを育て上げたなどとは、想像もできないことでしょう。私はこの点において、世界でイギリスほど完全できめ細かく、かつ若者にやさしい教育体系を持っている国はないという、フランスに普遍的に存在する見方に同意しないのであります。それは、表面的な現象が人々に誤解を与えているにすぎないのです。

　紳士方よ、イギリスの陸上競技は始まったばかりですが、すでに全世界に広まっています。この偉大なスポーツはまださほどの歴史をもっていませんが、我々はその軌跡の概略を知ることができます。キングスレー牧師とその弟子たちの事跡はまだ忘れられてはいませんが、60 年という時間は、これらに不思議な変化を生み出すのに十分でした。最初の支持者は自分の健康と快楽を得ることに関心があった人たちで、派閥を打ち立てることには興味をもっていませんでした。ただし、彼らは将来への見通しをもっていて、その見方は一種の哲学的意味を帯びていました。古代ギリシアへの回帰とストア派の伝統への尊重、そして競技スポーツが現代社会にもたらす効果という明らかな理念によって、彼らはすぐさま世間の注目を引きました。人々は彼らをあざ笑いました。しかしその嘲笑は彼らを弱気にさせることはありませんでした。スポーツが開始されたばかりのころ、彼らは猛烈な攻撃を受けました。しかし、彼らの成果はすでに青年たちの支持を得ていたのです。オックスフォード大学とケンブリッジ大学はすでにこれに参加していて、彼らはここから「ルネッサンス」の芽、必要としていた一種の浄化力を得たのであります。同時に偉大な公民、イギリスの教育界のリーダー・模範であるトーマス・アーノルドが、陸上競技が教育に与える作用の具体的な公式を提出したのです。彼の見解はすぐに受け入れられ、認められました。そのため、イギリスにたくさんの運動場が造られ、想像も絶するほどの数の各種団体が出現したのです。ロンドンにもたくさんの団体がありましたが、貴族居住区ではなく、平民や貧民の居住区にありました。どの村にもひとつかふたつの団体ができました。イギリスの法律では子供たちのための体育課程は規定されていないのにもかかわらず、民間で起こったこのムーブメントはこの不足を補って余りあるものでした。その後のイギリス人は祖国を離れるときには、陸上運動という貴重な経験をもって行き、国境をこえ、全世界のさまざまな環境のなかに普及させたのであります。

　アメリカのロマン主義時代以降の現在の状況を、我々は知りたいと思いました。1889 年、フランス大革命百年記念の万国博覧会において一連の会議が開かれた際に、我々はある会議の席で、すべてのイギリス植民地と英語国家に 7000 枚のアンケート用紙を配り、体育・スポーツ競技とその教育への影響と発展について、アンケートをとりました。留まることなく進歩し続けているということが、そのアンケートから一致して読み取れたのです。陸上運動の高まりはすでにかなりの規模に達しており、50 年という時間がアーノルドとキングスレーの学説が正しいことを証明しました。数字を尊重する国家であるアメリカでは、サージェント博士（その分野の専門家）の試算によると、運動場、体育館や施設などへ投入された資金は、1860 年から 1870 年までは100 万ドル、1870 年から 1880 年の間は 250 万ドル、1880 年から 1890 年の間には 2500 万ドルにもおよび、合計 2850 万ドルにもなるとのことです。

　オーストラリア、ケープタウン、ジャマイカ、香港、インドなどのクラブの年鑑や陸上競技の規則は、人々にこのブームの高まりを感じさせてくれます。私の手元にある、このあまり完全ではない数字によると、今日、合法的な団体のメンバーに登録されている成人は約 600 万人であります。この数字にはベルギーとオランダは含まれておらず、ここでも多くの人々がスポーツに参加しています。さらに独立したアマチュア体育愛好団体をもつ国家も含まれていません。

　このブームの高まりに従って、スポーツをテーマとした専門刊行物も生まれていて、多くの新聞も出現しています。シカゴで行われた野球の結果やパラマタ川で行われたボートレースの結果はすぐに世界中に伝わり、「タイムズ」の紙面の一面を占拠するまでになっています。ここ 40 年の間、「タイムズ」はオックスフォードとケンブリッジの競走結果をけちけちと紙面の隅で紹介してきました。重大な競技の開催日には、みな仕事を止め、事務所を空にして、古代ギリシアのように、すべてを投げ打ち応援に駆けつけたのです。

　紳士方よ、彼らは努力そのもののために努力してきました。彼らの自己に対する要求はきわめて高く、それにはいかなる強制力もありません。彼らは各種の規則を守り、自ら望んでやっているため効果が高いのです。戦争が高尚なことだと考えられるのならば、健康はさらに称賛に値することがらです。それは戦争よりも人間的で、努力に対して無私の崇拝を捧げさせ、人に困難に挑む勇気を与え、困難なことがらをやり遂げさせます。それだけです。

　以上が、一般的な状況のもとでの体育スポーツの哲学で、私たちの連盟の哲学でもあります。

四

　紳士方よ、1886 年時点のフランスにおけるスポーツ参与の状況は、一部の人々が考えるほどにはひどくはありませんでした。私はここではアマソス大佐（注：スペインの将校でのちにフランスに亡命、フランス初の体操クラブを設立）については、触れません。彼はまさにそういった見方をしている人ですが、宗教道徳の聖歌集を編纂し、子どもたちに歌を歌いながら足踏みをさせました。正確に言えば、彼はスポーツを作り上げたというより、新たな救世軍を創建したようなものです。

　私はこれらの体育団体をついでに挙げただけですが、それらが失敗の結果に終ったものの、勝利へ向かう踏み台となることを願っています。彼らが学校のなかで稚拙な遊戯を行っているに過ぎないという見方をする人もいますが、彼らの大きな役割と彼らの訓練を励ます独特な情感は、すべてのフランス人に尊敬の念を起こさせるのに足ります。アルプス登山クラブを例にあげましょう。彼らは我々の同胞に、わが国の国境にこのような高峰があることを思い出させ、我々がここでいまだかつて吸ったことのない空気を吸い込むことで、心身の健康を得させるのです。最後にフェンシングについて触れましょう。これについては、忘れるわけにはいきません。フェンシングは国民的スポーツで、イタリアだけがこのスポーツにおいて我々に対抗することができるものです。フェンシングのなかで、我々は格闘という真の喜びを体験することができます。これは生存につぐ快楽であるといえましょう。

　しかしながら、1886年になるまで、体育教育機構を欠いていました。私にはどれだけの計画者がこの点について気がついていたかわかりませんが、私が知っている限りでは、体育建設の計画について、何ら具体的な案は提出されませんでした。1887年8月23日付の『フランス人』で、ひとつの案が発表されました。私はこのたびの会議で、個人について言及するのを望んでいませんが、この日時については、公正な観点からみても、言及しないわけにはいきません。当時、フランス医学科学院は頭脳の使いすぎに反対していました。しかし、その提案者が探し当てた出口は壁で塞がれていました。医学科学院は学校の課程配分を変え、頭脳労働を減らし、スポーツと訓練を増やすという方針をとっていました。その理由は、学生にはトレーニングの時間がない、ということでした。これが大きな間違いなのです。時間はあるだけでなく、十分にあるのです。もっと多くの時間が必要なのではなく、適切な時間の使い方が必要なだけなのです。人々はまた、一つの過ちを犯していました。なぜあなたのところではトレーニングをしないのか、と人々は学校に食ってかかりました。行きなさい。運動しなさい。あなたのトレーニングは、他人のトレーニングの励みになります。言うことはやさしいのですが、行うことは難しいのです。原動力は外、民衆の意欲から生まれます。川の両岸に支点となる団体があって初めて、その川の上に橋をかけることができるのです。ソロボンヌ大学はまさにこの支点のうちの一つなのです。そして、体育クラブとフランス体育館がそのほかの支点になります。このふたつの機構はそれぞれ1882年と1883年につくられ、長い間お互いに交流はありませんでした。競技スポーツの分野で、素晴らしい貢献をした人物がいます。彼は、M.G.デュ・サン・クレア氏で、1887年1月18日にこの二者の連合を成し遂げました。ヴィレ・ド・アブレイでラリーが行われ、この日に陸上運動連盟の成立が決定したのです。翌年の11月29日、この連盟は最終的に法律で承認されました。1888年初め、多くの議論と作業をへて、体育運動推進委員会が設立されました。ジュールス・シモン氏とジェラード氏がその第一回目の委員となりました。翌年の5月31日と7月5日に会議が召集され、同時にパリ郊外でインターハイクロスカントリー障害競走が行われました。そののちの展開については、みなさんもよくご存知でしょう。スポーツ同盟とジロンディン協会が成立し、後者はボルドー学区にある高校を集めて、フランス各地で競技を行いました。ときには掛け声ばかりで実が伴わないこともありましたが、この5年間の偉大な運動が、とうとう今日の成果を生み出したのです。紳士方よ、みなさまはこの成果に満足なさっていることと思います。みなさまが本日、ここにいらっしゃったという事実が、これをよく証明しているといえます。

五

　過去はこのとおりですが、未来はどうなるのでしょうか。

　紳士方よ、今晩の締めくくりとして、歴史の回顧を3つの言葉で行いたいと思います。私は皆様方に、関係部門の部長が我々の支援者に提出した綱領を申し上げます。私はこの綱領が、支援者の方々に認められるのを信じております。すなわち、教育分野において、我々の教育機構を堅固なものとし、学校がない地方には新しい機構を設立し、フランスの大学と緊密な関係を保って、意識的に協力しあうこと。空論を排除し、実際に行動し、いかなる資金援助も受けないということ。そして、十分な独立性を保つこと、です。

　私は未来について申し上げることはできません。というのは、予知を行うのはとても危険で、また、今晩は歴史の回顧によって締めくくるべきだからです。大学と我々の会員に対して、連盟はまだやるべきことがたくさんあります。約束は必ず守らなければなりません。

　陸上運動が将来的にどのように発展するかは申し上げられませんが、ひとつの重要な事実を申し上げておきましょう。この一連の発展の過程のなかで、2つの新しい特徴がみられるということです。それは、大衆化と国際化です。前者はその前途を保障することになるでしょう。大衆化以外に、別の道はありません。第二の特徴については、驚くべき未来を開いてくれることになるでしょう。彼ら、戦争はなくなると思っている人のことを、空想主義者だと思う人もいるかもしれません。あなたにはあなたの理屈があると思いますが、戦争発生の機会がしだいに減っていくと考える人もいます。私はこの考えを空想だと否定しません。明らかに、電報・鉄道・電話・科学尊重・議会・展覧などは、外交条約や契約に比べれば、平和に対する貢献度は大きいのです。このため、私は陸上運動が、さらに多くの平和への貢献をすることを希望しています。三万人が雨をものともせず、サッカーを観るためだけにサッカー場にやってくるのを自ら目撃した人は、これを私の誇張だとは言わないでしょう。我々のボートレース選手や競走選手、フェンシング選手を国外に送り出しましょう。これは将来的に自由な交流になります。これが古いヨーロッパで盛んになれば、平和事業は新しい強大な支持を得るでしょう。

　以上のことに励まされて、私はこれから計画の次の段階を考えたいと思います。私はここにお集まりの皆様に、これまでと変わらないご支援をお願いしたいと思います。みなさまの援助によって、私はこの現代生活を基礎とする偉大で、かつ有益な事業の実現、すなわちオリンピック復興を、くじけず続けていくことができるのです。

《奥林匹克宣言》
俄文版

著作权登记证书
COPYRIGHT CERTIFICATE

申请者人民出版社（中国）提交的文件符合规定要求，对根据顾拜旦（法国）原作翻译的俄文版文字作品《奥林匹克宣言》，申请者以著作权人身份依法享有著作权。

经中国版权保护中心审核，对该作品的著作权予以登记。

登记号为：2007-A-09155；发证日期为：2007 年 12 月 27 日。

Олимпийский ренессанс

Лекция в парадном зале Сорбонны
25 ноября 1892 года

В современном мире есть три спортивных центра: Берлин, Стокгольм и Лондон. Здесь были созданы три спортивные школы, которые затем получили   распространение во всём мире. Эти школы были основаны на известных в древние времена понятиях, которым, сознательно или бессознательно, следовали во времена Средневековья и Возрождения. Их можно обобщить в трех словах: война, здоровье   и спорт. Мне хотелось бы коротко рассказать об их характерных чертах и развитии в современном мире, а в заключение ознакомить вас с ролью, которую сыграла Франция в этом грандиозном движении. Это движение назвали возрождением спорта.

I

Нынешний век начался трагически и скоро завершится мирно, но с хаосом и тревогой. Сегодня, когда бурно развивается умственный труд, спорт находится в состоянии упадка. Может быть, кто-то будет думать о коренных причинах подобного явления, но это не тема нашего разговора. Мы видели, как в конце 18 века тяжёлая   атлетика перестала быть популярной, люди стали искать увеселение и развлечение. Особенно ярко это проявилось в Великобритании. В то время Великобритания уже не стремилась к главенствующей роли, как было во времена правления Тюдоров; у неё еще не появился Томас Арнольд и другие учредители атлетических упражнений. Это не сильная нация, у которой в грубой натуре таится некая слабость, если Наполеон не сделал Великобританию сильной, как северный ветер прекратил таяние льдов, то такая натура определила бы ее упадок. Во Франции теннисный корт был заброшен, там люди присягали, а не занимались спортом. Безвозвратно прошло то время, когда   на песчаной отмели полуострова Котантен, каждое воскресенье, во второй половине дня, аристократы из рода Губервилль играли в теннис, а вокруг стояли здоровые молодые люди из соседних деревень. В деревнях, входивших в эту епархию, проводились состязания по борьбе, ведь господин Симеон Лус нашел на прочитанных им пергаментах   описание подобных состязаний. По свидетельству описания, даже миссионеры Авранчеса с удовольствием   принимали участие в матче по хоккею на отмели в дни религиозных праздников. Всё это исчезло в эпоху Директории, когда стремились к идее Древней Греции. Когда Директория собралась провести мероприятия, подобные Олимпиаде, на Марсово поле в Париже, выяснилось, что не хватает необходимого элемента: соперников. Допустим, можно   привлечь с рынка   подростков, которые должны были достать приз - баранью   ногу или бутылку ликёра – с верхушки   высокого шеста, но это   не достаточно для   атлетического спорта. Тогда ещё не был создан Спортивный клуб и не было   Французского стадиона,   поэтому не было возможности проводить подобные соревнования постоянно. Состязания под инициативой Директории проводились недолго.

Но в то же время французские солдаты во время смелой и небывалой двадцатилетней военной кампании сначала, во Франции, а затем во всем мире, под пирамидами   Египта, у реки Дунай, в Испании, у стен Кремля в Москве,   показали свою необыкновенную силу. За этот короткий промежуток времени они отдали силы, накопленные этой нацией в течение нескольких веков. Они отдали свои сердца и кровь, так же, как те теннисисты аристократы из рода Губервилль, а не те слабые и распущенные люди эпохи Регентства. Это кровь Франции, которая, хотя уже мутная в городах, но осталась чистой в деревне. Господа, вы знаете, какие   наши воины!

Когда у них не хватает сил, они могут их восполнить!

После длительных и мужественных битв Франции был очень нужен отдых, бог мой! Поэтому мы можем понять, почему она стала играть в домино вместо того, чтобы тренировать усталые мускулы. Вернувшись с победой, она хотела отдыхать. А с другой стороны, окончательное, полное и страшное поражение разбудило другую упрямую силу, которая стремилась к созданию Германской империи. И так в Берлине появились военные виды спорта.

Мы часто говорим, что в битвах 1866 и 1870 гг. настоящими победителями были учителя школ. Именно поэтому, если у нас в стране везде открываются школы и бурно развивается народное образование, то нам следует радоваться. Однако, я считаю, что в этом плане мы переоценили роль учителей начальных школ и упустили из виду их коллег, учителей физкультуры.

Господа, после битвы под Йеной в Германии появились фанатичные сторонники и убежденные последователи спорта, которые стали распространять его строгие правила, и они нашли множество последователей. Эти правила основывались на строгом выполнении упражнений, требовавших полной отдачи сил, одним словом, суть их заключается в военной подготовке. В Германии люди соблюдают сословные различия, субординацию и бдительность. С детства школьники должны становиться в строй, смотреть в глаза вышестоящих начальников и ждать от них команды; а подростки средней школы должны всегда поддерживать гибкость мускулов и иметь железную волю для того, чтобы всегда быть готовыми. Вот в чем заключается цель германского спорта. Легко обнаружить достоинства и недостатки подобной идеи. Для студентов самое большое развлечение – это драться с другими студентами, а шрамы на лице, оставшиеся от драк, стали даже предметом гордости. Даже в мелочах они обнаруживают поразительное единство. Поэтому вышеуказанные строгие правила нашли в их душе отклик, чего не могут понять англичане и французы. Сегодня, стоит только посетить один из германских вузов, участвовать в вечере германских студентов и увидеть, как они, услышав команду, как один выпивают до дна, будет понятно, до какой степени эта нация дисциплинированная. Милитаризм в этом веке проник во все поры Германии. Создавая революционные партии, даже социалисты милитаристические идеи рассматривают как само собой разумеющееся.

Как я уже отметил, германский спорт требует полной отдачи сил. Он эффективен только при таких условиях. Однако, для того, чтобы поддерживать силы, спортсмены должны всю жизнь находиться под влиянием милитаристических идей и быть постоянно внушаемы идеями о войне. В случае, если Германия откажется от этой идеи, бесчисленные спортивные ассоциации сразу бы быстро распустились. В некоторых землях Германии уже появился спорт, это результат двадцатилетнего мира как в стране, так и за ее рубежом. Молодые спортсмены стали стараться для самих себя, а не для каких-либо целей. Если они занимаются барьерным бегом, то они перескакивают через барьеры очень легко и высоко. Однако, на войне нельзя ходить в трико с голыми ногами и руками, спортсменов больше всего беспокоило то, как можно ловко перескакивать через препятствия с оружием и вещмешком, а не то, можно добиться успеха или нет. Так же, если служба в армии не даст им стимул к светлому будущему, то они станут медлительными и бессильными в движениях, без души, движущей силы и смысла. Так же будет проводиться и эстафетный бег: у бегунов появится индивидуализм, и они уже не будут думать о коллективном результате и о том, идут они в ногу или нет. Для них самое важное: кто быстрее, кто будет первым.

С точки зрения естественности, германский спорт не является таковым: сами спортивные упражнения не отвечают их первоначальной цели. Они неестественные. Люди целенаправленно пропагандируют тренировками некое великое и благородное дело, чтобы у них появился энтузиазм, и они были готовы. Господа! Вот именно это принесло им успех, и в конце концов, это же может привести к их распаду.

Однако германский спорт нашел последователей в США и Австралии, пока не будем говорить о Франции, о чем упомяну позже. Множество ассоциаций было создано в этих двух странах. Англичане дали всему миру теннис на траве и Библию, эти две вещи присущи им. Германские переселенцы распространили - солёные овощи и гимнастику. Насколько вам известно, в США огромное количество германских переселенцев, у них большое влияние. Недавние события привлекли к себе внимание всего мира. Если бы я был гражданином США, то я бы считал, что эти события - проявление национального кризиса. Немцы, проживающие в США, глубоко преклоняются перед Германией, находящейся в Европе. Хотя они росли на этой свободной земле и находятся далеко от родины, за Атлантическим океаном, они все время воспевали угнетение, чего сами не переживали, с гордостью громко выкрикивали имена кайзеров Германии. Они мечтали германизировать новый мир благодаря языку, привычкам и нравам. В этом новом мире они благополучно выросли, не имея никаких мыслей о возвращении. Они создали для своих детей множество спортивных ассоциаций, подражая своей родине. Эти ассоциации существуют разрозненно, и там их называют «спортом».

Наверное, вы скажете, что у такого спорта не хватает ключевых условий для успеха, о чем я только что упомянул: милитаристическое сознание и преклонение перед войной. Прошу не думать так, господа. Среди 69 млн. жителей вы увидели только бизнесменов, предпринимателей и торговцев. США представляет собой страну идеи и науки, но одновременно она является и милитаристической страной. Хотя зримые следы войны между Севером и Югом уже исчезли, но в душе эти следы остались. Шок американцев, вызванный этой грандиозной войной, распространился на весь современный мир, и я могу сказать, что чувство патриотизма у американского народа - одно из самых сильных и самых глубоких, что я увидел. Благодаря этому люди могут добиться всего, чего хотят.

В военном училище Вест Поинт, где французские военные традиции пользуются широким признанием, образовался коллектив, в составе которого лучшие офицеры Федеральной армии. Не только здесь, теперь в каждом штате США есть своя армия. Может быть, люди считают, что они народная гвардия, существующая только формально. У меня нет достаточного времени и сил для изучения деятельности этих армий, но я могу назвать вам три факта: количество служащих, усовершенствованное военное снаряжение и выдающиеся способности к мобилизации, проявленная недавно в Пенсильвании. Конечно, это не самый подходящий момент для мобилизации. Это неожиданный вызов, направленный не на отпор внешних врагов, а на поддержание порядка в ходе кровопролитного инцидента, связанного с забастовкой. В течение 24 часов коммерсанты и бизнесмены полностью прекратили работу, а в следующий день они уже появились на местах назначения с оружием.

Эти армии были сформированы в основном по германскому образцу. Это своеобразный смешанный коллектив, которой присуща гражданская мораль английских добровольцев, с одной стороны, и строгая дисциплинированность германских солдат, с другой. США занимаются восстановлением морского флота. Как только они завершат эту задачу, то их активность в деле превратится в стремление к агрессии. Я считаю, что будущее правительство США станет милитаристическим. По вышеизложенным причинам милитаристический спорт, возникший у реки Шпрее, нашел новых последователей у берегов Миссисипи. В любое время, пока здесь есть грандиозные алчные цели, желание мстить и покончить с рабовладельческим строем, у подобного милитаристического спорта будет возможность укорениться и дать ростки.

В Австралии очень мало германских переселенцев, поэтому редко ее упоминают. Однако и здесь появились некоторые ассоциации. Хотя здесь милитаризм не имеет такое широкое и сильное влияние, как в США, он пользуется вниманием широких масс. В некоторых экономических и политических центрах Австралии произошли мятежи, такие, как инциденты на острове Самоа, в Новых Гебридах, призывы занять Новую Каледонию, а также народная армия из Нового Южного Уэльса выступила с поддержкой англичан в Судане и пр.

Может показаться, что я отошел от темы спорта и стал изучать дипломатию. На самом деле я хочу только подчеркнуть это важное социальное правило: тесную связь между идеями, алчными устремлениями нации, её отношением к спорту, а также методами организации спортивных состязаний

II

Господа, это обстановка в современной Германии. А теперь перейдем к реальной ситуации в Швеции. Когда речь заходит о спорте в Швеции после обсуждения спорта в Германии, такое ощущение, как будто, прослушав симфонию о герое, стали слушать пастораль. Граждане Швеции – счастливая нация. За сто лет у них было немного инцидентов, которые можно вписать в историю. Живя в мире, они занимались национальными видами спорта, полезными для физического и духовного здоровья – катались на коньках, а также другим, на первый взгляд, обыкновенным, но своеобразным видом спорта, который назвали в честь учредителя – линг-атлетика.

В первую очередь мне следует отметить, что по сравнению с линг-атлетикой, катание на коньках пользуется большей популярностью среди шведов: их крепкое здоровье и прекрасная гармония физического и духовного состояния при катании сделали этот спорт своеобразным. Спокойствие на сердце, ровное дыхание дают им энергию, они благодарны тому, кто первый встал на коньки. Я невольно даже позавидовал, когда они в Скандинавии на северном морозном ветру проводили оживленные соревнования на льду и наслаждались здоровым зимним весельем.

Однако это не означает, что этот шведский вид спорта не представляет никакого интереса. Тут также начали создавать свои организации в Германии, Лондоне и Нью-Йорке. Наш друг, можно сказать, наш известный друг, доктор Лагранж, член нашего Союза, провел экспедицию, изучил данный спорт на месте. Те, кто прочитал книгу «Столкновение двух миров», хорошо знают, какое впечатление оставил у него «санаторий» в Стокгольме: «Шведский спорт-, написал он , - является спортом для слабых людей». Вот в чем дело. В этом и заключается причина, почему мы не хотим его принимать. Такой медленный и неторопливый вид спорта подходит лишь для детей и пожилых людей. С точки зрения науки, он хорош и для больных. Именно с медицинской точки зрения, он вызвал интерес у Лагранжа. «Французские врачи, обучающиеся в Стокгольме-, писал он, - встречаются с абсолютно новыми для них вещами». Различные виды упражнений в государственных или частных санаториях вначале ввели его в заблуждение. Но, в конце концов, он разобрался и сделал классификацию упражнений на гибкость, в результате чего пришёл к выводу, что шведы стремились к двум целям: заниматься спортом в определенное время и в определенном количестве. На основе проведенного, весьма углубленного, исследования мышечной системы они выдвинули смелые соображения относительно данного спорта, имеющего медицинский эффект. Благодаря упражнениям и массажу – это также является неизбежным результатом занятий спортом – он смог даже лечить сердечные заболевания, более того имел отличный результат. Поэтому шведы, которым за 50 лет, с энтузиазмом поправляют своё здоровье в санаториях. Это единственное, на что нам следует обратить особое внимание. Однако любители спорта чаще всего не являются больными. В этом заключается и тема нашего разговора. Спорт в Швеции для подростков, чтобы они встали на правильный путь в те годы, когда им легко сбиться с правильного пути; для больных, чтобы благодаря упражнениям пожилые люди снова обладали здоровьем. Вот в этом его преимущество. Но он не имеет влияния в мире молодых людей, ведь им нужно то, от чего этот спорт отказался: требование прилагать усилия и дух соревнования. Занимаясь этим видом спорта, можно стать более здоровым, но не сильным. Люди медленно двигаются, не торопясь. Что касается борьбы, то цель данного спорта такова: люди не должны конкурировать друг с другом, а бороться с самим собой.

Поэтому понятно, если заставить наших молодых спортсменов отказаться от усилий и духа состязания, то в первую очередь следует выжать всю кровь из их кровеносных сосудов. Ведь если у них останется хоть одна капля крови, то, я обещаю, они не откажутся от борьбы. Такие уроки они могут воспринимать как издевательство. Невольно вспоминается карикатура Чама: в саду Дуилель мама отпустила руку дочки и говорит ей: «Иди гуляй, милая, но запомни, не простудись, не сомни юбку, не запачкай сапожки, не растрепай кудри, не снимай галстук».

В Швеции существуют также сторонники нововведений, которые стремятся к тому, чтобы сделать спорт Швеции мужественным, если можно так сказать. У одних это вызывает ярость, у других - любопытство. К новаторам часто так относятся. Однако наступит такой день, когда они в конце концов возьмут верх... Когда спорт в Швеции будет направлен не на больных и слабых, могу сказать, что никто не прекратит его распространение во всем мире. А что касается меня, то я буду отдавать все свои силы без колебания.

III

Господа, в самом начале мы уже видели ошибки этих людей, которые считали, что никогда не пропадёт любовь к спорту, затаившаяся глубоко в сердцах англичан. Они чаще всего думают, что увиденное обязательно существует, для них нарушением обычных правил будет, если у англичан не будет спорта. Однако в конце прошлого и в начале нынешнего столетия такое ненормальное явление уже вызвало к себе внимание: прекращали своё существование массовых спортивных мероприятий, появились богатые люди, которые присвоили себе право на охоту и тем самым отняли у сельской мелкой буржуазии ее самое любимое развлечение. Люди часто видят, как убивают друг друга боксеры или как проводится водная регата. Участники - профессиональные спортсмены, а зрители в азартных играх проигрывали большие деньги. Эти мероприятия не имеют ничего общего со спортивным и атлетическим духом. Тогда у Англии было два вида развлечения: честно заниматься бизнесом и вовсю наслаждаться жизнью. Школа как общества в миниатюре. Тут нет никакой идеи о сплочении, учителя относятся к этому с полным безразличием. Среди школьников такое правило: кто сильнее, тот победитель. Людям очень трудно представить, как при такой нездоровой атмосфере педагоги смогли, благодаря своему таланту, воспитать изящество и тонкость. Поэтому тут я не могу поддержать популярное во Франции предубеждение – в мире нет другой более совершенной и внимательной системы образования, чем английская, которая так тепло относится к молодым людям. Поверхностное наблюдение часто вводит людей в заблуждение.

Господа, атлетика в Англии тоже появилась недавно, но она распространилась на весь мир. У этого великого вида спорта нет длинной истории, но мы смогли определить его общее русло. Кингсли и его последователи еще не сошли со сцены истории: 80-летняя давность достаточна для таких волшебных изменений. Первые сторонники заботились больше всего о своем здоровье и веселье, а не об учреждении каких-то направлений. Но они были дальновидными. Их взгляды носили философский характер: память о Греции, преклонение перед традицией стоиков, а также ясное понимание того, что атлетический спорт должен служить современному миру, всем этим они привлекли внимание всего мира. Люди смеялись над ними, но их поддержали молодые люди из Оксфордского и Кембриджского университетов, которые стали участвовать в спортивных состязаниях. Они нашли здесь ростки возрождения. В то же время Томас Арнольд, этот великий гражданин, вдохновитель и пример для работников образования Англии, выдвинул конкретные приёмы использования атлетического спорта в педагогической работе. Его мнение вскоре было воспринято и признано. В Англии появилось много стадионов и разнообразных ассоциаций. Их так много, что трудно представить себе. В Лондоне не мало таких ассоциаций, но не в аристократическом районе, а в районах, которые населяют простой люд, бедняки. В каждом селе по одной или две ассоциации. Хотя по закону Англии урок физкультуры для детей не является обязательным предметом, но массовый спорт стал его дополнением. Потомки англичан, которые покинули родину, взяли с собой драгоценный опыт атлетического спорта и распространили на весь земной шар, перейдя через государственные границы.

Мы бы хотели узнать о ситуации США после эпохи романтизма. В 1889 году в связи со 100-летием Французской Революции проводились конференции, пользуясь случаем на одном заседании мы раздали 7000 анкет представителям колониальных стран Великобритании и англоговорящих стран, в которых проводились спортивные состязания с целью узнать, каково их влияние на образование и развитие. Прогресс - продолжительное явление. Ответы показали, что поднимающийся атлетический спорт достиг грандиозного масштаба, 50-летний опыт доказал правильность теории Арнольда и Кингсли. В США, где стремятся всё подсчитать, доктор Саржент (авторитет в данной области) предположил, что в строительство стадионов, спортивных площадки оборудования в течение 1860-1870 гг. вложили 1 млн. долл. США, в течение 1870-1880гг. – 2.5 млн. долл.США, а в 1880-1890гг. – 25 млн.долл.США, всего 28.5 млн.долл.США.

По годовым отчётам и правилам атлетических состязаний клубов Австралии, Кейптауна, Ямайки, Сянгана и Индии видно, как ширится это движение. По моему предположению, в первую очередь мне надо объяснить, что моя статистика, может быть, иметь погрешность – сегодня только в списке легально созданных ассоциаций числится свыше шести миллионов взрослых людей, не включая Бельгию и Голландию, где ежедневно большое количество людей занимается спортом, и те страны, где существуют независимые непрофессиональные организации любителей спорта.

Так видно, атлетика принесла большие интересы. В этой связи появились специальные издания, посвященные спорту, появилось множество газет. Сообщения о результатах одного матча по бейсболу в Чикаго или соревнования по водной регате на реке Параматта распространились на весь мир и заняли место в газете «Таймс», в то время как за последние 40 лет «Таймс» за все время скупо в одном из номеров газеты поместил репортажи о состязаниях по бегу между студентами из Оксфордского и Кембриджского университетов. В день проведения важных состязаний работа была временно прекращена, в кабинетах не было никого, как во времена Древней Греции, люди бросили всё для того, чтобы поддержать участников соревнования, которые пробегали мимо.

Господа, они стремятся к непрерывному усилению, они строги к себе, без всякого принуждения они соблюдают любые правила, добровольно, поэтому более эффективно. Быть готовым к обороне – это благородно, но думать о здоровье - восхитительно, ведь по сравнению с первым оно человечнее, вызывает в сердцах людей бескорыстное стремление, чтобы они могли смело противостоять трудностям, не бояться трудных дел. Вот в чем дело.

Выше излагается философия спорта в обычных условиях, философия нашего Союза в особенности.

IV

Господа, обстановка в 1886г., когда Франция приняла участие в спортивных состязаниях, была не такая плохая, как некоторые люди предполагали. Пока не буду говорить о полковнике Амасосе, именно он придерживался такого взгляда. Но он составил сборник религиозных псалом, при пении которых дети могут маршировать. Точнее говоря, он создал скорее всего Армию спасения, чем спорт.

Я только между прочим упомянул эти спортивные ассоциации, хотя они прекратили своё существование, однако мы надеемся на то, что они являются трамплином к победе. Хотя некоторые люди считают, что в школах занимаются лишь детскими играми, но они играют огромную роль, вызывают особое чувство уважения   у всех французов. Следует упомянуть Клуб альпинистов, который дал возможность нашим соотечественникам вспомнить, что на нашей границе есть еще такая вершина, где можно дышать таким воздухом, каким никогда мы не дышали раньше и обрести   душевное и физическое здоровье. Наконец, о фехтовании. Как можно о нём забыть? Это национальный вид спорта, где может соперничать с нами только Италия. Тут мы можем по-настоящему получить удовольствие от борьбы, которое уступает место только жизни.

Однако в 1886 году   спортивному   строительству не было оказано поддержки, на что, я не знаю, обратило внимание большинство архитекторов или нет. Но насколько я знаю, не было выдвинуто никаких конкретных проектов по строительству спортивных сооружений. Только в газете «Французы» от 23 августа 1887 г. был опубликован один проект. Хотя я не хочу на данном заседании затрагивать   личного мнения, но мне пришлось отметить эту дату с чувством справедливости. Тогда Французская медицинская академия резко возражала против применения умственного труда. Перед инициатором того проекта появился неразрешимый вопрос. Академия вынуждена изменить его рабочее время для того, чтобы уменьшить время на умственный труд и увеличить для спорта и упражнений: причина – нет времени заниматься спортом. Это большая ошибка. Не только имеется время, но и имеется достаточное время, не надо выделять большее время. Но следует надлежащим образом распорядиться временем. И народные массы погрузились в другое заблуждение: люди смотрят на школы и говорят: почему не заниматься там? Идите, займитесь спортом. Сами занимаются и поощряют других. На словах легко, а на деле трудно. Стимул должен быть со стороны народных масс. Надо, чтобы на обоих берегах реки имелись опоры, тогда можно будет строить мост на реке. Сорбонна является именно одной из таких опор; Спортивный клуб и Французский стадион служат другими опорами – эти две организации были созданы в 1882 и 1883 гг., значительно долгое время между ними не было никакой связи. В области атлетического спорта один человек внес весомый вклад, это г-н де Сен

Клэр, который осуществил объединение двух указанных организаций 18 января 1887 г. В лесу в пригороде Авре провели авторалли и в тот день приняли решение образовать Легкоатлетический союз; через год, 29 ноября, Союз был официально образован и легально признан. В начале 1888г. после многократных обсуждений был образован Комитет по распространению спорта. Г-н Жюль Симон и г-н Жерар были одними из первых его членов. На второй год, 31 мая и 5 июля, созывали заседания и провели межуниверситетские состязания по бегу по пересеченной местности с препятствиями. Вы уже знаете, что случилось после, были образованы Лига спорта и Гиронтская ассоциация, куда вошли высшие средние школы района Польдоу, и организовали соревнования по всей Франции. Хотя иногда мощь и влияние превышали их полномочия, но за пять лет это великое спортивное движение дало нам сегодняшние результаты. Господа, вы этим довольны: ваше присутствие лучшее тому свидетельство.

V

Так было в прошлом. А что в будущем?

Господа, уже пора завершать исторический экскурс– мне хотелось ознакомить вас с программой соответствующего министра, выдвинутой им перед избирателями, которая, уверен, нашла признание среди избирателей, три предложения: в области образования: укрепить нашу педагогическую структуру, учредить новую структуру там, где нет школ, поддержать тесные контакты с вузами Франции и установить с ними продуманное сотрудничество; меньше говорить и больше работать без какой бы то ни было финансовой поддержки; сохранить нашу полную независимость.

Я не буду говорить вам о будущем, ведь рискованно предсказывать, еще и потому, что уже пора завершать мои воспоминания о прошлом. В отношении университетов и наших членов, предстоит много работать, Ассоциация будет выполнять свои обещания.

Я не буду говорить об общем развитии легкоатлетического спорта в будущем, но я хочу, чтобы вы знали одно, в процессе довольно длительного развития он проявил две новые характерные черты: массовость и интернационализм. Первая обеспечила его перспективу, ведь кроме нее нет в настоящее время другого пути. Что касается второй характерной черты, то она открыла нам неожиданную картинку на будущее. Может, вы считаете, что некоторые люди являются утопистами, так как, по их мнению, войны прекратятся. Вы по-своему правы. Но все-таки есть люди, которые считают, что вероятность возникновения войны постепенно уменьшится. Я не думаю, что это утопия. Очевидно, что телеграф, железная дорога, телефон, преклонение перед наукой, парламент и выставки вносят больший вклад в дело мира по сравнению с дипломатическими договорами и соглашениями. Поэтому я надеюсь, что легкоатлетический спорт сделает еще больше: те, кто своими глазами видел, как 30000 человек бежали под дождем именно для того, чтобы посмотреть футбольный матч, не будут считать мои слова преувеличением. В будущем мы можем свободно вести обмен каноистами, бегунами и фектовальщиками с другими странами, а когда это станет обычным в древней Европе, наше мирное дело получит новую и могучую поддержку.

Все вышеизложенное достаточно, чтобы задуматься о второй части программы. Я надеюсь, чтобы вы, присутствующие на заседании, поддержите меня, как и прежде. С вашей помощью я буду настойчиво и неуклонно работать для осуществления этого основанного на современных жизненных условиях, великого и полезного дела- возрождения олимпийского движения.

《奥林匹克宣言》
西班牙文版

著作权登记证书
COPYRIGHT CERTIFICATE

申请者人民出版社（中国）提交的文件符合规定要求，对根据顾拜旦（法国）原作翻译的西班牙文版文字作品《奥林匹克宣言》，申请者以著作权人身份依法享有著作权。

经中国版权保护中心审核，对该作品的著作权予以登记。

登记号为：2007-A-09159；发证日期为：2007 年 12 月 28 日。

Manifiesto Olímpico

Conferencia hecha en el Seminario de Sorbonne

25 de noviembre de 1892

En el mundo de hoy, la cultura física y deportes poseen tres centros: Berlín, Estocolmo y Londres. En estos lugares se han fundado tres sistemas en juego que vienen extendiéndose hacia otras zonas. Estos sistemas ponen los pies en las ideas que prosperaron en el mundo antiguo. Y en la edad media y la de renacimiento la gente, inconsciente e incompletamente, coincidió con estas ideas y las heredó. En breve pueden resumirse en tres términos: guerra, salud y deporte. Quisiera referirme sucintamente sus características y su desarrollo en el mundo contemporáneo y al final hacer una presentación sobre el papel que desempeñan estos grandiosos juegos en Francia. Llamaremos estos Juegos: renacimiento de la cultura física y deportes.

I

El presente siglo se inició en medio de tragedias y terminará dentro de poco en medio de la paz caótica y conmoción. Sin embargo, cuando el trabajo mental se encuentra en grandes facilidades en el presente siglo, la cultura física y deportes tropiezan con el estancamiento radical. Tal vez algunos reflexionen los motivos fundamentales que han originado este fenómeno desequilibrado, lo cual no es el área de nuestra referencia. Vemos que en el período final del siglo XVIII, los deportes bravos y los ítems atléticos de sexo masculino dejaron de ser algo de boga, la gente comenzó a buscar recreos y ocios. En este punto, el Reino Unido se destaca de un modo especialmente sobresaliente. El país de entonces ya no se encontraba entusiasmado por las actividades al aire libre tal como lo hacía bajo la dinastía del Tutor. En Gran Bretaña de entonces no habían aparecido aún Thomas Arnorld ni demás iniciadores del deporte atlético. Es una nación inestable y su naturaleza brutal va acompañada de cierta debilidad. Si Napoleón no hubiera hecho prosperar a la Gran Bretaña, a semejanza del viento norte que obstaculiza la disolución del hielo y la nieve, esta naturaleza habría decidido su decadencia. En Francia, el campo de tenis a viejo estilo ha sido abandonado. La gente guarda sólo el juramento pero no se dedica más a este deporte allá. Esa época se ha ido para no volver más: en la plaza de la península Cotentin, el señor de Gouberville salía a jugar pelotas en cada domingo por la tarde y su rededor estaba repleto de jóvenes robustos procedentes de las aldeas próximas. Estas últimas desplegaban luchas a brazos partidos y competiciones de luchas con la parroquia. El señor Simeon Luce encontró en sus manuscritos de cuero de cabra por él mismo revisados descripciones que registran estas competiciones. En los registros, incluso los misioneros de Avranches, en las fiestas religiosas del año, se interesaban por participar en los deportes de hockey sobre hierba en la playa. Todo esto desapareció durante el período del gobierno del Tutor que se adhería al pensamiento de la antigua Grecia. Cuando el gobierno del Tutor se proponía organizar actividades similares a los Juegos Olímpicos en el Campo de Marte, París, que simbolizaran los Juegos Olímpicos, escaseó un elemento necesario: competidores. Aun cuando pudieran atraer a ciertos adolescentes en las ferias, que probaban trepar la caña para conquistar hazañas, lo que obtenían no pasaba de ser una pierna de cabra o un frasco de vino dulce, pero esto estaba lejos de ser suficiente para desplegar juegos atléticos, pues por entonces los clubs atléticos y estadios de Francia no se habían fundado, sin ser posible organizar y salvaguardar estos deportes. Las actividades competitivas organizadas por el gobierno del Tutor sólo fue algo fugaz y se mantuvieron durante un tiempo muy breve.

Y en el mismo período, en fronteras de Francia y hasta en todo el mundo, al pie de las pirámides de Egipto, a orillas del río Danubio, en España, al pie de los muros del Palacio Cremlin de Moscú, los combatientes franceses, con la valentía de los 20 y tantos años y experiencias extraordinarias, demostraron ante el mundo entero sus poderosas fuerzas robustas reales sobresalientes sin precedente. En ese breve período, liberaron las fuerzas de esta nación acumuladas durante varios siglos. La sangre desparramada por ellos es igual a los jugadores de tenis a viejo estilo y el señor de Gouberville, y no pertenece a los débiles ni a los libertinos del período del regentado. Esa es la sangre caliente de Francia, enturbiada en las ciudades, pero puras todavía en las zonas rurales.

Señores, saben ustedes cómo comportaban nuestros soldados. Cuando no tienen fuerza, saben cómo crearlas.

¡Ah! Luego de las heroicas batallas de conquista, Francia necesita, con mucha razón, de descansar. ¡Dios mío! Por eso comprendemos que ellos emprendieron a jugar el dominó. Dejaron de hacer ejercicios con sus músculos fatigosos. Luego de regresar repletos de triunfos, quedaron algo somnolientos. Y, a su otro lado, la derrota cabal, completa y terrible, despertó sin embargo otras fuerzas persistentes que están dedicándose a fundar el imperio alemán. Así pues, en Berlín nacieron deportes atléticos militares.

Hablamos a menudo de cómo en el campo de batalla de 1866 y 1870 los verdaderos triunfadores fueron maestros de los centros docentes. Si es que por esto nuestro país cuenta con colegios por doquier y la educación popular desarrolla con intrepidez, eso sí merece congratulaciones. Pero creo yo que en este punto hemos enfatizado en excesivo el papel de los maestros de las escuelas primarias, dejando en el olvido sus colegas: maestros de deporte.

Señores, luego de Iéna, la cultura física y deportes de Alemania tienen sus apoyadores y convencedores fervientes, que difunden sus dogmas. Luego numerosos creyentes empezaron a respetar sus preceptos. Se basan en un estricto adiestramiento, existen plenas fuerzas en los deportes. En fin se trata esencialmente de un entrenamiento militarizado. En Alemania, la gente respeta el sistema de jerarquía, obediencia y rigor. Desde la infancia, los escolares tienen que hacer filas, mirando directamente a sus superiores, en espera de que les den la orden. En la escuela media elemental, los alumnos deben de mantener en todo momento la flexibilidad de sus músculos dispuestos a ser convocados. He aquí donde radican los objetivos de la cultura física y deportes de Alemania. Podemos observar con facilidad las ventajas y las fallas que trae semejante pensamiento. En los centros docentes superiores, la mayor alegría de los universitarios consiste en reñirse con los compañeros, las cicatrices dejadas en la cara por este motivo incluso se convirtieron en señales que recuerdan como una gloria. Ellos mantenían en los menores detalles de su vida la unanimidad sorprendente. Por eso los reglamentos estrictos, por su parte, fueron, para ellos, un tipo de alegría en los fueros internos de la profundidad, lo que es incomprensible para los ingleses y franceses. Hoy en día, basta con visitar un centro docente superior alemán, participar en un encuentro de los universitarios alemanes para ver cómo hacen brindis por obedecer la orden para comprender el fanatismo que tiene esta nación por la disciplina. El pensamiento militarista ha infiltrado en la Alemania entera en el presente siglo. En momentos de formar y organizar partidos revolucionarios, aun cuando fueran socialistas, conllevaban ápices militaristas.

He afirmado que la cultura física y deportes de Alemania poseen plenas fuerzas en sus actividades. Tan sólo bajo estas condiciones son eficaces. Sin embargo, para salvaguardar semejantes fuerzas, los deportistas tienen que ser influidos por pensamientos belicistas de por vida. Los pensamientos belicistas tienen que estimularlos en todo momento sin detenerse. Si Alemania abandonara este tipo de pensamiento, sus incontables agrupaciones deportivas se desintegrarían con rapidez. En ciertos lugares de Alemania han aparecido deportes, que son resultado de la paz interna y externa. Los jóvenes deportistas empiezan a hacer esfuerzos para sí mismos y no por algún objetivo. Si salvan vallas, lo harán al modo más liviano y a su máxima altura posible. Sin embargo, en la guerra, es imposible que la gente quede con las piernas desnudas ni los brazos desnudos y se vistan de ropa apretada. Los deportistas se preocuparán de cómo salvar obstáculos ágilmente con las armas y equipaje encima y no se interesarán en si es posible obtener éxitos. Igualmente, si la brillante perspectiva de alistarse en el ejército deja de estimularlos, toda su acción se retardará, se hará débil, faltará de alma y fuerza motriz y se convertirá en algo que no tiene sentido alguno. Igualmente, la carrera de relevos se descompondrá, los deportistas participantes en la carrera volverán a recoger el individualismo. No se preocuparán de los efectos del todo, si los pasos son unánimes, sino quien corre más rápido será el primero en llegar.

Desde el punto de vista física, la gimnasia alemana es artificial; los adiestramientos que integran el deporte de por sí no concuerdan con las ideas iniciales propias de la cultura física y deportes. Ello es no natural. La gente tiene encima cierta ceguera, propaga ante los entrenados que ello es una causa grandiosa y noble para que tenga elevado entusiasmo por aceptar el entrenamiento. Señores, precisamente este punto ha creado éxito para ellos. Y, en el futuro, esto, tal vez pueda conducirlos a la decadencia.

No obstante, la cultura física y deportes de Alemania tienen continuadores en Estados Unidos de América y Australia, sin referirme por ahora a Francia de que hablaré en seguida. Numerosas sociedades se han construido en estos dos países. Los británicos llevaron al mundo entero su tenis en terrenos herbáceos y la Biblia; la raqueta de tenis y la Biblia son dos cosas que nunca se separan de ellos. Los alemanes que emigraron al exterior llevaron su verdura encurtida y la gimnasia. Saben ustedes que es grande el número de emigrantes alemanes y su influencia, enorme, en los Estados Unidos de América; últimamente incluso ciertos incidentes han llamado atención al mundo. Si yo fuera ciudadano norteamericano, creería que estos incidentes significan manifestaciones de la crisis nacional. Los alemanes que viven en los Estados Unidos de América poseen un profundo cariño y envidia hacia la Alemania ubicada en Europa. Ellos que han crecido en esta tierra libre, aunque separados de su patria por el inmenso océano Atlántico, no cesan en alabar el yugo que ellos no pudieron soportar y gritar a voz en cuello, con orgullo, los nombres de sus reyes y emperadores. Sueñan en, mediante el lenguaje y los hábitos y costumbres, germanizar al nuevo mundo. En éste ellos han crecido felizmente y no tienen ni idea de retornar a su patria. Han creado muchas sociedades deportivas también para sus descendientes, imitando ejemplos de su vieja patria. En los sistemas caóticos, estas sociedades tienen organizaciones iguales, pero existen de modo independiente. Allí lo llaman cultura física.

Dirían ustedes, tal vez, que semejante cultura física y deportes carecen de las condiciones clave exitosas que acabo de mencionar: conciencia en lo militar y culto al campo de combate. Señores, no lo piensen de modo alguno en semejante forma. Basta con ver a los comerciantes, empresarios y negociantes de entre los 69 millones de habitantes. Los Estados Unidos de América posee pensamiento, enaltece la ciencia, pero, al mismo tiempo, es un país militar. Desde el punto de vista de lo material, las huellas de la Guerra Norte-Sur han desaparecido, sin embargo, en lo espiritual continúan existiendo con claridad las cosas superficiales al respecto. En la mente de los norteamericanos, la conmoción enorme que esa Guerra produjo ha sido transmitida hasta el mundo de hoy. Y me atrevería a decir que el amor patriótico del pueblo norteamericano es uno de los más enérgicos y más profundos que he visto. La gente puede alcanzar a obtener todo.

En la escuela militar West Point donde la tradición militar francés es altamente alabado se ha establecido una sociedad de primera compuesta por oficiales del ejército federal. No sólo aquí, sino cada estado de los Estados Unidos de América posee su propio ejército. La gente creería con equivocación que ellos no pasan de ser de la guardia nacional, que existe tan sólo de nombre. No tengo tiempo ni energía para estudiar cómo funcionan estas fuerzas armadas. Pero puedo decirles a ustedes tres hechos: el número de personas alistadas, la perfección de los equipos e instalaciones militares y la notoria capacidad de movilizarse que recién han manifestado en Pennsylvania; naturalmente ésta no es la oportunidad adecuada para la movilización. Se trata de una alistación repentina, no para resistir a enemigos extranjeros sino salvaguardar el orden en un incidente de huelga sangrienta. En 24 horas, los comerciantes y mercaderes dejaron todos sus asuntos en la mano y en la vigésima quinta hora, protegidos por las armas, llegaron al sitio designado.

Estas fuerzas armadas, en su mayoría, fueron organizadas bajo la dirección a modo alemán. Es un cuerpo mezclado peculiar. Por un lado, posee una ética cívica a modo de voluntarios británicos y, por otra parte, un fuerte concepto de la disciplina reinante entre los militares germanos. Los Estados Unidos de América está decidido a reconstruir su marina; una vez coronada esta misión, su sentido de emprendedor se convertirá en deseos conquistadores. Pienso yo que el futuro gobierno estadounidense será uno belicoso. Debido a motivos anteriores, la cultura física y deportes militarizados que están por decaer pronto en los márgenes del río Sprée han encontrado ahora sus adoradores nuevos en la cuenca del Mississippi. Sea cualquiera momento, con tal de que haya enorme ambición por cumplir y enérgico deseo de revancha, o deseo de romper con la esclavitud, semejante cultura física y deportes militarizados tendrán siempre oportunidades de echar raíces y dar brotes.

En Australia viven muy pocos inmigrantes alemanes, por eso poco se menciona. Sin embargo, aquí también nacieron algunas sociedades. Aunque el militarismo no es tan amplio y enérgico como en los Estados Unidos de América, no deja de llamar la atención del público. En centros económicos y políticos de Australia, han tenido lugar algunos disturbios, por ejemplo incidente de la isla Samoa, incidente de New Hebrides, los fuertes gritos sobre la ocupación de Nueva Caledonia, así como tropas milicianas británicas enviadas desde la Nueva Gales del Sur (New South Wales) en apoyo de Sudán, etc., etc.

Llegando aquí, al parecer, ya he desviado el tema de la cultura física y deportes para pasar a estudiar la diplomacia. En realidad lo hago solamente para enfatizar este principio social, importante: en lo referente al pensamiento, alma, ambición arribista, aspiración, en lo referente a la tendencia de una nación y la forma como tratar y organizar ejercicios deportivos, existen relaciones tan estrechas como inseparables.

II

Señores, ésta es la realidad verídica de Alemania. A continuación voy a hablar de la situación en Suecia. Pasar de la cultura física y deportes de Alemania a los de Suecia, semeja escuchar una sinfonía lírica en seguida luego de una sinfonía heroica. Suecia es una nación feliz. No tiene historia que vale la pena mencionar de cien años a esta parte. Ellos se dedican a desarrollar un ítem de deporte nacional en medio de la paz que es beneficioso al pueblo en lo físico y lo psíquico, el patinaje, así como otro deporte peculiar, común y corriente al parecer, que recordamos con el nombre de su creador, esto es la gimnasia Ling.

Ante todo debo mencionar que comparando el patinaje y la gimnasia Ling, evidentemente el patinaje puede ganarse el reconocimiento de los suecos. Su constitución física bien sana, así como su magnífico equilibrio físico y mental alcanzado al patinar, hacen que este deporte posea peculiaridad. Este estado psíquico tranquilo y esta respiración equilibrada los hacen más activos, quienes quedan agradecidos a su gran inventor. Cuando en el ambiente con hielo en el norte celebran ardientes concursos en hielo extenso y gozan de la alegría sana en invierno de Escandinávia, no puedo sino tener nacido un cariño de respeto, sin contenerme.

Pero eso no representa que la cultura física y deportes de Suecia queden sin valor alguno. Ha venido, paso a paso, estableciendo sus multitudes en Alemania, Londres y Nueva York. Nuestro amigo, se podría decir nuestro famoso amigo, el Dr. Lagrange, miembro de nuestra Liga, hizo una inspección in situ sobre este deporte. Los lectores que han leído la *Revista de los Dos Mundos* saben que el "sanatorio" de Estocolmo le ha dejado impresión. "El deporte sueco", escribe, "es un deporte de los débiles". Ciertamente. Esto también es el motivo por el cual yo no puedo aceptarlo. Estos deportes suaves y lentos son adecuados sólo para los niños y ancianos. Desde el punto de vista científico, es adecuado, además, a los enfermos. Precisamente por su función en el tratamiento terapéutico este deporte suscitó interés del doctor. "Los médicos franceses que estudian en Estocolmo," escribe, "pueden tropezar con noticias totalmente nuevas para ellos. Al comienzo, los sanatorios públicos o privados tienen muy diversos tipos y formas de deportes que les impidan encontrar algún hilo de idea. Pero van comprendiendo poco a poco y terminan por clasificar estas actividades ágiles para llegar a resumir que los suecos buscan alcanzar dos resultados: ejercicios a tiempo y en volumen fijo. Sobre la base del estudio muy pero muy profundo sobre el sistema muscular, ellos han planteado una idea atrevida de gimnasia médica sobre este deporte que tiene efectos terapéuticos. A través de los ejercicios y distintos grados de masaje, lo que es también resultado necesario de los deportes, incluso pueden tratar enfermedades cardíacas, con efectos destacados. Por eso, de medio siglo a esta parte, los suecos no se fastidian en buscar la salud en los sanatorios. Este es el punto único que merece nuestra atención. No obstante, los aficionados al deporte no son por lo común enfermos. Esto constituye tema que debemos debatir. En cultura física y deportes, a los que presta atención Suecia son a los jóvenes y adolescentes, permitiendo que no se desvíen en la edad cuando fácilmente emprenden caminos indebidos. Su atención se centra en los enfermos. A través de los ejercicios físicos los ancianos recobran la salud, he aquí su superioridad. Pero no producen influencia en el mundo de los jóvenes. Lo que necesitan ellos es, precisamente, lo que este deporte ha abandonado: esfuerzos y conciencia en la competencia. En este deporte tan sólo se ganan fuerzas por el margen del ejercicio y no por la energía del deporte. La gente lo siente sólo despacio y nunca lo hace con premura. En cuanto a la conciencia en la competición, el precepto de este deporte es: la gente no debe competirse mutuamente sin tan sólo consigo mismo.

Por eso comprenderán ustedes que si queremos hacer que los deportistas jóvenes abandonen sus esfuerzos y conciencia en la competición, tal vez sea necesario extraer en su totalidad la sangre de sus vasos sanguíneos. Si se deja una gota, me atrevería a afirmar, ellos comportarán del mismo modo continuamente. La realidad puede darles semejantes lecciones, sólo que es posible que se esté tomando pelo para con ellos. Esto fácilmente recuerda una caricatura de Cham: en el jardín de Tuileries, una mamá deja libre la mano de la hija y le dice: "Juega como puedas, tesoro, pero recuerda una cosa, no te resfríes, no te arrugues la falda, no te ensucies las botas, no te desordenes el rizo, tampoco te deshagas la corbata de lazo".

En Suecia existen partidarios de la reforma, quienes dedican esfuerzos a hacer que la cultura física y deportes contribuyan a tener más temple de sexo masculino, si pudiera expresarme en este término. La gente los mira a ellos con enojo y curiosidad, pero también mezclando cierto interés. Los reformadores siempre reciben este trato. Pero algún día, terminarán ocupando la superioridad... Cuando la cultura física y deportes de Suecia dejen de dirigirse a los enfermos y los débiles, me atrevería a afirmar, nada podrá obstaculizar que ellos sean transmitidos al mundo entero. Para mi caso, yo, sin vacilación alguna, contribuiré mis propias fuerzas a ello.

III

Señores, desde el mismísimo comienzo de la discusión notamos errores de estos hombres: consideran que los ejercicios deportivos profundamente arraigados en la mente de los británicos no perderán nunca el cariño del pueblo y nunca decaerán. Ellos, con frecuencia, creen voluntariamente que lo que han visto existe de siempre; para ellos una Gran Bretaña sin cultura física y deportes va en contra de la razón cotidiana. Sin embargo, entre los fines del siglo pasado y los comienzos del presente siglo, estos fenómenos en violación de la normalidad llamaron atención de la gente. Las actividades deportivas de carácter popular ya decayeron, nacieron grandes propietarios, quienes se apoderaron del derecho a la caza y privaron de los recreos muy queridos a la pequeña burguesía rural. La gente veía a menudo la matanza recíproca de los boxeadores o la regata a alguna vez se celebraba sobre el río Thames. Los participantes eran todos jugadores de categoría profesional y el público perdía grandes sumas de dinero. Estas actividades no llevaban ningún sentido deportivo y espíritu atlético de que hablar. En la Gran Bretaña de entonces existían sólo dos formas de matatiempo: dedicarse con o sin sinceridad a los negocios y disfrutar cabalmente de los placeres. El colegio constituía un retrato de la sociedad. No poseía concepto de unidad alguno, del cual los maestros no se preocupaban en nada y entre los estudiantes reinaba la norma según la cual el más poderoso ganaba. De seguro a la gente cuesta imaginar que bajo semejante mecanismo de educación rudimentario e incompleto los educadores, aprovechándose del talento, podían incluso crear elegancia y finura. Esto se debe, aquí no estoy de acuerdo con un prejuicio universalmente existente en Francia, a que en el mundo no hay sistema educativo que pueda ser más perfecto y detallado que el británico y con más magnanimidad trata a los jóvenes que la británica. Los fenómenos superficiales pueden desorientar a la gente.

Señores, el atletismo en Gran Bretaña recién acaba de iniciarse hace poco, pero se ha difundido por todo el mundo. Este gran deporte no posee todavía una historia larga, pero ya podemos conocer su trayectoria general. Los nombres del padre católico oficial Kingsley y sus fieles discípulos no han abandonado el escenario de la historia: el tiempo de 60 años ha sido suficiente para que sucedieran tan maravillosos cambios. Lo que a sus primeros partidarios les preocupaba era si podrían obtener la salud y la alegría y no establecer secta independiente. Pero ellos tenían una gran visión a largo alcance. Sus puntos de vista conllevaban cierto significado filosófico: recuerdo sobre Grecia, respeto a la tradición del estoicismo, así como la clara idea según la cual el deporte atlético debe poder servir al mundo contemporáneo. Todos estos puntos contribuyeron a atraer rápidamente la atención del mundo. La gente se burlaba de ellos, pero la burla no los desanimó bajo ningún sentido. Cuando se inició el deporte, ellos fueron objeto de enérgicos ataques. Pero su resultado ya recibió la protección por los jóvenes. La Universidad de Oxford y la Universidad de Cambridge empezaron a tomar parte. Ellos encontraron aquí los brotes del renacimiento y un tipo de fuerzas purificadoras que necesitaban. Al mismo tiempo, este gran ciudadano, Thomas Arnold, líder y ejemplo de los trabajadores de educación, dio a conocer la fórmula concreta del papel que desempeña el deporte atlético en la pedagogía. Su visión fue aceptada y obtuvo reconocimiento rápidamente. En Gran Bretaña empezaron a generalizarse canchas de deporte, comenzaron a aparecer sociedades diversificadas, cuya cantidad fue tan numerosa que está fuera de sus imaginaciones. En Londres existían algunas organizaciones, pero no en el área aristocrática sino en las zonas de los plebeyos y populares. Cada aldea contaba con una o dos sociedades. Aunque la ley británica no establece asignaturas de deporte para los niños, los deportes iniciados por los círculos extragubernamentales, empero, llenaron a plenitud esta insuficiencia. Cuando abandonaban el territorio patrio, los descendientes británicos se llevaron consigo mismos preciosas experiencias del deporte atlético, dejándole salvar los límites nacionales en medio de la diversificación para extenderse por todo el globo.

Los Estados Unidos de América se encuentra en la posteridad de la época romántica. Deseamos conocer su estado actual. En 1889, aprovechando la oportunidad de una serie de reuniones convocadas por la Exposición del Centenario de las Fiestas Patrias de Francia, difundimos en una de esas reuniones 7.000 ejemplares de cuestionario de investigación para todas las colonias británicas y países hablantes del inglés, cuyo contenido toca a carreras deportivas, su influencia sobre el desarrollo de la educación, así como sus progresos. Los progresos son constantes. Las respuestas de los cuestionarios manifestaron de un modo unánime: el deporte atlético en ascenso había alcanzado una enorme escala. Las experiencias de 50 años corroboran lo correctas que son las doctrinas de Arnold y Kingsley. En los Estados Unidos de América, país que ensalza cifras, el doctor Sargent, autoridad en esa área, calcula que la suma de inversiones en la construcción de estadios deportivos y locales de ejercicios deportivos y en la producción de equipos respectivos fue de un millón de dólares americanos (USD) entre 1860 y 1870, 2,5 millones de USD entre 1870 y 1880 y 25 millones de USD, al final, entre 1880 y 1890, o sea, en total 28,5 millones de USD.

Los anuarios de los clubs y las normas de los concursos atléticos de Australia, Capetown, Jamaica, Hong Kong y la India dejan sentir este gran oleaje en ascenso. Calculo que hoy, ante todo tengo que explicar que mi cálculo se basa en unos datos no muy perfectos, son unos seis millones de adultos registrados en las listas de los miembros de las sociedades legalmente organizadas. En mi cálculo no están aún incluidas ni Bélgica ni Holanda, donde participan numerosas personas cada día en la cultura física y deportes, obteniendo diariamente importantes avances, ni incluidos aquellos países donde existen de un modo independiente organizaciones de aficionados al deporte.

Teniendo esto por base, aparecieron cuantiosas publicaciones periódicas especializadas con el deporte como tema. Nacieron muchos periódicos. El resultado de un tiempo de competencia de béisbol celebrado en Chicago o el de una regata celebrada en el río Paramatta puede ser difundido en el mundo entero y ocupan un espacio en el periódico *The Times*. Y de 40 años acá, *The Times* siempre ha sido tacaño para dejar un rincón del papel dedicado a la competición de carrera entre la Universidad de Oxford y la Universidad de Cambridge. Pero en el mismo día de una importante competencia, se suspendió momentáneamente el trabajo, todas las oficinas se vaciaron, tal como la Grecia antigua, la gente dejó de lado todo para dar ánimo a los participantes en la competición.

Señores, ellos buscaban los mismos esfuerzos en medio de los esfuerzos, se exigían estrictamente a sí mismos, sin llevar obligatoriedad alguna; ellos observaban las índoles de reglas; como ellos participaban de modo libre y según su propia voluntariedad, resultaban más eficaces. Reflexionar sobre la guerra es algo noble y hacerlo sobre la protección de la salud será algo que vale la pena alabar, pero más personalizada que lo anterior, lo cual nos dio un respeto desprovisto del egoísmo sobre los esfuerzos, pues ello hace que la gente desafíe con mayor coraje a la dificultad y guste de empresas difíciles. Esto es todo y nada más.

Lo anterior es filosofía de la cultura física y deportes bajo circunstancias generales, sobre todo filosofía de nuestra Liga.

IV

Señores, en 1886, la participación en la cultura física y deportes en Francia no fue tan mala como lo creen ciertas personas. No menciono al coronel Amasos, pues él es quien sostiene semejante punto de vista, pero redactó una colección de cantos santos sobre la moral religiosa. Cuando los niños cantan, patalean al mismo tiempo. A decir verdad él creó en mayor medida el Arma de la Salvación y no la cultura física y deportes.

Me limito a mencionar, de paso, estas sociedades de cultura física y deportes. A pesar de que sufrieron del resultado de derrotas... deseamos que sea un trampolín para alcanzar la victoria. Aunque ciertas personas piensan que lo que hacen no pasa de ser más que juegos malabares infantiles de la escuela, su enorme papel desempeñado y el sentimiento particular que les inspire su formación son suficientes para que todos los franceses rindamos con solemnidad el respeto. El Club de Alpinismo merece mención, pues recuerda a nuestros compatriotas que en nuestra frontera existe una cumbre tan alta, donde podemos respirar el aire nunca antes respirado, llegar a tener buena salud. Lo último es la esgrima. ¡Cómo se puede olvidarlo! Se trata de un deporte nacional. Italia es la única que puede competir con nosotros en este deporte. En la esgrima podemos sentir satisfactoriamente la alegría de la pelea recíproca, alegría nada menos que la subsistencia.

No obstante, en 1886, a la construcción deportiva le faltaba apoyo. No sé si numerosos programadores prestaron atención a este punto. Según lo que sepa yo, no se ha hecho ninguna fórmula concreta sobre el planeamiento de la construcción deportiva. Tan sólo el 23 de agosto de 1887, en el periódico *El Francés* apareció un plan al respecto. Aunque no quiero, en este acto, tocar a ninguna persona, insisto en mencionar, con un sentimiento equitativo, esta fecha. Por aquel entonces, la Academia de Ciencias Médicas de Francia se oponía resueltamente a que la gente utilizara en gran medida energía mental. El iniciador del plan encontró el problema de que como si fuera un muro en donde quería buscar la salida. La Academia de Ciencias Médicas de Francia persistía en modificar la agenda laboral, disminuyendo el tiempo de trabajo mental para dedicarse a los deportes y ejercicios físicos. Su razón radicaba en ello: no tenemos tiempo para los ejercicios físicos. Se trata de un error de mucho bulto. No sólo tenemos tiempo, sino lo tenemos suficiente y no necesitamos que nos den más tiempo, pero sí es necesario arreglar bien adecuadamente el tiempo. El punto de vista popular se ha hundido en una otra área errónea: la gente grita a la escuela, ¿por qué no hacer ejercicios allí? Vamos, muévanse. Hagamos ejercicios físicos y estimulemos a otros a hacer lo mismo. Del dicho al hecho hay mucho trecho. La fuerza motriz tiene que provenir del exterior, del entusiasmo de las masas populares. Debe haber sociedades en ambos márgenes del río que sirven de punto de sostenimiento para poder tender un puente sobre el río. El Seminario de Sorbonne es uno de esos puntos de sostenimiento; el Club de Deportes y el Gimnasio Francés son otros puntos de sostenimiento. Estos dos organismos se establecieron, respectivamente, en 1882 y 1883, sin comunicarse entre ellos durante largo tiempo. En el dominio del deporte atlético, un hombre hizo destacadas contribuciones. Es M. G. de Saint Clair, quien el 18 de enero de 1887 contribuyó a que ambos se unieran. Se celebró en el bosque Ville-d' Avray un concurso de rally. Ese día se decidió fundar una Liga de Deporte de Pista y Campo. El 29 de noviembre del año siguiente esta Liga se fundó finalmente y se adjudicó el reconocimiento legal. A comienzos del año 1888, a través de varias discusiones y labores fue creado el Comité de Promoción de Cultura Física y Deportes. El señor Jules Simon y el señor Gerard fueron los primeros miembros del Comité. El 31 de mayo y el 5 de julio del año siguiente se convocaron reuniones; en las afueras de París se celebró carrera interescolar de obstáculos a campo abierto. Lo que sucedió más tarde se encuentra dentro del conocimiento de ustedes, se fundaron la Liga de la educación física y la Asociación de Gironte, asociación que agrupa a muchos institutos preuniversitarios de Bordeaux, organizando competiciones en los diversos lugares de Francia. A veces lo hacen mucho ruido y pocas nueces, pero de los cinco años a esta parte este gran movimiento ha logrado el resultado que vemos hoy. Señores, estarán ustedes satisfechos de este resultado: su presencia hoy es el mejor testimonio.

V

Ha sido este el pasado y ¿cómo será el futuro?

Señores, ya es hora de dar fin a la mirada retrospectiva sobre la historia que hago esta noche. Aprovecharé simplemente tres frases. Le diré el programa planteado por el correspondiente ministro para con nuestros electores. Estoy convencido de que este programa se ganará la coincidencia de los electores. Esto es: en el área de la educación, consolidar nuestros organismos de enseñanza, crear, además, nuevos organismos en los lugares donde no haya escuela, mantener estrechos vínculos con las universidades francesas, cooperar con ellas conscientemente; decir menos palabras huecas, hacer más cosas reales, no recibir ningún apoyo financiero; mantener nuestra independencia plena.

V

Este ha sido el pasado y ¿cómo será el futuro?

No me referiré ante usted al futuro, pues el papel de profeta significa muchos riesgos. Al mismo tiempo eso se debe también a que debo dar fin a la mirada retrospectiva a la historia que estamos haciendo esta noche. Respecto a las universidades y nuestros miembros, la Liga tiene mucho por hacer en adelante: observará fielmente la promesa hecha.

No hablo de cómo se desarrollará en el futuro el deporte atlético de carácter general. Pero deseo hacer que usted sepa un importante hecho, que en el largo curso de desarrollo ha manifestado dos nuevas características: popularización e internacionalización. La primera garantiza su porvenir; fuera de la popularización, actualmente no existe otro camino transitable. En cuanto a su segunda característica, ella nos ha abierto una perspectiva inesperada. Ustedes creerán que algunos son utopistas, pues éstos creen que la guerra desaparecerá. Ustedes tienen su propia razón, pero otros creerán que la probabilidad de desencadenamiento de guerras disminuirá paso a paso. No pienso que esto sea utópico. Evidentemente, el telegrama, los ferrocarriles, los teléfonos, la adoración a las ciencias, el parlamento, las exposiciones, en comparación con los pactos y convenios diplomáticos, hacen mayores contribuciones a la paz. Deseo por eso que el deporte de pista y campo pueda hacer más; quienes hayan visto con sus propios ojos cómo 30.000 personas, sin que les importe el aguacero, acuden corriendo a galope para presenciar una competencia de fútbol no creerán que estoy hablando exageradamente. Exportar nuestros deportistas remeros, deportistas de carrera y esgrimistas, lo que constituirá un intercambio libre en el futuro y el día en que en la antigua Europa esto se convierta en una práctica universal, la causa de la paz se habrá granjeado nuevos y poderosos apoyos.

La anterior es ya suficiente para estimularme a mí para comenzar a reflexionar sobre la segunda parte del plan. Deseo que los aquí presentes me ayuden tal como lo han hecho siempre. Con la ayuda de ustedes, cumpliré constante e incansablemente con esta grandiosa y beneficiosa empresa que tiene por base las condiciones de la vida contemporánea: o sea, el renacimiento de los Juegos Olímpicos.

《奥林匹克宣言》
阿拉伯文版

著作权登记证书
COPYRIGHT CERTIFICATE

申请者人民出版社（中国）提交的文件符合规定要求，对根据顾拜旦（法国）原作翻译的阿拉伯文版文字作品《奥林匹克宣言》，申请者以著作权人身份依法享有著作权。

经中国版权保护中心审核，对该作品的著作权予以登记。

登记号为：2007-A-09160；发证日期为：2007 年 12 月 28 日。

بيان أولمبياد

كلمة في معهد السوربون

25 \11\ 1892

هناك ثلاثة مراكز من الألعاب الرياضية في العالم المعاصر وهي : برلين ، ستوكهولم ، لندن . وفي هذه المدن قد تأسست المجموعات الثلاث من النظام ، ثم انتشرت إلى المناطق الأخرى . وتوقفت هذه النظم على نظرية ساندة في العالم القديم ، وفي القرون الوسطى ومرحلة النهضة الفنية إعترف الناس بهذه النظرية ورثوها تلقائيا أو غير تلقائي ، وبخلاصة القول انها تمثل ثلاث كلمات : الحرب والصحية والحركة . وأود أن أبين خصوصيتها ببساطة وووضع تطوّرها في العالم المعاصر ، والأخير أقتم لكم دورا لعبته فرنسا في هذه الحركة العظيمة ، ونعتبر هذه الحركة نهضة الألعاب الرياضية .

1

بدأ القرن الحاضر في بحر المأساة وسينتهي في غضون السلام القائم في الضجّة والاضطراب ، ففي الوقت الذى ساد فيه العمل الذهنى في القرن الراهن تعرّضت الألعاب الرياضية للوقوف الواقعي ، وربما هناك شخص يفكر في سبب أصلي لهذه الظاهرة غير المتوازية، ولكنه ليس موضوعا نتحدث فيه. وقد رأينا أن الحركات الشديدة وألعاب السباقات الفنية للرجال صارت غير ساندة في أواخر القرن الثامن عشر ، بل أخذ الناس يبحثون عن نشاطات التسلية والترفيهية ، وفي هذه الناحية قد مثلت انجلترا بارزة جدا . حينذاك كانت إنجلترا لم تكن كما في حكم أسرة تودو (Tutor) ، حيث كان الناس يحرصون على الحركات الخارجية ، في ذلك الوقت لم يظهر في إنجلترا توماس أرنولد ومؤسّس ألعاب السباقات الفنية . هذه الأمّة أمّة غير مستقرّة وتتضمّن غريزتها الشديدة شينا من الضعف ، لولا نابلون كان أنهض إنجلترا مثلما منعت الريح الشمالية ذوبان الجليد والثلج ، لكانت انحطّت بسبب هذه الغريزة . في فرنسا قد تعطل لعب التنس القديم عند الناس ، فقط بقي عندهم الكلام والقسم عنه ، فلا يمارسون هذا اللعب ، وقد ذهب ذلك العصر بلا رجوع . في سواحل شبه جزيرة كوتاونتان(Cotentin) ، يخرج الشيخ قوبييول من بيته بعد الظهر من كل أحد للعب الكرة ، ويحيط به الشباب الأقوياء الذين جاؤوا من الأرياف القريبة . أقيمت سباقات القتل والمصارعة بين هذه المناطق الكنيسية في تلك الأرياف ، وقد وجد السيد Simeon Luce الكلمات المسجّلة عن هذه السباقات في الأوراق المصنوعة من جلد الغنم التي قرأها وراجعها . ومن السجّل أن رجال الكهانة من الانجيس(Avranches) يرغبون في المشاركة في لعب كرة هوكي عند الشواطى في بعض أيام العيد الديني والاحتفالات في كل سنة . وكل ذلك قد اختفى في فترة الحكومة السلطانية التي كانت تقدّس الأفكار اليونانية القديمة ، وعندما كانت الحكومة السلطانية تودّ تنظيم الألعاب مثل الأولمبية في ميدان مارس بباريس ، ينقصها أحد العوامل اللازمة ، وهو منافس ، مهما كانت جنّدت بعض الغلمان من الأسواق ليحاولوا تسلق العمود منافسة على فخذ الغنم أو النبيذ فوقه ، إلا أنها غير كافية بالنسبة لمهرجان ألعاب السباق المنافسة ، ذلك لأنه ما كان تمّ إنشاء نادي الرياضة واستاد فرنسا بعد ، فلا يمكن تنظيم هذه الألعاب والمحافظة عليها ، وكانت الألعاب التي تنظمها الحكومة السلطانية ظاهرة مؤقتة فقط ، ولا يمكن لها الاستمرار سوى في الوقت القصير .

وفي الفترة نفسها ، في فرنسا ، ثم في أطراف العالم ، تحت أسفل الأهرام في مصر ، على ضفة نهر الدانوب وفي أسبانيا ، وبجانب جدار قصر كرميل بموسكو ، أظهر الجنود الفرنسيين أمام العالم نفوذهم القوي البارز عن شجاعتهم وتجاربهم النادرة في الحرب منذ عشرين سنة . وفي هذه المرحلة القصيرة أخرجوا قوى القرون العديدة التي جمعتها هذه الأمة ، فدماءهم المبذولة مثل أولئك لاعبي كرة التنس القديمة والشيخ قوبييول ، وليست للناس الضعفاء والمتساهلين في مرحلة الحكم الوصيّ على العرش. فهذه دماء فرنسية ، صارت كدرة في المدن ، غير أنها ما زالت صافية في القرى .

أيها السادة ، تعرفون أنتم ما معنى محاربينا ، وعندما ليست لديهم قوّة يعرفون الإبداع .

آه ، بعد الحروب الجريئة الطويلة الأجل ، تحتاج فرنسا إلى الراحة في الغاية ، الله ! لذا نفهم أنها لا تتدرّب على العضلات المتعبة ، بل بدأت تلعب دومينو ، ويبدو أنها تلحّ عليها الرغبة في النوم بعد عودتها بالنصر العظيم ، غير أنه في الطرف الآخر قد أيقظت الهزيمة التامّة والكاملة والمخيفة قوّة عنيدة أخرى، حيث أنها تسعى وراء إقامة إمبراطورية ألمانيا ، وهكذا ولدت ألعاب السباقات العسكرية في برلين .

ودائما ما نقول إن المنتصرين الحقيقيين في الميدان من عامين 1866 و 1870 هم مدرّسون في المدارس ، وإذا كان ذلك هو

سبب إنتشار المدارس في بلادنا ، وحدوث التطور السريع في مجال التعليم والتربية العامة ، فالأمر يستحق للتبريك ، ولكن أرى أننا قد تطرّفنا في تقدير دور المدرّسين في المدارس الإبتدائية ، وأهملنا زملاءهم : مدرّسو الرياضة البدنية .

أيها السادة ، منذ بدء الفترة بعد أسرة جينا ، كان في الألعاب الرياضية في ألمانيا مؤيّدون متعصبون ومقتنعون بهم ، ونشروا عقيدتهم فيها ، بعد ذلك هناك كثير من تابعيهم يقيّدون بها ، إنها بنيت على تدريب صارم ، مما يخرج قوة وافرة في الحركة ، وبخلاصة القول ان طبيعتها تدريب عسكري، ويتّبع الناس في ألمانيا نظام الدرجات والإطاعة والصرم والحزم ، فمنذ بداية الطفولة ، كان من اللازم أن يكون التلاميذ في الطابور ناظرين إلى قيادتهم إنتظارا إصدار الأمر لهم . أما الطلاب في المدرسة المتوسطة ، فعليهم أن يحافظوا على المرونة في العضلات والإرادة لكى يطيعوا لنداءهم في أول الأوان ، وهذا هو قصد الألعاب الرياضية في ألمانيا ، ومن السهل أن نرى فيما بعد الفضائل والنواقص من هذه الفكرة . أما الطلبة في الجامعة ، فملّتهم الأكثر القتل والصراع مع الزملاء ، لذا صارت ندبة على الوجه علامة يتشرّف بها الطالب ، وتدفقت التوحدية المعجبة من التصرّفات الصغرى في حياتهم ، لذا حصلوا على الملذات والترفيهية في أعماقهم عن تلك الأنظمة الصارمة ، هذا هو ما لا يفهمه البريطانيون والفرنسيون . اليوم طالما تقوم بزيارة إحدى الجامعات الألمانية ، والمشاركة في إحدى حفلات الطلبة ، ورؤية مشهد نخبهم لإطاعتهم لأمر ، فهمت وعرفت درجة هذه الأمة المتعصّبة في الإنضباطية . قد تسرّبت الأفكار العسكرية في ألمانيا كلها في القرن الحاضر ، وعند تكوين الأحزاب الثورية ، والكل يتمتع ببعض صورة عسكرية حتى أنه إشتراكي .

قد قلت إن الألعاب الرياضية في ألمانيا لها قوة وافرة في حركاتها ، ولا فعّالة فيها إلا تحت هذه الظروف ، ومن أجل الحفاظ على هذه القوة يلتزم اللاعب بأن يتأثر بفكرة الإيلاع بالقتال طوال حياته ، ومن اللازم أن تثيره هذه الفكرة بلا إنقطاع ، وإذا كانت ألمانيا تركتها ، فسيتفكك فيها كثير من الهيئات الرياضية بسرعة . في بعض الأماكن الألمانية طرأت الحركات الرياضية ، وهذه نتيجة السلام داخليا وخارجيا منذ عشرين سنة . وبدأ اللاعبون الشباب يبذلون جهودهم لأنفسهم لا لنتيجة ما ، وإذا أرادوا سباق الحواجز ، فسيختارون حركة خفيفة وعالية للقفز . كان في الحرب لا يمكن للناس أن يكونوا عاريين في سوقهم وسواعدهم ، بل يلبسون الملابس الضيقة ، وكان اللاعبون يتلقون كثيرا في كيفية القفز على الحواجز بخفة حاملين الأسلحة والأمتعة ، ولا يتلقون في أن يمكنهم الحصول على نتيجة أم لا ، وكذلك إذا كان لا يثيرهم مستقبلهم المشرق في الإلتحاق بالجيش ، فستكون كل حركة ضعيفة بطيئة ، وناقصة الروح والدافع وصارت بلا معنى . وكذلك تفكك سباق الجري على الأشواط ، وعاد إهتمام لاعبيه إلى الأنانية ، ولا عناية بفعّالية تكاملية وتوحدية في الموقف ، بل من هو أسرع ، فهو من وصل إلى الهدف أولا .

ونظرا إلى طرف طبيعي ، فالرياضة في ألمانيا إصطناعية ، والتدريب الرياضي المتكون نفسه غير مطابق لأمنية أصلية في الرياضة ، إنها ليست طبيعية ، ومع الناس هدف لدعاية قضية عظيمة عالية نحو المتدربين ، مما جعلهم نشيطين وحيويين في قبول التدريب . أيها السادة ، فهذه النقطة أنتهم إلى نجاحهم ، وفي المستقبل ربما تؤذيهم إلى إنحطاطهم .

على كل حال هناك خلفاء الألعاب الرياضية الألمانية في أمريكا وأوسترواليا ، لا نتحدّث عن فرنسا وسنذكرها بعد قليل ، فهناك كثير من الهيئات الرياضية تأسّست في هاتين الدولتين . البريطانيون أتى التنس على المرج والكتاب المقدّس إلى العالم ، مضرب كرة التنس والكتاب المقدس شئ لا يروح عنهم أبدا ، وجاء الألمانيون المقيمون في خارج ألمانيا بمخلاتهم والجمباز . تعرفون أن عدد الرعايا الألمانية في أمريكا ضخم ولديهم قوة التأثير ، كما أن هناك بعض الحوادث في الأيام الأخيرة قد لفت نظر العالم ، لو كنت مواطنا أمريكيا ، لعددت أن هذه الحوادث ظاهرة من أزمة الأمة. وغرس في أعماق الألمانيين المقيمين في أمريكا شعور التقدير والإعجاب بألمانيا في أوربا ، فهؤلاء الذين كبروا في هذه البقعة من الأرض الحرة ، مع أن المحيط الأطلسي يفرّقهم عن وطنهم ، غير أنهم يقومون دائما بثناء وتقدير الإضطهاد الذي لم يتعرّضوا له ، وينادون بصوت عال أسماء الإمبراطورية كبرياء ، ويحلمون بتعميم ألمانية في العالم الجديد عن طريق لغتهم وتقاليدهم وعاداتهم ، وفي هذا العالم الجديد ينمون بسهولة ، ولا فكرة في عودتهم إلى الوطن ، وقد أقاموا لأولادهم كثيرا من هيئات الألعاب الرياضية ، يقلدون الأفعال للوطن القديم ، وتحت النظام غير المنتظم هناك منظمة مستقلة متماثلة في هذه الهيئات والناس هناك يطلقون عليها الرياضة .

وربما تقولون إن هذه الألعاب الرياضية تنقص الشروط الضرورية الناجحة التي ذكرتها آنفا : الإرادة العسكرية والعبادة الميدانية . أيها السادة ، لا تفكرون في ذلك أبدا ، فقط رأيتم تجارا ورجال الأعمال و ممارسي التجارة في المواطنين الذين بلغ عددهم تسعة وستين مليون . إن أمريكا فيها أفكار ، وتعبد وتقدر العلم ، بينما هي دولة عسكرية في نفس الوقت ، مع أننا نراها من حيث المادية ، قد إختفى أثر الحرب الجنوبية – الشمالية ، غير أن الأثر في الناحية الروحية ما زال واضحا للغاية ، وفي أعماق الأمريكيين قد انتقلت الهزة المترتّبة على هذه الحرب العظيمة إلى العالم اليوم ، ويمكنني أن أقول بشجاعة إن شعور حب الوطن من قبل الشعب الأمريكي من المشاعر الأكثر والأعمق التي وجدتها في حياتي ، ويمكن للناس الإستفادة منها كل شئ .

قد أقيمت الجماعة البارزة المتكوّنة من ضباط الجيش الإتحادي في المعهد العسكري بوست بوينت(West Point) الذي تغلب عليه التقاليد العسكرية الفرنسية . وليس هنا فقط ، بل كل ولاية في أمريكا اليوم تتمسك بجيشها ، وربما هناك خطأ في إعتبار الناس بأن الجيش حرس الوطن شبيه الصورة الشكلية بلا فعل ، فليس عندي وقت وقوة للبحث في أعمال هذا الجيش ، إلا أنني

أخبركم ثلاث حقائق واقعية : عدد شباب الإنضمام إلى الجيش ، كمال المعدات العسكرية ، وطاقة التجنيد المميّز التي أبرزت في بنسيلفانيا آنفا. طبعا ، هذه المرة ليست فرصة مناسبة من التجنيد ، و هذا تجنيد الجنود المفاجئ ليس لمقاومة العدوان الخارجي ، بل من أجل الحفاظ على النظام في حادثة الاضراب الدامية ، وقد انسحب جميع التجار وممارسي التجارة في غضون 24 ساعة ، وفي الساعة الخامسة والعشرين قد حضر الجنود مواقعهم المحددة تحت حماية الأسلحة .

وتأسّس معظم هذا الجيش على شكل ألماني وقيادته أيضا على أسلوب ألماني ، هذا هو فريق مخلوط خاصّ ، يتمتع بخلق المواطنين من الجنود المتطوّعين الإنجليزيين من ناحية، ومن الناحية الأخرى أن يلتزم بنظرية الإنضباط الصارم للعسكريين الجرمانيين . وتسعى أمريكا وراء إعادة تأسيس الجيش البحري ، وإذا تمّت هذه المهمة ، فسيحوّل حبّ القضية إلى فكرة القهر بسرعة. أرى أن الحكومة الأمريكية في المستقبل ستكون حكومة مولعة بالحرب . وبفضل أسباب ما أعلاه أن الألعاب الرياضية العسكرية في ضفة شبولي (Sprée) التي تتعرض للانحطاط ، قد وجدت عبّادا جديدا في ضفة ميشيشيلي . ومهما كان ، إذا كان هناك الطمع البالغ للتحقيق ، ورغبة الثأر الشديدة ، أو إرادة تكسير النظام العبودي ، فمن الطبيعي أن نتيح لهذه الألعاب الرياضية العسكرية فرصة أن تضرب جذورها وتثبت إلى الأبد .

في أستراليا قليل من الرعايا الألمانية ، لذلك ما زالت ولدت بعض الهينات ، ولكن ما يذكر هذا الموضوع ، ومع أن القوّة العسكرية هنا أضعف من أمريكا نشرا وأقلّ منها شدّة ، غير أنها تناولت إهتمام العامّة ، في مركز الاقتصاد والسياسة في أستراليا طرأ بعض الثورات مثل حادثة جزيرة ساموا ، وحادثة هابيريدي الجديدة(New Hebrides) ، ونداء شديد في إحتلال كاليدونيا الجديدة ، وجيش الميليشيا البريطاني المرسل من ولاية نيو ساوث ويلز(New South Wales) لتأييد السودان ، وإلخ .

قولي إلى هنا ، يبدو أنني ميّلت الموضوع الرئيسي الألعاب الرياضية إلى بحث القضية الدبلوماسية. في الواقعة انني فقط لأجل تأكيد قواعد المجتمع الهامة. هناك علاقة وثيقة قائمة بين الروح والطمع والأمل مع ميل إنحدار الأمة ونظرها وطرق تنظيم الألعاب الرياضية .

2

السادة ، هذا هو وضع ألمانيا الحقيقي ، والآن أتكلم عن وضع السويد الواقعي . تحويل الألعاب الرياضية في ألمانيا إلى الألعاب الرياضية في السويد مثل ما نتابع للإستماع إلى موسيقى البستان السيمفونية بعد سيمفونية البطل . إن الشعب السويدي أمّة سعيدة ، لها تاريخ ذو مائة سنة يستحق الحديث ، ويسعى إلى تطوير اللعب الرياضي القومي الذي يفيد الجسم والراحة في السلام ، وهو التزحلق على الجليد ، إلى جانب لعب رياضي خاصّ عادي كما نراه ، ونطلق باسم المؤسس ، نسمّيه جمباز لينغه.

وأذكر أولا أن المقارنة بين جمباز لينغه والتزحلق على الجليد ، الأخير معترف أكثر من قبل الشعب السويدي ، فأجسامهم الصحية والتوازن الرائع بين الجسم والقلب الذي حققته حركات التزحلق على الجليد ، جعلت هذا اللعب فريدا مميّزا ، وحالة القلب الهادئة هذه وتنفس الحياة المتساوية جعلتهم حيويين ، فيمتنون هم مخترعه العظيم . وعندما كان هؤلاء يقومون بالسباق الحار على سطح الجليد في هواء التجلد الشمالي ، ويتمتعون بفرح الصحة ومرح العافية في شتاء اسكندنافيا ، قفز من عمقي نوع من شعور الاحترام دون وعيّ منه.

ولا يمكن القول أن هذا اللعب الرياضي في السويد لا قيمة له ، إنه قد بدأ ينتشر في ألمانيا ولندن ونيويورك على شكل جماعي . صديقنا ، وصديقنا المشهور بصراحة الدكتور لقرانئج(Lagrange) ، عضو تحالفنا كان قام بالتفقد الميداني لهذا اللعب . والقارئ الذي قرأ " التصادم بين العالمين " عرف أن أثرا تركه " المشفى" في ستوكهولم(Stockholm) ، وكتب فيه أن الألعاب الرياضية في السويد رياضة للضعفاء . ولهذا هو السبب الذي لا نريد قبوله ، هذه الحركات المرنة البطيئة تناسب الأولاد والشيوخ ، ومن حيث العلم أنها صالحة للمرضى أيضا ، ولذلك قد أثار دورها في مجال العلاج الطبي رغبة لقرانئج(Lagrange) ، كتب هو : " الطبيب الفرنسي الذي درس في ستوكهولم(Stockholm) يصادفه بعض الأشياء الجديدة التي ما رآها وسمعها سابقا بالنسبة له ، في البدء تلك الحركات المتنوعة التي قامت في المشفى العام والخاصّ جعلته في الفوضاء ولا يعرف كيف العمل ، ولكنه فهمها تدريجيا ، في النهاية قسّم هذه الحركات المرنة إلى الأصناف ، مما لخص ما يريد السويدي تحقيقه من النتيجتين : الرياضة تقام على تحديد الوقت وتحديد الكمية ". وعلى أساس تعميق البحث الذي جرى في نظام العضلات ، قد طرحوا فكرة جريئة من هذا اللعب الفعال في العلاج الطبي ، عن التدريب والتدليك على الدرجات المختلفة يعالجون الأمراض في القلب ، وله فعالة ممتازة ، هذا نتيجة طبيعية للرياضة ، لذلك منذ أكثر من نصف القرن كان السويدي يبحث عن الصحة والعافية في المشفى بلا ملل ولا كل . هذا هو نقطة فريدة تستحقنا للعناية بها. لكن ، من المعتاد أن المولع بالتدريب الرياضي ليس من المريض ، فهذا هو الموضوع الذي علينا أن نناقشه . تهتمّ الألعاب الرياضية في السويد بالغلمان والشباب ، حيلولة دون ميلهم عن الصراط المستقيم في سنهم المضلة ، والعناية بالمريض ، عن التدريب الرياضي يجعل المسنّ يتمتع بالصحة والعافية من جديد ،

هذا هو مزيّة وفضيلة ، غير أنه ليس فيه قوة تأثير في عالم الشباب ، فما يحتاجون إليه هو ما تركه هذا اللعب : العطاء بالجهد ووعي المنافسة . في هذا اللعب يمكن ببذل الجهد من مداه لا من طاقته للحصول على قوة ، وهذا يشعر الناس به ببطء لا بسرعة ، أما عن وعي المنافسة ، فعقيدة هذا اللعب هي : لا تنافس بين الناس ، بل المنافسة مع النفس .

لذا تفهم أن نجعل اللاعبين الشباب يتركوا الجهد ووعي المنافسة ، عسانا أن نسحب الدم من أنابيب دمائهم أولا ، وإذا بقيت نقطة منه ، بتأكيدي أنهم لا يتركون ، وبالفعل تقديم هذا الدرس لهم ، فقط يكون السخر منهم ، هذا يسهلنا أن نذكر كاريكاتير من Cham : في بستان دويلري (Tuileries) ، الأم رخت يد البنت قائلة : " إلعبي جيدة يا قلبي ! وأذكري ألا تصابي بالبرد ! ولا تجعّدي الفستان ! ولا توسّخي الجزمة ! ولا تشوّشي الشعر المتجعّد ! ولا تفكي رباط العنق ".

في السويد بعض فئات التجديد يسعى لتكون الألعاب الرياضية في السويد ذات رجولة ، إذا كان يمكنني أن أقول هذا. لما كان الناس ينظرون إليهم في نظرهم الغضب والتعجب ، فالمجدد يواجه هذه المعاملة دائما ، ولكن في النهاية سيسيرون في الطليعة يوما ما. وعندما صارت الألعاب الرياضية في السويد ليست تجاه المريض والضعيف ، أقول بجراءة إن هناك لا شيء يمنع نقل هذا اللعب إلى العالم ، وبالنسبة إليّ ، فبلا شك أنني سأبذل جهدي في ذلك .

3

أيها السادة ، في بداية نقاشنا قد وجدنا أخطاء هؤلاء : يرون أن الهواية في التدريب الرياضي التي زرعت في أعماق البريطانيين لن تنحط ، ففي رأيهم أن ما يرى وهو فهو كان ، ومن قولهم إن كانت بريطانيا بدون الألعاب الرياضية ، فالأمر يخالف معقولية ، بيد أن هذه الظاهرة غير الطبيعية قد أخذت إهتمام الناس بها في أواخر القرن الماضي وأوائل القرن الحالي . إنحطت الحركة الرياضية الشعبية ، وجاء صاحب الأملاك الكبير ، وإحتلّ حق الصيد وحيده ، مما نزع التسلية المحبوبة لدى البرجوازية الصغيرة في القرى . ويرى الناس كثيرا التقاتلات بين الملاكمين أو سباق زورق تجديفي يقام في نهر التايمز ، وكان المشارك متحرّفا ، وكان المتفرّج خسر أمواله الوفيرة في القمار المبالغ ، وليس في هذه الألعاب أية روح من الرياضة والسباق . وكان في بريطانيا نوعان من التسلية : ممارسة التجارة في الصدق ، والتمتع بالتسلية في التمام . المدرسة صورة مصغرة للمجتمع ، ليست فيها أية فكرة لإتحاد ، وعدم إهتمام المعلم بذلك ، تطبيق قاعدة إنتصار الأقوى عند الطلبة . ومن المتأكد ألا يتصوّر الناس أنه قد ربّى المدرّسون جمالا ودقة بكفاءتهم تحت آلية التعليم والتربية غير الكاملة والتامة ، لذا ، لا أوافق هنا على فكرة مسبقة منتشرة في فرنسا وهي أنه ليس في العالم نظام التعليم والتربية أكمل وأدقّ مما في بريطانيا في الوقت الحاضر ، وألطف معاملة نحو الشباب ، الظاهرة الخارجية تضلل الانسان .

أيها السادة ، إنطلقت ألعاب القوى في إنجلترا منذ وقت ليس بعيدا ، إلا أنها قد إنتقلت إلى العالم بأسره ، فإن تاريخها عديم الطويل ، يمكننا معرفة أثر مسيرة تطوّرها بصورة عامة . لم ينسحب الكاهن كنجسلي وأسماء تلاميذه من مسرح التاريخ بعد ، وقد كفى حدوث التغيّرات المعجبة خلال فترة من 60 سنة كفاية تامة . يعتني المؤيدون في البداية بأنهم يمكن أن يحصلوا على الصحة والسرور أم لا ، ولا يهتمون بإقامة الفنة ، ولكن لديهم وجهة نظرهم ، في نوع من الفلسفة : إستعراض ذكر اليونان ، عبادة تقاليد السدويك(Stoic) ، وفكرة واضحة في ألعاب السباق لخدمة العالم المعاصر ، مما جعل العالم يعتني بهم بسرعة . والناس يسخرونهم ، ولكن هذا السخر لم يحوّلهم إلى اليأس ، عندما بدأت الحركة تعرّضوا لهجمة شديدة ، غير أن نتيجتهم تحت حماية الشباب . وبدأت جامعة اكسفورد وجامعة كامبردج المشاركة في ذلك . وقد وجدوا هنا نبتة النهضة ، نوع من قوة التصفية المحتاجة ، في الوقت نفسه . هذا المواطن العظيم توماس أرنولد ، القائد والمثالي في صفّ المدرّسين البريطانيين طرح صيغة فعالة للدور الذي تلعبه ألعاب القوى في عمليات التعليم والتربية ، رأيه قبل وأعترف بسرعة ، ملعب ألعاب القوى منتشر في أنحاء إنجلترا ، وظهور الهيئات المتنوّعة فيها حتى لا تستطيع تصوّر كثرة عددها ، ففي لندن بعض الثينات ، لا في منطقة الأغنياء ، بل في منطقة الفقراء والشعبية ، وفي كل ريف هيئة أو هيئتان . مع أن القانون الإنجليزي لم يحدّد درس الرياضة للأطفال ، بيد أن الحركة الشعبية عوّضت هذا النقص تاما ، وعند مغادرة أرض الوطن ، ذهب الجيل الانجليزي الجديد بالتقاليد النفيسة من ألعاب القوى ، مما جعلها تجاوزت حدود البلدان في البيئة المتنوعة منتشرة في كل الأرض .

وبعد عصر الرومنطيقية في أمريكا نرغب أن نعرف وضعها الحالي . و في عام 1889 باستخدام فرصة عقد سلسلة من الاجتماعات في معرض ذكرى عيد فرنسا بمائة سنة ، أصدرنا في أحد الاجتماعات 7000 نسخة من أوراق التحقيق لجميع المستعمرات الإنجليزية والدول المستعملة اللغة الإنجليزية ، وتشتمل محتوياتها على شؤون السباق الرياضي ، وتأثيره في مجال التعليم والتربية إلى جانب تقدّمها . فالتقدّم مستمرّ ، وتبيّنت أوراق التحقيق كلها أن ألعاب القوى في علوها قد بلغت حجما عظيما ، وقد شهدت التجارب منذ 50 سنة على صحة نظرية توماس أرنولد و كنجسلي . في أمريكا وهي دولة دعت إلى الأعداد ، كان الدكتور سارجينت (هو ثقة في هذا المجال) يقتر أن الاستثمار في إنشاء الملاعب وصالات التدريب الرياضية أوصنع الأدوات

والأجهزة يحتاج إلى مليون دولار أمريكي من عام 1860 إلى عام 1870 ، ومليونين وخمسمائة ألف دولار أمريكي من عام 1870 إلى عام 1880، وفي النهاية 25 مليون دولار أمريكي من عام 1880 إلى عام 1890 ، وإجمالي المبلغ 28 مليون وخمسمائة ألف دولار أمريكي .

وقد شعر الناس بموجة صاعدة من قبل قواعد سباقات ألعاب القوى والإحصاء السنوي للنوادي في أستراليا وكابوطن وجامايكا وهونغ كونغ والهند . أقدر اليوم – أوضح أولا أن سحبابي على أساس بعض الأرقام غير الكاملة – أن عدد الرجال الذين تمّ تسجيلهم في قوائم أعضاء الهيئات المنظمة الرسمية بلغ حوالي ستة ملايين ، حسابي لا يشتمل على بلجيكا وهولندا ، ولا يحتوي على الدول التي فيها جماعات قائمة مستقلة يشترك فيها المولعون الهاويون بالرياضة ، فهنا كثير من الناس يشاركون في الألعاب الرياضية كل يوم .

بإعتبار ما أعلاه حجة ، ولدت المجلة الإختصاصي على صدارة الرياضة وافرة ، وظهرت الجرائد وافرة ، ونقل في أنحاء العالم شوط من مباراة كرة القاعدة في شيكاغو أو نتيجة لسباق الزورق التجديفي في نهر بنما ، كما احتلّ مكانا في صحيفة تايمز ، حيث كانت هذه الصحيفة منذ 40 سنة تبخل في نشر حالة سباق الجري بين جامعة أوكسفورد وجامعة كامبريدج ، حتى ولو في قطعة صغيرة منها . في يوم السباق الهام ، العمل توقف مؤقتا ، لا أحد في المكتب ، كما حدث في اليونان القديمة أن الناس يتوقفون عن أعمالهم ويخرجون تشجيعا للمشاركين المارّة في السباق .

أيها السادة ، إنهم يتبعون الجدّ نفسه في الجدّ ، ويطلبون لأنفسهم بشدّة ، دون أي نوع من الإجبار ، وهم يتقيّدون بالقواعد المختلفة الأكثر فعالة ، ذلك بسبب الحرية وإرادة النفس . التفكير في الحرب أمر غال ، والتفكير في الصحة أمر يستحق للثناء والتقدير ، لأنه أكثر من الأول إنسانية ، وجعلنا نعبد الجهد دون أنانية ، وجعل الإنسان يواجه تحدي الصعوبة بشجاعة وحبّ القضية الصعبة ، فقط هذا .

فما أعلاه فلسفة للألعاب الرياضية على الوضع العادي ، وفلسفة تحالفنا على الأخص .

4

أيها السادة ، في عام 1886 ، وضع مشاركة فرنسا في الحركات الرياضية ليس كما يراه سيّنا كما يراه بعض الناس ، لا أذكر العقيد Amasos ، لأنه رجل مع هذا الرأي ، غير أنه كتب قصيدة مقتبسة لأخلاق الدين ، وعندما يغنيها الأطفال يراوحون في مكانهم ، فمن القول المتأكد إنه خلق جيش إنقاذ العالم أكثر ولا الألعاب الرياضية .

أذكر عرضنا هيئات الألعاب الرياضية هذه بأنها تعرّضت لنتيجة الهزيمة....... إلا أننا نرجو أن تكون لوحة القفز نحو النصر . مع أن هناك بعض الناس أنهم يعتبر أنهم يلعبون العوبة طفولية في المعهد ، ولكن دورهم الجبّار ، وشعورهم المثير النادر جعل كل فرنسي تملكه إحساس بالمهابة والاحترام . نادي ألبيس لتسلق الجبل يستحقّ الذكر ، لأنه ذكر مواطنينا بأن في حدود بلادنا قمّة عالية كهذا، يمكننا أن نتنفس عندها في هواء لم نتنفس فيها سابقا ، صالحة للصحة في القلب والجسم . الأخير هو المبارزة ، لا نستطيع أن ننساها على إنها حركة قومية ، فقط يمكن لإيطاليا أن تنافسنا ، في حقيقة الأمر بإمكانا نشعر بملذة التقاتل في المبارزة هذا ، وهي فرح أسفل من الحياة فقط .

وإنما في عام 1886 ، نقص الدعم في بناء الرياضة ، لا أدري أن المخططين قد اهتموا به أم لا ، ولكن من معرفتي أن هناك لا أحد يقدّم أي مشروع تفصيلي في خطة بناء الرياضة، إلا طرأ مشروع في صحيفة " الفرنسي " في تاريخ 23\8\ 1887 ، مع أنني لا أريد أن يتناول حديثي أي شخص في هذا الاجتماع ، غير أنني أطرح هذا التاريخ بشعوري العادل . حينذاك تعارض أكاديمية الطب الفرنسية بشدّة في إستخدام الناس قوة الذهن ، أما بالنسبة لمقتم ذلك المشروع ، فظهرت مشكلة ، فمكان المخرج الذي طلبه جدار واحد ، ويثابر معهد الطبّ على إصلاح برنامج عمله لكي تقليل وقت العمل الذهني حتى القيام بالرياضة البدنية ، حجتهم أن ليس هناك وقت للقيام بالرياضة ، فهذا في غاية الخطأ ، هناك وقت كاف ، بل وقت كاف ، ولا حاجة إلى الوقت الأكثر ، فقط في الحاجة إلى ترتيب الوقت على خير الوجه . ووقعت وجهة نظرنا العامة في مضلة أخرى : قال الناس تجاه المدرسة لماذا لا نقوم بالرياضة البدنية هناك ! فإذهب ! وتحرّك ! فتقرّب بنفسك وتشجع غيرك للتدريب . هذا سهل القول وصعب الفعل ، فمن اللازم أن تكون القوة الدافعة أتت من الخارج ومن إيجابية العامة . ويجب أن تكون الهيئات في ضفتي النهر كنقطة الدعامة ، فيمكن إنشاء الجسر على النهر ، معهد السوربون دعامة من الدعامات ، نادي الرياضة وقاعة الرياضة الفرنسية من الدعامات الأخرى ، وهاذان الجهازان تأسّسا في عام 1882 و1883 ، لا يتعاملان منذ فترة طويلة . هناك شخص ساهم كثيرا في ميدان ألعاب السباق ، هو السيد G. de Saint Clair ، إنه أتمّ دعم الطرفين إلى التوحيد في 18 يناير من عام 1887 . أقيم سباق شدّ القوة في غابة مدينة أفولا ، وفي ذلك اليوم قرّر تأسيس إتحاد ألعاب القوى ، وتأسّس هذا الاتحاد نهائيا وأعترف قانونيا في 29 نوفمبر في السنة التالية ، وبعد المناقشات والأعمال في أوائل عام 1888 أنشئت لجنة تعميم الرياضة البدنية . السيد Jules

Simon والسيد Gerard من أعضائها من الدفعة الأولى فيها . وقد عقد الاجتماع في تاريخ 31 مايو و5 يوليو من العام التالي ، حيث أقيم سباق الحواجز بين الجامعات في ضواحي باريس . وقد عرفتم ما حدث بعد ذلك ، تأسّس تحالف الرياضة وهيئة جيرونط ، مما جمع المدارس الثانوية في منطقة بوردو ، ونظم السباقات في أنحاء فرنسا . مع أن زخمهم كبير وفعلهم قليل أحيانا، غير أن هذه الحركة العظيمة جعلتنا من تحقيق نتيجة اليوم منذ 5 سنوات . أيها السادة ، أنتم مقتنعون بذلك ، فحضوركم اليوم من أحسن حجّة في ذلك .

5

الماضي هكذا ، وكيف المستقبل ؟

أيها السادة ، حان الوقت لأن أنهي إستعراض التاريخ اليوم --- بثلاث عبارات ، سأخبركم الوزراء المعنيين برنامجا مطروحا من قبل منتخبينا، أثق بأنه سينال إعتراف المنتخبين ، أي : تعزيز جهاز تعليمنا في قطاع التعليم والتربية ، وإقامة جهاز جديد في مكان ليس فيه مدرسة، والمحافظة على الإتصال المكثف بجامعات فرنسا والتعاون معها بإرادة. فقلة الكلام الفارغ ، وكثرة الأمر الفعلي بدون أي دعم مالي ، والحفاظ على إستقلاليتنا الكافية .

6

الماضي هكذا ، وكيف المستقبل ؟

لا أقول لكم عن المستقبل ، ذلك لأن هناك خطرا في شخص بعيد النظر ، وكذلك لأن الوقت جاءنا لإنتهائنا من إستعراض التاريخ مساء اليوم . وبالنسبة إلى الجامعة وأعضائنا ، فهناك أمور كثيرة تحتاج إلى تحالفنا لمعالجتها : سيلتزم بوعده .

لا أتحدث عن كيفية تطوّر ألعاب القوى في المستقبل بصورة عامة ، إلا أنني أريدكم معرفة واقعية هامّة ، في فترة طويلة من عملية التطوّر ، قد أظهرت خاصيتين : التعميم والعولمة ، فالأولى ضمنت مستقبلها ، لا يوجد هناك أي طريق الفعل في الوقت الحاضر سوى التعميم ، أما الخاصية الثانية ، فهي قد كشفت لنا مستقبلا خارج الإرادة . وربما ترون أن بعض الناس من شخص خيالي على أن في إعتبارهم الحرب ستختفي . فمعكم معقوليتكم ، ولكن هناك من يعتبر أن نسبة إنفجار الحرب تصغّرت تدريجيا ، لا أظن أنه خيالي ، فمن الواضح أن البرقية والسكك الحديدية والتلفون وعبادة العلم والبرلمان والمعرض كلها قد لعبت دورا أعظم في السلام بالنسبة للمعاهدات والإتفاقيات الدبلوماسية ، لذلك أتمنى أن ألعاب القوى تلعب دورا أكثر . فالذي عاين أن يجري 30000 شخص تحت المطر للتفرّج على مباراة لكرة القدم ، لا يعتبر أنني أبالغ في القول، إرسال لاعبينا في ألعاب سباق القارب التجديفي والجري والمبارزة نحو الخارج ، فهو التبادل الحرّ في الغد ، وعندما يكون في اليوم الذي أصبح عادة شائعة فيه في أوربا القديمة ، يمكن لقضية السلام الحصول على تأييد جديد قوي .

فما أعلاه يكفيني ويشجعني الآن على بدء تفكير القسم الثاني في البرنامج ، أريدكم الحاضرين أن تأيّدوني كالسابق ، فتحت مساعدتكم ، ساواصل في تحقيق هذه القضية العظيمة المفيدة على أساس ظروف الحياة المعاصرة وهي : نهضة الألعاب الأولمبية .

"现代奥林匹克之父"
——顾拜旦

公元393年，古奥运圣火缓缓熄灭，走过了一千一百七十年辉煌与沧桑的古代奥林匹克竞技会无奈地退出了历史舞台，成了人类记忆中一个遥远而神秘的梦。古代奥运会所承载的美好理想也随之停滞。但是，奥林匹克精神是永存的，在随后的一千多年里，人们一直眷恋着这片神奇的土地，复兴古奥运会的努力始终没有停止过。在众多致力于恢复奥林匹克运动的先驱者中，有一位法国人，他的功绩是无人匹敌的，正是由于他的努力奋斗，沉寂了一千五百年的奥林匹克运动才最终恢复。

每一个关注奥运的人都不会忘记这位复兴奥林匹克运动的人：皮埃尔·德·顾拜旦。从20岁起，他就在人们的讥笑中为奥林匹克运动奋力奔走；他逝世时，已经为奥林匹克运动奋斗了54年。由于他对现代奥林匹克运动做出的杰出贡献，人们尊称他为"现代奥林匹克之父"。同他倡议的奥林匹克一样，他的灵魂也随着奥林匹克运动和奥林匹克精神的生生不息而永远不灭。当又一届奥林匹克的圣火在古奥林匹亚的圣地点燃，顾拜旦长眠在这里的不朽心脏也将随之有力地跳动……

"从未有过的震撼"

一、幸福的童年

1863年1月1日，黎明时分，在巴黎乌迪诺街，一个新生儿诞生了，同所有新生儿的诞生一样，他的出世给一个充满期待的家庭洒满了阳光。

查尔斯·弗雷迪·巴隆·德·顾拜旦男爵满怀喜悦地迎接着他的第四个孩子，面向天边的第一缕晨曦，他感谢着上苍慷慨的赠送。只是，这位沉浸在幸福中的父亲肯定想不到，若干年后，他的这个孩子，将成为世界上最伟大的体育运动的倡导者，而且将会被世人尊称为"现代奥林匹克之父"。

这个婴儿就是皮埃尔·弗雷迪·德·顾拜旦。

顾拜旦家族是一个历史悠久、地位显赫的世袭贵族家庭，祖上兼有法兰克、意大利和诺曼底的贵族血统。据说曾经有一个姓弗雷迪的祖先，是意大利移民，1471年因效忠法国路易十一皇帝有功，被授予贵族爵位。1567年，这个弗雷迪贵族的一个曾孙从皇室获得了巴黎附近一处名叫顾拜旦的封地，从此姓氏改为弗雷迪·德·顾拜旦，后代一直沿袭了这个颇有来历的复杂姓氏。400年来，顾拜旦家族一直生活在法国的上层社会，从事着骑士、军官、外交官、科学家、艺术家和高级神职人员等荣耀的职业。这个家族人才辈出，出过"绝对论"哲学的开创者，出过宫廷大臣和带兵的将领，还出过皇帝身边的枢密顾问。

顾拜旦的父亲查尔斯·弗雷迪·巴隆·德·顾拜旦继承了路易十三国王赐封给先辈的男爵爵位，还有家族积聚的大量土地、房屋、艺术收藏品等巨额财产，每年有大笔租金、利息等进项。查尔斯·弗雷迪·巴隆·德·顾拜旦热衷于艺术，他在政府部门挂着闲职，却将大部分精力都耗费在艺术领域。查尔斯从小热爱绘画，跟着著名的庇科大师学习过绘画技艺。他曾在意大利居住了好几年，经常到欧洲各地旅行，寻访文艺复兴时期以来大师们的作品，收藏了很多绘画名作，后来渐渐成为颇有名气的水彩画家。查尔斯为人机敏圆融，既是信仰虔诚、政治立场保守的天主教徒，又是气质浪漫、交友广泛的艺术家，他的朋友中既有恪守老传统的世袭贵族，也有思想前卫的新潮文人、艺术家。

顾拜旦的母亲玛丽·马赛尔出身名门，是第一位诺曼底公爵维京诺罗的后代。玛丽受过良好的教育，懂得希腊语和拉丁语，可以熟练地阅读欣赏欧洲各国的古典文学作品。她的绘画颇有灵气，弹奏钢琴也很有天赋。她还热衷体育锻炼，不仅喜爱各种体操，还常常练习击剑。

相似的家族背景撮合了这对才子佳人，艺术方面的共同旨趣拉近了两个人的心。他们组成了一个和谐幸福的家庭。

顾拜旦是这个幸福家庭的第四个孩子，也是最小的孩子，从出生起，就受到父母家人无微不至的关爱。

顾拜旦的幼年是在诺曼底的米尔维勒城堡度过的。

米尔维勒城堡是一座典型的诺曼底风格的城堡，属于顾拜旦母亲的米尔维勒家族所有，作为顾拜旦母亲的嫁妆赠送给了查尔斯夫妇。米尔维勒庄园占地25万平方米，四周环绕着蜿蜒流淌的护城河，庄园里开阔的草地和郁郁葱葱的森林通过马车道和几条羊肠小道与古朴、坚固的城堡串在一起。在这个迷人舒适的城堡中，顾拜旦度过了幸福的幼年生活。

父母对艺术的热爱使顾拜旦受到了良好的熏陶。顾拜旦喜欢守在钢琴旁，听妈妈一边演奏一边唱歌，顾拜旦学会了许多古老的儿歌和民间歌谣，学会了端坐在钢琴前，弹奏一些简单的乐曲。顾拜旦还喜欢看父亲作画，他常常连续几个钟头守着父亲，看他勾勒人物的轮廓，描摹人物的眉眼，突出人物的眼神和表情，令人惊奇地塑造出逼真传神的人物形象来。

查尔斯夫妇酷爱旅游，他们时常带着四个孩子出游，西班牙、瑞士、比利时和卢森堡是他们经常去的国家，有时他们也跨过英吉利海峡去英国旅游，去的最多的是意大利。冬天，诺曼底和巴黎笼罩在刺骨的风雪和浓雾中，濒临地中海的意大利却仍沐浴在温暖明媚的阳光中。意大利人的热情豪爽、罗马昔日的辉煌和沧桑都深深地吸引着顾拜旦一家。

罗马的宫殿、广场和街头到处是比真人还大的人体雕塑。一天，顾拜旦在罗马的一个宫殿里看到一

顾拜旦生活过多年的庄园。

座雕像，是一个侧弯着身子的男子，他的头向右边偏埋着，左臂下垂，掌心撑住弯曲的右膝，右臂向后举起，手里握着一个圆盘。顾拜旦对这座雕像很好奇，父亲告诉他这是古代希腊的运动员，他正准备投出手中的铁饼。古希腊人热爱运动，崇拜美丽和健康，他们经常举行竞技比赛，参赛的都是身体强壮、健美的青壮年男子，谁得到冠军，就奖给他橄榄树枝，他就成了英雄，大家都为他非常骄傲。这是古希腊著名雕塑家米隆为一个铁饼运动员塑的像，已经有两千多年的历史了。听了父亲的解说，顾拜旦更加喜爱这个《掷铁饼者》，并对父亲讲述的古希腊竞技比赛充满了向往之情。

二、从运动中获得快乐和满足

1868年秋天，5岁半的顾拜旦被父亲送进了巴黎　一所耶稣会小学读书。

顾拜旦禀性聪颖，很善于发现枯燥课文中蕴含的知识乐趣，很快地，他的读写能力就超过了同龄的孩子。渐渐地，年幼的顾拜旦就可以阅读父亲订阅的报纸了。1870年暮春，顾拜旦在报纸上读到了一个新鲜有趣的消息：希腊人仿照古代奥林匹克运动会的方式，正在首都雅典举办第2届现代奥林匹克运动会。这个来自异国的消息使顾拜旦十分兴奋，嚷着要父母下次带他和哥哥姐姐去希腊。一连几天，顾拜旦都抑扬顿挫地给大家读关于运动会的消息。

1870年夏天，普法战争开始，法军连连失利。1871年2月下旬，法国政府签订了丧权辱国的停战和约；3月18日，不甘奴役的法国人民以巴黎公社起义的方式奋起反抗，法兰西内战爆发；5月下旬，巴黎公社遭到血腥镇压，白色恐怖笼罩着全法国。

法国社会陷入混乱，但这种混乱无序并没有给顾拜旦的生活带来影响，在米尔维勒城堡，在父母老师的呵护下，顾拜旦继续着过去单纯快乐的生活。比过去更开心的是，随着年龄的增长，顾拜旦可以参与更多的游戏和运动了。

顾拜旦具有出色的运动天赋和纯粹的体育兴趣。他头脑灵活、身手敏捷，能够很快地掌握各种玩法不同、要求不同的运动要领。更重要的是，他能从运动中获得最大的满足和喜悦，哪怕没有战胜对手，哪怕获胜没有犒劳奖励，或者干脆没有竞赛，只是自娱自乐，他都能从中得到极大的快乐。

顾拜旦和哥哥们争着在河里划船。小小年龄的他比别人划的都好，划起来又快又稳，转弯掉头迅疾有力。

顾拜旦迷上了骑自行车。他骑车的花样比别人多得多。他自己琢磨，学会了丢开双手骑车，学会了倒骑，甚至学会从一辆飞驰的自行车上腾空飞跃到另一辆平行飞驰着的自行车上。他还常常和两个哥哥、别的孩子或者大人比赛车技，年龄最小的他经常凭着各种绝技成为获胜者。

顾拜旦学会了骑马。他常常迎着朝阳，骑着马在庄园里驰骋。

顾拜旦喜爱各种球类运动。他爱打网球，爱打羽毛球，爱踢足球，还常常打曲棍球……

在大多数体育运动中，顾拜旦都表现出了超常的体育天赋，也在每一种体育运动中找到了快乐和满足。

1874年元旦，顾拜旦满11岁了，父母为他举办了热闹的生日聚会。生日聚会上，他得到了很多想要的礼物，但最令他难忘的是作家都德送给他的短篇小说集《星期一的故事》。《星期一的故事》以普法战争为背景，表现了被割让国土的人民在异国统治下的痛苦生活。作品揭开的血淋淋的创伤冲击着顾拜旦的内心，这个时候他才感受到了几年前的战争之痛。

1874年，顾拜旦小学毕业，就读于巴黎马德里大街的圣伊格纳斯中学。

圣伊格纳斯中学是一所由天主教会创办的学校，在各个方面对学生都有着严格的规定。顾拜旦对学

古希腊著名雕塑家米隆作品《掷铁饼者》。

校的一些苛刻规定很不满意，他最不满意的是学生的体育活动时间太少，也很单调，于是他向校长提出，增加学生体育活动的时间和种类，但遭到拒绝。随后顾拜旦又向教育部的督学反映体育活动给大家带来的烦恼，仍然没有结果。后来，顾拜旦又多次投书教育部，还给部长本人写信，希望能改善中小学生的体育活动条件。然而，投出去的信就如同石沉大海，没有

任何的回音，不过，这一切都没有影响顾拜旦对运动的热爱。

随着年龄的增长，顾拜旦的运动兴趣进一步拓宽了：他喜爱对抗性强的激烈运动，一心想长大了当曲棍球或者足球运动员；他又爱上了拳击运动，常常跑到巴黎的一所军校去学习拳击；学会击剑后，击剑又成为顾拜旦的最爱……

希腊少女在宙斯神殿前采集奥运火种。

三、从未有过的震撼

中学里的顾拜旦除了痴迷运动，还对历史有着浓厚的兴趣。在研读历史的过程中，顾拜旦无意中接触到了古代希腊人长期连续举办奥林匹克运动会的传奇历史。回想起幼年时初见到米隆的《掷铁饼者》时的情形，顾拜旦激动不已，他开始着手了解更多的古代奥运会的情形。

古代希腊各地经常举办祭祀众神的庆典，庆典上常常有健壮的勇士们进行竞技比赛，特别受观众欢迎。久而久之，这些竞技被剥离出来，演变成不定期的运动会，最著名的是奥林匹克运动会。公元前11世纪——公元前8世纪，古希腊人开始在雅典西南的小村庄奥林匹亚举办竞技比赛，参加者只有伊利斯和

斯巴达两个城邦，没有产生广泛的影响。公元前776年，伯罗奔尼撒半岛的国王伊菲图斯为了巩固自己的统治，决定革新宗教仪式，将宗教和体育竞技融为一体。他下令组织大规模的体育祭祀竞技活动，地点选在奥林匹亚，每隔四年举行一次，时间定在闰年的夏至以后。第一届运动会为期一天，希腊人后来以这一年为国家的纪元，后世约定俗成地把这次运动会确定为第1届古代奥林匹克运动会。

古奥运会是全民狂欢的盛大节日，盛行的观念是，一个希腊人一生中至少应当在奥运会期间去一次奥林匹亚竞技场。

古希腊人对美丽和健康的热烈崇拜与追求，古奥运会对冠军重在精神奖励的思想，特别是他们制定和遵循的"神圣休战"原则，都让顾拜旦深深折服，隔着两千多年的时空，顾拜旦与奥运会赛场上的英雄同呼吸着，他在日记中写道："在我迄今所了解到的所有事情中，没有任何东西像希腊古代奥运会那样，让我感到从未有过的震撼……"

公元394年，侵占希腊的罗马皇帝狄奥多西一世借口奥运会是异教徒的活动而下令终止，举行了293届的古代奥运会被迫终结了。奥运会场馆或被拆除、或毁于战祸，在一次次的天灾人祸中，最终变成被黄沙淹没的废墟，沉寂在历史中。

古奥运会的兴衰演变深深地牵动着顾拜旦的思绪，他为古奥运会的悲剧命运扼腕叹息，更为古奥运会遗址的重新发掘而欣喜异常。

古奥运会沉寂了一千多年后，欧洲大陆掀起了三次大规模的新思想文化运动——文艺复兴、宗教改革和启蒙运动。三大运动中涌现的人文主义者，宣扬人类有权享受世俗生活的欢乐和幸福，重视身体的健康和美丽，主张身体与精神的统一，要求身心均衡、协调发展。古奥运会的历史文献得到这些人文主义思想家的重新发掘和研究，他们认为古希腊的体育运动符合正常的人性需要，重视个人的幸福，倡导健康的生活方式，因而倍加推崇。一些学者产生了重新发掘奥运会遗址的念头。从1875年至1881年间，古奥运会遗址不断被发掘。发掘的遗址和希腊举行的泛希腊奥运会成为欧洲各国报纸竞相报道的热门题材。

古奥运会成了顾拜旦生活中的头等大事，他时而沉迷在对古希腊奥运会的缅怀中，时而被报纸上科学家的考古进展报道所吸引，就这样在跨越古今的时空隧道里心驰神往地穿梭着。

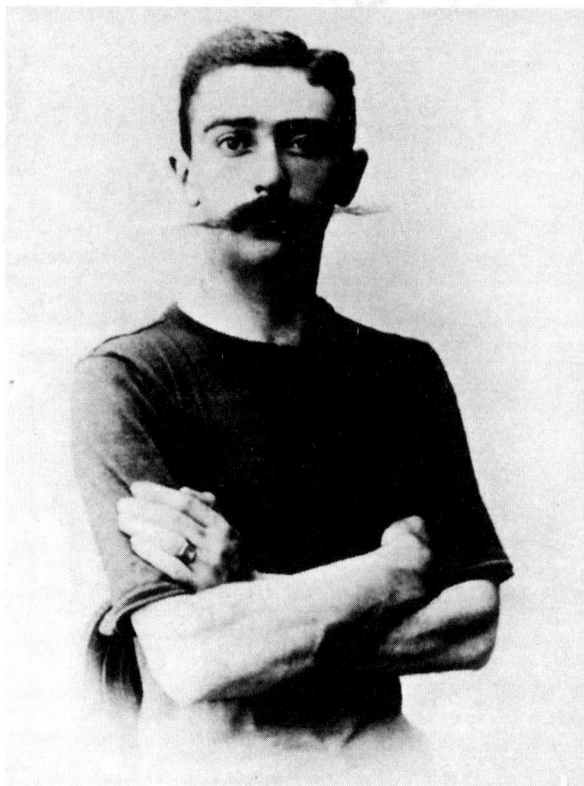

青年顾拜旦。

"用体育唤醒法国"

一、自主求学之路

1880年夏天，顾拜旦以各科全优的成绩从圣伊格纳斯中学毕业了。

在父亲的安排下，顾拜旦进入了法国最负盛名的圣西尔军校。圣西尔军校号称"将军的摇篮"，军校里的学生被视为前程远大的青年才俊，只有贵族、富豪和官僚阶层的父母才能把子女送到这里。

然而崇尚思想自由和自然、和谐生活的顾拜旦却与圣西尔军校格格不入。顾拜旦主张不同国家应和平相处，他承认国家需要军队保卫，但不赞成把军官培养成只知道打仗，甚至急于在战争中建立功勋的好战者。顾拜旦只承认正义的自卫战争，校方乃至整个军方却不愿意区分战争的性质，甚至灌输崇拜战争的危险观念。对刚刚过去十年的普法战争，校方却讳莫如深，严禁公开研讨，师生们私下也三缄其口，似乎这样就能消除法国战败的耻辱。

顾拜旦感觉军校并不重视学生身体素质的全面协调发展，运动操练像是为了接受皇帝的检阅，除了赏心悦目外没有任何实用价值。军校里充满陈腐气息的战争理论和战例研究，在顾拜旦看来，既不能跟上当代战争的发展变化，更没有反映日新月异的军事科学技术对战争的渗透和影响。校方、教官以法国的保卫者自居，学生普遍以未来的大将军、大元帅自诩，校园里充斥着傲慢自大、夸夸其谈的风气，顾拜旦对此非常反感，他决定离开军校。

通过朋友的推荐和自己的进一步了解，顾拜旦选择进入巴黎大学的政治学院攻读法学专业。

二、让法国弘扬希腊的光荣

在巴黎政治学院，顾拜旦感受到迥异于军校的开放气氛。这里人们思想活跃，言论自由，尊重不同的思想，探讨气氛浓郁。这正是顾拜旦所向往的。

政治学院常常举办各种主题讲座，顾拜旦不仅是忠实的听众，而且是思维敏捷、逻辑严密的发问者，他逐渐成为受关注仅次于主讲人的"焦点"听众。

在政治学院，顾拜旦感触最深的是法国学校教育体制的落后，其中体育教育的落后又格外严重。

战后的法国在探讨救国之路时有两种主要的观点，一种认为应该从政治体制层面探讨落后的根源；一种认为应该从民众的思想文化层面去探讨落后的根源。但是，从来没有人把学校体育的落后视为严重的问题，没有人认识到法国青少年普遍缺乏体育锻炼，体质虚弱正是法国落后于普鲁士和英国的重要原因。提倡"教育救国"的人不少，但即使在这些人眼中，体育教育也被视为细枝末节的可以忽略的问题。顾拜旦为此深感忧虑，他试着从这个角度探讨法国落后的原因，在演说中大声疾呼要给予从小学到大学的体育教育应有的地位。顾拜旦的呼吁受到很多人的质疑，在质疑声中，顾拜旦坚持自己的观点："对精神的塑造、意志的培养、品格的熏陶，如果没有体育运动这条重要途径，一定是不完整的，不健全的。文艺复兴和启蒙运动的大师们早已告诉我们，健全的思想寓于健全的身体，灵魂与肉体应当是统一、和谐的，怎么能够设想一个学识丰富、目光远大的思想者，却是一个病魔缠身的人呢？虽然这样的人并不少见，但那是

87

有理智的人应该竭力避免的，绝不是值得仿效的榜样……"

顾拜旦的话引起了一些人的共鸣，渐渐地，开始有人认同他的观点。

1881年，顾拜旦入读政治学院的第二年，德国考古学家对奥林匹克运动会遗址持续6年的发掘获得重大突破，遗址的主体部分得以重见天日，其宏伟的建筑、恢弘的气势震惊了欧美各国。各国争相报道发掘的成果信息，引起人们的很大兴趣，顾拜旦更是兴奋不已，订阅了几种主要报纸，还到一些报馆打听最新、最详细的情况。在学院的讲座上，顾拜旦大讲遗址发掘的成果和意义。

顾拜旦想："既然德国人发掘了沉睡的古代奥运会遗址，为什么法国人不能去展示它灿烂的光辉呢？"

这是顾拜旦第一次谈及恢复古奥运会，虽然还不太明确，但意念已经萌芽了。

三、推动政府制定《体育教育法》

在政治学院顾拜旦仍然坚持各种运动锻炼，他发起和参与了足球队、曲棍球队、击剑队、马术队和体操队，兼任好几支队伍的队长、教练或者技术顾问。在他的带动下，许多过去从不参加体育运动的同学都兴致勃勃地投身到训练和比赛中，政治学院的运动水平在巴黎各高校中声名鹊起。

紧张繁忙的学术、公益、体育活动与活跃的社交生活，并没有影响顾拜旦的学业。长期的运动、健康的生活方式和积极开朗的性格，使他精力充沛，足以应付陀螺般飞旋的生活节奏。

大学期间，顾拜旦做成了一件大事：推动政府制定了法国的《体育教育法》。

中学时期，顾拜旦曾多次向当局反映学生缺乏必要的体育活动的情况。进入大学后，顾拜旦又向教育部和政府明确提出，国家应该为在大中小学推广体育教育而立法。他提交了一份翔实的报告，这份报告基于他的切身感受，有理有据地考察了法国一般学生严重缺乏体育锻炼的情况，比较了他所了解的欧洲各国学校体育的情形，从理论上做了清晰有力的阐述。

顾拜旦在体育教育上的设想恰好填补了当时法国体育教学改革的薄弱环节，于是18岁的顾拜旦被教育部部长邀请参加了体育教育法草案筹备小组，与一批德高望重的老先生一同起草法案。

1882年《体育教育法》在国会参、众两院通过，由法国政府颁布实施。这个法规的基本思路和一些细则都采纳了顾拜旦的建议，舆论称赞顾拜旦是促成体育教育立法的第一功臣。这是他一生中取得的第一个使全法国年轻人受益的重要成就。

四、对英国学生体育运动的实地考察

1883年夏天，顾拜旦穿越英吉利海峡，前往英国进行学生体育运动的实地考察。

英国的户外运动享有盛名，与德国体操、瑞典体操并列为近代欧洲体育运动的三大基石。英国的户外运动种类繁多，十分注重自然方式和群体参与，都是在阳光和氧气充足的户外进行的。

顾拜旦的考察从中学开始，因为他认为中学是塑造一个人的关键时期，对人的一生都有着重要的影响。顾拜旦先后考察了英国最具声望的三所私立贵族中学：哈罗公学、伊顿公学、威灵顿公学。

在这些学校里，顾拜旦看到了宽阔的运动场，各种运动同时开展，互不影响；顾拜旦还看到学生宿舍和餐厅张贴着各种赛事的海报，招募参赛者或者拉拉队；顾拜旦看到这里的老师一个个精力旺盛，走路昂首挺胸，学生们洋溢着青春的活力，充满快乐和自信。对照一下自己国家的情形，顾拜旦深感辛酸：在法国，不要说中学，就是大学，也不敢奢望有这么漂亮的体育场，有这么齐全的体育设施和这么浓郁的体育气氛。

顾拜旦还参观了著名的牛津大学和剑桥大学，同样感受到了欢快的运动气氛。大学生们热衷于比赛划船，打曲棍球，在绿茵场上奔逐交锋。对学术的钻研没有使英国的大学生们丧失对运动的热爱，一个对莎士比亚有独到见解的年轻人很有可能也是曲棍球的得分手。而在法国，一个对莫里哀的剧本有深入理解的大学生，通常是一副体弱多病的仪态。

比照英国学校的体育现状和体育教育制度，顾拜旦深深地认识到：法国最严重的落后不是体育场地和设施的缺乏，而是教育当局和师生们体育意识的淡漠和教育制度的滞后。

考察期间，顾拜旦特别注意到正在英国流行的草地网球。网球本是法国人发明的贵族运动，14世纪传入英国，后来在英国得到了较快的发展，成为大众化的运动。1858年英国人格姆在伯明翰建造了世界上第一个草地网球场，1872年又创办了莱明顿网球俱乐部，1877年在温布尔顿举行了第一次草地网球锦标赛，1881年英国成立了世界上第一个网球协会。在草地上打网球比在硬质场地和泥地打网球更惬意，成为新的运动时尚。顾拜旦对此很感兴趣，他不仅在草地网球场上试打，还详细记录了场地尺寸、草皮种类、网的规格和比赛规则等，准备把它介绍到法国去。

回到法国，顾拜旦立即请人在米尔维勒城堡内建造草地网球场。网球场修好后，顾拜旦邀请朋友来做客，教他们打网球。这是法国引进的第一个草地网球场。在顾拜旦的热情推介下，草地网球运动在法国逐渐兴起。

回到巴黎，顾拜旦向教育部提交了翔实的考察报告。顾拜旦还在各个大学接连举行演讲会，大力宣扬英国先进的全民体育运动社会风尚和英国学校中蔚然成风的体育生活方式。顾拜旦的热情使很多人受到感染和鼓舞，但也招来了不少人的攻击和谩骂。

在1883年的一篇文章里，顾拜旦第一次提出了定期举办世界性体育综合竞赛的设想。

五、"用体育唤醒法国"

1885年夏天，顾拜旦从政治学院毕业了。父亲希望聪明绝伦的他进入外交界，母亲则希望他进入教会。然而顾拜旦却做出了令父母惋惜忧虑的选择，他选择了从事自己"已经开始的事业"——不遗余力地推动法国的教育改革。从世俗的眼光来看，这是一条荆棘丛生的暗淡之途。顾拜旦明白自己会因此失去很多，但为了心中的远大目标，为了实现振兴法国教育、塑造法国青少年强健体魄的理想，他毅然决然地做出了最终的选择。

为了更方便的行动，更自由地发表个人意见，顾拜旦决定成为教育部门以外的合作者，而不是一名体制内的官员。从此，他成了一名自由职业者，一个旅行家和观察家，独立自主地工作，畅所欲言地向政府和公众发表自己的见解。

1885年、1886年和1887年，顾拜旦又三次前往英国，对英国学校的教育制度进行了扩展考察，更加深入、细致地了解了英国的教育制度。同一时期，顾拜旦还认真研读了文艺复兴以来法国和欧洲思想家的著作、学说，了解他们的思想精华，从他们那里汲取精神营养。文艺复兴时期人文主义先驱和宗教改革运动积极宣传了体育在塑造资产阶级新人中的重要作用，推动了体育教育制度的初步形成，也启发了后来的启蒙主义思想家，逐步奠定了近代欧洲体育理论与实践的坚实基础。

对前辈思想家们新思维新做法的学习钻研，大大开阔了顾拜旦的视野，充实了他的理论素养，也坚定了他的信念，在日记中，他这样自述人生志向："把自己的名字和伟大的教育改革联系在一起！"

1886年，一些法国医生根据他们对中小学生体质的调查，在巴黎报纸上发表了公开信，大声疾呼"给孩子们更多的休息和娱乐！"顾拜旦马上在报纸上发表文章给以声援，提出了"延长学校的假期"、"建立新型学校"、"在城郊和乡村建立体育场和游戏场地"、"在学校里建立体育协会，组织体育比赛"等具体建议。

从这一年起，顾拜旦在报刊上大量发表文章，介绍国内外先进的教育理念和实践经验，鼓吹在法国进行大刀阔斧的教育改革，《论教育制度的改革》、《学校运动的指导原理》、《一个法国人眼中的英国学校户外运动》等一篇篇观点鲜明、资料翔实、论述详尽的文章，让读者耳目一新。顾拜旦把自己的使命定为"用体育唤醒法国"。他强烈呼吁法国学生和青年以各种方式积极参加体育锻炼。他提出"晒黑皮肤，坚强意志"的响亮口号，在法国各地的学生和青年人中不胫而走。

1887年，顾拜旦在教育部大厅作了精心准备的长篇报告：《法国和英国中学教育制度的对比》。

1888年，顾拜旦在历年考察研究的基础上写成了《英国教育》一书，这是他的第一本专著，借鉴了英国经验，对推行法国的教育改革起到了重要的参考作用。

同年，在顾拜旦等人的推动下，法国学校体育训练筹备委员会宣告成立，顾拜旦被推选为秘书长。他发起成立了全法学校体育协会，又用自己的钱设立了皮埃尔·德·顾拜旦奖，运动成绩优秀的学生可以获得奖金和精美的运动勋章。

巴黎索邦大学大礼堂。

"重建奥林匹克运动会"

一、国际体育运动的发展

19世纪中后期，体育运动比较发达的美国和欧洲，开始出现单项运动的全国性协会，较早的有1858年成立的全美棒球协会，1863年成立的英国足球联盟。国际间的单项比赛逐渐兴起。1881年7月，体操运动最发达的德国和瑞典牵头成立了国际体操联合会，这是第一个国际单项体育组织。

在顾拜旦呼吁学校体育教育改革的同一时期，比他年长的法国绅士乔治·德·圣克莱也在行动。圣克莱早年深受英国教育的熏陶，热爱户外运动。他通过两国间的比较看到了法国的落后，主张体育救国，但他与顾拜旦的着眼点不同，他更关心成年人和全社会的体育运动。1887年，圣克莱发起成立了法国第一个单项体育协会——全法跑步者协会。由于共同的志趣，圣克莱和顾拜旦两人结下了深厚的友谊，在共同的事业中彼此鼓励相互支持。

1887年和1889年，第4届、第5届泛希腊奥运会相继举行，激起希腊人民的极大热情。虽然举办者忽略了时代的发展变迁，又将运动员限制在本国和旅居海外的希腊人中间，使泛希腊奥运会过分呈现区域色彩，并没有取得骄人的成功，但欧洲各国进行的报道还是在各国引起了极大的反响。

国际单项运动组织的出现和30年来持续举办的泛希腊奥运会，都为国际性的现代奥运会做了准备。

二、关注国际体育交流与合作

1889年，顾拜旦出版了《英国教育》的续著《在法国推行英国教育》。该书受到了教育部长的好评，这标志着顾拜旦倡议的教育改革已经获得了法国政府的正式认可和支持，正在积极推进。

1889年6月，全法国体育教育代表会议举行，顾拜旦在会上做了重要报告，受到热烈欢迎。同年秋天，国际体育训练大会在美国举行。顾拜旦受法国教育部委托出席了大会。会后顾拜旦在美国和加拿大进行了三个多月的访问考察，他惊喜地发现，这两个国家，尤其是美国，早已推广了英国式的体育教育，他所到之处，无不发现运动员和体育爱好者矫健的身影。他清楚地认识到，正是体育运动的兴盛，给美国和加拿大的青年一代带来了朝气蓬勃的精神面貌。

回国后，顾拜旦出版了《大西洋彼岸的大学》一书，向法国知识界、教育界介绍了在北美考察的所见所闻。在书中一封致教育部长的长信中，顾拜旦说，通过考察，他对"体育"与"和平"的含义有了更深刻、更广泛的理解。

顾拜旦等人的努力没有白费，到19世纪90年代初，法国的体育教育改革已经吸引了不少国家的有识之士。这使顾拜旦非常欣喜，也使他的关注重心逐渐转移到考虑国际体育界的交流与合作上来。

1890年顾拜旦访问了不少欧洲国家，与同行们广泛接触，交流促进国际体育交往的意见。最令他难忘的旅行是在希腊访问期间，对奥林匹克运动会遗址的拜谒。虽然见到的遗址不过是一片巨大的废墟，但顾拜旦仍然激动万分，这是他神往已久的圣地，那些高大的石柱、那些墙基依稀可辨的涂油室、那个马蹄形的露天体育场，都在岁月的沧桑中沉寂着。在这个神圣的地方，顾拜旦脑海中清晰地浮现出一个伟大的设想：以奥林匹亚的光辉名义来组织新式的世界运动会，让奥运会的光辉照亮全世界。

促使顾拜旦萌发复兴奥运会心念的，不仅仅是来自古希腊的神奇召唤，还有他每天呼吸的现实空气，他在法国和旅行欧洲各国中经常感受到强烈的不安全感。19世纪70年代以来，德国利用法国的相对弱小，多次制造战争恐怖。法国在受到政治孤立、实力不足的形势下，主要通过加速掠夺、巩固殖民地的策略来逐渐积蓄力量，伺机在更加强盛的基础上实现对德国复仇的夙愿。顾拜旦深知，野心勃勃而又实力大增的法、德如果再次交战，遭殃的将不仅仅是两国人民，整个欧洲都会淹没在血泊中。他希望古奥运会的"神圣休战"传统能借助在现代社会里复活的奥运会得到传播和发扬，希望它能激发人类美好的情感和思想，促使各国人民互相了解，彼此接近，共同维护世界的长远和平。

三、创办《体育杂志》

1891年春天，顾拜旦自费创办的《体育评论》杂志在巴黎问世。顾拜旦自己担任总编和主笔，并向志同道合的国内外朋友约稿，免费向同道们发放。刊物的核心作者是顾拜旦，他撰写各种文章，介绍古代奥运会对健美的追求和奥运会期间的神圣休战原则，提出复兴奥运会这一伟大传统的倡议。

顾拜旦在刊物中写到他对人类体育活动的深刻认识：

体育的本质是和平年代的战争。但是这是更加文明和进步，更加合理而合法的战争。与带来大量的生命戕害与社会破坏的真正战争相比，体育竞赛非但不会带来巨大的灾难，还能让人们从中受益。运动员为在比赛中获胜而激发起来的决心和斗志，观众希望自己喜爱的选手、球队取胜的激动情绪，不会像战争中那样失去控制，蔓延为不同国家和民族之间世代相袭的仇恨与偏见，孕育新的灾难。一个合乎逻辑的趋势便是：在体育运动发达的地方，战争的硝烟便会渐渐消散。

在刊物中顾拜旦还大声疾呼：

让各国的年轻人到运动场上去相互竞争吧！而不是把他们送到战场上去彼此厮杀。

四、"重建奥林匹克运动会"

顾拜旦不是第一个主张复兴古奥运会的人。在他之前，不止一次有人提出恢复古奥运会，但都停留在设想阶段。1804年，"德国体操之父"古茨穆茨率先提议恢复古奥运会，但没有引起人们的足够重视。19世纪30年代，瑞典伦德大学的斯卡图教授组织过两届纪念古奥运会的北欧运动会，当时的报道就称其为"奥运会"；法国的洪德中学从1832年起，每4年举办一届"奥林匹克运动会"，到世纪末仍未中断；英国的布鲁克斯博士从1849年起，每年举行一次"奥林匹克节"……这些运动会虽然有着古奥运会的特点，但规模都不大，没能扩大影响，最终使奥林匹克理想变成现实的正是顾拜旦。

一开始顾拜旦所做出的努力并未得到很多人的赞同，连他的家人也难以理解他，很多人将复活奥运会当做一个有趣却不现实的奇思妙想，甚至还有人将顾拜旦称之为"巴黎的堂吉诃德"。只有少数人赞赏顾拜旦的主张，其中有他刚刚认识的波希米亚朋友古特·雅尔科夫斯基。古特比顾拜旦大两岁，喜爱滑冰、游泳、骑马和骑自行车，1891年来巴黎学习体育教育。了解到顾拜旦正在传播的理想，古特非常激动，表示愿意和他一起奋斗。后来古特当选为国际奥委会的首批委员，是顾拜旦最忠诚的战友之一。

1892年，顾拜旦又结识了两个异国长者：俄国的布托夫斯基和英国的赫伯特。他们都在顾拜旦的感染下成为奥林匹克运动的积极倡导者，并成为国际奥委会的第一批委员。他们给顾拜旦提了很多中肯的建议，给予了多方面的支持。

1892年，顾拜旦访问了十多个欧洲国家，他广泛拜访各国政府要员、体育界人士和社会名流，向他们讲解自己的想法。顾拜旦也征求了运动员乃至普通体育迷的意见。多数运动员和观众对复兴古奥运会的想法都感到兴奋，甚至有些迫不及待。经过长时间的考察和思索，顾拜旦决定公开提出复兴奥运会的倡议。

1892年11月25日，法国体育运动联合会第5届年会在巴黎索邦神学院召开，在这次会议上，顾拜旦发表了重要演说，呼吁将恢复古代奥运会提上议事日程。这是他第一次公开、正式地提出这一倡议，并阐述了他心目中新奥运会的内涵和性质：

以传统的名义获得新生的奥运会是否仍然只允许希腊人参加呢？或者如当代希腊人所依据的原则，最多扩展到他们移居海外的侨民中间？其他国家的运动员就不能与奥运会故乡的运动员同场竞争？举办的地点只能在希腊国内，还是也可以由同样信奉奥林匹克运动理想的外国城市来举办？我认为它应该是充分开放的。运动员队伍应该扩大，让各个国家的运动员都有机会来参加公平的竞赛。欧洲各国只要愿意按照奥林匹克运动的原则来主办奥运会，其他国家也相信他们的努力、能力与其真诚的愿望一致，能够办好各国期待的奥运会，就可以由这个国家的某个城市来主办。

在演讲的最后，顾拜旦满怀激情地呼吁：

让我们彼此交流赛艇选手、赛跑运动员和击剑运动员吧！他们就是未来的自由贸易。当古老的运动风尚被引进欧洲，成为人们的内在身体与精神需要时，和平事业也将获得新的有力支持。我希望赞成我的想法的人一如既往地支持我，在符合现代生活条件与文明观念的基础上，共同来推进这一宏伟而有益的事业——恢复奥林匹克运动会。

顾拜旦清楚地表明，新的奥运会既要继承古奥运会的传统精神，同时又要与时俱进，推陈出新，反映现代社会的进步，符合新的时代要求。

顾拜旦的热情呼吁得到的却是冷遇，许多与会代表毫不掩饰地投来怀疑的目光。顾拜旦没有气馁，他和为数不多的志同道合者互相鼓励，继续朝着心中的目标努力推进。

五、国际奥林匹克委员会成立

1893年11月27日，巴黎国际体育大会的小型预备会议在美国纽约大学召开。顾拜旦、英国业余运动员协会秘书赫伯特和美国普林斯顿大学的斯隆恩教授是预备会的筹划、召集人。会议重点讨论如何创办奥运会，代表们意见纷纭，未能达成一致的看法，支持者寥寥无几。

1894年2月7日，第二次预备会议在英国伦敦的体育俱乐部召开。会前顾拜旦将会议提纲和呼吁书寄给许多国家的体育组织。提纲称拟于当年6月在巴黎召开由法国体育运动联合会发起的国际体育代表大会，为恢复奥林匹克运动会作准备。呼吁书强调现代条件下的奥林匹克运动会，除了保持古代运动会的高尚和勇武性质，还要有广泛的国际参与和合作。这次会议赢得了一些支持者。

伦敦会议后，顾拜旦又走访了里昂、波尔多、雷恩、奥尔良等国内城市，争取这些城市的田径协会、学校体育协会对国际体育代表大会的热情支持。他还日夜兼程访问了美国、加拿大和十多个欧洲国家，团结各国的体育界人士，希望争取更多的支持，造成热烈期待的氛围，使恢复奥林匹克运动会的潮流不可逆转。

顾拜旦做着多方面的准备工作，期待着6月份会议的开始。然而直到五月份，各国代表们的回复还迟迟没有寄到。德国、瑞士和荷兰代表根本没有回信。其他一些国家的回信也是寻找各种借口，避免到巴黎来参加大会。考虑再三，顾拜旦决定用亲笔信邀请的方式显示足够的尊重和诚恳，以争取更多的人到巴黎来参加会议。

在顾拜旦的一番煞费苦心后，一封封积极的回信终于陆陆续续地寄到大会筹备处的办公室。德国、瑞士和荷兰作出了正面的回应。不少回信提出了很好的建议。遥远的澳大利亚也给大会送来了诚挚的祝愿。连日愁眉紧锁的顾拜旦终于露出了舒心的笑容。大会开幕前，比利时、希腊、英国、意大利、瑞士、瑞典、德国、荷兰、俄国、西班牙和美国等12个外国代表团和法国各地体育协会的代表齐聚巴黎。大会期间，又有21个国家的政府和体育组织寄来贺信。

开幕前一天，顾拜旦在《巴黎评论》杂志上发表题为《恢复奥林匹克运动会》的文章，对大会的成功充满信心。

1894年6月16日，国际体育运动代表大会在巴黎索邦神学院的圆形剧场隆重开幕，200多人到会。大会组委会由英国人赫伯特、美国人斯隆恩和顾拜旦3人组成，顾拜旦在发言中谈到了恢复奥林匹克运动的目的：

健全的民主制度，理性与和平的国际主义精神将渗透到未来的体育场，使其保持对荣誉和公众利益的坚定信仰，这些将使体育运动成为促进心灵美好、国际和平，同时也是健康的个人生活的共同事业。

顾拜旦为大会起草了一份议程，包括业余主义和职业化、恢复奥林匹克运动会和代表大会原则。大会分为两个分会场，议程中的三大问题分解为八个部分，代表们自愿分组探讨。后来又增加了两个议题：奥运会参加者应具备的条件、比赛项目以及确定届数、届期；成立一个国际委员会来负责恢复工作。

经过几天热烈的讨论，代表们的意见逐渐取得了一致。大会最终确定了参赛选手的资格、比赛的项目和比赛的届次、时间。

最后顾拜旦还接受了大多数代表的意见：由希腊的雅典来主办1896年的第1届奥运会，巴黎接办1900年第2届奥运会。

1894年6月23日，代表们一致通过了成立国际奥林匹克委员会的决议，从79名正式代表中确定14人为第1届国际奥委会委员，顾拜旦当选为国际奥委会的秘书长，希腊委员维凯拉斯担任主席，主持第1届雅典奥运会的筹备工作。

国际奥委会是国际奥林匹克运动的最高权利机构，它的任务是：指导并保证现代奥运会的定期举行，使奥运会保持崇高的目标，引导竞技运动向正确方向发展。

顾拜旦为新成立的国际奥委会创立了重要的组织

顾拜旦画像。

原则——逆向代表制。他认为国际奥委会应该是一个非政府的国际组织，不受任何意识形态、政治和经济力量的干扰，独立自主地实施奥林匹克运动的宗旨。逆向代表制规定，国际奥委会委员不由各国各地区委派，而由国际奥委会自行选任，委员们在所在国和所在地区是代表国际奥委会工作，而不是代表本国、本地区工作。奥林匹克运动后来能够在复杂的国际环境里尽可能地保持其独立性，不断发展壮大，逆向代表制起到了重要的保障作用。

最后，顾拜旦在大会总结性发言中满怀信心地宣誓：

奥运会是一个伟大的象征……1894这一年，在巴黎这个全世界忧喜与共、堪称世界神经中枢的城市，我们能够使国际体育运动的代表们聚集在一起，一致投票赞成（有关的原则极少争议）恢复已有2000多年之久、至今仍像以往一样激动人心的伟大的运动传统……今晚，电波会把我们团结一心的消息传至四方，古希腊奥林匹克的光荣在经历15个世纪的黯然失色后又将重返世界！

这次国际体育运动代表大会后来被追认为第1届奥林匹克大会。正是这次大会的胜利召开和取得的共识，奠定了国际奥林匹克运动的坚实基础，成为现代奥运会起步的历史里程碑。

顾拜旦（右二）和国际奥委会委员们。

"更快、更高、更强"

一、邮票拯救的首届奥运会

在雅典举办首届现代奥运会的喜讯很快传遍希腊，整个希腊都变成了骄傲和快乐的海洋，到处是兴高采烈地谈论奥运会的人们。但与民众的热情和欢乐相比，希腊政府却是一片沉默。

希腊政府有着难言的苦衷。希腊根本没有能力举办盛大的世界性综合运动会。1830年希腊摆脱土耳其统治后，虽然已经过去了60多年，但经济建设仍然步履蹒跚，人民生活依然困难，希腊是同时期全欧洲最落后的国家，经济萧条，债台高举。在此前一年，希腊的经济几乎全面崩溃。鉴于希腊政府的财政困难，希腊首相希望两年后的奥运会酌情缓办。

得知这一消息，顾拜旦心情沉重，如果首届奥运会不能在希腊举行，那么他从事的这项新事业就会因缺少了奥林匹亚母乳的滋养而难以茁壮成长。

顾拜旦没有接受希腊政府缓办的建议，也没有接受由其他城市改办的建议，他坚持要尽一切的力量协助首届奥委会主席和希腊政府、人民成功地举办首届奥运会，衔接古代奥运会的伟大传统。

希腊政府随后又做出了拒绝承办国际奥运会的公开声明。顾拜旦心急如焚，召集各国奥委会委员商量对策，最后决定亲自去雅典，直接向希腊政府和王室作恳切的说服。顾拜旦毅然放下正在筹办的婚礼，匆匆赶赴雅典。

在雅典，通过实地考察，顾拜旦对希腊首相的困窘有了切身的体会，但他仍然抱着期待。遭到首相的委婉拒绝后，顾拜旦还是和维凯拉斯一起频繁走访政府高官、国会议员和各界知名人士，希望能得到各方的支持。

在顾拜旦的多方努力下，希腊王储康士坦丁最终答应尽一切努力让奥运会在故乡如期举行，还同意出任雅典奥运会组织委员会的名誉主席。

康士坦丁王储组建了一个筹备委员会，自任主席。但是资金的匮乏还是一个难以解决的问题，虽然全国各地都发起了向奥运会募捐的群众运动，但筹集到的资金距离所需资金还是相差很远。最终，希腊集邮协会创始人萨科拉弗斯建议发行一套奥林匹克邮票以募集资金。邮政部采纳了他的建议，设计了一套以奥林匹克运动为主题的邮票，以高于面值的价格发售，一举获得40万德拉马的收入。这笔资金保障了奥运会的顺利召开。所以本届奥运会被人们称赞为"邮票拯救的奥运会"。但事实上，如果没有顾拜旦的坚持和努力，在希腊雅典重新点燃奥运圣火的梦想也许真的会落空。

二、奥运会必须在不同国家举行

作为第2届巴黎奥运会主办国的委员，顾拜旦接任维凯拉斯成为第2届国际奥委会主席。这位新主席面临的第一个挑战是：希腊人希望奥运会永远留在国内。

雅典奥运会期间，希腊的一些名人在报刊上声称，奥运会是希腊民族文化的重要组成部分，与希腊密不可分。在其他国家举办奥运会，会使奥运会丧失它自古以来的民族特性，是对伟大、悠久的希腊文明的公开掠夺。乔治一世国王也亲自出面，向聚集在雅典的国际奥委会委员们提出要求，希望将雅典确定为奥运会的永久性会址。但是顾拜旦和多数委员不同意，坚持奥运会应该轮流在世界各国举办。

顾拜旦耐心、反复地阐明自己的观点。他说："奥运会是希腊人民的独特贡献，也是全世界的共同追求。如果始终由一个国家来主办，势必造成双重的局限：希腊人难以理解现代奥运会追求的国际性，其他国家则很难把奥运会理想当作共同的事业。这样奥运会走向世界的目标就不可能真正实现。我理解希腊学者们珍视他们祖国古老灿烂的文化传统的真挚感情，但是仅仅看到奥运会发源于希腊，具有许多希腊特征而将其与希腊以外的广大世界割裂开来，恰恰是作茧自缚，不是彰显而是限制了希腊文化的世界影响。只有充分认识到古奥运会传统中适宜于其他国家、民族的普遍价值，以轮流充当东道国的方式，将其向全世界推广，才能教育各国青少年树立积极健康的新人生观，并形成一股强有力的国际和平力量。希腊这一伟大的古代传统在此过程中只会得到强化，变得更有生命力，而不会受到削弱。"

顾拜旦在此问题上坚持不能让步还有着更深层次的原因，他清楚地看到，世纪之末的欧洲关系继续朝着他十分担忧的方向发展：法、德两个宿敌都在磨刀霍霍，准备有朝一日决一死战，而在他们身后是欧洲各国组成的两大结盟阵营。如果奥运会不走出希腊，仅仅被看作希腊的历史文化遗产，那将无助于各国人民和政府认识其所蕴涵的人类普遍价值，无助于彼此隔阂、猜疑的各国增进了解，消除偏见，化解敌意，而不断积累、强化的敌意就意味着战争。

顾拜旦诚恳的态度和透彻有力的分析终于说服了希腊人，奥运会在各国城市轮流主办的原则被确定下来。

古代奥运会运动员入场大门。

顾拜旦好友亨利·迪东修士。

三、"更快、更高、更强"

"更快、更高、更强"是唯一的奥林匹克格言，是国际奥委会传递给所有参与奥林匹克运动的人员的信息，鼓励他们发挥奥林匹克精神、奋发图强、不断进取。这六字格言最初出自顾拜旦好友迪东之口。

迪东是巴黎阿奎埃尔修道院的院长，受顾拜旦的影响，迪东院长在修习神学的学生中推广户外运动。1895年，新婚不久的顾拜旦应迪东院长的邀请，参加了他的学生们的一次户外运动会，在开幕式上，迪东院长对参加运动会的学生们说："在这里，你们的口号是：更快、更高、更强！"顾拜旦对这句话非常欣赏，认为这简洁有力的六个字体现了体育运动的特点，非常适合奥林匹克运动，可以激发运动员们在赛场上勇敢拼搏、追求更好的成绩，于是在第2届奥林匹克代表大会上引用了这句话。

经过顾拜旦的推荐，"更快、更高、更强"在各国运动员和体育爱好者中广泛传播。1920年，国际奥委会将它正式确认为唯一的奥林匹克格言，在当年的安特卫普奥运会上首次使用。此后，这一格言的拉丁文字样出现在国际奥委会的各种出版物上，成为奥林匹克标志的一部分。第6届奥林匹克代表大会通过决议，把"更快、更高、更强"加在国际奥委会的徽章上。

四、遭遇巴黎和圣路易斯的挫折

为了将奥运会更快地推向大众，顾拜旦设想将第2届奥运会与博览会放在一起举行，借助人们对博览会的热情，让博览会观众也能亲近奥运会。

然而事与愿违，在法国政府眼中，只有博览会才是重头大戏。政府接管了奥运会，把顾拜旦安排为没有独立决策权的博览会组织委员会的普通委员，奥运会的领导工作交给了博览会负责人阿夫雷尔·皮尔卡。阿夫雷尔是一个对体育事业毫无兴趣的人，他对顾拜旦提出的奥运会筹备方案非常冷淡，甚至不屑一顾；顾拜旦每次送上计划，他都找各种借口不予答复。直到奥运会开幕前一年，比赛项目、日程、场地、外国运动员的接待等仍然没有眉目。博览会的分类场馆建了一个又一个，但阿夫雷尔答应的主体育场和专项运动馆却不见影子，甚至连个说明都没有。

顾拜旦心急如焚，多方游说，但没有得到理解和支持，他甚至被排挤出领导班子，没有决策权、发言权，甚至连起码的知情权都被剥夺了。没有独立的奥组委，奥运会的全部捐助资金也都存在博览会的账户下，想办任何事都寸步难行！顾拜旦痛心不已，所有这一切都是自己的一念之差造成的！预期的骄傲和喜悦被悲愤和沮丧所取代，在担忧、自责、畏惧的愁苦心情中，顾拜旦迎来了巴黎奥运会的召开。

第2届奥运会长达5个月之久，被称为"马拉松"奥运会。在顾拜旦眼中，这是一届十分糟糕的奥运会：没有开幕式和闭幕式，没有对参赛国家代表的欢迎仪式。运动员们住在临时搭建的简易活动房里，形似难民。而且，繁华热闹的博览会将奥运会完全淹没，由于场地信息闭塞，观看比赛很不方便，大多数比赛的观众都不多，有时运动员比观众还多。

顾拜旦无能为力地看着这一切发生。人们常常看见他歪歪扭扭地骑着自己的三轮摩托车，从一个偏远的赛场赶往另一个偏远的赛场，风尘仆仆，神情悲哀。

顾拜旦悲愤难当，他在日记里写道："世界上有一个对奥运会非常冷淡的地方，这就是巴黎。""动机本来是好的，但结果却不是奥运会了。他们利用了我的事业，并毁坏了我的事业。"

巴黎奥运会还没有结束顾拜旦就病倒了。

在1901年5月召开的国际奥委会第4次会议上，顾拜旦对巴黎奥运会的种种失败作了深入的分析检讨，承担了全部责任，希望下一届奥运会引以为戒。在本次全会上，委员们一致同意，由最具威望和资格的顾拜旦担任奥委会的长期主席。

顾拜旦没有去圣路易斯参加第3届奥运会，他对上一届奥运会的失败还心存余悸，他不愿意亲眼看见自己的"孩子"再次受到伤害。

虽然顾拜旦没有去美国，可心里却无时无刻不在关注着圣路易斯发生的一切。

第3届奥运会是巴黎奥运会后又一次旷日持久的"马拉松"奥运会，人们关注的焦点仍是博览会的商业展览和活动，只是由于美国热爱运动和竞技比赛的人很多，奥运会的处境才相对好一些。

令顾拜旦没有想到的是，在本届奥运会上出现了公然宣扬种族歧视的事件。比赛禁止有色人种特别是黑人参加，引起他们的强烈不满和坚决抗议。两天后组织者迫于压力取消禁令，但仍宣称这些"低等民族"不可能战胜白人。为了验证他们的断言，黑人和有色人种运动员在比赛中受到许多人为的阻挠和蓄谋暗算。

更恶劣的是，组委会别出心裁地搞了一个"人类学日"，让运动员装扮成各国土著居民，如日本的虾夷人、菲律宾的莫洛人、美国的印第安人，进行爬杆、打泥巴仗等"比赛"，以突出白人的高贵、其他民族的低劣。这种在种族主义思想支配下的文化猎奇活动，引起了外国运动员的强烈反感。

远在巴黎的顾拜旦闻讯后非常气愤，马上约见记者发表谈话，并致电罗斯福总统，指出种族歧视是完全违背奥林匹克运动原则的。对所谓"人类学日"，顾拜旦更是异常愤怒，他马上公开谈话予以痛斥：

"圣路易斯人的所谓'人类学日'，把庄严神圣的奥运会变成了人类动物园，是严重违背奥林匹克运动主张民族平等、彼此尊重的观念的，是完全不可接受的。他们的丑恶行径玷污了奥运会，是我们大家的耻辱！"

五、坚持奥林匹克运动的国际化

走出希腊的两届奥运会，接连沦为博览会的牺牲品，缺少独立性和自主性，甚至还出现了严重的种族歧视主义，让国际上的许多有识之士摇头叹息，认为它们已经严重背离了奥运会的宗旨。希腊人更是义愤填膺，认为巴黎的闹剧、圣路易斯的丑闻是对奥运会伟大传统的公开践踏，是对希腊历史和民族骄傲的严重亵渎，而这都是让奥运会脱离希腊本土惹的祸。只有依靠希腊人的纯正与热忱，才能保持古代奥运会的传统和理想，挽救误入歧途的现代奥运会。因此他们向顾拜旦提出两点要求：第一，在1906年首届奥运会10周年之际，由雅典举行一次纯正的奥运会；第二，重申雅典成为奥运会的永久会址。

顾拜旦理解希腊人的愤慨，但他仍然相信国际化是推广奥林匹克运动的必经之路，不能因噎废食，浅尝辄止。他坚持奥运会应该继续在世界各地轮流举办，再次重申奥运会在世界各地轮流举行的意义，但同时他也同意了希腊人提出的第一点要求，在不影响既定的1908年奥运会的前提下，1906年在雅典举办一届奥运会，由希腊人在弘扬奥运会的高尚精神方面再次做出示范。因为1906年的雅典奥运会处在第3届和第4届奥运会之间，便被称为"届间奥运会"。

巴黎和圣路易斯的挫折，对奥林匹克运动精神造成了严重的歪曲和伤害，使刚刚迈出国际化步伐的奥运会遭受到沉重的打击。作为巴黎奥运会的名义负责人和国际奥委会主席，顾拜旦首当其冲。失望情绪在国际奥委会委员中蔓延，有人甚至主张现代奥运会就此宣告结束，免得让后世指责为狗尾续貂，玷污了古奥运会的光荣。个别情绪激动的委员甚至将失败归结为顾拜旦领导无方，要求他引咎辞职。刚刚诞生十余年的奥林匹克运动处于生死攸关的危急时刻。

"参与比取胜更重要"

一、坚持守护理想

1905年夏天，顾拜旦和妻子及一对小儿女来到音乐家瓦格纳的故乡、德国南方小城拜洛依特度假。

在拜洛依特，听着瓦格纳深沉、宁静的乐曲，徜徉在如画的山水间，顾拜旦烦躁的心渐渐沉静下来，对现代奥林匹克运动的短暂历史进行了深入的回顾和严肃的反思。他清醒地认识到：如果下一届奥运会再出现不可接受的局面，这个伟大的事业就会被完全葬送，自己多年的心血将付诸东流。在目前情况下，是否还应当坚持促进奥林匹克运动所要求的广泛的体育发展和社会进步？

经过反复思索，顾拜旦还是坚持了自己追求的目标。他认为，奥运会只是奥林匹克运动最具号召力的一种集中活动形式，而非全部内容。奥林匹克运动的根本目的，是要促进各国公民广泛参加体育运动，在此基础上推动个人、社会与国家的全面发展，增强各国人民的友好交往。

1906年5月23日至25日，第4届奥林匹克代表大会在巴黎召开，顾拜旦兼筹备负责人和大会主席。在这次大会上，顾拜旦提出了一个设想：在奥运会中设立建筑、雕塑、绘画、文字和音乐等奥林匹克艺术比赛，以希腊神话中的诗歌女神之名称其为"缪斯五项艺术比赛"，与体育比赛享有同等地位。他希望让艺术的审美教育功能与崇尚力量的奥运会结合在一起，共同促进人们尤其是各国青少年的全面发展。

这届代表大会上，顾拜旦还提议设立奥林匹克奖杯，专门奖励那些为奥林匹克运动和国际体育事业做出突出贡献、具有良好声誉的社会团体。奥林匹克奖杯的设立，进一步充实、完善了奥林匹克制度。

在顾拜旦及众多同事的努力下，奥林匹克运动顺利度过了一次危机时刻，接下来的日子里，顾拜旦继续在思索，如何使奥运会和更广泛的奥林匹克运动在国际化过程中不断沿着正确的方向前进。

在圣路易斯奥运会上出现的种族歧视闹剧背后有着复杂的成因和悠久的渊源。古奥运会的精华中也有糟粕，它是不折不扣的"血统奥运会"。严禁非希腊血统的运动员参赛，就包含着对生活在同一地区其他民族的种族歧视倾向。种族主义思想以不同人种、民族间自然形成的生物特征为出发点，掺杂了民族的、国家的、经济的、社会的和文化的种种偏见，从而形成非常顽固的精神、心理牢狱，深深地禁锢着人们的思想。如果奥运会不能消除种族歧视和民族偏见，那么即使它再成功，打破再多的世界纪录，颁发再多的奖牌，也还是一种深刻的失败，因为它的成功没有包括和平共处、携手前进的全人类思想。那样的奥运会将是苍白无力的，甚至是不值得竭力追求的目标。如何消除这些妨碍人类互相理解与和平共处的消极因素呢？

顾拜旦认为，最好的良方是始终不渝地坚持凝结在奥林匹克运动中的人类崇高理想，倡导生生不息的奥林匹克精神，只有这样，人类理想的旗帜才能高高飘扬，人类的个性才有可能全面发展，世界各民族的和平进步才能得到保障，奥林匹克运动本身也才有大的发展空间。在这样的过程中，奥运会需要创建更规范、更科学的基本制度。于是，顾拜旦把准确地阐释奥林匹克运动的宗旨，确定奥运会的基本规范作为自己的重大使命。

二、奥林匹克宪章

1908年，顾拜旦为国际奥委会起草了第一个具有奥林匹克宪章性质的文件《国际奥委会的地位》，对国际奥委会的任务、组织管理、委员的产生方式等做了明确的阐述。

以《国际奥委会的地位》为基础，《奥林匹克宪章》逐渐臻于完善。《奥林匹克宪章》阐述了奥林匹克运动的宗旨，确定了奥林匹克运动的目标，界定了奥林匹克主义、奥林匹克精神、奥林匹克理想等重要概念，从而奠定了奥林匹克运动的思想基础，为奥运会和奥林匹克运动的健康发展和如何促进国际社会的和平进步指明了方向。

奥林匹克运动的宗旨是，通过没有任何歧视，具有奥林匹克精神的体育活动来教育青年，从而为建立一个和平的、更美好的世界做出贡献。它的基本含义是：试图构架起沟通各国人民的桥梁，增进不同民族不同文化背景的人们互相了解，促进世界和平，减少战争威胁；试图通过富有人文精神的体育运动，在世界各国的青年之间建立友谊的纽带。

奥林匹克运动不仅要求参与者致力于个人的完善，还要求个人承担起更大的社会责任和历史使命，不仅将体育运动的作用提高到促进人的全面发展，而且视其为改造社会的积极力量，应用于世界的和平前途，这是奥林匹克运动创始人顾拜旦伟大的思想创见。

奥林匹克主义是奥林匹克运动遵循的哲学思想，这个词是顾拜旦首创的，他在不同的时间、场合多次谈到"奥林匹克主义"，他说："奥林匹克主义的基础是推崇奋斗、蔑视危险、热爱祖国、慷慨、骑士精神、熟识艺术与文学。"奥林匹克主义的核心思想是强调人的和谐发展，体育运动必须与教育、文化相结合，才能改善生活方式，形成积极、健康的生活方式。在《奥林匹克宪章》中奥林匹克主义的正式定义是：

奥林匹克主义是将身、心和精神方面的各种品质均衡地结合起来并使之得到提高的一种人生哲学。它

将体育运动与文化和教育融为一体。奥林匹克主义所要建立的生活方式是以奋斗中所体验到的乐趣、优秀榜样的教育价值和对一般伦理的基本原则的推崇为基础的。

奥林匹克主义赋予奥林匹克运动重要的教育功能和文化价值，大大地丰富了体育内涵，使体育运动超越了强身健体、自我保护和争取荣誉的传统目的，为人类的自我完善、和谐发展服务。

奥林匹克精神就是互相了解、友谊、团结和公平竞争的精神。它特别强调对不同文化差异的理解和包容。奥林匹克运动是一项国际性的运动，不可避免地会面临各种宗教、文化、政治制度和社会形态的差异，引发各种问题。不同文化背景的各国运动员、教练、裁判、体育官员、组织工作者和大批观众，四年一度聚集在一个城市，各种差异显得格外突出。奥林

顾拜旦与妻子。

1992年出版的中文版《奥林匹克宪章》。

公平竞争的原则，公平对待所有选手，公正处理各种问题、矛盾，各国选手才能保持友谊，增进理解和团结，使奥林匹克运动的崇高目标得以实现。

奥林匹克理想是奥林匹克宗旨、奥林匹克主义和奥林匹克精神的综合体现，是人们对上述基本思想原则的信奉，对奥林匹克运动未来前景的向往和希望。奥林匹克宗旨、奥林匹克主义和奥林匹克精神所倡导的促进世界和平、人的全面和谐发展、不同文化的人民互相交流和学习的目标，正是人类社会普遍追求的伟大而艰巨的目标，在很大程度上，奥林匹克的理想就是人类社会的美好理想，两者之间有高度的一致。因此奥林匹克的思想能够在世界各国引起强烈的共鸣，赢得世人的普遍欢迎和热爱。

顾拜旦还阐述了奥运会与奥林匹克运动两者间相辅相成的关系。奥运会毕竟是只有少数优秀运动员才能参加的体育盛会，奥林匹克运动则面向大众，它的目的不是让少数人去夺取金牌，而是为所有人提供参与体育运动的机会，进而促进人们的全面发展。如果只有精英荟萃的奥运会，而没有更广泛、更普及的奥林匹克运动长期不懈的努力，就不可能在世界人民中传播奥林匹克的精神和理想。

匹克精神强调互相了解，强调友谊和团结，呼吁人们不要将文化差异当作各自封闭的藩篱，而是视为彼此交流、沟通的平台，打破传统的狭隘界限，以世界公民的博大胸怀，了解、学习自己国家、民族和个人生活经历以外的事物，学会尊重其他民族，学会与不同文化背景的人们平等交往，能够比较客观、公正地看待自己和别人，不断丰富自己，真正实现奥林匹克运动倡导的国际交流。

奥林匹克精神的另一个要点是提倡竞技运动的公平、公正。竞技运动的本质是比赛和对抗，只有坚持

上述这些奥林匹克运动的基本理论大大超越了它所要继承、复兴的古代奥运会的局限性，为人类的体育运动注入了崭新的理念，赋予它深厚的思想内涵和崇高的社会使命，将体育运动的目标与人类追求的普遍理想紧密联系在一起。这是体育领域的一大飞跃，也是人类自我认识的一大进步，是其开拓者顾拜旦和无数推动者的卓越贡献。正是在这样的理论指导下，奥运会和奥林匹克运动才度过了艰难的初期发展历程。

三、"参与比取胜更重要"

"参与比取胜更重要"是奥林匹克运动广为流传的名言，这句名言源自第4届奥运会马拉松比赛中的皮耶特里事件。

1908年4月27日至10月31日第4届奥运会在伦敦举行。参加本届马拉松比赛的有16个国家的56名运动员，意大利选手多兰多·皮耶特里从比赛一开始

就跑在前面，他第一个进入运动场，但在快接近终点时因体力耗尽，数次跌倒在地，每次他都挣扎着爬起来继续向前跑；离终点最后15米处，皮耶特里又一次倒下了，这次他没能再爬起来，最后被人搀扶着走过终点。因借助了他人的力量，他被剥夺了获金牌的资格。皮耶特里虽然是赛场上的失败者，但他的名字以另一种方式——顽强精神，载入了奥林匹克运动的史册。英国王后亚历山德拉为了安慰失望的皮耶特里，捐了一个奖杯，并在闭幕式上亲手将其赠与皮耶特里，以示同情和鼓励。7月9日众人去大教堂参加基督教礼拜活动，宾夕法尼亚大主教有感于皮耶特里的事迹，在讲道时使用了一句："在奥运会上，参加比取胜更重要。"

顾拜旦对大主教的话非常赞赏，好多天里这句话都在他的耳畔回荡。他觉得这是一个超越了旧观念的新思想，值得在奥运会和奥林匹克运动中加以提倡。

7月24日的闭幕式后，英国政府举行了大型招待会，顾拜旦在宴会上发表演说，引用了大主教的话并加以发挥：

在圣保罗大教堂，宾夕法尼亚大主教用中肯的话语提醒大家注意：对奥林匹克运动会来说，参与比取胜更重要，先生们，让我们牢记这铿锵有力的话语吧。它将扩展到每个领域，形成一种清澈、健康的人生哲学基础。生活中最重要的不是成功而是斗争，不是征服而是努力奋斗，其精髓不是获胜，而是使人类变得更勇敢、更健壮、更谨慎和更落落大方。这是我们国际奥委会的指导思想之一。

从此，"参与比取胜更重要"成为奥林匹克运动的经典名言，果然如顾拜旦所说，它扩展到了"每个领域"，成为比只注重结果、成绩的功利思想更开阔、更超越的观念。

第4届伦敦奥运会马拉松比赛。

"体育为人民大众服务"

一、《体育颂》与五环旗

1912年，在斯德哥尔摩奥运会举行的"缪斯五项艺术比赛"中，一篇名为《体育颂》的散文诗赢得了评委们的好评，这篇《体育颂》立意崇高，视野开阔，语言凝练，委员们一致同意授予该作品首届奥林匹克"缪斯五项艺术比赛"金奖。

获奖的《体育颂》寄自巴黎附近的一个小镇，作者署名为霍罗德和艾歇巴赫，从名字看，霍罗德是法国人，艾歇巴赫是德国人。直到1919年，顾拜旦才说出实情：《体育颂》作者就是他本人。他化名参赛是希望评委们能不受身份地位的影响确保比赛的公正性；署名为法国、德国的两个年轻人，是表示希望法、德这两个战争不断的"世仇"也能在奥林匹克旗帜下找到共同的理想，超越仇恨和隔阂。

从伦敦奥运会起，各国运动员在本国国旗引导下依次入场。能不能使奥运会和奥林匹克运动也有一个醒目的标志呢？它将时刻提醒运动员和广大观众，激烈的比赛既是在争取个人和国家的荣誉，也是在弘扬各国共同拥有的体育文化。顾拜旦想亲自设计一种能

够传达奥林匹克运动宗旨的标志。经过辛勤的资料查阅，顾拜旦终于从古奥运会时代的德尔菲圣坛上的几个互相套结的圆环中受到启发，产生了创作灵感。

1913年，顾拜旦亲手设计了新颖的五环相扣的图案稿，作为奥林匹克运动的标志。国际奥委会采纳了顾拜旦的建议，认为蓝、黄、黑、绿、红色作为五个环的不同颜色，正好能代表当时国际奥委会成员国国旗的颜色。1914年6月，在巴黎召开的庆祝奥运会复兴20周年的奥委会全会上，第一次升起了五色圆环相扣的奥林匹克会旗。顾拜旦向代表们解释了他设计会标的思想，对五环的五种颜色含义的阐释有所扩展："五环——蓝、黄、绿、红和黑环，象征世界上承认奥林匹克运动，并准备参加奥林匹克竞赛的五大洲，第六种颜色白色——旗帜的底色，指所有国家都毫无例外地能在自己的旗帜下参加比赛。"

后来《奥林匹克宪章》确定，相连的五色圆环是奥林匹克运动的正式标志，五环也可以是单色。奥林匹克运动的会旗，是在白色无边的绸布上镶绣五个相互套接的彩色圆环。2000年版《奥林匹克宪章》规定，五环旗和相连的五环，代表五大洲的团结和全世界运动员在奥运会上相聚，体现了奥林匹克主义的内涵——包括"所有国家、所有民族"的"奥林匹克大家庭"主题。五环标志是国际奥委会的专用标志，未经国际奥委会许可，任何团体和个人都不得擅自用于广告和商业活动。

五环标志和五环旗后来成为全世界熟知的奥林匹克的象征，鲜明地昭示着奥林匹克理想，这是它的设计者顾拜旦的一大贡献。

顾拜旦雕塑。

二、战争带来的停滞

伦敦奥运会和斯德哥尔摩奥运会的成功举行大大提高了奥运会的声誉，看着心中的理想一步步变成现实，年近半百的顾拜旦心中充满了喜悦，然而事情的发展总是那么不尽如人意，随后而来的战争造成了人类历史上空前的灾难，同时也给正在向成功迈进的奥林匹克运动造成了巨大的损失。

由于伦敦、斯德哥尔摩奥运会的影响，申办1916年第6届奥运会的城市增多，有德国的柏林、荷兰的阿姆斯特丹、法国的里昂等6个城市。顾拜旦倾向于由柏林举办。顾拜旦认为德国的体育运动水平较高，体育设施比较齐全，国民对奥运会的热情也比较高。而且顾拜旦主张由柏林主办还有更重要的现实考虑。进入20世纪后，欧洲大陆的两个主要大国法国和德国的矛盾越发尖锐，德国与奥地利、意大利结盟，不仅在欧洲争霸，而且与英法等国在各大洲争夺殖民地；法国则在大肆扩张殖民地的同时，始终不忘对德国复仇；战争的隐患一直存在。顾拜旦希望由柏林举办的奥运会能够激发德、法两国的和平民主力量，防止两国交恶、欧洲遭殃的灾难降临。

在顾拜旦的坚持下，第6届奥运会定在柏林举行。德国体育界积极投入了筹办活动，各方面工作进行得有条不紊，顾拜旦很是满意。

然而，顾拜旦过高地估计了奥运会促进和平的力量，由柏林主办奥运会并没有能够阻止战争的疯狂脚步。

1914年7月，一场蓄谋已久的重新瓜分世界的战争终于在两大帝国主义集团之间全面爆发。

法国举国上下沉浸在对德复仇的战争狂热中。最初法军捷报频传，但8月下旬德军进行有力反攻，协约国损失惨重，法军全面后退。战争凶猛地吞噬着各种社会资源，征兵年龄不断提高，不久52岁的顾拜旦也被征聘为陆军部文官。

顾拜旦心中充满着矛盾和痛苦，从20岁起，他就致力于复兴奥林匹克运动，为在全世界推广奥林匹克理想而殚精竭虑，然而奥运会的命运却如此多舛。作为坚定的和平主义者，他坚决反对战争，但作为法国人，他又有责任和义务为危难中的祖国贡献一份力量。顾拜旦痛苦地看着战争怪兽无情地吞噬着一切，奥运会又变成了一个遥远的梦想……

持续的战争导致物价飞涨，股票行情一落千丈，顾拜旦手中持有的股票全都暴跌，他震惊地发现，几乎在一夜之间，自己已经从富翁变成了穷人。这些年里，顾拜旦一直没有停止对国际奥委会的个人财产捐献，他几乎将家产的一半都捐献了出去。国际奥委会是一个非盈利组织，本身没有财源，不从事任何经营活动，为了保持独立性质，从不接受任何企业和个人的商业资助。日常营运的开支都靠自身解决。顾拜旦多年来的持之以恒的财力支持维持了国际奥委会的正常运转。战争期间国际奥委会的工作陷于停顿状态，他的捐助相应减少，但并未完全停止。

顾拜旦与外国委员和各国奥委会的通讯变得十分困难，他和大家最担心的是如何保护奥林匹克运动20年来积累的历史资料和档案。在几位瑞士朋友的帮助下，征得瑞士政府的同意，他们决定将国际奥委会总部连同所有的资料、档案迁移到瑞士洛桑。1915年4月，顾拜旦代表国际奥委会，在洛桑市政府与当地政府签署了正式协议。1915年夏末，顾拜旦与妻子儿女一同来到洛桑，在国际奥委会驻地旁边安顿了他们在异国的家。

三、"体育为大众服务"

洛桑距离法国东部边境仅有几十里，天气晴朗的日子里，顾拜旦常常登上附近的小山坡，眺望咫尺天涯的祖国法兰西，心中充溢着对祖国的思念和关注。

欧洲大陆血火遍地，顾拜旦却从未停止过对推进奥林匹克理想的思索。他认为，正是和平力量不够强大有力，才没有能够阻止战争爆发，然而这也从反面证明，奥林匹克运动将自己定义为国际和平的促进力量是正确的。顾拜旦坚信，血的教训将促进人们的反思，奥林匹克运动蕴含的和平思想必将发扬光大。他酝酿着充实奥运会的新内容：在开幕式上升起奥林匹克圣火、落实运动员宣誓，五环旗高高飘扬。他期待着那一天的早日到来。

1918年11月，巴黎和会召开，凡尔赛合约签订，第一次世界大战宣告结束。

第一次世界大战给奥林匹克运动带来了巨大的伤害：柏林奥运会被迫取消，各国大大小小的体育场变成废墟，数以千计优秀运动员的宝贵生命被耽搁。百废待兴，重新开始奥运会的工作面临着一系列困难。但顾拜旦仍然邀集国际奥委会委员和各国奥委会负责人，立即着手恢复奥运会的工作。在1918年的全会上，顾拜旦力主克服巨大的困难，于1920年继续举办第7届奥运会。

1919年4月，在洛桑举行的奥林匹克运动25周年纪念大会上，顾拜旦发表了一篇著名的演说，针对刚刚结束的世界大战，有力地阐述了争取人类世界和平的重要性。顾拜旦在报告中说：

"5年前，来自世界各国的代表欢聚在巴黎，1894年宣布恢复奥林匹克运动会的地方，同我们一起庆祝恢复奥林匹克运动会20周年。在过去的这5年内，世界崩溃了。虽然奥林匹克精神经历了这5年内所发生的一切，但是，她没有畏惧，没有消沉，也没有成为这场劫难的永久牺牲品。豁然开朗的前景证明一个崭新的重要角色正等待着她。

……

我刚才回忆起1914年6月的庆典。当时，我们似乎是在为恢复奥林匹克的理想变成现实而庆祝。今天，我觉得又一次目睹她含苞怒放，因为从现在起，如果只有少数人关心她的话，我们的事业将一事无成。在那时，有少数人的关心也许就够了，但今天则

不然，需要触动怀有共同兴趣的普通大众。事实是，凭什么要把大众排除在奥林匹克运动之外呢？凭什么样的贵族法令将一个青年男子的形体美和强健的肌肉、坚持锻炼的毅力和获胜的意志同他祖先的名册或者他的钱包联系起来呢？这样的矛盾显然没有法律依据。仅仅属于少数贵族的体育运动已经由凶暴的军国主义战争给予致命的打击……"

在这篇演说中，顾拜旦超越了体育运动长期只属于社会上层、只为少数人服务的传统格局，表达了希望亿万普通民众都参与到体育运动中来的心声，这是世界体育史上，第一次有人明确提出"体育为人民大众服务"的观点。

随后，顾拜旦又将对这一问题的思索引入了一个更深入的层次。

如何打破体育仅仅属于少数富国、强国的特权和定势，让穷国、弱国的体育运动也得到发展，越来越成为顾拜旦着重思考的一个重大问题。

1922年，经顾拜旦提名，中国著名的体育领导人王正廷当选为国际奥委会委员。

在1923年的全会上，顾拜旦就殖民地国家参与奥林匹克运动发表了重要讲话。他指出，无论底子多么薄弱，基础条件多么差，生活多么困难，在殖民地国家人民中间推广体育运动都是不能再忽略、拖延的大事。他特别提到非洲，大声呼吁非洲殖民地国家尽快行动起来，克服重重困难，逐步开展奥林匹克体育运动。

顾拜旦的希望在当时还很不现实，但他的思考和呼吁反映了他的体育理想：不分国家和民族、无论贵贱、无论贫富，都应当平等地享有参与体育运动的权利。

然而，顾拜旦所说的"一切大众"似乎将女性排除在外了。

顾拜旦一直反对女性参加奥运会，他认为妇女的身体条件和心理体征决定了她们不适合进行体育比赛。

1928年，阿姆斯特丹第9届奥运会上，顾拜旦在致全体运动员与全体与会者的信中说："至于允许妇

女参加奥运会的问题，我仍然坚决反对，越来越多的女运动员被允许参加比赛，这是违反我的意愿的。"

直到1935年，顾拜旦在柏林电台发表重要讲话《现代奥林匹克运动的初创宗旨》时，仍然坚持"我本人不赞成妇女参加公开的竞赛。这并不是说她们不能参加各种体育运动，只是她们绝不能成为公众场所注意的中心。她们在奥运会上同在过去的比赛中一样，应为胜利者佩戴桂冠。"

直到生命的晚年，顾拜旦对妇女参加体育竞赛的态度才有所改变，1937年8月，他表示："既然妇女们如此渴望参加奥运会，那就让她们参加吧，参加所有她们希望参加的项目。"

四、告别国际奥委会

1925年5月29日至6月4日，第8届奥林匹克代表大会在捷克首都布拉格举行，这是顾拜旦以主席身份参加的最后一届大会。

多年来的繁重事务，尤其是第一次世界大战的打击和磨难，让顾拜旦心力交瘁。战争结束后，他又为振兴奥林匹克运动奔波操劳。安特卫普奥运会的成功使他觉得可以卸下肩上的重担了。1921年3月21日，顾拜旦决定辞去国际奥委会主席职务。可是随后面临巴黎再次主办奥运会，在同事们的极力挽留下，顾拜旦同意到巴黎奥运会之后再退休。

布拉格大会的最后一天，62岁的顾拜旦以身体欠佳为由，宣布辞去奥委会主席一职，提议由巴耶·拉图尔继任。

在告别演说中，顾拜旦重点谈到了运动员的职业化问题。他语重心长地告诉大家：导致古代奥运会衰亡的原因不仅仅是由于外来统治者的强令禁止，早在那之前，频繁的战争已经使奥运会的举办举步维艰；再加上赛场内外的腐败，运动员为追逐个人、家族名利而逐步职业化，使奥运会从根本上受到了很大的伤害。

顾拜旦担任国际奥委会主席之职近30年，成功地举办了7届夏季奥运会和一届冬季奥运会，成员国由14个国家发展到45个国家，20多个国际单项体育运动联合会相继成立。奥林匹克运动虽然一度被卷入战争中，但还是顽强地生存了下来，并在战后得到了较快的恢复和发展，虽然这是很多国家无数人士共同努力的结果，但不可否认，从单个人的贡献上来说，没有人比得上顾拜旦。国际奥委会委员们对顾拜旦的杰出贡献给予了高度评价，大家一致推举他担任国际奥委会的终身名誉主席，对奥林匹克运动继续给予重要指导。

退休后的顾拜旦致力于历史研究和写作，除此之外，他仍然关注着奥林匹克运动的发展。发表文章和讲话成了退休后的顾拜旦指导、关心奥林匹克事业的主要方式。1928年11月7日，他在洛桑大学发表了题

顾拜旦与女儿蕾妮。

为《体育活动的教育作用》的演说；1929年3月6日，他在国际奥委会巴黎全会上发表名为《奥林匹亚》的重要讲话；1930年5月9日在日内瓦大学的国际奥委会全会上，他起草的《体育改革宪章》得以通过……

五、溘然长逝

顾拜旦的晚年生活是非常拮据的，他的侄孙、男爵爵位继承人若伏瓦·德·纳瓦赛勒·德·顾拜旦这样描述顾拜旦晚年的困窘生活："非常、非常的艰难，非常、非常的忧伤。"顾拜旦把一生中的大部分时间都用在了恢复奥林匹克运动的事业上，忽略了对家庭的照顾，他的儿子和女儿都身体孱弱；他世袭的财产一半用于奥运事业，一半在战争中化为乌有。面对沉重的人生磨难，这位坚强的斗士从未有过任何的怨言。

顾拜旦晚年一直坚持继续他20年代末期开始的《奥林匹克运动回忆录》的撰写工作，即便在生活最艰难的时期也没有停止过写作，1931年，这本回忆录在日内瓦出版，捧着新书，顾拜旦十分激动，他在扉页上题词，郑重地赠送给在风雨如共的岁月里与他并肩战斗的同事们和国际奥委会图书馆。对于现代奥林匹克运动，没有人比顾拜旦更清楚其酝酿、发展、壮大的过程，他的思考比任何人都深入，这本书成为人类的一份宝贵财产。

1934年11月，顾拜旦一家从洛桑搬到了日内瓦，这是他最后的居住地。贫困仍然伴随着这个家庭。在1935年写下的遗嘱里，72岁的顾拜旦谈到了自己和家庭的艰难处境，但他从未后悔过当初的选择，从未后

1935年，顾拜旦（右四）在参观瑞士一家工厂。

悔过将一半家产都捐献给奥林匹克事业。

1935年8月，顾拜旦在洛桑接受柏林电台的采访，发表了题为《现代奥林匹克运动的初创宗旨》的讲话，对各国人民通过奥林匹克运动增进相互理解、促进世界和平寄予了殷切的期望。他说："休战思想是奥林匹克精神的又一个基本点……让世界各国人民相互热爱的想法是天真幼稚的，但是让世界各国人民相互理解和尊重，却并非乌托邦的幻想。"

1936年8月1日至16日，第11届夏季奥运会在柏林举行，对奥运会推动和平、遏制战争寄予莫大希望的顾拜旦心存幻想，接受了柏林奥组委的邀请，出席了开幕式，这是他最后一次亲临奥运会现场，也是他生前举办的最后一届奥运会。然而让顾拜旦意想不到的是，这届奥运会自始至终都被纳粹控制，客观上为纳粹德国做了粉饰和宣传，产生了非常恶劣的政治影响。柏林奥运会结束后仅3年，纳粹德国就发动了大规模的侵略战争。这届奥运会对顾拜旦来说是一种沉重的精神打击，使他内心饱受煎熬，他的心情更加忧伤，病情随之加重。

1937年7月7日，日本全面发动了侵华战争，消息传到日内瓦，顾拜旦悲愤交加，1940年的第12届奥运会已经交由日本东京举办，再一次，促进和平的奥林匹克运动未能抵挡邪恶的战争！

对国际奥运事业前途的深刻忧虑折磨着这位已经74岁的老人。

1937年9月2日，在日内瓦公园，顾拜旦与夫人在湖边散步，由于心脏病突发，在长椅上溘然长逝。

按照顾拜旦的遗愿，他的遗体被安葬在洛桑市的小牛树林公墓里。1938年他的心脏被移葬于奥林匹克运动的发源地——希腊奥林匹亚罗努斯山的大理石纪念碑下，四周都是郁郁葱葱的松柏。顾拜旦不断追求和博爱的心安详地休眠在毕生所尽力的"神地"。从此，每一届奥运会的圣火采集仪式上，手持火炬的人都要面对顾拜旦的纪念碑深深鞠躬，缓步绕行一周，以示对这位伟大的奥林匹克先驱者的无限崇敬。

顾拜旦为奥林匹克运动耗尽了毕生精力，身后没有为家庭留下任何的物质财产，但他却为全人类留下了最宝贵的精神财富：他最核心的贡献是把体育运动提升到人类自我完善和促进世界和平、社会发展的高度，赋予了体育运动丰富的内涵和崇高的目标。

历史将永远铭记着顾拜旦，正是由于他的远见卓识和艰苦努力，复兴奥运会的梦想才变为现实；人们也将永远怀念他的功绩，他广泛传播了现代奥林匹克运动的伟大理想与奋斗目标，奠定了现代奥林匹克运动的理论基础和精神内涵，并亲自创建和制定了现代奥运会的一系列基本制度和规范。在他的全力捍卫和精心培育下，现代奥林匹克运动已经成为人类挑战自我、超越自我、促进世界和平、增进各国人民友谊的重要力量。顾拜旦亲手设计的五环旗也将永远在世界范围内高高飘扬，昭示着奥林匹克的崇高理想。

顾拜旦生平大事年表

1863年		1月1日出生在法国巴黎的一个贵族家庭。童年起热爱各项体育运动。
1870年	7岁	普法战争爆发，后来对顾拜旦产生了深刻影响。
1874年	11岁	就读于圣伊格纳斯中学。对历史和希腊古代奥运会产生强烈兴趣。
1882年	19岁	大学期间，促成法国体育教育法出台。
1883年	20岁	首次赴英国自费考察名校教育，尤其赞赏阿诺德率先实行的新式体育教学。
1888年	25岁	出版第一本专著《英国教育》。开始大量发表文章、演说，呼吁引进英国先进的体育教育经验，改革法国教育，"用体育唤醒法国"。
1891年	28岁	在巴黎创办《体育评论》，宣传复兴中断了1500年的奥运会。
1892年	29岁	在法国体协联合会成立5周年大会上，宣布致力于尽快恢复奥林匹克运动会。
1894年	31岁	筹备并主持巴黎国际体育运动代表大会（后来被追认为第1届奥林匹克代表大会），通过筹办首届现代奥运会的决议；成立国际奥委会，顾拜旦被推选为秘书长；急赴雅典，说服希腊王储，挽救了行将夭折的雅典奥运会。
1895年	32岁	与罗丹结婚。创作散文诗《体育颂》。次年儿子雅克出生。
1896年	33岁	第1届现代奥林匹克运动会在希腊雅典举行。接任国际奥委会主席。
1900年	37岁	第2届夏季奥运会在法国巴黎举行，不幸被世界博览会淹没。引入"更快、更高、更强"的激励语，使之成为奥林匹克运动的著名格言。次年女儿蕾妮出生。
1904年	41岁	痛斥在美国圣路易斯奥运会上出现的种族歧视歪风。
1906年	43岁	倡议设立奥林匹克奖杯，在奥运会期间举办奥林匹克艺术比赛。
1907年	44岁	提炼"参与比取胜更重要"一语，使其成为奥林匹克名言。
1908年	45岁	起草第一部奥林匹克宪章——《国际奥委会的地位》。
1912年	49岁	斯德哥尔摩奥运会首次举办文学艺术比赛，顾拜旦化名参赛的《体育颂》获得金奖。
1913年	50岁	设计奥林匹克五环会旗。倡议在奥运会开幕式上举行运动员宣誓仪式。
1915年	52岁	在第一次世界大战中开始感到经济拮据。国际奥委会总部迁往瑞士洛桑，不久，顾拜旦全家移居洛桑。
1917年	54岁	战争期间研究历史问题，出版面向拉丁美洲的小册子《什么是奥林匹克运动》。
1919年	56岁	在奥林匹克运动复兴25周年纪念会上发表重要讲话，首次提出"体育为大众服务"的观点。随后关注非洲等殖民地国家的体育发展。
1924年	61岁	顾拜旦多年倡导的第1届冬季奥运会成功举办。同年成功举办的巴黎夏季奥运会，弥补了当年对奥林匹克事业的伤害。
1925年	62岁	辞去任期29年的国际奥委会主席职务，成为国际奥委会终身名誉主席。谢绝诺贝尔和平奖的提名。
1927年	64岁	出版4卷本《世界史》。酝酿建立奥林匹克学院。

1931年	68岁	出版《奥林匹克运动回忆录》。两年后出版《顾拜旦文选》。均为奥林匹克运动的重要文献。
1935年	72岁	在柏林电台发表重要演说，寄望和平力量遏制战争。
1937年	74岁	9月2日，散步时心脏病突发去世。
1938年		顾拜旦的心脏移植于希腊奥林匹亚的纪念碑下。

顾拜旦纪念碑。

社会各界人士对顾拜旦的评价

罗格（国际奥委会主席）：

"我要谢谢他，我想顾拜旦一定会为奥运会今天的规模和变化而感到吃惊，但我想他也会很快表示理解。奥林匹克的宗旨和精神并没有改变，现代奥运会和古代奥运会有着完全一致的理念，还是遵循每四年举办一次、在两周的时间里、在同一个城市举办的原则，为同一个目标服务，都是在一个国家的最大的田径场和最大的体育馆同时进行有关赛事。"

"顾拜旦相信体育能带给世界和平，但综观几千年的文明和宗教，这点尚未能做到，我们也不能期待体育能带来持久的和平。但是他给我们留下了奥运旗帜，在整个奥运会举办期间都高高飘扬在举办城市。"

"现在有超过40%的妇女参加体育运动，他一定会为此感到吃惊，因为他一直反对妇女参赛，但是我们不能因此来评判在那个时代的顾拜旦，因为在我们的时代，不会有妇女参赛的障碍。"

"顾拜旦受人尊敬的最有价值的一个方面在于，他使人们相信体育是一个教育体系，体育是一个很重要的社会化活动，奥运会是一个我们坚信的事业，是服务于我们所坚信的体育事业的。"

罗伯特·米勒博士（顾拜旦委员会主席）：

"顾拜旦是一种文化和精神上的遗产，他尤其属于国际奥林匹克组织。他是一位非常重要的人物，这位哲学家带来了全新的改革。当然，近现代奥林匹克运动的发展已经跟古代奥林匹克运动不一样了，比如现在奥运会的商业氛围很浓。有人说，如果顾拜旦知道了这一点一定会感到悲伤；也有人说我们应该回到奥林匹克的源头，追随顾拜旦式的教育方法。当然

了，这显然是不现实的，不过顾拜旦是永远的现代奥林匹克之父，我们应该牢记这个起源。"

"我相信很多人都有跟顾拜旦一样的想法，只不过顾拜旦能做得更好罢了。他知道怎样更好的用文字将自己的想法表达出来，他知道公共关系的重要，并利用良好的社会关系，让别人尽快接受他的想法，并使他提倡的事业得以推进。在良好的社会关系里，他的名字就像是芝麻开门的暗语，他甚至还取得主教演讲的机会，进行宣传，利用这些特权，使每件事情进展得更好。"

"顾拜旦认为只有男性才是奥运会的主体，才能成为真正的运动员。他坚信这个观点并努力让国际奥委会所有的成员国也相信这一点。我个人想，他的这个局限是时代造成的。"

阿尔伯特（ALBERT）（国际奥委会成员，摩纳哥王子，现代五项运动的运动员，顾拜旦（精神）的狂热追随者）：

"我们所有的人，在奥林匹克运动中，都将成为顾拜旦思想的继承者。"

雅克·居尔（瑞士作家，现年82岁，运动员，作家，诗人，20世纪30年代与顾拜旦在瑞士洛桑认识，顾拜旦成为他的老师，教他学游泳。）：

"那时候我们总能见到顾拜旦和他的秘书来到这里，他当时已经上了年纪，举止优雅，穿着得体，而且衣服上有很多袖扣，当他抬起手的时候正好到我

眼睛高度的位置，他的胡子和他的气派都使我印象深刻，我们当时并不是衣着整齐，更是鲜明对比。后来我们一点点地熟悉了起来，他待人很热情，他甚至亲切地称呼我的小名'雅奇'，我们几乎每天见面。"

"重燃圣火之人，
照亮我们的时代。
勇往直前的信念，
像一座历史丰碑。

穿过田野四季交替，
步伐一致同样呼吸。
让人们在一起奔跑，
奥运精神滋润你我。"

（节选自雅克诗集《顾拜旦之灵魂》）

谢尔日·拉奇 （法国体育历史学家）：

"顾拜旦的自行车不是一辆普通的自行车，他称它为高脚自行车，因为它的座椅很高，他经常骑它外出散步，回到他热爱的家乡诺曼底的米尔维勒庄园亦如此，年长一些后，他在自行车上加装了助力，也有时乘坐马车，人们可能会忘记了他也是个运动健将，他年轻时候参加过网球、游泳、骑马、拳击的运动，还有后来的滑雪等。"

雅克·德瓦赛尔 （顾拜旦外侄孙）：

"在这间房间里，可以看出顾拜旦一生的历程。他在原来的城堡另设了这一房间，作为他的办公室，这间房间朝着日出的方向，他每天在这里度过很多小时的时间，在这里他完成了关于体育教育等著作的撰写，在他与家庭一起度过的那些岁月里，这里是他进行工作和庆祝节日的地方，这也是他在米尔维勒

城堡的起居中心。"

"我们手里有他写下的大量文字，书籍总共有28本，许多内容是关于近代历史、体育和教育的，在年仅28岁时，他已经写下了专门论著，这对那个年纪的年轻人来说很不寻常。他作为记者为多家报纸撰写了大量文章，记录了当时许多重大的体育赛事。"

STEPHAN WASSONG （德国顾拜旦研究者）：

"在顾拜旦给美国校际交流的一封信中，他写到他不仅对体育竞赛感兴趣，而且他的目的是让学生们，以及来自其他国家、其他种族的人一起比赛，从这封写于1892年初夏的信可以看出顾拜旦要复活奥林匹克精神的计划。"

BARON PIERRE DE COUBERTIN

顾拜旦的愿望——让奥林匹克为全人类带来和平与欢乐。

顾拜旦文选

重建奥林匹克运动会①

先生们：

在最容易实践的美德中，我们应该首推感谢，它是最容易表达的情感。在这个晚上，在这个代表大会的晚上，我成年生活中最初十年的希望实现了，当我在我的周围寻找我应该向他们表示感谢的人们的时候，我感到我的演说将变成枯燥的冗长的陈述；因此，如果我没有提到任何一位的名字，如果我在对所有帮助、支持过我的人们表达了真心实意的感谢以后，请你们举目注视这个世界上支配人们的事情，并注意一下富于深刻哲理的场面时，我希望先生们原谅。

1894这一年，在巴黎这个让全世界忧喜与共、堪称世界神经中枢的城市，我们能够使国际体育运动的代表们聚集一起，一致投票赞成(有关的原则极少争议)恢复已有2000年之久、至今仍然像以往一样激动人心的思想。因为它是满足人的最富活力的、而且不管人们如何评价，也是最高尚的本性之一。在科学的圣殿，一位卓越考古学家经过几代持续不断的努力重新谱写的、同样有2000年历史的旋律回旋在这些代表们的耳际。今晚，电波会把我们团结一心的消息传至四方，古希腊奥林匹克的光荣在经历15个世纪的黯然失色之后又重新返回世界！

先生们，希腊的遗产如此浩瀚，以致当今世界所有无论从体育活动的哪一方面构想它的人们，都能合乎常理地以希腊为借鉴，因为希腊包含了它的各个方面。有些人把它看作保卫国家的一种训练；另一些人则把它看作是寻求通过身、心的愉快平衡而达到形体美和健康的途径。

先生们，这一切在奥林匹亚都有，但是还有更多的东西至今无人敢于用语言来表达，因为，自中世纪以来，身体素质一直不被信任，而且被认为已经同精神素质分离开来。近年来，前者已被认为是为后者服务的，但是前者依然被作为奴隶对待，并且被迫每天都感到自身的从属和低下。

这是一个大错误，先生们，其科学的、社会的后果几乎是难以计算的。人毕竟不是两个部分——肉体和灵魂，而是三个部分——肉体、精神和品质。品质主要不是由精神而是由肉体形成的。古人懂得这一点，然而我们却费尽心力才重新认识到这一点。

守旧派看到我们在索邦中心举行集会时很苦恼，他们认识到我们是反叛者，我们最终将会推倒他们陈旧的哲学体系。的确，先生们，我们是反叛者，所以总是支持有益革命的新闻界一直理解并帮助我们。对此我表示衷心的感谢。

先生们，请你们原谅，我自己也很吃惊，我竟说了这样一些使你们扫兴的话。如果我再往下讲，鲜艳的香槟会不耐烦地散发出来。先生们，让我们为奥林匹克思想举杯，这一思想像全能的阳光，穿越岁月的迷雾尘埃，以令人喜悦的希望之光，照亮了20世纪的入口。

---

① 顾拜旦在1894年巴黎国际体育代表大会上的演说。

重建奥林匹克运动会的必然趋势①

当一种新思想产生，并最终以一种实际的形式变为现实的时候，往往很难解释清楚为什么是这种而不是其他任何思想能从至今有待实现的众多思潮中发展出来。不过，恢复奥林匹克运动会的思想不是这样。恢复奥运会不是天真梦想的结果，而是当代世界大趋势的合乎逻辑的结果。19世纪体育爱好在各处觉醒：初期在德国和瑞典，中期在英国，晚期在法国和美国。同时，铁路和电报等伟大的现代发明，沟通了世界各国人民之间的交往。说各种语言的人们更加方便地交往，这自然开辟了谋求共同利益的更广阔的领域。人们已经开始不再过离群的生活，不同种族学会了相互更好地了解和理解；人们对比他们在艺术、工业和科学领域中的才能和成就，产生了一种崇高的竞赛，鞭策着他们再接再厉地取得更大的成就。万国博览会把世界最远角落的产品集中到地球的一个点上。在科学、文化领域，形形色色的集会和会议把所有国家最优秀的脑力劳动者联合在一起。那么运动呢？难道各国运动员不应该开始在共同立场上彼此相会吗？难道竞赛不是所有努力包括智力和体力的主要动力吗？瑞士率先邀请外国神枪手参加他们自己的联邦射击比赛；自行车赛曾经在欧洲每一条跑道上进行过；英国和美国曾在海陆两路彼此挑战；罗马和巴黎最有才能的击剑家相互交剑。体育运动逐渐变得更具国际性，激发人们极大的兴趣，拓宽着人们的活动范围。在这种情况下，奥林匹克运动会的复兴成为可能，甚至可以说变成了必然。

多年来，我一直致力于英美青年学校生活的研究。虽然我可能在许多方面批评英国公学进行的教育，但是我没有怀疑过他们对体魄和品质所提供的有力教育。我们可以把维多利亚女王在位期间不列颠帝国巨大的发展大部分归功于这种教育，这个非凡发展与联合王国1840年的学校改革同时开始，在这些改革中，体育活动占有最显著的位置，体育被迫去承担德育教师的工作。这是适应现代需要的应用，应用了希腊文明的最独特原则之一：使体育成为德育工作的主要要素。

相反，在法国直到最近还把体力迟钝看作智力完善的不可缺少的助手。体育活动被看作扼杀学习的敌对者。至于青年品质的培养，关于意志和体力之间存在密切联系的格言从未深入人心。

一般来说，国家最大的问题可以归结为教育问题，在民主国家尤其如此。我们只需要调查一个民主国家的学校和大学，就可知晓这个国家兴衰的秘密。当时引进学校的改善措施推广得非常广泛有力。由于相信这一说法的真实性，我自然考虑：假如我们把我们邻国已经从中得到不可置疑的好处的某种肉体活力、某种旺健精神引进我们的学校系统，这对法国将会多好！

于是，从1888年着手进行的这项工作发展迅速。"体育联合会"的初期规模并不大，可是在1892年就已经包括了由学生们自己组织自己管理的数量可观的学校体育社团。由于有必要研究其他国家的成就以便能够更有效地致力于本国事业的成功，我在外国旅行时接触了很多关心体育的人士。在1889年万国博览会上，应法国政府邀请，讨论各种议题的国际会议，包括体育会议在巴黎开会。受该会议组织的委托，我向各地寄出调查表，调查国外中小学和大学对待体育的做法。

为此目的，我创办了一份月刊《体育评论》，希望通过我们同别处的成绩的比较以提高法国对男子

---

① 选自顾拜旦在1896年第1届奥运会上的正式报告。

运动的兴趣。1889年，公共教育部派给我一项使命，使我有机会访问北美大量的公共教育机构，也使我能在我的国际调查报告中增加一些新文献。不过，我所有的研究使我确信，在体育运动兴起的本世纪末，要不是曾对体育运动施加了某些强有力的影响，体育运动恐怕就有衰落和停滞不前的大危险。我发现到处都是冲突，在某种特殊运动项目的热情支持者和反对者之间展开内战的这种形势在我看来似乎是由过度专门化倾向引起的。参加跳跃的人看不起赛艇，击剑运动员反对赛车运动员，射击运动员瞧不上草地网球运动员，甚至在完全同类的运动项目的好手之间也不再融洽。德国体操的赞美者摒弃瑞典方法的一切长处，而美国足球规则在英国球员看来缺乏起码的常识。此外，还存在商业精神侵袭体育界的危险。虽然人们没有公开为金钱赛跑或搏斗，然而令人遗憾的折中倾向已渐渐产生。激起争胜愿望的往往不是对高尚荣誉称号的追求而是其他动机。如果我们不希望看到体育运

维凯拉斯，希腊人，第一任国际奥委会主席。

动衰落和消亡，那么我们必须使它净化并团结一致。

在达到这个目的的所有措施中，依我看来只有一项是完全可行的，那就是举办定期的竞赛，邀请各国体育团体派代表参加，并且能够授予他们崇高的荣誉。这么做是为了重建"奥林匹克运动会"。

我们只能使用这一名称，不可能找到其他名称。我们必须承认这个名称从未完全废弃过。有时还用它说明一些运动会，像法国5人执政内阁试图在巴黎练兵场建立的，或者今天在希腊某些村庄举行的那种当地运动会；或者称呼奥索大帝在位时在雅典试图建立的某些过早的、不熟练的重建机构。不过，这不再是所需的名称，而是事情本身。它将不是当地的、暂时的，而是全世界的、永久的创造物。我曾有过在巴黎召开国际体育代表大会的想法，但我马上发现，不做一些准备工作这是完不成的，于是我立刻投入日常工作。联合法国的许多运动俱乐部，并同其他国家类似团体保持联系，这是最重要的，这样做一方面是不给外国人以民族不和的启发性场面，另一方面给他们以无数外国人支持这种事业的繁荣景象。

"体育联合会"的成立和迅速发展引起了其他期刊的猜疑和嫉妒。我的全部努力倾向于改善"法国自行车协会"、"全国射击团体协会"、"体操团体协会"、"剑术协会"、"赛艇团体协会"和"法国帆船协会"之间的关系。我的努力只成功一半；不过有可能不只是澄清一个误解，甚至草拟一份在某些方面进行友好合作的计划。

在国外，这项工作虽然表面上更困难，但事实上却更容易，不愉快也很少。很快，巴黎和比利时的俱乐部之间建立起某些联系。慢一些的是和英国达成了一项诚挚的协议。以赫伯特先生为首的"业余田径联合会"的出席使许多事情变得顺利；他了解并鼓励我们的工作。"全国自行车手协会"抵制了很长时间，它看不到把它与外国联合会联结起来的好处。进行了10个月的谈判，甚至让我们驻伦敦大使M·沃丁顿介入才从"业余赛艇联合会"为我们的划手取得了参加著名的亨利赛艇比赛的权利，这一比赛是按照他们的规则举行的。

1893年春，情况大有好转，召开一次代表大会的时机到了。我们和比利时、英国、美国关系良好，因而向世界各国体育协会发出邀请函，请他们派代表于1894年6月到巴黎。我请我的私人朋友普林斯顿大学威廉·斯隆教授、曾经长期就这个题目进行通讯的人士如匈牙利的姆·凯梅尼、俄罗斯的布托夫斯基将军、英国的赫伯特先生和瑞典的布莱克来帮助我。

代表大会掩饰了它"恢复奥林匹克运动会"的主要目的，以另一种方式草拟了程序：它只提出了一般的体育运动问题。我小心翼翼地避免提到如此雄心勃勃的计划，害怕惹起一场轻蔑和嘲弄的风波，使那些愿意支持这个计划的人预先受到打击。因为每当我在牛津、纽约等地的会议上婉转提到我的计划时，我总难过地意识到，我的听众们认为它是乌托邦和不切实际的。

然而，为了表示我们举行的会议比普通体育会议重要，我坚持我们的会议在索邦大厅举行。巴黎大学校长奥克塔夫·格里亚德非常亲切地允许我们这样做。我认为，在神圣的索邦拱顶下，"奥林匹克运动会"这些词将更加印象深刻、更有说服力地激起听众反响。我致信希腊和比利时国王陛下、希腊太子殿下、威尔士亲王、瑞典皇太子和弗拉迪米尔大公殿下，恳请他们接受代表大会名誉成员资格。参议院议员，前法国驻柏林大使巴诺·德·库塞尔男爵答应担任主席。不久，我被所有对这项工作的成功抱强烈兴趣的朋友们包围。我们计划举办一系列节庆，使他们愉快逗留并对外国代表们有吸引力。但是那些代表们真的会来吗？到春初还拿不准；我们几乎放弃希望了。德国、瑞士和荷兰根本没有回复，其他一些国家

代表开始找借口。我们不得不一次又一次地从头开始，邀请、坚决要求，我们不得不完成的书信总量是非常惊人的。成功在最后一刻到来了。英国、美国、瑞典、西班牙、意大利、比利时、俄国代表团先后到达。希腊代表德麦特里乌斯·维凯拉斯是巴黎的常住居民，从一开始他就和我们共同希望共同担忧。我们甚至在我们寄予极少期望的地方发现了支持者；澳大利亚也向我们送来了热烈的成功祝愿。6月16日星期六的开幕会议有2000名听众，结束时唱起了德尔斐克太阳神赞歌。代表大会在愉快的吉兆下开始，制定了它极具特色的计划。恢复奥林匹克运动会这一思想胜利了，她是如此引人瞩目。

重建奥运会被一致通过。我们提议首次举办奥运会的时间定在1900年，但是，在维凯拉斯建议下，我们把日期提前到1896年，雅典被选定为它的开幕地点。第2届奥运会计划1900年在巴黎举行，然后将每隔4年轮流在世界各个大首府举行。组成了一个有14名委员的国际委员会，这次代表大会的决议由委员会贯彻执行。

就这样，一项看来注定要产生伟大成果的事业开始了。自那以后它经常受到非议甚至粗暴的攻击。每个人都不理解它，许多谈到它的人，对它的起源和目的一无所知。至于我自己，我特意再次声明，我是这整个计划的唯一作者。借此机会，我向那些曾帮助我成功地完成这一任务的人们、那些和我在一起希望奥林匹克运动会的复兴把体育运动引向高度完善境地的人们、那些愿意为新兴一代注入对国际和谐的爱和尊重生命的人们表示最诚挚的感谢！

奥林匹克与文学艺术①

先生们：

今天，我们相聚在这个世界上独一无二的喜剧院，举行隆重的典礼。我们将使一对长期分居的合法婚姻——肌肉与精神重新结合起来。如果把他们从今以后开始恢复婚姻关系的原因说成是炽热的欲望，我可能会冒歪曲真理之嫌。毋庸置疑，他们之间的相互谅解持续了很长时间并有所收获。但不利的环境却将他们分开，以致彼此变得陌生，甚至互不相认。现在，重新恢复的奥林匹克使他们找到了相会处。他们的团圆取决于我们的努力。我们在等待的同时，要为他们的相会作好准备，这就是召开这次协商会的目的。不管在什么范围，以何种形式，艺术和文学都将参与到现代奥林匹克庆典之中，与体育一起受益，并获得自身的升华。这有双重目的：一方面在奥运会中组织艺术和文学的协作；另一方面在各地的体育活动中推动艺术、文学和体育之间的长期合作。先生们，毫无疑问，我们能够达到此目的；同时，对足够时间和耐心的需要也毋庸置疑。

首先，我们需要你们的意见和指点。我们将奖励在建筑、雕塑、绘画、音乐和文学比赛中的杰出创作者。这5个项目每4年举办一次。主要针对受体育启发而构思的尚未发表的作品。开始参加的人数也许会很少，作品的质量也不高。但毫无疑问这会吸引那些艺术家和文学家亲自参加体育活动。至于雕塑家，更应该参加体育活动，以便从自己身上体验到所塑造的运动员的肌肉。我们不是正在摆脱那种毫无根据的、过时的所谓体育不能与艺术相通的偏见吗？我们在体育复兴时期很短时间内所获得的勇气和广泛性足以使我们驱除任何害怕心理。未来一代将清楚地知道，脑力劳动者同时又应是体育爱好者。这不是已经在击剑运

动员身上得到证实了吗？

在这关键时刻，与我们一起努力奋斗吧！也许，希望运动员、艺术家和观众之间的合作太急了些。瞧，许多事还需要宣传，如艺术体操，真正懂的人很少。观众也缺乏将不同角度的艺术欣赏联系起来的知识。他们只习惯于从专门的领域里逐个地欣赏；粗糙的、难看的背景也不会引起他们的不舒服；尽管优美动听的音乐使他们激动，但他们却对周围典雅别致的建筑物视而不见。陈旧的装饰、滑稽的游行、不和谐的音调和低俗的服饰构成了当今的节日，在这样的节日里，人们遗忘了另外一位客人——"鉴赏"。

这里是世界闻名的鉴赏的发源地。我们在这里寻求建造鉴赏大厦的第一块砖，这种寻求在其他地方都不可能进行得如此顺利。现在我以国际奥委会的名义感谢法兰西喜剧院经理朱尔斯·克莱蒂先生和巴黛特夫人及穆纳特·萨利先生！非常感谢他们响应我们的倡议，并且亲自来参加这次会议。有人批评我把名单压缩得太短，但是我认为刚开始应谨慎点，以后会发展得更快。让我们以现在作为起点，捕捉时机，舆论会按着我们的意图发展的。

协商会提出的讨论方案如下：

建筑：现代体育馆的条件和特点。——露天圆形场地和市区圆形场地、游泳池、看台、马厩、帆船、俱乐部、击剑俱乐部——材料，建筑主题——费用和预算。

戏剧艺术：露天表演。主要原则——舞台体育。

舞蹈设计：列队、单列、团体配合动作——艺术体操。

装饰：体育场正面看台及四周看台——立柱、

---

① 1906年5月23日，顾拜旦在巴黎法兰西喜剧院贵宾室召开的艺术、文学和体育协商会开幕式上的致辞。

框架、花环、帷幔、滑轮——夜晚的节日装饰，火炬运动。

文学：有可能举行奥林匹克文学比赛。比赛条件——运动情绪，文学者灵感的源泉。

音乐：管弦乐队和露天合唱——节目单——节拍和改编——气氛——奥林匹克音乐比赛的条件。

绘画：个体侧面画像和整体观察——奥林匹克绘画比赛的可能性和条件——也可用相机拍照。

雕塑：与艺术有关的运动表情和姿态——表现他们的努力——提供像奖品一样的实物小雕像和大奖章。

法国勒阿弗尔市政厅，1897年第2届奥林匹克大会在此召开。

参与比取胜更重要①

阁下、上院议员、先生们：

我以国际奥委会的名义深深地感谢你们对我们的欢迎。我们将牢记这一美好的时刻，牢记第4届奥林匹克运动会在技术完善的道路上又迈出了惊人的一步。为此，感谢英国诸位同事热忱和辛勤的工作。但无论成绩多么令人满意，如果可能，我们希望将来会做得更好。我希望我并不是在说大话，因为我们需要不断的进步，不进则退。

先生们，我荣幸地说，国际奥委会取得的进步是非常大、非常迅速的。每当我回想起在过去的14年中，由那些令人难以想象的嫉妒所引起的对国际奥委会的攻击、陷害和阻碍时，我不禁认为摔跤是一项高雅的运动——对手甚至撇开传统的擒拿方法，为将对方摔倒而采用一切阴谋诡计。自国际奥委会诞生之日起，就受到这样的待遇，但幸运的是如今的国际奥委会仍然稳固和强健。

是什么原因导致这些冲突发生？亲爱的上帝！我可以用两句话告诉您：我们不是被选出来的；我们是自我推举并且权利不受限制的。这样做是会激怒公众的，因为公众已习惯于选举，并希望这一原则范围逐步扩大到每个机构。我们侵犯了这一通用的规则，难以被人宽容，不是吗？很好！我们非常高兴地、问心无愧地担负起打破常规的责任。

对我来说，在过去的日子里，从这个国家学到了许多东西，其中包括保护自由和为民主服务的最好方式并不是每一件事都要通过选举。相反，在选举的广阔海洋中应保留一些小岛，在某些特殊领域中，这样可尽力保证稳定和独立的发展。

先生们，独立与稳定——是我们能够取得更大成就的基本条件。必须承认，在当今的团体，特别是体育团体中常缺乏这些基本条件。不可否认，这种独立

古代奥运会举办地奥林匹亚遗址复原图。

① 1908年7月24日，顾拜旦在英国政府举行的宴会上发表的演讲。

也有其弊端，例如，在与我们有关的问题中，需要制定一些严格的，并带有强制性的规定。但这不是我们的任务。我们不想侵犯任何体育协会的特权，我们不是制定技术规则的理事会，我们仅仅是奥林匹克理想的"理事"。

以我们的观点而言，奥林匹克理想是一个很强的体育文化概念，它一部分建立在你如此向往称之为"费厄泼赖"（英语公平竞争的音译——译注）的骑士精神，另一部分建立在对优美和温文尔雅狂热崇拜的美学理想上。我没有说古代从未缺乏这种思想。今天早晨我从报纸上读到一条消息，说昨天发生的一个事件引起了某种骚乱。从你们的一家大报上我读到了一种绝望的呼声，当代体育道德的某些特点阻碍了我们渴望达到的古代运动的水平。先生们，难道你们真的相信类似事件从来没有在奥林匹亚、德尔斐或者尼米亚运动会，或者古代所有大型运动会上发生过？存在这种想法那就太天真了。人类自古富有激情，但苍穹却将我们存放在一个没有过度行为的社会，一个将我们的全部激情封锁在狭隘的各种礼仪束缚中的社会。

然而，确切地说，当物质文明，或像我喜欢的那样称之为机械文明获得进步，使一切事物都变得十分美好的今天，某些有损于奥林匹克理想的不良行为引起了人们的不安。是的，我不想掩饰，"费厄泼赖"处于危机之中，这主要是由于轻率的允许导致腐败毫无顾忌地滋长，赌博、打赌、押宝成风。好！如果对赌博需要讨

伐，我们已作好充分准备，我相信，贵国的舆论会支持我们，也会支持所有热爱体育运动的那些人们，体育具有高度的教育价值，是人类追求完美的最重要的因素之一。上星期天，在圣保罗组织的运动员颁奖仪式上，宾夕法尼亚主教用中肯的语言提醒大家注意："对奥林匹克运动会来说，参与比取胜更重要"。

先生们，让我们铭记这铿锵有力的词句吧。它将扩展到每个领域，形成一种清澈、健康的哲学基础。生活中重要的不是胜利而是奋斗，其精髓不是为了取得最终的凯旋而是使人类变得更勇敢、更强健、更谨慎和更落落大方。这是我们国际奥委会的指导思想。我们将继续从中汲取灵感。在4年的时间内，我们将为你们提供一个庆祝第5届奥运会的地点，别忘了此间将再次举办雅典运动会，世界将再次转向不朽的希腊，这与对它的崇拜和狂热是分不开的。

现在，请允许我以全体同事的名义向你们各自的国家表示敬意。首先是古老的英格兰，许多美德的发源地和许多尝试的推动者。国际主义就像我们理解的那样，它激发人们对祖国的尊敬，对高尚竞赛的尊敬，当运动员历经艰难获得胜利，当他们凝望着冉冉升起的国旗时，他们会心潮澎湃，热血沸腾。

先生们，为你们的祖国，为你们的主权、自豪和尊严，为你们政府的繁荣昌盛、为你们人民的安居乐业，干杯！

123

我为什么要复兴奥林匹克运动会①

提到复兴奥运会，我只不过是从那些高尚并且非常有趣的古代风俗习惯中挑选了一种，并促使它复兴。在我看来这种雄心是合理合法的，然而，它也有理由被人们视为是荒诞、多余的。我们今天有无数的需要在等着满足，有许多必要的工作要做，我们似乎不应该将时间浪费在不必要的努力上。但是，我记得伟大的阿诺德博士有一句关于培育稀有植物的名言："如果一个人能使生命比实际长两倍，那么把自己完全沉浸于此是乐趣无穷的！"虽然复兴奥运会与培育稀有植物截然不同，但我深信，奥运会是使我们今天的年轻人进步和健康的奠基石。我要告诉大家，如果有些读者瞧不起竞技体育——在他们眼里，竞技体育只是昂贵和幼稚的娱乐，我不想同他们对话。因为我们没有进行辩论的共同点。当然，我不希望遇到这种陈腐的观点。还有辱骂，特别是在英国和美国。虽然反击这些辱骂总是正确的。这一切丝毫无损体育运动的基本原则的价值——除体育运动之外，没有任何更便利的场所能使年轻人在娱乐和自由的时间内施展他们在精神和身体上的双重力量。当整个的文明世界，从彼得堡到马德里，从东京到篷塔雷纳斯，在这点上都在采用盎格鲁－撒克逊人的观点之时，盎格鲁－撒克逊人自己也不可能放弃它。

现代年轻人的运动生命需要奥运会的复兴，正是基于此，我呼唤它的复兴，不止是在法国或英国，希腊或意大利，而是在整个人类世界复兴。人们会问我：你所说的奥运会与我们今天所说的世界锦标赛有什么不同？古代奥运会，其本身再加上当时"世界"这个词的含义，在哪些方面比我们现代的世界锦标赛强？我不否认世界锦标赛的存在价值，我还同意将它作为奥运会的一个组成部分。但是，奥运会还有"别

的东西"，正是这"别的东西"使它自有特点，这种特点是在其他体育竞赛中找不到的。

一般来说，人们对竞技体育的看法有两种：第一种，个人的分散的体育锻炼，简单地说，这是一个最好的、最合适的观点，即当一个国家存在时，生活在其中的每一个年轻人、个人或者他的同伴们，可以充分享受经常进行体育锻炼的权利。他们在健康的体育锻炼中，寻找一种非常好的方式来增进健康、增长力量。到那时，整个人类，或一部分，就可以达到尽善尽美。但是，这是一种理想的状态，我们还做不到这些，因此，我们必须考虑第二个观点，即有组织地竞赛，为赢得什么而进行的竞技。我们必须估计到，它对体育既是有力的刺激，也是危险的腐蚀。我们不能否认它的刺激作用，事实上，是非常强健而有力的刺激。人类社会历来按照竞争的法则运动，而且永远如此。但竞争的日益激烈带来了越来越大的危险。不加约束的竞争给公平竞赛精神带来了巨大的危险，造成了盲目的举动，导致了由猜疑、嫉妒、虚荣和不信任引起的糟糕气氛。这在社会各个领域都可以看到，在体育领域也难以避免。在这种状态下体育组织、协会当然不可能和平与安静地存在，他们被激烈的争吵搞得四分五裂，甚至常常以中伤他人的手段窃取锦标和荣誉。这种状况将会不可避免地继续存在。我不得不承认，依靠单个的体育项目锻炼和竞赛来坚持不懈地进行对健康、美、和谐的追求，是一种幻想。也许有的人能做到，但一般人永远做不到。

因此，我们必须求助于有组织的竞赛制度，并让它在竞技体育中占主导地位。我们可以给它一种平衡，一种调节机制，就像我们已经知道的古希腊人一样，用这种调解机制来尽力解决那些困扰我们的问

---

① 1908年7月发表于《双周评论》。

题，这个调解机制就是奥运会。在古代奥运会上，民族感情被激发，从某种意义上说，传统的竞技就变得神圣了。

然而，这种激发超过了限度。我甚至要说：它最终毁灭和破坏了古典的运动形式。但是，这个终结来得很慢。产生于奥林匹亚的运动形式，在数个世纪里，始终保持着纯洁和伟大。各个城邦和城市的年轻选手们在此聚会，他们被运动会精神的崇高所感染，几乎是带着一种宗教崇拜的精神去参加。在他们周围，聚集着准备为他们的能力和精神的胜利而欢庆的文学家、艺术家。这种无与伦比的场面还包括大众的欢乐。毫无疑问，其中也有消极的情绪和自私的感情存在，它们侵扰着人类的各种活动。尽管如此，恢弘与强健仍在希腊文化中占统治地位，这个国度的年轻人从中感受到了欢乐和崇高，并将其传播，影响了整个民族。

这就是古代的奥运会。我们今天的运动会也应如此，我已经清楚地看到今天的体育正处在危险境地，充斥着广告和欺骗。在我们的社会，一切努力都被视为是为了获得物质利益，竞技体育也被举办公共展览的组织者们看作是一种商业性的获利手段。而我认为，复兴奥运会的必要性，在于要用它来提倡人们对真正的体育锻炼的尊崇，即在真正的、纯洁的体育精神指导下进行的体育锻炼，它是骄傲的，令人愉悦的，也是忠实的。要实现这一理想，有许多工作要做，而这需要时间。首先，新的运动会在形式上必须是全新的。例如，如果要复兴赛车项目，却没有考虑到大多数年轻人对此不感兴趣，其结果将仅仅是建造一个竞技场，并将参加该项目比赛的人变成低劣的演员。此外，还要看到，现代体育项目已经数不胜数，很容易造成互相重复的局面。其次，新的运动会必须是国际性的，也就是说，运动员必须是来自各文明国家最优秀的代表。在古代，从某种意义上说，运动员也几乎具有国际性。他们是希腊、意大利和埃及等地不同城邦的市民，就如同我们现在的英国人、西班牙人和意大利人一样。那些城邦经常互相作战，甚至在和平休战时期，相互竞争也很激烈。而在我们今天，

虽然有便利迅速的交通工具，但要将所有国家的运动员代表们定期聚集在一起，也不是一件容易的事。他们要为此放下日常的工作，要筹集部分或全部必需的资金，这都是有困难的。

不过，这一切在1896、1900和1904年都已经办到了。更不用说于1906年开始的雅典人那一系列运动会。于是，我们可以说，第一步已经完成，伦敦奥运会将取得圆满的成功。我们真诚的、值得敬佩的英国朋友们正用他们的热情和智慧为第4届奥运会做准备。德斯伯勒勋爵是杰出的大会组委会主席，尊敬的德库西·拉芬令人感动的工作精神，我简直不能用言语表达。他们给体育运动输入了最高的文化思想，给我们再现了古代的美德，这种美德习惯于关注道德与哲学。在这几年中，人们为奥运会的日益壮大和大放异彩的胜利而庆贺。奥运会将以它蓬勃的生命力保证它光明的未来，我们不用担心复兴后的奥运会中断它的进程了。

那么，这种成功是否意味着已经达到我预期的目标了呢？不，离预期的目标还很远。我要毫不犹豫地说，在我看来，它仅仅是奠定了基础。任何一个研究过古代奥运会的人都知道，古代奥运会最光辉之处在于它的两条原则：美和尊严。如果现代奥运会要扩大其影响，我想必须体现这两点，表现美和唤起尊严之心。美和尊严在我们今天进行的最重要的体育比赛中应该引起足够的重视。那崇高庄严的队列和仪态，那难忘的光辉庆典，那精美的艺术，还有公众的热情和高尚的情操，都应该融为一体。当然，这仅仅靠一届奥运会是办不到的，甚至三届、四届也办不到，至少需要四分之一世纪才能完成。因此，当我们渴望创造或再创造这个伟大的作品时，第一要素就是不能太着急。

我还要再说一次，我们必须让奥运会现代化。我们不要进行笨拙、简单的模仿和复原，尽可能地从过去寻求启发而不照搬过去。诸多事例中我们仅举一例说明：在奥林匹亚，奥运会给人以深刻印象的事情之一，是运动员聚集在宙斯神像前进行庄严的宣誓。他们保证将公平和忠实地竞争，保证他们将毫无耻辱地

面对敌手。如今宙斯已不存在，我们早已丧失对神像的崇敬。因此，我设想，今后，运动员们可以在他们自己国家的旗帜前，同时也面对其他国家的众多旗帜庄严宣誓：保证他们将在运动中忠诚和公平地竞争。这种形式将使他们从精神上接近奥运会。难道我们不应该提供一个适宜的、充满崇高和美的场景来激发起运动员和观众的最崇高、最慷慨的情感吗？在请高级唱诗班演唱伟大作曲家的杰作，以取代通俗歌唱队和那些独幕小歌剧时，难道我们不应该完全确认艺术与体育运动的结合，也即肌肉力量与创造性的想象力的结合，是人类生活两极的完美结合吗？

这些理想需要逐一实现，许多已在进行中。国际奥委会于1906年在巴黎的法兰西喜剧院开会，讨论了今后将体育、艺术、文学联为一体的最好的方法，给这一重大运动制定了方针路线。从此，艺术家们可以朝一个方向努力。雕塑家和音乐家已经能够从竞技体育中找到新的灵感。此时，整个布鲁塞尔都在羡慕比利时伟大的雕塑家雅克·德拉莱因雕刻的美妙群像"马背上的角力者"；巴黎满怀激情地倾听着奥古斯都·霍姆斯的"卢达斯礼赞帕特利亚"圣乐；雅典人的脑海里则回荡着希腊音乐家萨马拉所作的"奥林匹克颂歌"。建筑师开始认真仔细地计划依据古代理想来建造体育馆。著名雕塑家巴特霍尔迪死时，给国际奥委会留下了"体育运动纪念碑"的设计图样，它是这个世界上最好的艺术品之一。另一方面，戏剧艺术又开始逐渐习惯于露天表演。许多国家举行这类演出并呼唤重建古典式剧院。最后，瑞士著名音乐家雅克·达尔克劳兹以令人钦佩的热情改革了已被种种粗俗与愚笨的现代舞所贬低的舞蹈艺术。

这样，各个方面的个人努力都集中于大和谐这一理想之中。各种艺术互相渗透，声音、线条、色彩和形式仿佛在运动中融为一体。运动是生活的美。它们是现代奥运会的重要因素。在它们的作用下，构成了一个有价值的奥运会环境，运动员们将在其中进行运动。这些运动员早已准备参加这一伟大的节日，而且清楚这一环境将给予他们殊荣。除非代表自己的国家，否则不得参加奥运会，这已成为规定。这是第一步，而在以前，运动员的国籍大都未被考虑过，而仅注重其技术水平。1894年制定的总则里有一条重要规定：奥运会组委会有不允许品质不好，或以前行为记录有损于奥运会尊严的人参赛的权力。我们必须发扬这一传统，即每一个竞赛者必须以高尚的人格、彬彬有礼的风度和行为来努力证明他对奥运会的认识，以及他对参加奥运会所感到的光荣。因此，如前所说，我们应该恢复宣誓仪式，我们应该在奥运会结束时颁发与奥运会尊严相匹配的奖品。目前，颁发奖品的仪式很不庄重，优胜者匆匆穿上衣服，听完乏味的简短讲话，然后在同伴们的喝彩声中把奖品挟走。服装问题也是个很微妙的问题。现代服装，至少男子服装是不美的。运动员与运动服，就像士兵与其制服一样，要表明其身份。运动员应该穿着正规的服装出席闭幕式。穿着便服的优胜者队伍是很可笑的。如果他们穿着运动服，又各具特色：击剑运动员持剑，网球运动员手握球拍，自行车运动员推着车子，马球运动员握着球棍，那么，这支队伍就会立即大放光彩。

我认为现代奥运会应该朝这个方向发展，我本人决心为此而努力。我相信我忠实的伙伴们也会这样。我的第一位伙伴是时间老人，没有它，要进行持久的工作是不可能的。工作必须持之以恒，通过今后的体育活动来增加必要的和有益的影响。

现代奥林匹克运动①

一、环境

古代奥林匹亚是一座集竞技、艺术、祈祷于一体的城市。有时人们错误地把这三个词的次序颠倒过来。奥林匹亚神圣的、审美的性质是它的强身作用的结果。它作为竞技城市是间歇的，作为艺术和祈祷城市却是永久的。现代奥林匹亚的情况也一样，它将为举办奥运会而存在，在两届奥运会的间隔期，它是举行次要的、本地的和专门的竞赛的地方。但艺术在这里是常在的，宗教也如此。我们不是把这一点理解为必须在那里兴建教堂或者祈祷场所，甚至兴建一座供奉模糊的自然神的庙宇。如果奥林匹克运动会开幕和闭幕时必须向上帝祈祷(它是适应日耳曼人、盎格鲁－撒克逊人和斯拉夫人的感情，并因此由他们影响了拉丁语民族)，那么仪式显然也应该在露天举行；它最好应该简短；只有在这些条件下，它才具有适当的威严。因此决不应该有提供任何建筑以举行宗教的仪式的问题。我们是从另外的意义上使用"宗教的"这个词的。奥林匹亚配上这个形容词不仅仅是因为它拥有庙宇、祭坛、祭司。在这座城市中，爱国主义精神笼罩着全城，浸透了周围的环境，弥漫了其名胜古迹，从而使这座城市有着无比的神圣性。任何奥林匹亚为了名符其实，都必须给人以同样的神圣印象。它必须沉浸在庄严的气氛中，但不必过于严肃，而且不需要排除欢乐。因此在竞赛间隔期间，它将吸引参观者前来，如同朝圣一样，并且由于具有带给人美好回忆和强烈希望的场所而获得他们的尊敬。

依靠雕塑、绘画和其他装饰艺术来达到这样的效果将是建筑的任务。可以很容易地想象，外形类似营房、火车站或粮库的建筑群将不能构建理想的城市。

此外，所选的地点也必然影响建筑构思。日内瓦湖或旧金山湾，泰晤士河岸或多瑙河岸，伦巴第平原或普斯陶都有不同类型的线条和色彩。每处景观都产生不同的平面图，而且这样做是对的，在这方面人与自然的紧密结合是和谐与协调的基本特点之一。

然而，可以规定一些一般的原则。当代最可喜的特点之一就是恢复空地的设计，恢复对空地美和空地潜在价值的理解。一般说来，前人似乎缺乏这种理解。中国和埃利奥波利斯留下了一些隔离开的名胜古迹遗址。但是几乎其他每个地方我们都发现了拥挤不堪的现象，看来是逐渐发展起来的。这种情况在印度和埃及早已存在，在希腊更为突出，而罗马广场使这种情况达到了前所未闻的程度。如果我们重建那些在我们脚下重叠的废墟建筑，就会达到惊人的杂乱程度，而克服这种杂乱的所有想法似乎被彻底排除。奥林匹亚的阿尔提斯也是杂乱一片，而且很难否认，如果让这么多彼此紧挨着的根本不同的遗址胜地有各自小小的"空间"，那么它的和谐程度就会大大增加。

在这种情况下任何仿效都是不切实际的和不适宜的，而且容易受到艺术角度的批评。但是这种影响我们先辈的建筑恐旷症不应该引导我们犯相反的嗜旷症的错误。现代奥林匹亚不可避免地要兴建许多建筑，从我们准备对它可能的组织工作进行考察中将会看到这一点。这些建筑由于它们的目的，常常需要兴建在一起。如果让它们相隔太远，就会很不方便。除了这个实际缺点以外，由于不可能对现有的城市重新进行整体设计，美就不能不受到影响。伟大艺术家巴托尔迪以前说过，一座名胜遗迹的轮廓应当从老远就能充

---

① 1910年8月在巴黎国际建筑艺术竞赛期间发表的文章。

分表明它的目的。那是在某种意义上的说法。但是现代奥林匹亚不应由散落在凉棚庭园中的建筑构成，这是肯定的。

那是要避免的另一个危险。目前，景观园艺创造了一种本身确实吸引人的形式，但都千篇一律，以致令人讨厌。这是别墅庭园形式。所有温泉胜地一个接一个地用这种形式装扮起来；随风波动的草地、排列整齐的各种树木，沿着弯弯曲曲沙径点缀的花篮，这些过去称为英国花园以便同法国花园相对，后者的整齐划一已经到了把树木修剪得看来都雷同的地步。在这些各走极端的形式之间可以有一个和谐折中的余地。别墅庭园不是唯一的暗礁。又长又直的林荫道很像一座墓地；但这是需要的，因为只有它比较适合队伍的排列。也要注意医院的情况，有顶盖的回廊与多座建筑互相连接，这就足以使现代奥林匹亚具有模范疗养地的外观。

解决所有问题无疑是困难的。事实是50年来我们修建了并且看着修建了过多的别墅庭园和医院，但无论是我们这一辈或上一辈，都从来没有仔细考虑过任何像奥林匹亚这样的情况。如果那样使问题变得困难，那么现在这样不又使问题变得更加困难吗？

总体来说，我们认为重要的是：首先，奥林匹克城至少应当作为一个气势雄伟、名符其实的集合体，甚至作为一个完全体出现在参观者眼前。其次，可取的是，城市留给人们的最初印象应该同它的作用协调一致，也就是应该尽可能突出它的双重性质，即体育性质和艺术性质。第三，它的轮廓必须力图同周围景色协调起来，并充分加以利用。第四，仿效古时拥挤的布局无疑是不明智的，但如果把区域扩展得太大，那就又犯了相反的错误。我们认为这几点是大家都可以接受的有关城市环境的一般原则。说到这一点，我们并不妨碍某人从完全相反的理想中得到启发而搞出一项杰出的设计，他可以提议建立类似奥林匹亚圣地的城市，把它封闭在戒备的城墙后面，并把它的奇迹藏在其中，就像藏在秘宝箱里一样。天才往往想出怪主意，我们不应该挫伤天才。

最后几句话。当我们谈到古代奥林匹亚的时候，我们假定它是由两个不同部分组成的。阿尔提斯或者说神圣的区域是严格意义上的奥林匹亚城；在外面和它周围延展着的世俗的城市，是饭店老板和商人的住地。这种布局应当保留。至少要接受它的启示以保证：运动员的宿舍、餐厅以及一切附属建筑都稍稍隐蔽地建在郊区，远离"荣誉法庭"（如果是一个的话），并且不与那些必然是城市心脏和中心的地方，也就是体育运动和音乐的场所以及剧院和图书馆保持直接联系。

这就是我们关于环境应该说的话。这些建筑是否将采用统一的风格？或者它们是否应该借用各种闻名的最佳风格？或者我们是否将看到一种可在整个历史中与奥林匹克这个名称相符的新风格？不管雄心有多大，它不是同样吸引那些渴望正当荣誉和赫赫声名的青年天才吗？

二、管理

新的奥林匹克城的管理应当与古代奥林匹克城的管理大不相同，因为对机构的需要本身使它具有表面上互相矛盾的双重性质；它必须既是间歇的又是永久的。奥林匹亚在一届奥运会到另一届奥运会的间隔期间一直没有睡觉，至多可以说它经常打个盹，只是每一次的比赛、节日和朝圣都会使它一次又一次地苏醒；其次，运动会的准备工作无疑在会前一年多就开始了，而且在奥运会举办后，完全恢复安宁还需要花上整整半年的时间。因此奥林匹亚无活动的间隔期，严格说来只有两年。在这个时期，对一部分甚至全部设施不加使用就等于夺走了这个城市一笔不容忽视的可观收入。在作为本文研究的场合的竞赛中，没有纯成本指标限制建筑师的想象力；但是没有理由根本不顾重要的利润潜在来源。而且，即使奥林匹克城在两年内完全处于无忧无虑的境地，它仍然需要处于初创阶段的管理机构来监护和维持。

因而从管理角度必须分清四类机构：第一类是绝对长久的机构，管理建筑和场地的维修；第二类是相对长久的机构，负责两届运动会之间这段时期建筑和场地的使用；第三类是定期的，致力于各届奥运会的真正组织工作；第四类是永久的机构，负责所有奥运会以及与奥运会有关的问题。

我们有不同的方式以满足这些不同的要求。因此关于我们将要提出的计划，没有什么绝对的东西。我们认为这个计划模式显然能够由各位新会员修改并且肯定能够改善。我们首先提出成立管理委员会，与奥林匹克理事会一起构成城市的两个永久性管理机构。一位管理人(属于前一个机构并住在管理区域附近)和一位秘书长(属于后一机构)集中处理各自部门的事务。一个人把所有维修工作作为他的职责——修理、园艺、供水、电工等，另一个人负责与国家奥林匹克委员会和体育联合会、协会保持联系。前者对管理委员会负责，而后者对奥林匹克理事会负责。实际已经有了奥林匹克理事会：这就是国际奥林匹克委员会，它总是强调它不打算过问奥运会的具体组织工作，而且声明它决定通过超脱内部对立和争论来代表该机构。管理委员会可能代表建立起来管理全市的金融社团。管理委员会要在它的建立和更新方面遵守这一类社团应该遵守的法律。理事会将以国际奥林匹克委员会采用的方式并根据同样的条件继续自我补充。最后将是由9名委员组成的专门委员会(4名由管理委员会指派，5名由理事会指派)，负责批准在两届奥运会的间隔时期举办艺术节和体育节，这些节日活动可以由奥林匹克机构以外的机构去组织，负责规定这些节日可以举行的条件。永久的图书资料服务将由这个专门委员会领导。

如果我们刚才提出的计划被采纳，那就必须准备：1.理事会大厦，包括一座大接待厅和供55人使用的理事办公室；2.管理大楼，包括管理委员会的会议室、混合委员会会议室、管理人房间、维修服务办公室(4名雇员)、秘书长办公室(2名雇员)。这两座大楼将坐落在阿尔提斯区域内。也有必要准备一座总警卫和警卫的住所，两者都将在大门担任门卫。还剩下对间歇性机构的要求，也就是各届奥运会组织委员会(体育运动项目、艺术比赛、节庆和演出、金融和诉讼等等)所必需的用房。这些用房应作为城市的附属建筑建立在区域的边界上，但要注意它的外观，也要考虑距离，不要安排在不实际和不便利的地方。

在同一个地区还要有一家容量可以伸缩的饭店，它在任何时候都开放，但能住进大量旅客——奥林匹亚人。要注意，这家饭店不是接待观众——公众。不，它是专供这样一些人住的：作为代表的人员，或作为参与节庆或竞赛的组织工作的人员，他们因工作需要作暂时的但通常是一段时期的逗留。他们都是风华正茂的人；他们需要舒适的环境，但同时愿意接受某种简单划一的膳宿；饭店的建筑设计要反映这些特殊条件。应当给在奥运会期间运动员住宿的营地或某种营房腾出地方。因为这些建筑只在旺季使用而且使用的时间非常短，所以它们在材料和设计方面自然应该应用特殊的标准。在后面各章，我们将考虑参加每届奥运会的运动员大概人数以及"官员"、裁判员人数。至于组织委员会，它的人数不应超过55人。

同时，饭店要有附属建筑，特别是要包括能容纳60头马匹的马厩和大约55名运送人员的住所。这里不需要修理车间或电气的或其他的工厂。现代奥林匹亚不需要兴建在远离任何能够供应电力、水和光的沙漠上。电力、水和光将更加畅通地流向农村，甚至到达最小的居民中心。

我们不能说全面地预见到了方方面面的事情，更不要说，再说一遍，我们提出的管理方案能够由别的方案来替代。但是我们认为，我们已经想到现代奥林匹克城所有的基本机构，而且因此给国际建筑竞赛的参加者提供了切实有用的帮助。

三、奥运会比赛项目

当奥运会于1894年恢复时，曾规定它应该尽可能包括现代世界通行的各种运动形式。这一规定在1908年伦敦举行的第4届奥运会上得到了充分贯彻。就比赛项目的数量来说，永远超不过伦敦奥运会的比赛计划。也许在运动项目数量上始终无法同伦敦奥运会相比，但在编制现代奥运会的运动项目表时我们把它作为基础，同时也注意到国际奥林匹克委员会从那时以来表达的某些希望或做出的某些决定，例如停止场地自行车赛，这就从准备提供的建筑清单中立即取消室内赛车场。

指导建筑设计的有五大部分：田径和体操项目，格斗项目，水上项目，马术，最后是本来意义的竞技。

田径和体操项目包括个人和团体体操、赛跑、跳跃和投掷（铅球、铁饼、标枪）。为了方便进行，这些运动需要大的空地和跑道。很自然地出现了一种椭圆形跑道，中间是空地，外围是观众看台。无论是雅典的体育场还是伦敦的竞技场，总的外观都同样让人不愉快。这些单调乏味的椭圆完全无法同巴黎赛马俱乐部精心设计的绿茵遮蔽的跑道相比！伦敦休林哈姆和纽约特拉弗斯岛的场地也可以为证。它们足以证明，不必为获得技术优秀的设施而牺牲布局的美。

格斗项目包括严格意义的击剑（重剑、花剑）、拳击、摔跤和射击。击剑曾长期被关闭在封闭场所，这些场所对健康多多少少有些害处，最后才认识到如果它成为一项户外运动，每个人都会喜爱它。看来击剑是最适合采用那些被古代建筑师钟爱有加的带回廊空间的一项运动。拳击和摔跤也很适合这种空间。射击比赛除了射击场目前使用的排列外，不允许作其他排列，但难看的边墙可以改为青葱的斜墙。此外，如果在比赛项目中加上像伦敦奥运会那样射击泥鸽子的项目，就必须提供一个视域相当开阔的扇形地带以避免有可能发生的一切危险。

水上运动项目是游泳、水球、赛艇和帆船比赛。坦率地说，帆船比赛设施是不能人工创造的。如果奥林匹亚靠近大海或日内瓦湖那样的湖，或者像柏林、麦迪逊那样坐落在真正的湖网地方，就可能在那里组织帆船比赛，可是在这种情况下建筑师的作用只限于设计遮蔽港口，一些码头或防波堤。能通航的小河虽然不适合帆船比赛，但对于赛艇却是足够的。至于游泳，最好有游泳池，无论是室内的或室外的。在室内，人们也可以趁机加上完美的热水浴，因为水疗正成为所有体育运动的必要伴侣。这种场合是迷人的，因为我们现代人在这方面还赶不上我们伟大的拉丁人祖先。

马术运动显然是最麻烦和最昂贵的，这也是为什么至今它不能在大多数奥运会上出现的原因。然而伦敦曾举办过马球赛，也举办过国际骑术锦标赛，这次锦标赛虽然不是在奥运会上进行的，却使它在这方面臻于完善。奥运会马术部分并不包括通常意义的赛马或骑术比赛，也就是不包括那些靠饲马水平高低和有关的因素起很大作用、甚至起着比骑手才能更大的作用的项目。除了马球比赛，还必须有一些能展示参赛者技能、力量、灵活性和技术的项目——著名的有障碍赛，环形场地赛和猎野猪等等。人们也可以预见，一项令人喜爱的英国运动——马上击剑，以及与它相应的马上摔跤，都会在将来铺开；今天这项运动除英国外，其他地方几乎都没有。一个马球运动场，一个马术竞技场构成了奥运会的这部分项目必不可少的中心。这个竞技场可以是有顶棚的也可以是露天的，并且采取建筑师想象力所喜爱的任何形式。

在把严格意义的比赛项目放在首位的情况下，人们只应提出已经被普遍习惯国际化的比赛。除英国以外，板球几乎没有什么魅力，而且直到现在看来只有美国人喜欢棒球。长曲棍球是一项几乎纯粹的加拿大人的运动。草地网球、足球以及在一定程度上的室内网球和曲棍球，其情况就不同。足球和曲棍球只需一块一定面积的场地；8个网球场就够进行最充分的锦标赛。室内网球是在大厅进行的，但在建筑艺术上仍有无法改变的不可避免的别扭方面。

现代工业已经成功地制造出人造冰，但是还无法预先说出什么时候化学的进步可以用稳定的耐久的白雪覆盖我们的山坡。所以滑冰是冬季三大运动中唯一可以在紧要时在奥运会赛场进行的项目。费用是昂贵的，而且滑冰场必须受到限制。最好是采取这样的解决办法：冬天利用北方运动项目的名义把这些特殊运动项目集合一起放在别处举行。

另一方面机场可以给飞机和气球——可操纵但不可作为运动器具充气——提供必要的设备。还有一项最新的运动——登山，它不能列入奥运会比赛项目，除非是给评选出的前4年中最值得表彰的登山运动员颁奖。也许人们注意到我们还没有提到摩托车赛。它的情况和自行车赛一样；除了在公路上采取"跨国形式"进行外，它已不再被国际奥委会承认了。

现代奥运会活动计划中的运动部分就谈这些，下面要考虑的是文化和艺术部分。

记得1906年5月，国际奥委会在巴黎法兰西喜剧院召开了咨询会议，主旨是"考虑文学艺术在何种程度上以何种形式参与现代奥运会，并一般地与体育运动取得联系，以便从中获益并提高它"。我们无法详细说明这次会议通过的许多决定，也无法详细说明在议程中对某项议题进行的许多富有成果的讨论。关于组织艺术和文化比赛一项，从那时起就列入了奥运会。这一点意味着恢复古代传统，同时也规定了它的界限。三届奥运会已经成功举行了，现在要考虑的是使它更加完善更加美好。大家一致同意有关建议：设立建筑、雕塑、绘画、文学和音乐五项比赛作为以后奥运会的组成部分，与体育比赛同地点举行。唯一的条件是选择的主题要从体育得到启示并与体育有关。优胜作品可以根据它是绘画、雕塑、交响诗或戏剧作品(评判应及时作决定)在奥运会期间进行展览、表演或演出。但是不管怎样，这些比赛中的优胜者将同体育比赛的优胜者一起参加总颁奖。

根据这一决定(国际奥委会计划尽快使之具有法律效力)，第4届奥运会的英国组织者发表了1908年奥运会活动计划。这项计划是在英国皇家艺术院帮助下准备的。他们选择了比赛的主题——传统运动员行进、足球比赛、一群铁饼投掷手、有游泳池的游泳建筑、体育俱乐部及其附属设施等。这些都是绘画、雕塑和建筑比赛的主题。但这一活动计划1907年10月才制定出来，因时间紧而未能贯彻执行。它将被下一届奥运会采用，但作了小小的改动，即参赛者可以自由选择自己的主题。无论如何，我们关心的是，我们梦想的奥林匹克一定会包括一个供音乐或戏剧表演的场所。

我们慎重地说"一个场所"而不是一个音乐戏剧大厅，不是说排除了这种解决办法。实际上这在很大程度上是气候环境问题。但是一旦对新鲜空气的爱好到处恢复起来，那么仅仅看问题的一个方面，就会不合适。难道人们不可以找出一个类似在著名的比桑人民剧院中显示的造型的新方案(根据它，就能按照非常符合奥林匹克精神的方式把露天和室内有效地结合起来)？这要取决于建筑师们的独创性。不管怎样，现在他们是见多识广的；现代奥林匹克将展出绘画、素描和雕塑，组织音乐和戏剧演出。

四、参加的资格

在现代奥林匹克，多少运动员可以参加奥运会？这个问题理所当然地使参加建筑比赛者感到苦恼。运动员人数和观众人数是两个十分基本的数据。新城市的大小取决于这些数据。我们在以后的章节会谈到观众。至于运动员，最初出现的一个问题是资格问题。很明显，奥运会不可能一时向所有观众开放，当时的好客观点(认为体育运动具有人们普遍喜爱的特点)容易造成成千上万人报名参赛以至需要没完没了地进行淘汰赛的情况。但是如何规定被允许参赛的人数和资格?

资格可以从多个方面来说。它可以是技术的、种族的、社会的或道德的。希腊人还要求另一方面,对他们来说一定的宗教条件是必不可少的。人们不必说今天讨论这些立法的价值毫无意义。同样,任何希望靠损害他人来维护一定社会阶级特权的企图都将为公众良心所不容。我们不允许任何特权阶层垄断体育,那不是哪一类人的特权。关于社会资格就谈这么多。种族资格在某种程度上已在恢复奥运会的宪章中谈到了;宪章中说每个国家只能由它的国民——当地出生的国民和正式入籍的国民——来代表;仅终生定居是不够的;运动员必须保证对他参加比赛所代表的旗帜忠诚。

道德资格在古代是同宗教要求相联系而存在的。我们认为,在我们的时代它还将再次起作用。随着奥运会的愈加庄严(通过净化参赛者以及产生无愧这一盛会的真正精英),对它表示敬意的活动也就愈加扩大,但当务之急是制定技术资格的标准。就像我们刚刚说过的,奥运会只能是争夺冠军的比赛。如果向所有人敞开报名,那淘汰性预赛将令人扫兴地排满奥运会会期,并且开支浩大。到现在为止各国已经成立了各个国家奥委会以便参加奥运会,而奥运会已经完成了淘汰赛或者简单地从自由来旅行的人中选拔那些足以代表其国家而且至少能名列前茅,甚至获得冠军的运动员。这个程序摆脱不了这样的弊端:或者淘汰赛没有在十分精确和完善的条件下进行,或者直接提名被随心所欲地败坏了。十分合理的是,例如在前4年举行的各运动分项的全国锦标赛,其冠军得主当然取得了参加奥运会资格。国际奥委会那时只要列出"被承认的"锦标赛,也就是提供了必要的保证,那么,

资格问题就大大简化了。然而不是所有国家都举行让全国各地代表都参加的真正的全国锦标赛,这也许又造成了一定的困难。拿委内瑞拉这样大的国家为例。无疑体育运动的发展使这类事情成为可能以前,肯定有时会这样,但这并不是说委内瑞拉没有运动员能够参加奥运会。在这样的国家仍然不可避免地在一个长时间内采用由专门成立的委员会直接挑选的方式。

不管关于技术资格最后采取什么程序,由奥运会总体控制把参赛人数限制为每个国家和每个运动分项有多少运动员,这仍然是基本程序。这样确定的最高数无疑是难以达到的,因为如果一些人力物力资源丰富的国家可能利用提供给它的各种机会,那么不太幸运的国家一般只能派少量确实有缘的参加者。而且,不同的民族难以分别对待,因为体育地理和政治地理毫无相同之处。现在瑞典可以毫不困难地开出一个参赛名单,俄国也可以。

总之,参加构成奥运会比赛项目的4类运动项目(田径和体操、格斗、水上和马术等运动项目)的平均运动员人数可以估计为800~1200人,可以再细分如下:田径和体操项目500~600名参赛运动员;格斗项目180~250人;水上项目60~100人;马术60~100人,总共800~1200人。其余的比赛项目因为是按团体进行的,显然在必要的人数方面会有相当大的增加,我们估算为200~500人。这些数据对现代奥运会来说,是合理的数据,参加建筑比赛的人员可以把它作为选择他们将要设计的城市的大小的基础。至于提交作品给奥运会的艺术家和作家,看来他们参赛人数不大可能要求进行淘汰赛;但如果要进行也容易组织,满可以在各自国家由国家评审团完成,并且只让最优秀的作品通过。

五、观众

就像我们上面说到的,观众问题和运动员问题是确定奥林匹克城面积的基数之一。乍一看最需要的似乎是修建尽可能多的面积以容纳尽可能多的观众。一般人们会用参加的人数评价奥运会是否成功。就如一

首民歌所唱，人越多越快乐。把这种愚蠢的尺度应用到奥运会是最大的错误。我们说"永久地、最后地"是因为起初观众扮演的角色是祝圣的角色。成千上万的观众聚集在雅典、圣路易斯和伦敦，向第1届奥运会的冠军欢呼祝贺，使这一机构具有国际和世界性质。此外，假设奥运会的比赛场地从一个城市转到另一个城市，总是可能指望有大量观众，因为观众队伍会重新得到补充。现在的方案，建立新的奥林匹克，不能证明这一假设是正确的。随着事情的发展，有可能预见这样的情形：当人们厌倦观看体育比赛时，它就会变得不时兴，非体育界人士将对此漠不关心。那时靠招贴、广告等求助于观众将冒失败的风险。无疑，现代奥林匹克一直以其环境优美和艺术协作具有它的吸引力；然而要指望群众的忠诚那将是徒劳的。

我们还要说，这样的情况无论从技术角度还是从艺术角度都是不理想的。从技术上讲，太多的以非体育界人士占主导的观众出席对体育是有害的。一个体育项目的理想观众是运动员，他们中止自身训练来学习比他技术高明或训练有素的同事的动作。这是原则，显然人们不能遵守它，但人们必须尽量接近它。至于艺术角度，不仅一大批现代人从轮廓上和从色彩上都觉得很难看，而且不容易使容纳观众的一切设施，如大看台、观众席围栏、栅门等看起来还算过得去。

另一方面，那种完全满足奥林匹克尊严和体面要求的邀请制度是不怎么可取的，因为它完全忽视了收益问题。看来可以实行一种混合的制度，一些票以比较高的价格出售，其余的则灵活巧妙地免费分配给人。这是控制事物的一种非常现代和民主的方法。有一类人，票价越高，他们对壮观场面越有兴趣。过去在雅典就存在这类人；今天在所有文明稍微发达的中心还会遇到。

然而在讨论这一问题时我们离开了我们的主题。"收益和亏损"的问题同我们请来的建筑师没有关系——他们是被请来为现代奥运会设计无愧于过去和将来的环境的。实际上这一切都是为了使观众达到一个大概数。好了，我们建议平均是1万观众。计算应以此为基础。这同伦敦体育场的7万观众或雅典体育场的8万观众相差很远。但至少可以指出，这1万人是一丝不苟的，而且他们不会破坏审美环境。说他们不会破坏，只有让他们合理分布才行。因此应该努力避免这些令人厌烦的过于拥挤的阶梯，因为这些阶梯的整体效果是一个充满几何边的单调图形，既不悦目，又与周围一切发生冲突。你可以尽各种可能装饰看台，把它布置在最具魅力的景色中，但一旦它坐满了，就总会形成一种使人感到局促的座位划区。草坪和露天阶梯看台可以避免这个弊端。观众可以在里面自由走动。如果他们聚成一团团，那只是暂时的；如果一团团身影不好看，至少是在变化着。这还算行。当然采用草坪和露天阶梯看台需要更多的空地。它也需要真正的艺术才能和鉴赏力。

不规则、想象和整齐必须同时存在；首先必须遵守技术要求：一个位置不应高过另一个位置；一定不能遮断视野。我们认为，这可能是有进取心和开拓精神的建筑师最高兴从事创造的事业了。在这方面我们是墨守成规的。荣誉归功于发现并指给我们出路的人。

六、仪式

人们将认识到仪式问题是需要解决的最重要的问题之一。通过仪式表明奥运会是与一系列世界锦标赛不同的。奥运会要求庄严和礼仪(这两者很不协调)，但这不是为了声望。声望是随其崇高的称号而自然增长的。

另一方面必须避免空洞展示的危险，并严格保持良好的风格和温雅的适度。

如果我们请教历史，古代阿尔提斯人以各种队列行进贯穿奥运会，但通常是以宗教仪式为借口。运动员、观众和官员相继给象征性的神——其偶像和圣台布满这个神圣的境地——奉献祭品。要确定这些队形变换所达到的威严和真正美的程度是很困难的。无论如何它们充满恰如其分的庄重精神。古时的人明显地具有我们所失去的集体行动的感情，但是它将容易恢复，因为没有什么理由认为他们具有天生的优点。必须承认当时的偶像崇拜的这种独特人性有利于这种优点的培养和发扬。今天几乎不可能有什么公共的偶像崇拜，它的表现无论如何不会采取相同形式。至于世俗节目，到目前为止，没有人在什么地方使它们显出真正的崇高与和谐。

然而，古人的经验仍然可以帮助我们。我们刚才所回忆的献祭只不过是适用于表达高层次的双重感情的惯常形式。人们在奥林匹亚相会既是对过去的朝圣，又是对未来表示的信心。这一点对恢复的奥运会同样适合。奥运会的作用正是通过短暂的时刻把过去和将来联结在一起。它是青年、美、力量的节日。我们必须根据这个主要原则，寻求我们要采用的仪式的秘密。

有一项内容当时存在而且会几乎不变地传下去，这就是宣誓。奥运会开幕前凡是被批准参赛的运动员都要去宙斯神庙，并宣誓在一切方面遵守奥运会规则。他们宣布不会玷污并且无愧于这次参赛。如果每个运动员以自己国家的国旗取代上帝的偶像，那么仪式肯定会更加庄严隆重。而且这种"现代化"的适当性是如此明显，以至不需要坚持上帝的偶像。最近的奥运会是以非常值得尝试的庄严性宣布开幕的。我们说"尝试"，是因为在1896年、1904年和1908年的奥运会上，国家君主或元首出席发表神圣讲话，这还不足以使这种场合给人留下它能够留下的深刻印象。

在雅典，当乔治国王宣布时演出了令人赞美的合奏并放飞鸽子。在伦敦，运动员们非常成功的行进成为"这一天最精彩的场面"。说实话，这种行进看来对颁奖仪式比对开幕式更适合。至今颁奖仪式，是以最粗俗、最可笑的形式进行的，获奖运动员出现时身着便装，没有秩序也不顾审美。伦敦进行了细微的改革，大多数青年身着各自比赛时穿的服装，这个简单的事实完全改变了仪式的外观。但在1908年奥运会上，自始至终把音乐遗忘了：除了铜管吹奏和男声合唱的普通歌曲外，什么也没有。交替着稀疏号声的大合唱无疑成为了未来音乐家谱写的奥林匹克交响乐的最好基础。他们将需要建筑师的某种合作。由于在室外，音响问题没有得到解决。"屏幕"要起重要的作用。而且不能忘记：看不到表演者是瓦格纳美学的一条改革信条，该信条拥有一批永远信服的拥护者。

因而仪式将要很少但是重要：运动员宣誓、宣布奥运会开幕、颁奖……这些是主要的内容，是必不可少的内容。此外还要加上颁发奥林匹克奖状。

节目包括行进、造型编队、讲演、音乐演出……从这样的节目中获得什么建筑启示呢？

首先，也是最重要的，是关于不同平面的启示。我们已经联系观众的问题提到这一点。看来，平面的一致性不能获得真正的艺术效果。过去的人——特别是迦勒底人和埃及人——对"梯级"的艺术价值比我们懂得多。现代人用它们制造简单实用的梯级，而且他们不是寻求创作这种梯级的机会，而是在可以创作时故意避开它们。

至于在不必要的地方建造不同高度的平台，应避免这种不可原谅的错误。我们毫不犹豫地说，阶梯、梯段、堤岸和斜面，这些是奥林匹克城市和谐的最可靠的来源之一，是在那里举行的仪式优美、庄严的保证。显然最好有明亮的和几乎通风的舞台装置；但是法老进行了选择，而且还达到某种优美和伟大的程度……再说一遍，让我们不要束缚灵感。我们的目标是为它服务而不约束它。

现在我们要结束这篇评述文章了，文章的性质我们已经反复明白地解释了。提供必要的技术数据、解释为建筑比赛参加者制定的提纲的意义和范围，这是《奥林匹克评论》承担的两项任务。对建筑师来说，现在是去实现伟大的梦想，让自己的智慧创造辉煌灿烂的奥林匹亚；这里既有现代主义的创新又有传统主义的庄严，但首先是完全适合它的功能。但谁知道？也许这个梦想成为现实的时刻就要到来。谁能告诉大家，未来将给奥运会这样高尚、这样动人、这样有用的机构什么？大概将来某一天艺术资助者为了奥运会的重要和美丽将要给它一个永久的地点。因此国际奥委会举办的比赛没有什么，这不是参赛运动员所希望的。无论如何，奥运会的任务是有益健康、健全心智，它将使艺术和强身之间愉快地恢复起来的联结更加紧密。

充满活力的奥林匹克运动①

阁下：

我们不再历数您仁慈的表示——如果阁下允许，我甚至说是您友好支持的表示。这些表示对我们是极其宝贵的。阁下同意今天主持我们第14次全会——在他尊敬的父亲的赞助下——的开幕式，从而以最得体的方式表示他对我们的努力——对此他了解得最充分——的极大关注。

这些努力不是赫尔克里士的努力，因为有关的工作是共同完成的，但是在克服的困难方面也许是相似的。阁下几天前回忆我13年前，第一个奥林匹克周期的第4年，在这里对他进行的访问。那是一个对我们的任务来说阴云密布、令人不安的时期。到处出现毫无道理的、捣乱性的反对活动；第2届奥运会糟糕到甚至使人有些不敢预测第3届奥运会的情形。这是一系列隐患的开始，这些隐患曾经如此顽强地反复出现，如果人们仔细观察，甚至可以发现遗留的敌对活动在我们脚下挖掘的最后一道沟壕的遗迹。然而我们没有绝望。对我们来说，看到热爱体育、关心体育需求的人群一天天壮大，看到他们集合在我的周围，为恢复奥林匹克主义并使之现代化而努力，这就已经让我心满意足了。现在对我们团体的称赞已经司空见惯。两年前一位首相曾高兴地对我们说明了它的功绩。每个人都感到并承认彻底的独立——通过这次组成，我们获得的独立——在促进我们事业成功方面所达到的程度。那些对我们闻名的独立常常采取猜疑和寻衅态度的体育团体却最先认识到，在其他任何制度下，奥林匹克运动会都将在襁褓中夭折。

但是成功还有另外一个因素：上面已经说过，机构对运用它的人是宝贵的。我亲爱的同事们在过去二十多年里显露出来的外交才能保证了我们在艰苦奋斗中取得胜利。我们的规章禁止他们以任何方式代表任何人、任何事。它却使他们成为使节，而且使他们看到了奥林匹克思想的力量！从这种独创的局面形成的联系会产生什么冲突！可靠的联系之所以非常必要，就是为了在不损害国家的或特殊集团的特殊利益下，替奥林匹克主义的普遍利益服务，而这些国家或团体的合作对奥林匹克主义来说是基本的。国际奥委会的委员都是出色的外交家。他们有耐性：政治耐性和社会耐心。前者是通过对他们持久稳定的任命比较容易地培养起来的，后者则是由他们在世界所处的地位造成的。当他们面对非常不利的处境时，他们毫不慌乱。而且他们还有活力，而且有些人能以最快的运动速度猛攻坚固的堡垒和重重把守的据点。阁下，这些战术都同样会使你们满意。人们在这个美丽王国——有朝一日由你们掌握——的不止一次的历史转折中，都会发现这种战术。冷静而坚韧的耐性，长期的退却，然后是一系列突然震惊世界的英勇行动。我相信阁下不会反对我作的比喻。毫无疑问，这是很狂妄的；但是在人类历史上，事不分大小，同样的方法会带来同样的结果，而且这是不管怎样对年轻人重复都不过分的教训之一。每个场合都是向他们指出这个成功秘密——比其他什么秘密都强——的良好场合。这个秘密就是，在一定时期的观察和等待的基础上发动强大的攻势。在胜利的今日，应该承认并宣布那些为现代奥运会打下坚实基础的坚持不懈的劳动者的功绩——现在的奥运会是第5届，而且原来是斯堪的那维亚的，现在却完全国际化了。陛下，我们不会忘记什么应该归功于阁下和他的合作者；我们很高兴在他们中间发现我们亲爱的同事——永远年轻、

---

① 1912年7月4日顾拜旦在斯德哥尔摩瑞典议会上的讲话。

热情的维克托·巴尔克和永远激情奔放的克拉伦斯·德·罗森。

我们请求阁下接受奥林匹克勋章。它造型庄重大方；它珍贵，因为很少人有资格获此殊荣；它伟大，因为它使人牢记一个事实和日期——1894年6月23日在巴黎宣布恢复奥运会，在两年后将对它举行隆重纪念。

陛下，如蒙同意，现在我们就开始工作。

1914年巴黎奥林匹克大会上，顾拜旦首次介绍了其奥运五环的设想。

辉煌的胜利①

阁下、女士们、先生们：

再过一会儿第5届奥林匹克运动会就将闭幕。这个盛大的节日就要结束了，但不会结束的将是它在奥林匹克历史上留下的十分深刻的标志。

它所以给我们留下愉快的记忆，不仅仅因为欢迎我们的瑞典的山山水水展现了其灿烂夏天的全部魅力，更重要的是因为你们，瑞典委员会的先生们，把景象的艺术和对技术的精益求精以最卓越最成功的方式结合起来。

仅有人力和财力根本不够举办一届奥运会，坚韧、耐心和容忍是必不可少的因素。首先人们必须高度意识到，体育能够而且必须在伟大的现代民主范围内追求双重作用：继承古代体育而来的促进人的平衡的作用和从中世纪骑士精神继承下来的社会教育者的作用。先生们，我们不仅要注视奥林匹克体育馆，而且要注视几乎被人忽略和曲解的中世纪马上比武，它

的唯一缺陷就是有时毫无道理地推行对荣誉、禁欲、慷慨的崇拜。阁下，我向瑞典国家表示的最大敬意，莫过于对这里它的代表说，它在历史上屡屡令人钦佩地从这两重理想中汲取灵感。

先生们，现在通过我们的安排，许多人已经从你们手中接过奥运会的火炬，保证维护它的宝贵圣火并尽可能使之燃烧的更加旺盛。

已经形成惯例，在奥林匹克运动会结束的晚上最后说的话应该是预祝下一届奥运会的召开。因此我以国际奥林匹克委员会（恢复起来的机构的最高的、最坚定的卫士）的名义，请你们为第6届奥运会的到来干杯。

祝它像以前各届奥运会一样为人类的共同幸福和进步做出贡献！愿它以和平时期富有成果的努力作好准备！愿全世界人民在这一天到来的时候都高高兴兴地、和睦共处地庆祝它！

1913年，洛桑，第5届奥林匹克大会在大学礼堂开幕。

---

① 顾拜旦于1912年在斯德哥尔摩第5届奥运会闭幕式上的讲话。

体育颂①

啊！体育，天神的欢娱，生命的动力。你猝然降临在灰蒙蒙的林间空地，让受难者激动不已。你像是容光焕发的使者，向暮年人微笑致意。你像高山之巅出现的晨曦，照亮了昏暗的大地。

啊！体育，你就是美丽！你塑造的人体，变得高尚还是卑鄙，要看它是被可耻的欲望引向堕落还是由健康的力量悉心培育。没有匀称协调，便谈不上什么美丽。你的作用无与伦比，可使二者和谐统一，可使人体运动富有节律；使动作变得优美，柔中含有刚毅。

啊，体育，你就是正义！你体现了在社会生活中追求不到的公平合理，任何人要想超过速度一分一秒，逾越高度一分一厘，取得成功的关键，只能是体力与精神融为一体。

啊，体育，你就是勇气！肌肉用力的全部含义是敢于搏击。若不为此，敏捷强健有何用？肌肉发达有何益？我们所说的勇气，不是冒险家押上全部赌注似的蛮干，而是经过慎重的深思熟虑。

啊，体育，你就是荣誉！荣誉的赢得要公正无私，反之便毫无意义。有人要弄见不得人的诡计，以此达到欺骗同伴的目的。他内心深处却受着耻辱的折磨。有朝一日被人识破，就会落得名声扫地。

啊，体育，你就是乐趣！想起你，内心充满欢喜，血液循环加剧，思路更加开阔，条理愈加清晰。你可使忧伤的人散心解闷，你可使快乐的人生活更加甜蜜。

啊，体育，你就是培养人类的沃土。你通过最直接的途径，增强民族体质，矫正畸形躯体；防病患于未然，使运动员得到启迪：希望后代长得茁壮有力，继往开来，夺取桂冠的荣誉。

啊，体育，你就是进步！为人类的日新月异，身体和精神的改善要同时抓起。你规定良好的生活习惯，要求人们对过度行为引起警惕。告诫人们遵守规则，发挥人类最大能力而又无损健康的肌体。

啊，体育，你就是和平！你在各民族间建立愉快的联系。它在有节制、有组织、有技艺的体力较量中产生，使全世界的青年学会互相尊重和学习，使不同民族特质成为高尚而和平竞赛的动力。

---

① 1912年第5届奥运会期间，顾拜旦以霍罗德和艾歇巴赫的笔名参加首次举行的奥林匹克文学艺术赛，获金奖。

洛桑——奥林匹克城①

市长先生、市议会各位议员：

我们今天所完成的事业已经筹备了很长时间，从1907年起，我们就有意将瑞士这个国家变为我们的国际活动中心。后来，在你们的赞助下，1913年奥林匹克代表大会将体育界的朋友聚集在洛桑，市政当局为代表大会的召开发挥了积极的作用，通过辩论，代表大会制定了一项加强团结协作的决议案。在这个可爱的城市里，希腊和法国的代表结识了许多朋友，当然，这在现代文明社会中一点也不奇怪。贵国的热情好客众所周知，贵国的声望也长期闻名于世。国际奥委会倡导和为之奋斗20年的平等与美好的宗旨在这里

能够继续繁荣。人们从独立和自尊的氛围中将呼吸到奥林匹克对自由的保证。

我们已经拥有的众多档案需要忠诚的管理员。我有幸推荐这个委员会的成员，这个委员会今后将协助我们管理档案。对奥林匹克代表大会的热情和怀念是连结他们和我们之间的纽带，他们全身心地投入工作，从不使我们有任何的焦虑之感。

先生们，我们衷心感谢著名的城市洛桑对国际奥委会的热烈欢迎，请接受我们的这一诚挚感谢！我以国际奥委会的名义宣布：从今天起，国际奥委会总部就在你们市安家落户了！

1915年，顾拜旦将国际奥委会的常驻地迁至瑞士洛桑。

① 1915年4月10日国际奥委会总部在洛桑正式落成，顾拜旦在庆祝仪式上发表了热情洋溢的致谢辞。

我们现在能期望体育运动做些什么[1]

女士们、先生们：

接受你们的盛情邀请并且答应担任你们系列讲演的首席发言，我不仅受到坚不可摧的亲希腊文化的支配，而且在我心中也复活了一个宝贵而又遥远的回忆。23年前，1894年11月的一个晚上，我应邀给贵国闻名退迩的雅典帕纳萨斯俱乐部成员发表讲话，我给他们描述了宣传教育运动可能带来的结果。我说，几个月前，在巴黎索邦神学院大会堂，我们宣布恢复奥林匹克运动会，这一创举使我自1886年以来所致力的工作得以结束，并保证了它的最后成功。我以新奥林匹克主义的名义向希腊人们表示祝贺，使他们相信并允许在雅典卫城脚下庆祝第1届现代奥林匹克运动会，以献祭它的存在。围绕这个提议产生了越来越大的热情，同时也有人激烈反对，对两者我现在仍然记忆犹新。

今天，在经历了四分之一世纪以后，其重大意义更加显而易见。我们已经确知，在大战爆发前，体育复兴通过培养个体才能而增强了国家力量。目前的大悲剧已经以无可辩驳的血腥方式证明了这一点。现在，体育运动可为我们做更多的事情，如果我们知道怎样让它发挥作用，明天它就能捍卫人类的根本利益——社会和平，没有这个根本利益就不可能有持久的复兴。

我很高兴能开始宣讲体育福音的第二部分，就像过去在希腊社会中宣讲第一部分一样；我也很高兴因此而有机会再次将我的努力置于那股文明力量的庇护之下，其过去誉满全球，其未来仍影响人类，这就是希腊文化。

一

用体育锻炼的方法使军备完善和富有活力的观点是很古老的。在迦勒底、埃及以及远东，好战和有征服欲的政府就是利用这样一种制度，当他们偶尔发现运动本能时就可能加以利用以推动战事向前发展，顺便说一句，这种运动本能极为罕见，也未被开发。运动本能并不是一种动物本能。进步和危险可称为运动本能的两极，好像非动物所有。猫和参加马球比赛的马表面上看来最爱运动，但除比赛之外却一无所求，它们的肌肉使它们自娱，仅此而已。运动本能却完全是另一回事，首先，它是一种权力本能，我自己得出这样的结论：它不是来自人类同武器的接触，而是人类同马的联系。全副武装的人并不一定非是运动员不可；骑在马上的人却必须成为运动员，不管他愿意还是不愿意。在这一点上，我本想引用希罗多德的一段建议性文章，只可惜我手头没有。

远古的人们知道通过体育锻炼来备战并这样做了，但是公民备战则是由你们希腊人发明的。前者只需要当权者一声令下即可实现；而后者则必须要求个人的自愿合作。运动本能对前者只是一种偶然的强化，而对于后者则是个必不可少的条件。因此你们使它成为体育之父。你们充分使用运动本能并使之规范化，你们使它成为一种永久性的制度，一个集体力量

---

① 1918年2月24日顾拜旦在洛桑"希腊自由俱乐部"的讲演。

的工厂。

奥林匹克运动在某种程度上就是这种组织的顶峰和象征。在一定时期内，国民生活的其他表现都集中在某种有组织、有计划的体育活动的周围。运动员和艺术家、哲学家一起为祖国的繁荣而合作。同时运动员代表着本国潜力，因为训练使他们成为随时都能捍卫祖国的卫士。因此，当波斯人在公元前500年和公元前449年危及希腊文化时，出人意料的陆军和海军阻止了大流士和泽尔士的野心以及他们的顾问对希腊的贪婪。在强敌面前，人们曾经有过犹豫，不止一座城市倾向于向波斯人的最后通牒屈服。雅典人站起来了。胜利证明了他们做得对。许多世纪之后——因为历史常有耐人寻味的倒转，有时还令人惊奇地重复——如果某位英国将军能够说，滑铁卢战役是在埃顿的运动场上赢得的，那么说马拉松和萨拉米斯的辉煌成绩是在希腊体育馆内造就的是再确切不过了。

希腊体育馆！古代社会的所有机构中最鲜为人知、被人忽视而或许是最富有成效的机构。这个机构有力地证明了古人的伟大，因为它奠定了高级文明的基础。当安条克大帝想使耶路撒冷希腊化时，他的第一步行动就是要在那里建起一座体育馆。他认为其他一切就会仿而效之。

希腊体育馆——为了研究它以寻求适合于我们当前需要的观点，我们不久还要回到这个话题——分散在整个希腊内地以及地中海沿岸和岛屿。希腊人把它传给罗马人，罗马人却让它衰落了。当然这种衰落发生得很缓慢。从埃及的亚历山大到西巴里斯，传统仍然存在，只是受到罗马人的强大影响而慢慢消失，从此大众就被吸引到竞技场中去了。塞尼卡的一篇文章向我们展示了这场体育运动衰退的明晰画面，基督教立刻给予这场衰退以致命的一击。因为人们会很容易地注意到教会对体育文化非常苛刻，相对来说，异教徒天才人物的作品却备受青睐(我们必须为此感谢教会)；它攻击体育文化是《圣经》所强烈诅咒的"生命骄傲"的源泉。我们不必动怒。在历史的眼光中，其行为是合法的；那时的世界需要禁欲主义；豪华和奢侈将危及它的生死存亡。另一方面，在我们的时代，我们忍受着那段长时期禁欲哲学的沉重负担，需要重新回到体育教育上来，甚至冒以后在这方面走得太远的危险。因为人类就像一个寻求平衡的钟摆，但是这种平衡只能在从一边不可避免地过度地摇荡到另一边的瞬间才能取得。

即使在狄奥多西大帝颁布敕令宣布废除古代奥林匹克运动会从而打断了运动传统之后，各地仍保留着朴实的体育馆，某些顽强的业余运动员仍留在里面；但是他们的身上已没有那种艺术美和聪明、努力的火花，因为心灵已和肌体分离。我们应该对这段模糊的时期好好研究研究。我本想自己做，但又没有这份能力，希望其他人也有此愿望。谁能说这样的研究就无助于我们更好地了解希腊帝国那些能量爆发的特点和程度，从而描述在上千年风风雨雨历史中的一个激动人心的神秘场面呢？

我们对中世纪所表现出的体育精神更为了解，尽管对此研究很不够。因为教会在管理骑士制度的过程中，有时不得不与其严厉的反体育运动的措施背道而驰，甚至还容忍举行锦标赛。如果认为锦标赛总是贵族的一项额外特权，那就大错特错了。为证实这一点，我只是想提提在1330年，巴黎市民在获得国王腓力六世的许可之后，向外省居民发出的令人啼笑皆非的挑战一事。外省居民大多数来自亚眠、圣昆丁、兰斯和贡比涅，他们被巴黎人打败了。据说有70多人参加。巴黎的一位出纳员和贡比涅的一位市民获得了勇猛勋章，勋章是由一位巴黎少女授给的，她是一位布商的女儿。一位赛手不小心摔断了一条腿，另一位选手也没能逃脱一顿重重的殴打。毫无疑问，这就是对危险的热爱，而危险是体育的基本因素之一；但它是初级的运动，没有训练，也没有组织。在凶猛的"灵魂"(足球的前身)比赛中，我们也能看到类似的特点，古贝维尔爵士常在他科唐坦半岛的庄园里组织这种比赛，他的私人日记里对此有生动详尽的描述。当时的政府好像并不赞成这些习惯。英国的爱德华三世禁止他的臣民从事射箭以外的任何活动，而法国的查理五世自己是个网球迷，却剥夺了其臣民从事网球活动的所有权利。显然，在中世纪的欧洲，体育精神本能够很容易地发展，但是封建主义压制了它，教会和骑士制度分道扬镳后，它又恢复了对体育文化的不信任感，因为在体育文化中好像出现了一个危险的自由思想先驱。

从拉伯雷到卢梭，总有人为体育辩护。巴塞东和佩斯特拉齐甚至还做了从理论到实践的引人注目的尝试。以后，伟大的德国爱国者路德维希·扬和瑞典人林分别在本国试图传播他们的体育宗旨。但是，扬的一个观点是想建立一支能够使德国统一的军事力量，而林的目标则是通过科学文化的体育运动来增强体质。

当希腊人的工作被一种敌对势力所打断的时候，是伟大的英国人托马斯·阿诺德把它接过来，并给它加上适于现代条件的教育形式的外衣。世界已经忘记有组织的体育运动能够创造那么大的精神和社会力量，从而在国家的命运中起着支柱作用。正是因为忘记了这一点，所以阿诺德思想和范例先在美国，后在整个大英帝国的传播几乎是一个无意识的过程。拉各比学校真应该被看作是英国复兴的起点。美国开始对此运动漠不关心。诺厄·韦伯斯特提出了"篱笆墙对大学来说就像数学家的椅子一样必要"的论断，但响应者寥寥无几。在南北战争的前夕，美国青年沉浸在一种过分失衡的理智之中。可怕的震动使他们从睡梦中醒来。体育馆建起来了，它们完全不同于古代意义上的机构，虽然它们有时为了科学的要求而到了卖弄学问的迂腐程度，但是在墙内，体育逐渐赢得了胜利。这就是正统的希腊体育。但感谢现代的发明和进步，它又拥有了创造性的补充和新源泉，技术领域相对扩大，专业术语更为精确。这是"对最大限度的肌肉能力的崇拜，是以寻求进步为基础的，并将达到危险点"。它的定义是：意志、持续力、强度、提高和可能的危险；这五个概念是体育的五大成分。因而这是一种力量作用，并和斯多葛派哲学联结在一起，由此就可能产生出优秀选手。三十年前，当我和朱尔·西蒙签订重振法国的协议时，我心中考虑的就是这样的运动。那位七旬哲学家坚定的热情丝毫不比我差，事情使我们的希望变成了现实。一种更富有朝气更广泛的教育不久就得到了和英国的托马斯·阿诺德的教育一样丰硕的成果，不久前阿诺德教育的效果已给英国带来了好处。被集体精神蒙住双眼的法国人从事向外界描述一种仅存在于他们自己中间的颓废的工作，结果是徒劳的。历史会记下使共和国写下四十年最令人羡慕的殖民史诗的大曲折，并引导青年超过直到1914年大动员才被严格限制的和平主义和自由的危险，那次大动员将成为民主赠予世界的一大奇迹。

体育在这次复兴中所起的作用已在大洋那边受到重视，并且有可能比在欧洲本土更受人青睐，但是法国仅是又一个被盎格鲁－撒克逊文明完美化的希腊式美德的榜样。还有其他一些国家。在过去的15年中，几乎每个国家都在越来越重视这个长期被人们遗忘的对男子进行教育的分支。任何人都没有理由悔恨过去。不管使用什么方式——国家干预或者私人发起——借助于体育运动开发个人能力，在各地都发展成为一支国家力量。瑞典和德国认识到了这一点；就像比利时和瑞士一样……那么，难道我们就不能从体育运动中期望更多的东西或某种不同的东西吗？难道它不能做些什么来满足明天的需要吗？因为重建的任务还要靠它。难道体育运动就不能帮助我们建立社会和平？

二

众所周知，在民主社会中，社会和平的最佳基石是在人类间生来的不平等与立法所强求的平等之间建立起一种和谐的均衡。但是这样一种均衡的基础和范围在哪里呢？

有些人受到不平等的待遇，而令他们难以忍受的是这种不平等现象有永存的趋势。人们起来反对它，就是因其常带有持久和不公平这两重性。如果它是短暂的和公平的，那么就不会引起敌对。现在我们或许已经注意到，在其他领域创造这样的条件几乎是不可能的，而在体育王国，它们却自然而然地生存。

体育运动的结果是什么？是一个数字或某种事实。人们有一个不能越过的最高限度，也有一个100米赛跑的最少时间限度：你举起的重量和攀登用的绳子都是用公斤和米来启示你所作努力的价值。如果是个攀岩者，你能爬上这座山却爬不上那座；如果是个骑手，你能驾驭这匹马但驾驭不了另一匹。你在各方面都会遇到或大或小的数字方面的严格限制。但开始时你看不到它们，任何人都不可能事先知道自己的精确限度。只有一条路能够达到这点，这就是训练和苦干。但是，当你达到了目标，当你创造了自己的纪录，也就是你能达到的最好结果时，你仍然需要努力。谁也不能保证你永远保持这个纪录。只有持续不断的努力才能确保这一点。这就是，顺便提一句——如果你们允许我插上这句话——体育的一切秘密。体育运动扎根于冷静、信心和决断等自然心理素质之中……这些素质总存在于使它们得以生存的运动周围；这种情况常常发生——甚至时时发生。有多少自行车运动员在赛场上胆大包天，但每当步行过十字路口时却为安全而犹豫不决；有多少在水中勇猛异常的游泳选手却被人生的风浪所吓倒；又有多少击剑选手在比赛场上目光锐利，时机选择得当，但在日常生活中却做不到这一点！教育者的任务就是使那些素质在整个有机体中存在并产生结果，把它们从特别的环境移植到整个大环境，从特殊类别的活动转变到个人的所有行动中去。这就是托马斯·阿诺德所做的，也是英国教育者从他那里学来的。

现在我们再回到社会观点上来。体育运动中的不平等是以公平为基础的，因为个人之所以能取得成功，是因为他拥有因其意志力而增加几倍的天然才能；而且这种不平等很不稳定，因为如果想使这种暂时的成功持续甚至那么一点点，也必须做持久的努力。这些就是有关民主的有趣材料。在体育界，如果我们见到权力和自由、甚至相互帮助和竞争混杂在一起，不必大惊小怪。现在，民主必须能把这些因素结合起来。但要做到这一点自然会感到比登天还难。体育机构由于成绩显赫而不可避免地组织起来了并被人们所接受。如果不以技术价值来挑选足球领队或划船队长，那么这支队伍就不会获得成功。进一步说，如果某项令人不解的限制使某队队员急躁不安并且过多地干涉他的个人自由，那么他的队友就有种不祥的感觉。因此，运动员自己必须时时清晰地牢记统帅、控制和整体感的观念，而他与周围同事关系的本质就是使他看清同事中的伙伴和对手——从哲学角度上说，这好像就是任何民主社会的理想原则。

如果我们再加上这条：运动练习创造了一种直言不讳的气氛，因为想使不管数值大小的结果出差错是不可能的，而且这些结果的唯一价值在于被置于外界的总监督之下（运动员甚至不能成功地欺骗自己），那么，我们就可以得出这样的结论：体育这个小共和国是模范民主国家的一个缩影。

有没有办法把一个和另一个就像细胞与有机体一样依附在一起呢？这是我们这个时代一个引人注目的问题。同样，个人的体育教育包括把围绕体育活动而产生的人类素质延伸到所有的个人活动中去，这样就会出现一种社会体育，其目的是在对公共生活的训练中运用温和的有组织的体育活动机制。我们已经在阿诺德式公共学校的天才观念中发现这一点；但是现在不再是选择一批教育者的问题，而是发展整个社会团体的问题。可能吗？

现在让我们回到希腊体育馆上来，并从这个角度看一看。我们发现其原则是三方面的合作，它的重要性或许已被我们所忘记。首先是学科的合作，运动、卫生学、科学和艺术结合在一起。其次是年龄的合作，总有三代人存在——少年、成年和老年。第三就是职业的合作，实践家和理论家、科学家和文人、政治家和私人、行会成员和独立者以某种和善的形式相互结合在一起。这怎么还能培养不出理解、和谐以及谦让的品质呢？青年人和中年人、艺术家或哲学家与运动员在观点、兴趣和激情方面没有太大的差别，因此他们总能牢牢地结合在一起，如果他们彼此不相识，那是因为他们被隔离开了，有人阻止他们相互熟识并学会彼此尊重。但是，我们不要忘记这个基本点：所有这些合作形式并不是因为社会福利的观念而能聚集在一起的，而是由于"肌体快乐"的观念。这正是希腊体育馆的大教训。在任何其他基础上重建希腊体育馆的努力就像是重新探索一个乌托邦一样，那里没有借方账户。运动是体育馆的家长；它欢迎理性并像对待贵客一样毕恭毕敬。为了向青年施加影响，了解其生存的强烈愿望是必要的，而为了理解这种情况，必须使崇拜达到登峰造极的疯狂程度。不了解这个更为高尚的原则，那么任何恢复古代体育馆的努力都是徒劳的。

我想就此结束这个话题，虽然还远远没有说尽。我们必须恢复古希腊的城市体育馆，它会给我们带来社会和平。我们拥有古人永无所知的完成此项任务的便利条件；让我为你们列举其中的几个。首先就是我刚才提到的技术发展，仁慈的工业为体育界提供的先进技术。如果希腊的优秀青年在那时拥有钝头剑、顺手的武器、轻便坚硬的拳击手套、轻型自行车、举足轻重的舷外装有桨叉托架的小船以及那给划船赛手增添翅膀的优美工艺，他们该感到多么高兴啊！过去的运动员如果拥有我们这些无数的体育设施，那该是多么欣喜若狂啊！的确，运动乐趣从来没有像今天这样吸引人：分享其魅力的机会也从来没有如此之多。跑道、跳远、登山和投掷设施、格斗运动场设施、露天马术学校、在天然或人工通航的河边建起的船库——这些都是绝不亏本的资本投资，任何明智的市政当局都会这么做。类似的改进也在卫生学领域内发生了。当大气疗法和日光疗法取得长足进步的时候，水疗法同时也发现了它绝妙又不太昂贵的形式——淋浴。这种形式既廉价又优雅，建立和保持它所需的费用极其微薄，人们都知道这一点，但是简直令人难以置信的是——这对公共当局并不是件光彩事——这种装置在任何大小城市中都还没有建立。一切都会发生的。还有什么比把淋浴设施建在运动场和体育馆附近更为自然的呢？

因此我们现在有了现代化的体育馆的胚胎。我们应采取什么方式把艺术引入呢？建筑学已使其结构固定化。在古典体育馆里，毫无疑问有舞会，当然还有歌唱，想一想，今天什么样的合唱曲才能与数世纪的保留节目相媲美！拜占庭圣歌，来自波兰和俄罗斯、英国和斯堪的那维亚、法国和西班牙、德国和意大利的战争进行曲和爱情浪漫曲……它们丰富多彩，构成了无与伦比的音乐宝藏。一首四重唱做起来并不难，慢慢地它就变成一首多人的合唱。把露天剧院和它们联系起来，那么艺术在新体育馆内就各得其所了。

但这还不够。以往还常常有哲学家先生在门廊里，对几步外的运动员讲授。那时，先生还极易接近，其思想距凡人的生活还不是那么遥远，语言也更为通俗易懂。但是历史是不以人的意志为转移的。我们今天意识到，历史的教育在当代的社会临近末日时是多么贫乏。历史的广阔视线和长远的展望，大家都知道，由于过分追求孤立的细节而逐渐消失了。只剩下无数没有用途的日期表和枯燥、乏味的文件。历史是未来民主的唯一教导者，也是唯一引导大众沿着智慧之路前进的当然带头人。

我深知解释是必要的，人们不可能仅用几句话就把建立在科学化大众化历史教育基础上的这种奇异的公共大学介绍清楚。我很欢迎不同的意见，也愿意回答你们。这里我必须对简单明了的解释感到满意。

这样，我们就抓住了希腊体育馆的四个基本点，其任务不但未变，反而因情况变化而有所增加。第一，减缓其进步并使其努力，徒劳无益的古代社会的毒瘤奴隶制已经消失。第二，已出现的现代灾难，如酒精中毒、幽灵酒吧，将由于体育馆的取代而毁灭。

我必须承认，在这方面社会反酒精组织表现出的漠不关心态度对我来说一直是一大憾事。在30年中，他们在我们的体育宣传方面没有给予任何支持。他们对我们发出的有关有效合作的倡议充耳不闻，而只愿意坚持直接的军事行动，或者想仅以道德或科学的名义来消灭酒吧。但是，他们必须知道——因为事实已经证明了这一点——体育运动是酒精中毒最有效的解毒剂，而且酒精和体育训练之间有一种天然的对立；再说，难道体力劳动者在酒馆寻求的"放松"不是一种社会需要吗？商人在自己的酒馆里不也是寻求同样的"放松"吗？如果是这样，人们又有什么权利只要求体力劳动者戒酒而自己不戒？实行民主的关键时刻就要到来了。一方面是权阀贪得无厌的欲望以及疯狂至极的权力欲；另一方面是对长期忍受的不公平的反对，二者一起将文明置于战后余殃的威胁之下，这种威胁比战争本身更可怕。从此，任何等级都不可能统治世界，随心所欲地让它前进或停止——甚至连暂时使它减慢一下速度都不可能。未来之城只有通过其所有居民的通力合作才能建造得坚固和久远。让我们把这种合作的原动力用在刀刃上，对人们施以适当的约束，使他们团结起来。乌托邦式的平等必须停留在门槛上，因为人们永远不会让它进入家庭，并允许它干涉他们的家庭事务。亲密的社会关系受遗传、传统和日常习惯的支配。它们表现在语言和生活方式的细微而又永久的差别上。这合乎逻辑，理应如此。但是公共生活应该不受这种完全忠于一种利益的思想所影响，这依然是合乎逻辑的。为什么歌唱和体育不能成为不分阶级和等级的年轻人之间相聚交往的难得机会呢？原希腊体育馆在现代社会里复兴，愿它以明智和纯公民的意识和兄弟般的愉快合作向新时代的人开放。

皮埃尔·德·顾拜旦的永久性展览馆。

奥林匹克精神①

联邦主席先生，女士们、先生们：

5年前，来自世界各国的代表欢聚在巴黎，1894年宣布恢复奥林匹克运动会的地方，同我们一起庆祝恢复奥林匹克运动会20周年。在过去的这5年内，世界崩溃了。虽然奥林匹克精神经历了这5年内所发生的一切，但是，她没有畏惧，没有消沉，也没有成为这场劫难的永久牺牲品。豁然开朗的前景证明一个崭新的重要角色正等待着她。

奥林匹克精神逐渐被那些变得镇定和自信的青年们所崇尚。随着昔日古代文明力量的逐渐衰退，镇定和自信成为古代文明更宝贵的支撑；它们也将成为即将在暴风雨中诞生的未来新生文明必不可少的支柱。现在，镇定和自信却不是我们的天然伙伴。人自幼就开始担惊受怕，恐惧终身伴随着他。并在他走近坟墓时猛然将他击倒。面对如此擅长于扰乱他工作和休息的天敌，人学会了反对的勇气这一曾为我们祖先崇尚的品德。你能想象当代人让勇气之花在他们手中凋谢吗？我们知道今后该如何去思考这个问题。

但是，勇气仅是造就时势英雄的尚武德行。正如我以前在一篇教学论文中所说的，根除恐惧的真正良药是自信而不是勇气。自信总是与它的姐妹镇定相辅相成。因此，我们再回头来看刚才提到的奥林匹克精神的实质以及把奥林匹克精神同纯粹的竞技精神区别开来的特性。奥林匹克精神包括但又超越了竞技精神。

我想对这一不同之处做出详细阐述。运动员欣赏自己做出的努力。他喜欢施加于自己肌肉和神经上的那种紧张感，而且因为这种紧张感，即使他不能获胜，也会给人以胜利在望的感觉。但这种乐趣保留在运动员内心深处，在某种程度上只是自得其乐。那么

设想一下，当这种内心的愉悦向外突发，与大自然的乐趣和艺术的奔放融合在一起时，当这种愉悦为阳光所萦绕，为音乐所振奋，为带圆柱形门廊的体育馆所珍藏时，该是何等情景呢？这就是很久以前诞生在阿尔弗斯河岸边的古代奥林匹克精神绚丽的梦想。在过去几千年里正是这一美妙的梦想使古代世界凝聚在一起。

现在，我们正处于历史的转折关头。人类渴望进步，但又常常因为某个正确思想被夸大而被引入歧途。青少年往往被陈旧、复杂的教学方法、放纵和严厉相交替的说教以及拙劣肤浅的哲学所束缚而失去平衡。我想这就是为什么要重新敲响奥林匹克时代的钟声的原因。人们早就希望能够复兴对强健肌肉的献祭。我们把盎格鲁－撒克逊人的运动功利主义同古希腊留传下来的高尚、强烈的观念结合起来，开辟奥林匹克新时代。在对纽约和伦敦举办奥运会的现实可能性做出评估后，我为这一意外的合成物向不朽的希腊祈求一剂理想主义的良药。先生们，这就是25年的成就于今天凝成的杰作——刚才你们还向她表达了敬意。如果你们的赞美之词是向为之工作的人说的，我将感到羞愧。这个人没有意识到他应受这样的赞扬，因为他仅仅是凭一种比其意识还强大的直觉在行事。但他愉快地接受对奥林匹克理想的赞美之辞，他是这一理想的第一个信徒。

我刚才回忆起1914年6月的庆典。当时，我们似乎是在为恢复奥林匹克的理想变成现实而庆祝。今天，我觉得又一次目睹她含苞怒放，因为从现在起，如果只有少数人关心她的话，我们的事业将一事无成。在那时，有少数人的关心也许就够了，但今天则

---

① 1919年4月顾拜旦在洛桑举行的庆祝奥林匹克运动复兴25周年纪念会上的演说。

不然，需要触动怀有共同兴趣的普通大众。事实是，凭什么要把大众排除在奥林匹克运动之外呢？凭什么样的贵族法令将一个青年男子的形体美和强健的肌肉、坚持锻炼的毅力和获胜的意志同他祖先的名册或者他的钱包联系起来呢？这样的矛盾显然没有法律依据。仅仅属于少数贵族的体育运动已经由凶暴的军国主义战争给予了致命的打击。

面对一个迄今仍被认为是乌托邦式的，但现在已成熟并可被使用的原则进行整顿的全新世界，人类必须吸收古代留传下来的全部力量来构筑未来。奥林匹克精神是这种力量之一，因为事实是，仅有奥林匹克精神不足以确保社会和平。失业男人、赤贫老人、妇女和儿童的境况触目惊心，迫切需要各国更加均衡地分配人类生产和必需的物质消费品。奥林匹克精神依然是人类追求强健的肌肉所需要的。强健的肌肉是欢乐、活力、镇定和纯洁的源泉。奥林匹克精神必将被所有人享受，包括现代产业发展所赋予的各种形式地位最低下的公民。这就是完整的、民主的奥林匹克精神。今天我们正在为她奠定基础。

这次庆祝仪式是在极为欢乐祥和的气氛中举行的。聚集在这里的有古老的赫尔维希亚(Helvetian)联邦最高委员会及其尊敬的主席，有被上帝和人类所喜爱的沃州(Vaudois)地区的资深代表，有这个慷慨、热情和好客的城市的领导人士，有享誉世界的歌星以及一支精心挑选的朝气蓬勃的体育队伍。他们为这次盛会树立了历史性、公民精神、自然性、青春和艺术性五重声誉。

愿喜爱勇敢者的幸运之神厚待比利时的人民。不久前，比利时在申办明年的第7届奥运会这一殊荣时做出了高贵的姿态。

目前的时势依然很严峻。即将破晓的黎明是暴风雨过后的那种并非纯粹的黎明。但待日近中天时，阳光将普照大地，黄褐色的玉米又将沉甸甸地压在收获者的双臂上，我们热忱期待并为之不懈努力的和平生活与健全精神必将在世界上得到保障和普及。

安特卫普市政厅，1920年国际奥委会会议在此召开。

奥林匹克精神的胜利①

奥林匹克精神是一台巨大而无声的机器。尽管不断有人往这台机器内扔沙子，想破坏它的运转，但没人得逞。这台机器的运转齿轮没有被磨碎，它从来没有停止过运转。当需要国际奥委会做出决策的时刻来临时，它除了担心制度的利益外，毫不犹豫地这样做了，因为它的决策关系着制度的命运。事实证明国际奥委会做出的决策是正确的，它选择的途径是最佳的。奥林匹克复兴过程中的里程碑就是这样被超越，当代世界各国也是这样被邀请来参加4年一次的盛会。历次盛会都以日益强大的力量唤起古希腊的理想。高贵的骑士精神是一切耐力和纯竞技活动的基础。庄严的艺术和文学仪式、对骑士精神具有强大吸引力的宗教、为重视集约式体育锻炼的巨大教育作用而设计的教学演示等联系在一起……这是早已在实施的方案，也是奥林匹克精神自26年前复活以来所登上的高峰。我觉得这是响应我的呼吁并于1894年6月23日投票赞成恢复奥林匹克运动会的人们所预见到的奥运会在当代世界能发挥的最杰出的作用。

这个世界遭受了一场可怕的灾难。第6届奥运会(1916年)被迫停止举办，这将在世界历史上留下一个鲜红的印记。当和平的曙光重新在世界上崭露时，我们看到青年一代开始继续被打断的梦想，准备迎接即将到来的奥运会。我们还能要求什么证明呢？还有什么证明比运动员的生命力更为惊人呢？

比利时敢于毛遂自荐，国际奥委会毅然决然地把承办第7届奥运会的光荣使命交给了它，所有物质的或政治的难题都能被克服，而且一切都准备就绪：建立了一座宏伟的体育馆、成立了一个分工细密的组织……对这一切，公众无不表示惊奇和钦佩。

可以说，奥林匹克精神在这个说得多做得少的时代创下了新的纪录！

是的，我们在表示感谢的同时又感到骄傲。感谢比利时人民，感谢他们向人类展示的不屈不挠的人们能够做到的一切。正如托马斯·阿诺德所说，人总是"随时准备风暴之后起来奋斗"。同时也为我们的组织允许并推进了这一奇迹而感到骄傲。

1910年，卢森堡大公国国务大臣艾斯切先生在卢森堡市政大厅欢迎国际奥委会(在卢森堡市举行年会)时致辞说，他在审阅了我们的章程后认为这是他所知道的最简明、最富有成效的章程，他为这一章程没有被应用于政治领域而深表遗憾。如果作为国家道德和物质水平基础的各专业部门能以奥林匹克精神为榜样，那么，它们一定会在经济、速度和效益方面有所收获。

这话出自一位著名的政治家之口确实是赞美之词。是啊，作为我们力量源泉的准则，为什么不能用来指导一般的实践活动呢？这种准则曾在远古的伊利斯应用过，又在今天的亨利(Henley)被采用。而且准则本身也并非是纯运动性质的。此外，经济学家和行政管理的官员们不会是第一次乐意利用运动准则为自己服务。

我们希望如此。无论怎样，目前的胜利是由三种要素组成的：首先是成果，即奥林匹克组织的杰出成就。经过25年的风风雨雨，它再一次显示了自己的优越性；其次是比利时人民的美德。他们证实了自己的美德在和平时期与战争时期毫无二致。1914年的战争给这种美德增添了悲剧性的、但不朽的色彩；最后是不变的青春活力。这种炽热、欢快、经久不衰、随时做好准备的活力加快了奥林匹克运动员的步伐。即使在三千年后，它依然将影响着安特卫普那些希望走向人类均衡的人们。

---

① 1920年7月发表于比利时《体育画报》。

至高无上的运动①

尊敬的国王陛下，市长先生，各位来宾：

运动是至高无上的。

当我们面对每天获得的众多相关信息证据时，难道还能再怀疑它的神圣吗？最重要的是在一场难以置信的战争浩劫之后，现代奥林匹克运动立即以前所未有的自信恢复了它们的赛场。毫无疑问，比利时发挥了关键的作用。它在1914年赢得国家荣誉后又以聪明的才智和迅速的组织能力在1920年为自己增添新的荣誉，或者说——如果我可以使用难于表达的学究式术语——进取精神。荣誉来之不易。但在这种情况下，进取精神并没有减弱，奥林匹克运动会的活力便是象征和证明。

现在所有的王权都面临险境，运动的未来也不例外，无论出自国家的偏爱还是青年的热情，将其戴上多么美妙的花环。对我们来说，运动只不过是大千世界的组成部分，在尽可能的范围内通过不断努力增强权力的效率和提高名望确保其长久性是至关重要的。真正构成王权力量的因素是什么？这是每个国家都提出的问题。答案近在咫尺，要想领悟它，仅需环视我们的周围。

确保未来王权的因素有3个：胆大心细循序渐进地工作；勇于为崇高理想献身；时刻为民众利益服务。掌握了这些宝贵要素，可以有利于我们制定明智的体育运动政策。

一

运动自从恢复了在教育领域中的地位后，它的进步就从没有间断过——首先是技术进步。但我们注意到技术发展并未损害教育的发展。后者一贯要求事事小心谨慎，厌恶那种沉湎于大吹大擂只做表面文章的行径。如果我们把一般体育教育和运动教育学这样一个目前尚未完全开发的研究课题混淆起来，两者间的关系就不可能进步，而只能增加一个高高在上的更为官僚的政府机构，增加一些职务晋升和终身视察员。如果以宣传为托辞，强化新闻宣传，常常伴随时髦观点的人为压力为将来冷遇正确的潮流做准备，也不能获得进步。最后一点，如果某些迂腐的科学渗入体育领域，使教师只热衷于研究训练肌肉的现代方法，成为著名的生理学雅各宾流派专家或者像任何政治上的雅各宾主义一样只醉心于纪律与统一而不考虑其他，更不能被视为是体育的进步。

运动需要自由，需要尊重个性，每个人都有适合自己的运动的机会，不管他的自然潜力是有助于还是不利于其运动的发展都应一视同仁。那么，运动的进步存在何处？我们应沿着哪条道路抵达胜利的彼岸呢？答案很简单。让我们促进每天的体育锻炼，努力增加吸引群众的便利条件，消除无用的障碍，简化复杂的规则。让我们处处设置体育器械使人们随时可以使用，让我们不断完善体育器械并降低生产成本，让我们努力将不同的运动形式联接在一起，使人们通过

---

① 1920年8月17日，顾拜旦在国际奥委会第18次会议上的致辞。

各异的体育运动获得迥然不同的欢乐，使人们通过体育运动获得身心的高度和谐，使人们由衷地赞美体育运动……这就是我们的能动性认识，使我们能够信心百倍地朝着目标前进。

二

不过，如果物质上的改善不能伴随现已成为重要的必不可少的精神上的改善，将一事无成。

最近发生的一些事件带来的商业精神危及了运动，早在此之前商业精神已经对运动构成了威胁。两种具有划时代的运动——古希腊的竞技运动和中世纪的骑士运动，都曾遭受过商业精神的进攻。如果要使商业精神在较量中最终失败，必须经历长期的英勇斗争。至于现代运动，几乎在它出现前就渗透着腐朽的商业精神。通过腐朽的商业精神采用各种巧妙方法直接或间接地诱使运动员和冠军，这不仅意味着获得利润和金钱，而且意味着在不久的将来骑士精神的崩溃和湮灭。从运动员不再从自己的努力中获得欢乐那一刻起，从运动员不再为运动结果所获得的力量和匀称体型而欣喜若狂的那一刻起，从运动员拜倒在贪图虚荣或追逐名利的那一刻起，他们的理想被腐蚀了，运动的教育价值，如果我可以运用这一措词的话，不可挽回地被贬低了。

今天，当对金钱的贪婪导致万恶横流，煽动可耻破坏，危及由那些牺牲者的勇敢和英雄主义所赢得的自由时，当良心似乎偶然失去公正时，当忠诚似乎被削弱时，当务之急应该为青年开办一所实践骑士精神的学校。在这所学校里，青年们将懂得，胜利依靠顽强拼搏的意志和坚忍不拔的毅力，依靠正直和忠诚的无私奉献。这所学校就是运动。

此外，我们没有否定规则的价值，但必须承认规则并不是净化运动的十分有效的武器。法律的价值在于运用法律的人。这里，我们必须再次强调人。运动队常常控制在职业行政人员或对体育活动一窍不通的政治家手中。人们一再指出这种状况的危险性。最近澳大利亚一位部长宣称：从未踢过足球的人禁止参加重大比赛！当然，这只不过是一句俏皮话，但却恰当地强调了运动员应该遵循的界线。崇高的拳击运动，是一项锤炼男子汉气概的运动，当摆脱了习惯于聚集在它周围，依靠剥削优胜者肌肉的寡廉鲜耻的经纪人之后，拳击将获得新生。

也许还有其他的纠正办法，但毫无疑问最简单有效的办法是让运动队果断地抵制那些想控制他们的野心家，这种野心家唯一的目的是利用他人的肌肉为自己捞取名利地位。

三

我们现在来谈谈保证运动王国稳定的第三个因素，即赢得目前运动组织尚未拥有的民众。我提及他们时常冠以"无产者"的名号，这一术语与社会地位低下相关联。奋起的号角已吹响，他必须认识到从今以后他能够主宰自己的一切；他是社会的一员，将永远埋葬保留特权价值的贵族社会。现在，这些无产者还没有为实现其神圣任务作好准备，他们没有受过教育，没有人费心地向他们展示知识殿堂中珍藏的众多珍贵的财富，虽然很大程度上这些财富将依靠他们保护。尤其没有人做任何减轻他们苦难的事情，一点也没做。让我们坦率相待，让我们使用恰当的词句平息强烈的愤怒，积聚的仇恨正在构成建立新世界的令人震惊的基础。

现代运动具有平息愤怒的巨大力量。一个恼怒地摔破一把椅子的人很快冷静下来，但他是以毁坏家具，失去尊严为代价。如果让他转而求助于激烈的运动，则结果相同但丝毫没有破坏的作用，相反，还能产生和节省一种宝贵的力量。我的著名朋友西奥多·罗斯福从他负责管理纽约警察开始其政治生涯时便懂得这一点，他在纽约臭名昭著的四分之一地区勇敢地开设免费拳击训练课程，该措施很快导致一个结果：这个大都市每日上演的打架斗殴流血事件明显地减少。让我们铭记这件事情，它向我们展示了一个完全出人意料的世界。

话至此时，我确信我应该阐述一个仍然不平常的题目。这个题目，先生们，我认为我将不会冤枉你们，我猜想你们至目前为止还没有深刻思考它的机会。它的全部哲学思想存在于运动的基础是平等与不平等的奇妙结合。一项运动纪录是一个人的力量和性格相互影响所达到的极限，是一个人的个性力高度发展的极限。他的社会地位，他从父母那里继承的门第或财产均不起任何作用。不管他是王子还是贫民，都不会使他的跳跃增加一英尺，也不会使他在规定时间内的跑步、游泳、划船的距离增加半码。但在人类之间自然以非常不公正的形式分配这些力量，生存的可能性进一步加剧了分配的不公正。于是，人类旅程建立的社会差别的无效性与贵族政治断言的自然界无定性相结合。在运动实践中，合理的民主基础和起点的那些原则开始萌芽。为了我们可以在民主教育中占有有利的特殊形势，也可以利用合适的震动缓冲器减缓过于激烈的社会压力，那么，我们需要什么呢？非常简单——需要为无产者青年提供免费或者几乎免费的运动训练和运动保养。

那么上述事项将由谁负责呢？国家、市政府、工会？……毫无疑问，他们在组织、宣传、财政支持方面都负有各自的责任。但现有的联合会和社团组织不能致力于这一伟大的社会任务吗？他们不能抛弃陈腐的规章制度，不受狭隘的工团主义影响，免费开设运动形式多样的课程吗？它们缺乏这一点，因而它们的作用仍然有限，它们只有开辟这样的方向，才会真正成为公用事业。

尊敬的国王陛下，先生们，请原谅我刚才的讲话太长太坦率。我希望赐予我一架飞机，眺望浩瀚的知识海洋。习惯于这种快速和勇敢的运动方式的国王陛下将会宽恕我的奢想。第7届奥运会正在支离破碎的世界峰顶举行，它祈求神灵保佑它昔日的理想得以延续，参加奥运会的那些人们正向往着充满艰难险阻却又希望无限的未来。

让我们全力以赴，战胜艰难险阻，让我们把无限希望的未来变成现实！

第7届奥林匹克运动会的贡献①

虽然参加比赛的运动员因为失败而沮丧，但固执的记者或者关注比赛并且爱发牢骚的人对此却有不同的看法。他们认为安特卫普奥运会取得的成绩比预期的要好。从8月14日至9月12日，不论政治、经济和气候环境多么不利，第7届奥运会开幕式在组织者的不懈努力下，终于隆重、圆满地召开了。

胜利会带来什么结果呢？每次奥运会都取得成就，这些成就的结果是构成了奥林匹克精神的历史。1894年我们期待着两年后宣布恢复奥林匹克运动会日子的来临，期待着新的奥林匹克运动会在雅典举行。国际奥委会将在阿罗波利斯（Acropolis）脚下接受一次古典式洗礼，洗礼把它和昔日的辉煌连接起来，洗礼选择这无与伦比的地方是非常重要的，其头顶永远闪烁的耀眼的光环表明奥运会倡议者的期望和追求。1900年第2届奥运会在诸多不利条件下于巴黎召开，它强调举办的现代特点，新的奥林匹克精神追溯到古代，不过完全是为了现代所需。1904年在圣路易斯召开的第3届奥运会强调奥林匹克运动的世界趋势，奥林匹克运动员冲破地中海甚至欧洲的范围，征服新的环境，才能得到繁荣。1908年在伦敦召开的第4届奥运会，增强了不仅包括所有国家，而且包括所有运动项目的决心。所有比赛，所有国家，最初的确是这样规划的，但只能一步一步地实现这一目标，伦敦奥运会已经使我们初见端倪。斯德哥尔摩召开的第5届奥运会成了名符其实的国家大聚会。政府和公共当局的首脑都为瑞典的荣誉全力以赴。现代奥运会逐渐在规模和声望上都能与古代奥运会相媲美。然而，考验来了，红色的十字标明第6届奥运会的会址。为这届奥运会的召开，柏林做了许多准备。然而战争爆发了，1916年第6届奥运会成为空白。浩劫后的奥林匹克精神在哪儿呢？只有真正懂得奥林匹克原则，懂得其历史影响和其教育能动性的人才对奥运会充满信心，可是这方面的人数实在太少了。许多人看到了前5届奥运会一次比一次强大，但奥运会的意义和思想，还是不被大多数人透彻了解。

这就是第7届奥运会带给我们的结果：对奥运会的普遍理解。当然这种理解今后会逐渐被大家所领悟，至少是对性质的领悟。在那四分五裂、战争频仍的年代里，奥运会是人类和平团结的重要节日。体力和脑力的结合，帮助和竞争的结合，崇高的爱国主义和智慧的世界主义的结合，优胜者的个人利益和一无所获的队友被抛弃的结合，这些都与共同的目标交织在一起。体育运动的一切形式都通过升旗致意、教堂鼓舞、文学艺术荣誉得到表现。经过选拔的最快、最强壮和最勇敢的各国青年，无论他们是贵族还是平民，都将受到邀请。

为了这样的信条，我们奋斗了25年，经过漫长的岁月打磨和我们细心的雕琢，现在已被公众所接受。公众领悟到她的美好、她的正义，就会继续支持她。

第7届奥运会的贡献在于：它向世界展现了恢复后的现代奥运会在加强教育、道德以及社会朝气方面所散发出来的蓬勃生机。

① 1920年9月发表于比利时《体育画报》。

感谢巴黎①

市政会主席先生、塞纳省省长先生：

巴黎对我们如此恩宠和如此热情，以至于我不知道怎样来表示我们的谢意。我没有想到，它在给我们荣誉时，在某种程度上也给它自己以荣誉；因为在我们的行李中，不只有我们在会议期间要使用的文件，还有我们要归还给巴黎的曾经被他们的历史遗忘的记录。

编年史上说，当亨利四世国王在很久以前进入巴黎时，他把他在那里停留和有效统治的第二天用来打网球。一个活跃的英国人当时在我们的首都做客，并且兴致勃勃地注意每天发生的事情，他在自己的便笺中描述了他看到以如此轻浮的方式进行统治时的极度痛苦。他说，这是不祥的预兆，并且继续指责法国人在英国传播对体育运动的爱好；在他看来，我们的国家过度地醉心于体育运动。

那么，你们知道，这是什么样的统治？它充满了美好的事物，最著名的是南特法令。

这只不过是为了说明，巴黎曾经是一个喜爱运动的首都。然而事情转过头，是英国变得十分喜爱运动，以致35年前有人对我生气，因为我转过来仿效英国对体育运动的习惯和爱好，并把它们引进这个国家。这些人说，在这里，我有降低学习水平的危险。所以，体育运动的大海就像真正的大海一样，也有潮起潮落。

如果我们可以使用"运动互助主义"这个词的话，那么，这种主义现在处于它的发展历程的开始，并且要竭尽全力去控制这一潮流。在这方面，现代世界的处境远远好于古代世界，因为体育运动已经成为完全国际性的，所以我们不用担心这一潮流会中断，因为即便它在一个地方减弱，也会很快在另一个地方又继续奔腾向前。

主席先生和省长先生，我以我的同事们的名义再次向你们表示衷心的感谢。在这座金碧辉煌的市政厅内，能够向你们表示国际奥委会的敬意是我们的荣幸。而且，我有一个请求，我暂时忘记巴黎是我的故乡，遵照我的所有来自其他国家的同事出自内心的愿望，请求你们允许我代表他们高呼"巴黎万岁！"

---

① 选自1924年顾拜旦在巴黎第8届奥运会上的正式报告。

奥运会的活力在于为精神服务①

8届奥林匹克运动会……32个年头……这对于个人来说是很长的一段时光，然而放进历史长河中又是多么短暂！但是，就一种制度而言，能在上述时期内取得稳步发展，已经足以证明该制度具有永恒持久的性质。

事实就是这样。

任何人都不能比现代奥林匹克运动会的创始人更好地回忆现代奥林匹克的发展，从它在雅典体育场奠定奥运会的基础以来，奥运会相继举行。它们的不断举行证明了虽然缓慢然而是实实在在的向前发展。但是，很重要的一点是，在成功使人感到合理的满意时，应该认识到必须加以改正的缺点。我在这样说的时候，完全不是指在技术领域中可以实现的改进，那是无止境的。在如此大规模的比赛项目中，总会有一些细节上的不协调，总会找到某些需要改进的地方，总是存在着"更上一层楼"的愿望，和朝那一方向发展的趋势，但是，我在这里谈的是奥林匹克运动的基本特点。

我记得在第7届奥林匹克运动会之后，我表示了关于更完整、更绝对的普遍性这一愿望。在第8届奥林匹克运动会之后，精神的内容引起我的关注。

最近这届奥林匹克运动会尽管做出完美的和值得称赞的努力，力求赋予它艺术和思想，但它仍然有太多的"世界锦标赛"味道。当然，它必定会如此。来自世界各地的运动员有权期待一个尽量无可指责的组织。但是，除此之外还需要别的东西——民族精神的表现，诗人灵感的协作，对美的崇拜，适合奥运会过去所体现、今天必须继续代表的强有力的象征主义的所有一切事物。所有来到的人应该忙于选择理想的方法和手段。此时此地，我们的任务就是指明道路。

正是这样，而且只有这样，奥运会才将成为它应该成为的那样——每4年一次庆祝人类的春天，庆祝春天的节奏和韵律，它的活力在于为精神服务。

---

① 节选自1924年顾拜旦在巴黎第8届奥运会上的正式报告。

业余运动①

将于1925年5月31日圣灵降临节（基督教纪念圣灵地上的节日，为复活节后的第50天）在布拉格举行世人瞩目的代表大会，代表大会将全面评价当前的世界体育运动形势。有关专门的体育运动技术和一般的教学法两个方面的分支错综复杂，因此，有必要分别举行相互紧密联系的两个代表大会。首先举行的是按惯例在每届奥运会后头一年召开的国际奥委会代表大会。代表大会将总结迄今为止的最新成就，平息各种争吵（如果有的话），使人们对问题达成一致认识。根据规定，代表大会将由45个国家的65名国际奥委会委员、各国奥委会的代表和各国际单项体育运动联合会的代表组成。每一个国家奥委会和国际单项体育运动联合会至多可派2名代表。会议代表的组成方式并不完美，但基本上接近完美。它在伟大的奥林匹克理想的代表支持下保持了国家与运动项目之间兴趣的公正平衡，代表们恰当的依靠国际主义和折中主义尽量使两者分离。

这次布拉格代表大会主要讨论的将是业余运动的问题。读者有权微笑。这个问题已经谈论了近30年，讨论中常常发生的激烈辩论，为新闻界的攻击提供了太多的燃料，这一事实充分证明，业余运动问题已到了非解决不可的时候了。

显然，现在阐述的业余运动还涉及其他方面的问题。每个人都知道有些虚假的业余运动员常常是手头阔绰的运动家，他们除正常的收入外，从不反对增加一份实用的额外收入。当这种收入有时趁网球锦标赛之际，在一流的旅馆以免费住宿的形式出现时……我们也许要问，接受上述好处的运动员还保留多少"业余性质"呢？相反，现在出现了一些生活艰难的运动员，他们每一次外出比赛都有可能处于失去薪水或通

常所说的"赤字"的危险之中。例如，一位有妻室儿女的足球运动员参加所属俱乐部系列赛时，常会遭遇如此困窘的情景。他应该为此而不参加比赛吗？

从这一点看，业余运动问题已成为不大不小的社会问题。成为贫富之间斗争的诸多方面之一，业余运动的原则也许在优美的慈善演说中被否认，但其现实是它将仍然是今后社会敏感的主要问题。收取不正当津贴的运动员与失去薪水的运动员，他们两者都是业余运动员或两者都不是抑或两者居其一，那么，究竟哪一位真正属于业余运动员呢？

除了上述这种社会问题外，运动还将产生出乎意料但又显而易见的民族争议的特征。英国和拉丁语系国家的运动概念就彼此抵触。必须承认——这是奇怪的自相矛盾——著名教育家托马斯·阿诺德第一个概略地论述了体育教学的原则，但在他的国家，体育的教育作用被丝毫不感兴趣的人们忽视。英国的英格兰及其英联邦国家有时也屈尊参与体育教学，但这使他们感到厌烦。在他们眼里，一个优秀的体育俱乐部延伸意指成员在同一水平的俱乐部。那是首要条件。他们不从这种观念中解脱出来就不会获得成功。例如在划船中，他们以前将每一位划船工都称为职业划船者，那就是理由。大学划船队员希望以这种方式显示他们特别喜爱运动的高贵特征。这种中世纪的观念花费很长时间才在理论上被消除。但在实践中何时被清除至今无人知晓。

"拉丁式体育则注入不同的精神。其主要特点是运动的目的在于获得成绩，赢得胜利。它有助于构成一个巨大的带有共同兴趣的运动团体。"当然激烈竞争也必在其间，但不过由此常出现一系列的欺骗甚至过于强烈的国家感情。那就是我为什么称它为

---

① 本文发表于1924年1月。

拉丁式的原因。当然这仅仅是细微差别，但细微差别将变成观念，牢固的观念。拉丁式体育已遍及几乎整个欧洲，包括德国人和斯拉夫人。南美洲正开始受到冲击，它的影响显然正在迅速蔓延，英国——拉丁式两种体育观念的斗争不分胜负。数量和道德的力量在拉丁式一边，极力维护一定之规的传统的力量在英国式这一边。欧洲体育已开始发觉两者间的重大分歧。由回避到反对英国式体育的指导只不过是第一步。如果英国式体育继续自矜有关体育荣誉和公平竞赛的习惯，这一步将肯定会迈得更远。在其他地区，美国的态度是明确的。美洲运动员很容易受到诋毁。这是欧洲对美洲无知和缺乏了解的一种结果。当然，他们也不是清白无瑕的小羚羊，但比起攻击他们的那些人则显得更充满着体育精神。

以上是布拉格代表大会似乎将要展开辩论的问题。代表大会的主要威胁将是陷入规则与区别的迷宫。如果试图解决所有提供的"病例"那将冒失败的危险，尽管代表们都具有敏锐的洞察力。我们不要自以为能找到一副适用于所有问题或所有人都赞成的处方，只要能定出规划，确立一般的界限，使我们从长时期挣扎的困境中解脱出来就是一个巨大的进步。只有对业余运动这一议题精神的原则取得完全统一的意见后才能起草业余运动章程。

在布拉格同时举行的还有以布拉格市政府和国际奥委会名义召开的体育教学代表大会——将邀请每个国家委派一定数量的代表。出席会议的还有独立观察员。体育教学代表大会将讨论提交的9个问题：运动场观众过多问题；拳击比赛问题；青少年运动的限制问题；女子参加激烈运动问题；恢复古希腊或古罗马时期市立体育馆的可能性问题；公平竞赛与骑士精神的发展问题；高等院校间的协作问题；体育康复问题以及与不诚实运动员斗争问题。这些不同类型的问题引起人们——学生、道德家、健康专家和男女平等主义者等的广泛关注。因此，各国有权派10名代表参加，他们的见解将被精心地收集起来，以引导有价值的改革和富有成效的创新。

1905年布鲁塞尔奥林匹克大会的举办地——科学院。

集市或殿堂——每个运动员面临的选择①

尊敬的阁下，先生们：

当一个人将要离开他居住多年的地方，离开他精心照料并以成功和友谊的花朵为他增色的沃土时，他将希望在最后的时日登上能够远眺地平线的高处。在那里，他深深思索未来，为尚未完成的工作和能够实现的改进，为防止可能出现的危险应采取的措施而担心。这就是我现在的心情，你们当中没有人会对此感到惊讶。由于范围广泛，时间短促，如果我省去空洞的贺词而紧扣主题，相信你们是会同意的。代替词藻华丽的讲话，你们将会听到一个明确的和坦诚的个人报告。

我首先担心的是迄今未能消除的一些不切实际的看法。第一个看法就是认为现在体育运动已经成为我们的社会习惯之一，不存在再度被抛弃的危险。事实并非如此。运动是一种依赖对非必要的努力的嗜好来维持的身体锻炼。所以，对于人来说它是不合乎人的天性的，人总是趋向于遵循抵抗力最小的路线。现代运动是由时髦来维持的，这是一种不可抗拒的力量，但很快就会耗尽。对历史一无所知的人会认为，今天群众的迷恋将无限期地持续下去。这种迷恋是我们，我的朋友和我，在40年前竭尽全力造成的，因为它给予我们一个便于使用的手段；它一到来就会消失，过度了将扼杀它。到了那一天还会留下什么呢？个人感到对运动的需要吗？不。对某些冠军的过分吹捧对于产生这种需要是无能为力的。只有当冠军本人不再关心人们是否注视他时，这种需要才显示其存在。真正的运动员只是把观众仅仅作为偶然事物存在的人。用那种标准来衡量，欧洲有多少运动员？……很少。

这是应该完成的工作的一个方向。少一些相互吹捧，少一些广告，少一些限制性的组织，少一些褊狭的联合会和头重脚轻的等级制。但是，要使各种不同的运动形式——包括马术在内的一切运动——尽可能几乎免费地为所有公民享用，那将是现代地方政府的责任之一。那就是我为恢复古代市办体育馆而奋斗的原因，这种市办体育馆允许一切人进入，不管他们的言论、信仰和社会等级，并且置于城市直接的和唯一的权力之下。用这种方式，并且只能用这种方式，才能造就健康的和完全爱好运动的一代。

另一个不切实际的看法就是设想以科学的名义使运动与温和正式结合起来，并迫使它们一起生活。那将是反常的婚姻。运动如果变得胆怯、小心翼翼，它的活力必然受到损害。运动需要超越的自由。那是它的本质，它的目的，它的道德价值的秘密。教导人们胆大心细、敢作敢为是非常好的，但是教导人们害怕敢作敢为则是愚蠢的。为勇敢而勇敢和非出于真正的需要——正是这样，我们的身体才会上升到超过其动物性的境地。

这并不是说，科学的控制必须予以废除，但是它必须扮成顾问而不是君主。另外，它自身可以进行改革，因为它只是坚持生理方面，忘记心理方面，也就忽略了它的一大片领域地带。它衡量个人，并且记下他的各种数据——我要顺便指出，一个非常重要的因素被忽略了——他的机械形体；用射线照相提供他的机械形体，这将是技术发展的一大优点；但这仍然是生理的因素，我再说一遍，只要任何人没有想到用心理数据来补充生理数据，生理学就只能提供不完全的数据。在几乎所有的运动形式中，仓促做出决策和犹豫不决都会妨碍进步和招致失败。原因通常是恐惧……恐惧隐藏在身体中什么地方？根据它位于神

---

① 1925年5月29日顾拜旦在布拉格市政厅举行的奥林匹克代表大会开幕式的讲话。

经、脑子或者仅仅在肌肉中（因为想起以前肌肉疾病的复发，就足以引起恐惧）的不同位置，它采取不同的形式。我们每天在马的身上都看到这种情况，为什么我们却未能在人的身上看到这种情况？我很长时间以来都在注意这些问题，希望专家们会同意研究这些问题。他们不同意，于是，又一个不切实际的看法变得更强烈——这就是我想谈论的第三个不切实际的看法——那就是，解剖学是满足一切的，解剖学必须在体育教育中起着具有无限权力的总经理的作用。

先生们，如果我对著名的业余运动员问题避而不谈，你们无疑会感到惊讶。它常常不是像人们认为的那样无法解决。在战前，双方稍微表现出一点友好就足以解决这个问题。今天，这个问题变得比较复杂，因为高昂的生活费用已使情况发生变化，公众舆论无意让运动成为富人的消遣。我认为不能指望现在的代表大会规定一个能适用所有运动形式的关于业余运动员的唯一定义。我们应该全力以赴，力求实现使每个国际单项体育联合会中现行的规定都得到正当加强。我们离这一目标的实现还很远。否认证据是毫无道理的。大量的欺骗和谎言还是层出不穷。这是道德堕落在体育界的反映。运动是在社会中发展起来的，对金钱的贪婪大有使社会完全腐烂之势。现在，对运动俱乐部来说，就是坚持荣誉和真诚的准则，抛弃它们当中的虚假和伪善，以树立良好的榜样。在为一个完善的业余运动员定义操心之前，必须首先加强对现在流行的不完善的定义的绝对尊重——现在已经习惯于冷漠地无视这些定义。让它们无情地取消那些虚伪的业余运动员的资格，这些业余运动员或多或少直截了当地从参加公开比赛中获得丰厚的报酬，通常比很多职业运动员参加运动的时间少，不像很多职业运动员那样值得尊敬。要求所有参赛者宣誓将是使运动员再次进入光荣领域的最好办法。现在，我提倡这种办法已经有19年，我高兴地看到，公众舆论最终同意了这种办法。

倘若人们不希望把奥林匹克运动会变成世界锦标赛，已经恢复的奥林匹克主义将是最能担负起死回生这一净化任务的力量。这是因为他们满怀这种想

法，即某些技术人员始终都想破坏奥林匹克章程，以便夺取他们认为适于自己绝对行使的权力。我坚持我们（我在国际奥林匹克委员会中的同事）在这个问题上不能做出任何让步。如果现代奥林匹克主义兴旺起来，那是因为站在它最前面的是一个绝对独立的委员会，这个委员会从未得到过任何人的资助，并且因为这个委员会是自行补充的，所以完全没有选举上的干预，并且不让自己受民族主义感情或公司利益产生的压力影响。如果这个具有永久性的基本条件被废弃，那么奥林匹克主义随同各国奥委会或各个国际单项体育联合会的代表也会受到损害。国际奥委会的任务是要确定每届奥运会举行的地点，并且保证遵守构成举办基础的原则和传统。只有国际奥委会负责管理各国参加4年一次的奥运会工作。至于各个国际单项体育联合会，充分自由地对比赛进行技术管理是它们完全合法的权利。但愿国际奥委会、各国奥委会和各个国际单项体育联合会这三大权力之间和睦相处；这将是把奥运会维持在令人满意的水平上的正确途径。

我还要再次提醒，奥运会不是属于任何单独一个国家或民族所有，不能被任何一类集团所独占。奥运会是世界范围的，必须让所有国家都能参加，不管公众舆论如何变化和多么奇怪，这一点都无须经过讨论，正如必须平等对待一切形式的运动一样。田径运动员走俏的名声，也同样适用于单杠运动员、拳击运动员、马术运动员、赛艇运动员、击剑运动员、竞走运动员和标枪运动员。不能借口公众现在更喜爱这种运动而不喜爱那种运动，而在这些运动之间确立价值尺度。另一方面，试图增加团体比赛项目的数目是愚蠢的。创建奥运会是为了颂扬个人优胜者，他们精湛的技艺、杰出的才能是维持普通的热情和劲头所必需的。情况不适合他们增加过多的团队比赛，因为需要限制奥运会的会期，从而限制它的费用这一点，已经得到了普遍承认。但是，我并不认为，费用完全取决于会期。如果事先经过充分的准备，并具有高度的条理、纪律和廉洁，奥运会的举办就会实现巨大的节约。但是，在这方面就像在其他一些事情上一样，存在着由错误政策造成的浪费习惯，这种错误政策根据

的是这样一种看法：放纵的奢侈必然导致普遍的幸福和繁荣。奢侈的质量需要加以考虑：庸俗使它毫无效果，于是它只会倾向于破坏正常的力量，并且加剧社会的悬殊。

一个简化的组织机器，比较一致从容的协调，较少的庆典，尤其是运动员与官员之间比较密切地每天接触，没有政治家和野心家把他们分开。我希望这就是第9届奥运会将向我展开的景象。

在我结束讲话的时候，我必须对各国人民坚持让我领导国际奥委会一事表示感谢。这种支持给我带来荣誉。我请求把这种支持转向我的继任者，以使他的任务容易完成。我不能同意留任，因为超过30年的期限将是极不明智的。我首先希望能把我的余生，就我所能，致力于加快一项迫切的事业——介绍一门具有明确的思想和冷静的批判的教育学。在我看来，现代文明世界的未来既不依赖于政治基础，也不依赖于经济基础，它只依赖于教育指定的方向。社会问题本身将不会在这个领域之外找到持久的解决办法。这就是为什么发出信号的第一个国家或第一个社会等级坚信会领导新的欧洲，这种利益是值得为之做出努力的。

当代的教育学坚持错误，把现在的几代人引入彻底专业化的死胡同，他们在死胡同中最终除了黑暗和纷争外什么也找不到。他们认为，他们非常强大、非常有力，因为他们胃口很大，他们非常聪明，因为他们使用大量的科学数据；实际上，他们为克服前面的困难没有做好准备。他们的理解力被知识扼杀，他们的批判精神被大量信息降低，他们的青年被培养成一种蚁冢思想；到处都是人为的事物和习俗，各种术语和统计数字，数字拜物教，病态地寻求细节和例外……让我们谨防繁琐的、狂乱的欧洲思想自我陶醉、自我完善，从而激起某种对欧洲思想十分不合适，也难以抵挡的亚洲反应。

在历史进程中欧洲慢慢地集聚了博大精深的文化，但是却没有留下规则来指导享有特权的社会成员去涉猎它，而不享有特权的社会成员干脆被禁止接触它。建立起教育大厦的时刻已经到来，它的建筑更加适合今天的社会所需。

再谈论这个问题就会超越这次大会的性质所规定的范围，毫无疑问，我在保守的本能常常变得更加明显的年纪显示出革命的倾向，已经使一些听众感到吃惊，甚至是震动。但是，我应该向我的同事和忠实的朋友们坦率的说明我的意图。我还想告诉他们，我正以体育道德的精神来完成新的任务，这种精神是我们共同培养的，那就是在努力中获得欢乐，大胆面对风险，致力于实现公正无私的理想。

至于他们，将继续以同样的精神登山，我们希望在山上修建一座殿堂，而在平原举办一个大集市，殿堂将永存，集市将消失。集市或殿堂——运动员必须做出自己的选择；他们不能希望既去集市又去殿堂……让他们做出选择！

1920年安特卫普奥运会上，比利时击剑运动员维克托·布安在开幕式上代表运动员宣誓。

新的泛雅典运动会①

应该承认，现代奥林匹克运动会的面貌曾经存在着某种缺陷。在恢复这一自古相沿的制度并使之适应现代情况的同时，我们也竭力设法维护奥运会的威信，然而这些天真的做法失败了。人们对雅典的运动场表现得简直太冷淡了，这一光荣的古迹好像只不过被发现了存在，却马上又消失了。在那里能像古代一样庆祝奥林匹克运动会吗？那里也许只能举行一次，而且还要承担种种技术缺点的风险。事实上人们都认识到，那里的跑道转弯太陡，对我们今天的赛跑运动员来说，他们跑得这样快，需要较缓的拐弯。他们觉得陡弯有害处，甚至对他们会有危险。运动员们发现这一问题后就在雅典提出了一个有些残酷的建议。他们怎能不对一些体育界人士谈到提高运动场地的标准、适当扩大跑道的问题呢？……自我感觉良好的雅典人听到要破坏曾两度奉献给永恒运动会的名胜，自然群起反对。而希腊本有庆祝恢复奥林匹克运动会的愿望，由于愿望未能实现而感到苦恼。现在和平与正常就业的恢复重新唤起了庆祝奥运会复活的意识。我们已经找到了一个解决的方案，我很高兴能对此做出一点贡献。方案的精神尊重传统并且重视现实，这种精神指导我工作33年之久，而且还要继续指导我的接班人和朋友亨利·德·巴耶·拉图尔伯爵。这一方案的内容是通过扩大范围和改造形式的办法复活著名的泛雅典运动会，去年4月7日，雅典市长在市政厅为我举行的欢迎会上表达了全市的希望，正式宣布复活这一著名的运动会。经过希腊奥林匹克委员会的努力，雅典人的希望得到希腊政府的认可，进一步得到实现，新的泛雅典运动会将被列入奥林匹克运动会内。第1届泛雅典运动会盛典将于1930年举行，并且这一届将定名为"第9届奥运会泛雅典运动会"，今后将每隔4年举行一次。运动会由三个部分组成：运动场上的比赛；由运动场到雅典卫城城脚的历史性赛跑；在雅典赫罗德剧院举行的音乐节。对最后一部分，我提出并得到通过的建议是考虑创作《格卢克组歌》。那种敬神的和声可以使我们——如果有人敢这样设想——置身于古代精灵之中，而不像今天人们感觉的那么庄重严肃。很多喜爱格卢克的人都希望有一组歌曲奉献给他；我想到的早就不是新鲜的主意。如今什么地方还能找到比这更合适的座位、更慈祥的气氛或者更为有利的环境呢？

比赛项目只进行两天，或者最多只进行三天，这些项目只限于古代举行的；古典距离赛跑、跳高和跳远、投掷以及摔跤，全部项目都按照古代办法进行比赛，同我们现时的比赛大相径庭。最大的差异是由一个基本点产生的。对今天的运动员来说，一切问题都变得顺利而且容易。设计科学并具有弹性的跑道躺在他们面前，每一个细节都计算得清清楚楚，以便他们去拼搏并保证他们扩大战果、提高纪录。这同所谓"生命的跑道"毫无相似之处。过去的年代同现在相反，注意力集中在增加运动的难度上，以便提高运动员胜利的价值，加强他们搏斗的耐力。这里存在两种相互对立、甚至几乎对抗的体育哲学。两种哲学各有自己的支持者，但是支持后一种体育哲学的人们只是在研究纪录时谈论到它。为了前进，今后他们将会有生动的争论，因此将会出现各种有趣的比较可能性。各种数据自然地会对现代派这一边有利，但是现在已经有一些国家对古代体育方法进行了试验，通过训练会出现一批体育明星，他们的成绩将很值得注意。我们大家都应该对不朽的希腊及其运动事业的历史贡献表示欢迎和敬意。此外，奥林匹克的团结将从希腊获

① 1927年9月发表于《国际奥委会公报》。

得更大的力量。任何摧毁或者干扰奥林匹克大家庭团结的企图都是枉然的。来自共同的深刻认识使这个大

家庭团结的基础更加牢固，这也使它能战胜一切攻击与诈骗，并将获得最大的胜利。

80多岁的希腊富商乔治·阿维罗夫向奥组委捐赠了100万德拉马以解燃眉之急。为表彰他对奥运会的贡献，希腊政府在雅典广场为他建造了一座雕像。

现代骑士精神①

日前我偶然见到《奥林匹克评论》1911年4月号刊登的一篇文章。这是我于该年3月29日在阿姆斯特丹的一次宴会结束时的讲话，这次宴会是由荷兰体育俱乐部和各国际单项体育联合会的代表们为我举行的，由我们亲爱的朋友图尔男爵主持。在这篇讲话的结尾，我设想了未来的荷兰奥运会，并且坚持这一点，虽然我周围的人流露出某些怀疑的微笑，图尔男爵和我已经清楚地知道，现代奥林匹克运动会在阿姆斯特丹举行的日子终将到来。

17年过去了，这一天将要到来。如果4年前荷兰运动员没有如此宽厚的让路，这一天甚至早已到来，他们让路是为了满足我的愿望，我想看见第8届奥运会在巴黎——我的家乡——举行，因为这届奥运会与

纪念1894年6月23日在巴黎索邦神学院宣布恢复奥运会30周年正好同时举行。但愿我的荷兰朋友们接受我再次的谢意，感谢他们的自我克制。我确信他们的努力定会取得成功，但愿他们在成功中得到补偿。

但是，完全成功将不取决于他们，而是取决于他们的客人。只有当参赛者的"运动员品格"的水平显示在道德价值领域的进步时，才能取得完全的成功。奥运会技术方面的价值是不容置疑的。它已经存在，并且是巨大的。奥运会的道德价值也存在，并且比想象的大得多。我想以1924年奥运会为证：我在那里三个星期，经常看到田径运动员、拳击运动员和其他运动员从他们自身汲取力量来抵抗歇斯底里的观众，有时甚至还要抵抗误导的教练在他们身上激起的有害情

地处奥林匹亚的神庙遗址。

① 该文约于1928年发表于一份名称不详的杂志上。

感。直到今天，运动的"外行"没有什么进步，大多数前运动员在这些外行中占据统治地位之前，我根本不指望这些外行会取得进步。所以，今天的奥林匹克参赛者必须认识到，在获得骑士精神、体育活动的顶峰和最高目标方面，他们只能依靠自己。

一个世纪以前，英国出现了一些强身派基督徒，在他们身上可以找到处于萌芽状态的往日骑士的所有气质——崇高的理想、健壮的粗犷和炽烈的热情，那个时候，真正的骑士精神只存在于少数分散的个人中间，他们没有可以遵循的准则，没有一个兄弟会组织或者互相帮助的机会和方法。如今一切都已现代化，脱离了战争和流血，已转向较少的诗情画意和比较广阔的新民主制度的地平线，在这个新民主制度中，一个人通过自己个性的完善能比以前更直接地为共同利益服务。

1927年复活节那一天，希腊教育部长在千年奥林匹亚遗迹中，把覆盖在纪念恢复奥运会的纪念碑上的旗帜揭开，并且就他所记忆的往事对我进行赞扬，那个时刻，我思念金斯利和阿诺德；我想起拉格比教堂，因为那里长眠着一位我认为是体育运动骑士创立人之一的伟大牧师。同时我痛惜我身边失去了另一位敬爱的英国人拉芬·库西牧师，他是我同事中最忠实和最富有献身精神的，他过快地离开了我们。

现在，在北海的这些变动的海岸，人们看到，没有什么东西不被人们的劳动所征服、使用、调整和改变——这是荷兰景色独具的伟大——年轻的骑士将要在庄严的神圣气氛中，在挤满来自全世界的观众的运动场上，举办他们每4年一次的盛会。他们将要宣誓，誓言的每一个字将使他们为了荣誉而受到约束，受到制约；宣誓之后，我确信，他们将会尽力而为。但是，正如人所从事的——因而是不完善的——每一项事业那样，这次盛会也会出现错误、失误和疏忽……但是，如果绝大多参赛者都能在最后一天全力以赴，毫不懈怠……这样，就能赢得道德方面的光辉，而第9届奥运会将成为骑士精神发展道路上光辉的、使人愉快的里程碑。但愿它能如此，这是我的希望，也是我确信的。

1932年洛杉矶街道和建筑物上的装饰。

我的希望①

由于患病不能出席本届奥运会，我深感遗憾，看来我可能也无法参加下一次在洛杉矶举行的第10届奥运会的庆典了，趁现在这个机会我最好是向你们道别。

我请求你们坚定不移地并且满怀信心地使复活了的奥林匹克运动会的火焰永远燃烧，同时还要维护奥林匹克运动会必须贯彻的原则：

首先，个人体育四大范畴——田径与体操、自我防卫、水上运动、马术运动——具有完全平等的性质；

其次，艺术竞赛联系着强烈的肌肉活动并对运动员思想风格和审美观念产生影响；

运动员宣誓使荣誉的观念成为一种奠基石，引导他们走向真理并成为解决业余体育问题的实际办法；

使用奥林匹克旗帜，五种颜色代表世界上所有国家旗帜的颜色，五个环象征五大洲通过体育紧密地连结在一起；

最后，一定要维护自我充实的国际奥林匹克委员会的权威，它的独立的组织方法是奥林匹克传统的最好的保证，与此同时，不要让任何专横作风闯入竞技领域。

我相信，大型的比赛，诸如足球、草地网球等……将同奥运会一起进行，但多少带有独立性，而作为奥运会本身的主要目的，将保留对运动员个人的颂扬。希望每4年一届的奥运会盛典将使年轻人的激烈生活具有节奏性并使运动员能自我防卫。令人十分欣慰的是，今后运动员及其兄弟体操家再也不会由于偏见和误解而分离，现在这种情况的造成，多多少少是由于各自行政领导的过失。

我个人的想法，现代五项全能运动应该按照我在它一开始时制定的规则进行比赛。

至于允许妇女参加奥运会的问题，我仍然坚决反对。越来越多的女运动员被允许参加比赛，这是违反我的意愿的。

奥林匹克主义经历了世界大战的考验，丝毫没有动摇。我坚信，它在各种社会动乱中，将证明自己立场的坚定。无论如何，当代的社会潮流决不是反奥林匹克主义的。我已经高兴地指出劳动者接受奥林匹克的原则与精神。大学生们肯定也会这样做的。重要的一点是：从青少年到成年，人人都必须培养并传播真正的体育精神，即出自内心的忠诚和勇士般的公正无私。

我再一次感谢那些追随我并协助我奋战40年的人们，过去的战斗经常是艰苦的而且并非总是彻底的。

① 1928年顾拜旦致阿姆斯特丹第9届奥运会运动员及全体与会者的贺信。

奥林匹亚①

我同意讨论一个题目，虽然有些轻率，它不过是由七个字母、三个音节组成的一个词：Olympia，随之而来我承担了一项艰难的任务，因为这个词在历史上用得太广泛了。

在座的各位中也许有很多人不会意识到这一点，你们很可能希望我简单地介绍一下古典的体育技术，说说值得赞扬的德国考古学校努力发掘出来的艺术宝藏的快捷编目，甚至回忆一下一百年前随同莫勒阿探险队前往的法国考察团鹤嘴锄的挖掘情况，那次探险我们发现了奥林匹亚，千百年前消失的奥林匹亚，废墟底下是由阿尔斐斯河及克拉斯河带来的淤泥，这些淤泥掩盖了自然灾变和人类野蛮的破坏活动。昔日如此光荣、如此充满激情、如此苦心经营的地方，居然什么标志都没有留下来。

所有这些，以及其他相关的题目，会引起一系列的讲座，谁能知道，也许将来某个时候，巴黎大学会把奥林匹克主义的课程列入它的教学大纲。

至于奥林匹克主义，这是指一种学说，确实存在。我感到遗憾，当我在我们普通词汇上增添一个新词的时候，为数不少的一些人大肆嘲笑我，但这个词实在非常必要。每一种哲学——宗教学说，就像这奥林匹克主义似的，都需要一个名称以便人们记住它，并作为它自己的标签。

诸位现在知道我的意图，可能会感到有点失望；大家原想听一些节日的故事，听一些奇闻轶事，像坐飞机浏览那样掠过2500年的历史；我却用哲学研究的严峻态度来做总结。我把罗列光辉灿烂的雕刻与建筑的任务留给其他人，这些雕刻与建筑使奥林匹亚的纪念物和场地大为生色，同时我建议你们查阅许多出版物对竞赛详细情况的描述，当然毫无疑问，没有一

种描述是完全正确或者完全错误的；我只想使诸位明白，这个地方连同它令人怀念的名称为什么会成为以及如何成为一种生活方式的摇篮，这种生活方式纯粹是希腊形式的，并且赋予希腊文化史以鲜明的特征。

这样一种叙述不能完全局限在这狭窄的市区内，不管这里多么舒适。因此我请你们离开这里，和我一起来到克龙尼翁山种了树木的坡地上坐下，凝望阿尔斐斯河那边正在升起的太阳，它开始用金色的光芒抚摸隆起的小山丘并照亮山丘脚下的绿茵。

我曾经两次沉醉在这般景色中，时间前后相隔33年。1894年11月的一个早晨，在这神圣的地方，我开始意识到任务的庞大，五个月之前，我宣布要恢复中断了2500年之久的奥林匹克运动会；对今后道路上可能出现的危险只是微微地有所感觉。1927年4月的一个早晨，我在那里等候，用一种虔诚的眼光望着教育部长把覆盖在石碑上的希腊和法国的国旗揭下，闪闪发光的大理石碑矗立着，表示恢复奥运会的成功。在揭幕典礼仪式中，我必须向希腊政府的代表们致以敬意，而我脑子里首先想到的是向那些尽了平生最大努力，但由于命运设下的陷阱而未能成功的人们敬礼；一想到他们死后令人不安的送殡行列，就会得到内心空虚和所谓"功劳"之空虚的教训……

看着这延伸到克龙尼翁山上的可爱的松林（精致的微型物，出自迷人的彭泰利库斯之手），通过想象可以再现一条长长的、被梧桐树遮掩的大路，这里曾经来过很多运动员和朝圣者，各国使节和商人，这里集中了所有的交通工具，也集中体现了一种文明的所有的抱负、所有的欲望和所有的虚荣心，这种文明比起后来的任何一种都更综合地、更严密地阐释过。谁都能重新绘出通向神庙的线路，它的台阶以及

① 1929年3月6日顾拜旦在巴黎第16届行政区市政大厅宴会厅上的演说。

柱廊，还有围绕着神庙的大批结构物：还愿的奉献物、祈祷室、捐献物品和牺牲祭坛……神殿——神圣的地区——直接显示宗教自身注意力的焦点，这是崇拜的中心。在这些人身上，尤其重要的是在这一时刻，很难设想什么宗教不是建立在明确的哲学概念的基础上。

现在让我们来找一下根据，如果确实有过一种体育运动的宗教，它的祭坛以后会多次重建，式样多多少少有些笨拙然而耐用，我们要弄清楚，它为什么在希腊出现，希腊人这种理想是否还适用于其他民族。按照我们回答这个问题的方法，奥林匹亚要么只不过是历史上一个辉煌的事件，要么是人类进步的一块强大的奠基石。诸位将会看到，两个答案的选择是值得研究的。

古代的运动员（athlete）同今天叫做sportsman的运动员相比较，后者显得可爱、灵活、文雅，然而无比地肤浅，同一个定义是否不适用于具有两种理想的人？……这里有一个定义是1913年举行体育心理学第1届代表大会时洛桑大学的米卢德教授提出的："体育是一种肌肉活动形式，包括从游戏到英雄主义的行为，其中可以容纳全部的中间程度的活动。"如果我能冒险地说一下，这是哲学家的定义。下面是一个很少雄辩，但较多技术的定义，它写在我的一本小册子《体育教学纲要》（《Manuel de Pedagogie Sportive》）开头："体育是对紧张的肌肉训练的自愿并习惯的崇拜，训练的目的是获得进步和从事冒险的能力。"这里有五个观念：主动、坚持、紧张、追求完善、藐视可能发生的危险。这五个观念都是简易的和基本的。

我想，假如今天晚上我们的伟大祖先来到我们这里，他们也不会发现这些定义的缺陷。他们不会做出任何实质性的改变，尽管毫无疑问他们会用更加希腊化的形式来下定义。但是他们也会惊奇地发现在这些定义里找不到任何有关斋戒和敬神的宗教观念，连个表示或建议都没有。

对希腊人来说，宗教观念影响深远。公元前11世纪，在奥林匹亚还可以看到刻在铁饼上的由莱柯格斯和伊利斯国王伊普希托斯双方签订的关于在奥运会期间实现"神圣休战"协议的全文。在这段时间内，希腊人之间的任何武装争吵与冲突都必须停止。奥林匹亚的领土是中立的，不受侵犯的。参加奥运会的选手必须是纯粹的种族，没有犯罪、没有不敬或亵渎神明的行为。他一旦"被接受"为候选人，首先必须进行10个月的训练，然后再到伊利斯体育馆受训30天，最后才转到奥林匹亚体育馆：所有这些伦理的、道德的、社会的以及技术的保证都在一个非常明确的宗教框架中获得。

平德尔把"神"这个词用在最广泛的体育意义上，他说："众神都是奥运会的朋友。"而这一切都是很早以前的事，史诗《伊利亚特》描写的社会是一个极其喜欢体育的社会，并且喜欢用宗教的方式从事体育。为了向神祇们表示敬意，希腊人把身体锻炼得非常匀称，在很多世纪内，年轻的希腊人都渴望通过肌肉强化的训练，铸就一副匀称的身材。在这里，我们接触到古希腊社会赖以建立的基本事实。为了解释这点，请允许我引用我所著《通史》第2栏的话："希腊文化的特点首先是对人类现在生活及其平衡状态的崇拜。"让我们正确地理解这一点，这是所有民族所有时代精神面貌中的一种伟大的新特征。其他任何地方的崇拜都根源于对美好生活对幸福的渴望，以及冒犯过神明的人对惩罚和对死后报应的恐惧。但是古希腊，现在的生存就是幸福。坟墓那一头有的只不过是失去生存的悲哀，人的生存是逐渐减少的。因此必须有一个"亡灵安慰者"来抚慰那些来世的罪人，背井离乡的"地上和星空的孩子们"，他们看不见鲜花和可爱的光。拉马丁写过著名诗句："人是神仙下凡来，依然记得天上事。"而尼采也说过："自然由于被分配给许多个人而呻吟。"这两种说法在风格上以及思想上都尖锐对立，但是反映了大部分个人宗教和泛神论宗教的原理。这些说法极度反希腊文化。看一看希腊的神祇；健美的人，只是人——因此是不完美的；大部分是聪明的人，理智的人，也是活跃的人。他们走到一起来了，他们喜欢群居，爱好体育，有鲜明个性，很少冥思苦想，甚至没有一点书生气。"对埃及人、犹太人和波斯人来说，"艾伯特·蒂博德写道，"宗教生活的主要内容是背诵文章，但是希腊宗教是没有书本的宗教。"

于是我们有了异教，它追求难以捉摸的"身体韵律运动"或者比例匀称。对事物过分简单的分类习惯使我们把偶像崇拜叫做异教，似乎各种宗教，即使最神秘的，都没有崇拜偶像的人，如果有，只是对金钱的崇拜，这种崇拜今天比以往任何时候都更加盛行，更加烟雾缭绕。但是有一种异教，真正的异教，人类将永远不会抛弃；而且，在我看来可能要冒亵渎神明的危险，如果完全摆脱了它，那就不好了：这就是对人类自身的崇拜，对人的思想和肌肉、感情和愿望、潜意识和自觉性的崇拜，在某些时候，对肌肉、感情和潜意识的崇拜占了上风；在另一些时候，对思想、愿望和自觉性的崇拜占了上风。这是两个专横的统治者，常在我们身上争夺首位，双方的冲突经常残酷地把我们分裂开。因此我们必须实现平衡。我们可以达到平衡，但是不可能保持平衡。钟摆经过正中的一点只是在它从这一极到那一极来回摆动的半程路上。同样道理，人类，无论个人还是社会，都无法长期停留在这一过度行为到那一过度行为的正当中。当我们试图恢复平衡时，无论个人还是集体，经常是朝相反方向的过度行为去做，此外没有其他办法。多少人都不自觉地按照这种处方来改善或简单的改造自己啊！

把追求平衡反映到法典编纂上，并把它作为使社会变伟大的处方，这是希腊文化的不朽功绩。我们在这里——奥林匹亚，看到身体韵律运动王国第一个首都的废墟，韵律运动并非只属于艺术世界，生活同样也有韵律运动。

因此让我们在奥林匹亚的废墟上作一下反省，废墟仍然有生命力，刚才我在回忆纪念碑揭幕典礼时已经指出了。我们从这废墟可以悟出异教和禁欲主义的相互取代构成了历史的经纬度，而历史学家们忽略了这个经纬度，为了发现它，必须更多地用考古的办法，而不是史学办法来对待掩盖这个经纬度的事实。

如果诸位愿意，让我继续反思，在这幅风景画上，白日的光辉取代了黎明的爱抚，我费尽心机也不能用词语表现这种景色的无穷魅力。阿卡狄亚的牧人沿路赶着叮当作响的羊群走来：一切都非常古老，没有任何富丽堂皇之处；再往下看，一缕冉冉升起的白烟，它使我们想起现代的胜利者感恩祈祷或者焦急不安的青年祈求将来取胜的情形。

据正式记载，第一次奥林匹克运动会是在公元前776年举行的，古代奥运会存在了1168年，公元392年被古罗马皇帝狄奥多西一世下令禁止。我不必再提醒听众注意这样的事实，即古代奥运会也是一种历法的间隔期，每个周期为4年，周期开始便举行运动会来庆祝。这样的原则已经完全恢复了。1927年在奥林匹亚揭幕的纪念碑上写着：第1届现代奥林匹克运动会的盛典于1896年在雅典举行。1928年的阿姆斯特丹奥运会是现代的第9届，我忠实于时代的趋向，所以在章程中恢复古代奥运会精神的同时，我尝试着使奥运会具有全世界范围的形式，符合现代人的抱负与需求。因此，如果把"奥林匹亚德"（Olympiad）这个词当做"奥林匹克运动会"（Olympic Games）的对应语，这种用法在历史上、文法上都是不正确的，像一些人通常会做的那样，一个人如果说"阿姆斯特丹奥林匹亚德"，他就犯了可怕的双重大错。我这些议论是想使诸位脑子里很快注意到那些粗心大意的人，由于没时间思考，他们急于这样表达。

古代奥运会就这样存在了将近12个世纪，可是它的生存并非没有沉浮，并非不受干扰。人们应为古奥运会盛典神奇的持续性感到惊讶。一些最严重的事件也未能使其中断。即便在波斯人威胁期间，希腊人仍聚集在阿尔斐斯河畔庆祝4年一度的节日。当然也有麻烦的事情。第8届古奥运会由于组织者之间的争执而受干扰。三个世纪以后，第104届古奥运会期间甚至发生破坏神圣休战原则的事件。奥运会的成就，完全可以想象得到，取决于组织者的技巧，耗费的金钱，以及运动员的素质、数量、进取心和准备情况。奥运会期间有壮丽的节目表演，有辉煌的成绩，有各种各样难忘的景象，而在其他时间，生活是庸俗混乱的，喜庆仪式也胡乱安排，行列很不统一。

同时也必须承认，我们倾向于用过分简单的办法设想古代的情况。假如我们能够仔细思考未受损害的奥林匹亚的青春时期，现在那堆庄严的废墟就会使我们失望。另一方面，很多当年装饰一些都市的同时代文物促使我们这些来到废墟挖掘地基和碎片的后代人加快自己对古代的想象。无须对美好的古代幻想投下一丝阴影，也能做出反应：灰尘，不协调的噪音，不一致的和声，破烂的衣服，某些集会的粗鲁行为，都不是今天才有的。这种思想可以教会我们容忍当代艺术家的一定本领，有时候这些艺术家受到很不公正的待遇，第一个批评浪潮已经越出正常范围，把他们抬得高高在上（对此不应漠不关心），接着第二个批评浪潮又来了。

奥林匹亚始终都保持着异教信仰中心——圣地的特征。最后是基督教把奥林匹亚祭坛的圣火全部扑灭了。废止明显地不同于自行毁灭：狄奥多西二世渎教的敕令同30年前狄奥多西一世的敕令没有联系。在这30年中，阿拉里克率领的游牧部落来过。所有的珍宝被抢走了，财富四散，但是建筑物保存了下来——谁知道，也许这些年代久远而发出光泽的建筑物曾经无比的漂亮，它们成了半遗弃物，寂寞独处，沉默无言。狄奥多西二世下令毁灭它们，命令只是部分地执行，而且毫无疑问还是勉强地做的，但由于这命令，奥林匹亚更加被遗弃。幸存下来的堤坝不再被维修。阿尔斐斯河的突然泛滥于是起了作用。以后在6世纪时发生过两次可怕的地震。门廊和柱廊都倒在地上了。废墟被覆盖上一层遗忘的幕布。——于是，统治这废墟的是"不可理解"四个字。

我用的这个词语需要很好地阐释，解说它就是一个讲演。奥林匹亚不只是从地球表面上消失了：奥林匹亚是从人类的智慧王国中消失了。禁欲主义占了统治地位。但我绝不是说欧洲忽然到处布满了禁欲主义者；情况绝对不能这样理解。可是一种信念在广泛传播，自觉地或不自觉地，明确的或含糊的，总之，在一切事情上，人们都要承认并尊重下面的说法，即使他们并不奉行——肉体是灵魂的敌人，这两方面的斗争是无法避免的，而且是很正常的，任何想使这两者达成协议共同主宰个人的努力都是不成功的。

禁欲主义的复兴（我同意，"复兴"这个词用得坏，但在所有要传播的词语中坏处还算最少的）是否会有一般的好处？我毫不犹豫地回答："是"……我记得不久前对体育界讲话时曾使听众伤心，因为我说，假如能够转生，100年以后我将转生为人，我可能倾尽全力摧毁我今生已经做出的成就。这是谬论，纯粹是谬论。由于奥林匹克主义是肉体与灵魂兄弟关系的学说，而禁欲主义是肉体与灵魂敌对关系的学说，两种学说永远不能达成谅解并因此互相尊重——这样一来，既然两种学说都具有大量的能够彻底倒退到犯罪行为的因素，双方注定要产生冲突，而且还会轮流得势，完全像两个政党，实行绝对激烈的统治。在这里，我们接触到千百年来发展与替换的历史。在缺乏更好的事实时，这种历史连续过程对我们很有教益。中庸之道和中间道路永远是乌托邦空想。钟摆的规律和任何事情都适用。饱受奥林匹克主义熏陶的古代世界再也无法得到新的收获，就像渗透禁欲主义观念的旧世界再也不能背着这副枷锁栽培果树一样。

在许多人心目中，中世纪是禁欲主义潮流占主导的历史时期。这种观点用以看待封建社会之前的历史时期，较之看待封建时期更为真实些。无论如何，在封建社会的中心，我们清楚地看到一个界限明确的奥林匹克再生物——骑士制度。我犹豫了很长时间才宣布这种亲属关系。乍看起来，确实表面上不相似。骑士们自己就更少意识到这种关系，他们没有任何主见。奥林匹亚不是为他们而存在。然而，只要我们研究一下骑士们的行为举止并探讨一下他们的动机，他们对体育的热情马上就清楚地显示出来，我们立刻看到这就像涨满了水的河流一样充沛。后来教会出现了，通过奇怪的相反方向的努力，把骑士制度已经打倒的东西又恢复起来。诸位会说，那是一种不同的精神。肯定无疑，教会骑士的武器神圣化，在他获骑士衔时提供一篇虔诚的序文，使他的功绩都具有高尚的色彩（因为教会用公平和正义武装他的头脑，并把"保护弱者，保卫寡妇孤儿"的任务委托给他），他的神圣义务，他的训练以及激烈的肌肉活动，也像以前异教所做的那样，都涂上一层高尚的色彩，这一切都向他解释是符合上帝的意旨的。

基督教化的体育事业没有停留在教会规定的框子里。青年们对体育有强烈的爱好，抓住不放，体育的热情传播到整个西欧，从德国到西班牙，从意大利到英国，其中法国在这场运动中起着主要的十字路口的作用。但很快这场运动便倒退了。

诸位不会介意听我聊一个虚构的故事吧？为了占据一个位置并观看已经消失了的全景，我们来到一个地方，现在正在野营。我们设想在雅典希罗德剧院半圆形壁座遗址上吃过野餐，我们抽烟的烟雾正缭绕上升，好像同漂浮在上面的云彩混合在一起，注入蓝天后产生电影般的幻觉效应。白天即将来临，大气变得有些困乏；尽管还遥远，夜晚临近时，我们又感到大自然的疲倦。我们之中有一位在大地和天空的轻微刺激下昏昏欲睡，他感觉听见了古希腊体育馆里传来刚成为公民的青年们欢乐的叫喊声，又看见一个侍者沿着圣殿的台阶拾级而上，向放在朱庇特雕像脚下的三足祭坛进香，这雕像是不朽的菲狄亚斯的作品。那下面还有一尊正在做笔记的旅行者——会不会是波桑尼？他是旅行指南的仁慈编辑，这本书后来，很晚以后，使我们能够鉴定并重新发现普拉克西特利兹雕刻的赫尔墨斯，现在发现的地点就是他在书中提到的……

现在让我们抛开这些幻觉，使梦一样的景象逐渐淡化，随后清醒过来，重返现实，看见了第3奥林匹亚的诞生。地方很远，离开这里很远。可是多么奇怪！宗教又一次在这里扮演了一个角色：一个教会，英国国教教会，这次主持了奥林匹亚的再生。两个牧师正被谈论，金斯利和托马斯·阿诺德，他们都是文人。他们懂得全部古希腊罗马的历史。然而，如果他们也注意历史，却只是注意其过去，并没有将历史的经验加以利用。但是有一个方面他们优于历史：阿诺德使肌肉活动受更多的教育，使其更加细致地、更加经常地为培养性格服务。他担任橄榄球学校的校长，只有14年的时间用以改造这所学校，由于他事业生涯很短，他很快地拟订了体育教育学的基本准则，无须响亮的词句或者轻率的干预，阿诺德通过橄榄球影

响了其他公共学校，它们纷纷效法他的榜样；于是不列颠帝国的基石很快就奠下了。我知道，这个观点既不是历史学家的，也不是英国人自己的，但是我感到满意的是这个观点得到阿诺德时代至今尚健在的最伟大人物格莱斯顿的赞同。当我向他提出这个问题时，我还担心自己是错的，他要求我给他时间来考虑这件事，他考虑过以后，向我说："您是对的，就是这么回事"。

我们考虑英国的事也是用极其简单的方法。从上个世纪末起直到世界大战，我们都习惯把英国人看成一种深思熟虑的、相当平衡的典型，我们屈从于人类总是用固定眼光看自己的倾向，不管是看风景画还是看人都如此。但是有时这种平衡与其说是实际的，不如说是表面的；这种平衡是用意志促成并通过学习获得的；平衡也指对肌体的训练，这是比较近代的创造平衡的特殊现象。

阿诺德教育学的创造精神同恢复奥林匹克运动会两者之间没有明显的联系。既然近年来发表了各种最富于幻想的言论，有一般地倡议体育复兴的，有具体地建议复活奥运会的，毫无疑问诸位会原谅我借此机会把事实解释清楚。

有一个时期，我曾经不成熟地考虑过在修复的奥林匹亚复活奥林匹克主义，这是事实。从任何一种观点看，这都是不可能的。1894年6月16日举行的国际大学及体育代表大会准备通过在巴黎大学大会堂拟订的方案，这个方案已经包括各种最具体的细节，方案的最后实现带来今天的局面。而我早一年就把方案送给大西洋彼岸纽约的朋友们，他们和我是同一个立场，帮助我完成任务。14个国家的代表来到巴黎对方案进行原则上的表决：许多代表投了赞成票，然而没有多大信心，因为各种困难似乎难以克服。

19世纪是一个高度进化的世纪，但也充满由错觉产生的成就，到19世纪末，欧洲大陆，首先是法国，迫切需要重新调整教育。年轻人既不够健康，也缺乏勇气，更缺少干劲和热情。在这个国家，年轻人未老先衰。这里缺少一个通过有组织的体育培养年轻人意志的园地。无论是在学校还是离开学校之后，他们

都没有这样的园地。我充分意识到，现在接触到的问题本身需要做一次专门讲演，为此，我把同性质的一系列问题放下，只粗略地提到。诸位不会因为我接触这么多问题而感到厌烦吧？我仿佛是去库克群岛旅游的向导，偶尔利用时间在经过路途时指出许多事情。至少我尽量使大家能抓到我的思路，如果诸位能记住这么一个基本事实我将会很高兴：奥林匹亚曾经是一种象征，它存在的时间很长，在历史上一次又一次复兴，由于人类的本性，它既受到赞扬又遭到抵制，它被描绘为用于平衡，但它能达到平衡却不能保持平衡。

近年来比以往任何时候都更加强调它没有能力保持平衡。世界主义曾在各处兴起，对速度的陶醉开始产生效果，人们已经反复喊一句亲切而愚蠢的口号："时间就是金钱"，这口号成为今天压在我们身上的重担。

诸位知道我是如何着手使体育进入法国的公立中学？用一句话说就是破门而入，或者更确切地说是让孩子们破门而出。我忠实的朋友弗朗兹·雷舍尔是当年孩子中的一个，他曾经多次谈到这桩事情。"被陈腐制度约束的焦躁不安的人，"他写道，"听到您的呼吁时是多么的激动啊！我怎样才能表达巴黎所有公立中学的年轻人听到这呼吁后的惊奇和疯狂喜悦的心情？我们这里依靠鼓励赞助，那里通过容忍默许，最后终于能够实现您所期望的——学校体育协会在基金、指导、管理与活动的自由创造性；您解放并唤起了我们的创造精神，我们怀着激情锻炼这种精神的素质。"这件事发生在四十年前。早一年，医学会研究了已开始为大家关注的过度劳累的问题，指出纠正的办法是延长娱乐时间和每周的假日。我们的反对使他们感到惊奇。"同你们的生活无关，"我们说，"娱乐时间和假日是讨厌的浪费，一丁点的体育也没有。让我们现在开始把娱乐和度假的方式组织好；以后我们就能使这种娱乐和度假的方式普遍持久地采用。"朱尔斯·西蒙曾宣布他本人支持我们的观点，他胜利了。

诸位会说，那都是一些体育团体。确实是的，但这些团体为数不多，而且当初的能力比起后来小得很；它们当时的人数和地区分布在全国范围都只占很小的比例。各种教育机构对它们关上大门。在大陆那时解决问题的方式是创建自由而且自治的学校体育协会，就像英国曾经做过的那样。这是改革的优秀细胞。

经过朱尔斯·西蒙的滔滔雄辩和有关青年的热心活动，在我们中间形成了一种时髦的风气。但是我从来不喜欢"时髦"。昂贵的费用和任性妄为的时髦把自己的前途毁了。哪一样持久的事物能依靠"时髦"建立起来？恢复奥林匹克运动会——这一次完全国际化了——在我看来只有一种切实可行的办法用以加强我刚建立起来的薄弱的结构：把古代的极大声威加在现代的英国热上，从而在某种程序上避免古典主义者的反对，把已经名扬四海的公式牢牢地拴在全球五大洲，把我们正在成长但可能引起危险的世界主义改造成为坚固安全的堡垒——只有这些手段才能保证刚刚萌发的体育复兴运动相对长久地存在。

在这个世俗化的世纪，有一种信仰可以用来实现世俗化的目标——这就是国旗，现代爱国主义的象征。把国旗升上胜利的旗杆以奖励获胜的运动员——这样就继承了古代的崇拜，而不需要重新点燃炉火。

我们现在还在克龙尼翁山脚下停留，可是黑夜正在临近。落日燃烧着的红霞在消失。正在变暗的天空中出现了最初的一些星星，它们和那边小房屋的灯光一起闪烁，小房屋在小山远处右面隆起，小山上有一座博物馆。让我们横渡克拉斯河吧！我们在回去的路上，要经过一座新的纪念碑。淡淡的月光使大理石闪闪发亮，照出刻在大理石碑上的最后几行希腊文和法文：铭文在提到恢复奥林匹克运动之后说道："结果……现代第1届奥林匹克运动会在修复的雅典运动场光荣地举行，参加者有世界各国人民，时间在1896年，在希腊国王乔治一世统治时期。"

修复的雅典运动场！我多么乐意制作一幅投影图，让诸位看看1894年雅典运动场的情形（我必须是这样一张投影图的少数持有者之一，因为这样的图不吸引购买者；运动场只剩下了斜坡，岁月和天气变化把斜坡变成圆形）；然后再让诸位看看运动场胜利地披上大理石盛装的情形：场上到处是忙着铺砌最后几层石级的工作人员，真像伯里克利时代的一幕。改造运动场的景观足足用了18个月。现在有些人为这样再现雅典运动场而哀叹，并懊悔失去那些不成形状的斜坡。他们还是那一批人，指责罗马的维克多·埃玛努尔（Victor Emmanuel）纪念碑，把不同意他们的人叫做野蛮人，并确信他们自己给自己授予不能缩小的艺术专利，只要有一根倒掉的柱子被竖起来，他们便立即起来造反。

在修复了的境域出现了历史的景象，见过这些景象的人们将永远不会忘记，这些历史景象也使整个希腊激动不已。就是在这里，国王乔治一世庄严地宣告："我正式宣布现代第1届奥林匹克运动会开幕。"就像那时候每隔4年其他君主和城邦首领曾经做过的那样。就是在这里，我们第一次看到激动人心的前进行列，集合在一起的运动员们一个国家接一个国家地通过长廊走出来；由于体育的衰落和教会的憎恶，拱门上最后一位运动员的轮廓造型曾遭破坏而一度消失。

也是在这里，七万名等候在这里的观众注视着第一名马拉松赛跑运动员的到来，牧羊人斯皮里东·鲁易斯曾经斋戒并在圣像前做过祈祷，在路上轻松地甩下受过科学训练的西方和大西洋彼岸的参赛者，通过巨大的考验到达终点，他就这样赢得了法兰西研究院著名成员米歇尔·布雷阿尔提供的奖杯。米歇尔·布雷阿尔先生为奥运会复活而狂喜，在投票前夕他对我说："我要送一个奖杯给马拉松赛跑冠军——42千米多啊！"对这样长的距离我犹豫过，但是历史要走自己的路，结局证明了我们的大胆是正确的。当鲁易斯出现在运动场入口处时，在全场爆发出的雷鸣般的欢呼里，人们向过去和现在的希腊致敬；为了把鲁易斯从热情洋溢、欣喜若狂的人群中解救出来，希腊王储和他的弟弟把这个牧羊人抓住，用强有力的手臂架起抬到坐在大理石台阶的国王跟前……

复兴的奥林匹克运动会逐渐地适应现代的环境，

第11届奥林匹克运动会，手持圣火的运动员正向奥林匹克主会场跑去。

同时古代的精神使奥运会增添很多活力。我曾经意识到步子不要走得太快。首先必须建立国际奥林匹克委员会，拥有自己的基本权力，使自己获得世界各国的承认。这是不容易的，因为国际奥运会的章程公然反对时代的观念。这个章程不接受我们议会民主制度如此珍视的委派代表的原则——这一原则在做出重大贡献以后似乎变得越来越不起什么作用了。国际奥委会的委员决不是该委员会的代表。章程甚至禁止他们接受很可能束缚本人自由的来自公民朋友的强制命令。他们必须认为自己是驻在各自国家的代表奥林匹克思想的使节。他们的任期不受限制。某些代表可以担任20年、25年、甚至30年。他们不接受任何人的资助，所以独立性是绝对的……不久以前，某一位高层要人在日内瓦深感遗憾地说，国际联盟未能用类似办法来组建。

有过数不清的技术性问题，必须通过谈判、互惠性让步，有时是强制性立法来解决。大战没有摧毁国际奥委会。奥委会的年会中断了，和平一来，又恢复了。第6届奥林匹克运动会（1916年）没有举行。但是1920年在安特卫普庆祝了第7届奥运会，所有的辉煌成就，足以使人羡慕。1906年召开了艺术与文学研讨会。会议在法兰西喜剧院门厅举行，两位老前辈巴黛特女士和穆纳特·萨·利先生支持朱尔斯·克莱梯先生，会议通过了绘画、雕塑、建筑、音乐、文学五种竞赛的章程。起初艺术家和作家们不高兴，但很快就开始感兴趣了，任何直接受体育思想启发而未发表过的新作品都可以参加竞赛。

从现代第1届奥运会开始，开幕和闭幕都已经创造了适当的庄严仪式，但是直到有了运动员宣誓这一项，典礼才算完善。运动员誓词既简短又深刻感人，所有参赛国家的国旗都升起之后，运动员们开始面对国旗宣誓。

我断定奥运会复兴工作各项细节都已经完成，它既适合现代需要，又同古代的记载与教诲相一致，人

这一圆形露天竞技场建于公元前1世纪，位于现在北非的突尼斯，可容纳大约3500人。

们的普遍接受是运动持久的保证，只是在这个时候，我才把有效地管理已恢复的奥林匹克运动的责任移交给我的接班人。

开始的时候，敌对的意见非常多，也非常激烈，现在已经没有或者很少了。天主教会最早表示了怀疑。我在1905年的一天到了梵蒂冈，以便消除不安。人们告诉我，慈善的教皇派庇护十世正忙于拯救灵魂，不会接见我。但是这位从前的威尼斯主教喜欢并鼓励他的平底船船夫的才华，而我对他的善意丝毫没有怀疑。这是重要的，教皇在为看起来像异教的奥林匹克复活祝福过之后，对我说，他将很快给我一个表示他赞成的明确证明。果然，第二年来自天主教圣职授予国法兰西、比利时、意大利以及其他国家的体操运动员聚集在梵蒂冈，教皇在圣达默萨斯场地专门为这次表演而建起的豪华主席台上亲自主持操练。

尽管事事努力，有一项争议仍持续存在，这牵涉到很有名的古代奥林匹亚，争议随时随地都会发生。这是关于体育和运动两者之间的争议。下面的设想很有魅力：人们完全有理由获得体育锻炼的好处，不需要运动竞赛的刺激。但是有一条基本的规律："为吸引100个人参加体育锻炼，必须有50个人从事运动；为吸引50个人从事运动，必须有20个人接受专门训练；为吸引20个人接受专门训练，必须有5个人具备创造非凡成绩的能力。"

无法摆脱这条规律。一切事物都互相制约，又相互联系。由于我们人类的天性，昨天的人们也像今天一样，起来反对过这种规律——医生们以卫生学的名义；军事长官们以团队操练的名义；还有一些技术人员则从人类自然会评估自己的行为这一原理来反对。

这些荒谬事件令人叹惜，它们是否还会继续发生？……毫无疑问，会的。有什么值得惊讶的呢？谁也不会否认有这种事。这个问题至关重大，牵涉到能否避免荒谬事情，能否通过运动的形式让体育锻炼带来的好处具有一种超越的倾向，并长期不受干扰地保持下来。

这等于提出下面一个问题："如果不把自己专家中那些放纵的、热情的典型编上号以树立速度的榜样并统率群体，这种信仰还能否存在？"提出了这个问题也就是回答了这个问题。

我们现在回到中心思想上来了，我已经提出好几遍了，我想使在座的都能记住它，当做这一次短时间谈话的结论。同古代体育事业一样，现代体育事业是一种信仰，一种崇拜，一种高涨的热情，具有从表演走向英雄主义行为的能力。诸位掌握这一基本原理，将会开始把今天受批评责难却超越你们的运动员看成一批激发活力的杰出人才，他们比起那些宣称依靠单纯的体育，即没有火的信仰，来捍卫未来的人要理想得多（因而对社会福利有用得多）。至于没有火的信仰——这种信仰明天就会没有信徒，后天就变成没有祭坛的了。

这样，奥林匹亚继续存在。古希腊圣殿的香火全部熄灭了。没有人再到埃皮多勒斯治病了；没有人再到伊卢西斯接受知识了。西克利阿诺斯女士曾经在德尔斐度过整个艺术生涯；但是萨凯多塔尔学院再也不主宰政策了。皮西亚传神谕的祭司同多多尼亚的一样沉默了……但奥林匹亚仍然活着，因为奥林匹克主义已传遍了全世界。

通过这一点，我们看到希腊文化持久的象征。部长先生，对您的国家来说，已经改变了历史的常规，同一定发生的现象对立，具体地说，国家也和个人一样，不可避免地要经历青年、中年和老年时期。上一个世纪人类从希腊学到一课：一个民族可以被关在墓穴里三个世纪，不仅能活下来，而且还能再现蓬勃的生机，这就把下述真理变成历史最高规律："国家只是在自己想死亡的时候才被杀死。"因此我们对人类命运的想象力发生了改变。

从墓穴里站起来的新希腊被认为将同它的先人断绝联系。这是不愿意看到被称为拜占庭时期的古代和意想不到的复兴的现代的联系。但是今天甚至成见最深、见识最少的人们都开始明白希腊团结的力量，并且看到现在希腊文化的活力同古代的相似。欧洲和世界正需要这种活力。它使我们站起来，快步前进并振奋精神！希腊万岁！

奥林匹克运动会与体操①

最近有一期法国体操俱乐部联合会的机关报刊登了几封信，说国际体操联合会主席同国际奥林匹克委员会主席互相交换了职务。这一信息可能给人这样的印象：个人体操比赛至今一直被排除在奥林匹克运动会的秩序册之外，而他们准备暂时让步，"像穷亲戚"那样走边门进入洛杉矶。如果上述推理的前提都正确，那么引用瑞士评论员这些话当然是完全有道理的。可是事实并非如此，我想现在应该把真相重述一遍，像以往人们让我做的那样，不是小心谨慎地纠正，而是要设法使这件事再也不可能被误解。当然，这要建立在一个事实上：即人们不再蓄意制造错误；然而不幸的是，这样的错误不可能排除，诚实与直率还不是我们这个时代的突出标志。

像我当时已经指出的那样，体操运动，包括单杠、双杠、爬绳、举重、哑铃，我还想增加吊环、吊杠和鞍马、跳马，这些项目都详细地记载在强制的、不容侵犯的奥林匹克运动会秩序册中，其地位和田径运动、水上运动、马术运动、格斗运动等都是相同的。上面说到的秩序册于1894年6月23日在巴黎大学经一致同意，最终被确定为现代奥林匹克宪章基础的一部分。

这是出发点。

在制订这个秩序册时，我始终忠实于这样的指导路线：从一开始就有利于法国学生体育运动的开展。

可能我在1888年对法国体操俱乐部的批评，还同当时知名的体育官员尤金·帕兹先生进行的友好、生动的辩论，引起了对我的责备。围绕他的永远是颂扬的训练。后来如何？一言以蔽之，只是军训。

我本人的看法是，法国通过加强对这种训练的崇拜正走向毁灭，大量军事训练充塞着法国的整个教育制度，只有成功地把青年从紧身衣的束缚之下解放出来，我们年轻的共和国才能继续生存，这种紧身衣压迫青年并防止他们试图组织自己的管理机构。因此，我倾向于盎格鲁－撒克逊的方式，倾向于英国和美国的方式；我描述过这些国家的状况，只不过是作为没资格的爱慕者，但我认为，在这个历史时刻，法国的教育必须向英美学习，条件是：法国这样做的时候要谨慎考虑。

后来爱德蒙·德莫兰希望走得更远一些，在法国开办一些实施英国方针的公立学校，从根本上说我不是他的支持者。按照我的意见，必须在法国中学进行教学方法改革的试验，"把新鲜空气带进"那些阴沉的教学楼里，把那些行政机关变成人性化的机关，光明正大地把自由给那些"用功读书"的生命（整个计划未说完），但不是去做其他的事……

回到体操的问题，当时中学里正在发展的学生协会如果收到一张我刚刚描述的盎格鲁－撒克逊自由的邮票，费朗兹·雷歇尔常提起这个天天进行斗争的时期而且喜欢谈论它，体操运动根本就不会被他们排除了。在我脑子里，器械体操运动员是一种令人钦佩的运动员。休伯特·德·拉罗什福科尔是体操优胜者，在我看来他就是一个活广告，和他在一起的还有我们的优秀击剑运动员（在那时候风格如此优美），还有我们法国这样稀少的拳击运动员……

在那时候，整个运动项目群成为奥运会复兴的基础，在我脑子里，这些项目已经是不能撤销的（我现在谈的是40多年以前的事）。

1889年世界博览会期间，举行了第1届校际赛跑、马术、体操、击剑及游泳比赛，这些运动项目都处于完全平等的地位。比赛继续举行：跑步的较量变成年轻的田径运动联合会经常举行的冠军赛；马术受到法国马术俱乐部的关照，比赛按传统方法继续进行，体操委托给一个由高级管理人员桑斯伯弗任主席的委员会……

奥林匹克运动会恢复时，舆论界因此也准备看到体操运动员和其他运动的代表们在平等的条件下参加奥运会。他们果然在雅典、圣路易斯、伦敦以及斯德哥尔摩都献上光彩照人的表演……

体操家啊！

因为他们是器械体操运动员，所以是个人表演者。

我要复活奥林匹克运动会就是为了这些个人表演者：奥林匹克运动会的举办是为了提高运动员个人的地位，他们的存在对全体运动员的肌肉活动是必要的。他们的杰出本领对坚持普遍的竞争是必要的。

我们现在受团体比赛和全体表演的侵犯——甚至会很容易被淹没。

各体操俱乐部自己也为此烦恼，这就是为什么不容易使奥林匹克运动会的体操节目全部由个人节目组成的原因——已有节目从一开始就必须保留。

去年9月，我在日内瓦提出为改革体育运动而解决现存技术上和精神上的困难以及财政问题的办法已全面地反映在奥林匹克宪章内，全世界都有这部宪章，它已译成多种语言并在各国发行。

上面列举的一些个人体操运动项目必须被接受（不仅仅是在奥林匹克运动会，而且是在任何时间任何地方），并作为通常叫做田径运动项目的自然的、平等的伙伴。制定一些新的规则，从而创造一种新的思想状态或热烈气氛，这是没有多大问题的。但必须用同情心和坦率的态度来完成这个任务。现在这件事不是站在哪一边……有时候透过隐藏着种种阶级动机和社会偏见的对抗似乎闪现了一个人。在这个领域，为了进步，是否也需要一场革命去消除所有的障碍？

奥林匹克主义一直面临着这样的指责：奥林匹克主义把体操运动束缚在低水平上。这种指责在各方面翻来覆去地说，但却是毫无意义的。无论如何，奥林匹克主义是无辜的。

这种指责也不会有什么结果，即便它还在重复……让我们制止一个蓄意编造的谎言。

1924年出席国际奥委会的委员们。

未来属于青年 ①

女士们，先生们：

在这个时刻，我应该呈献一幅令人惊讶的图画——这种情况已经越来越罕见了——这副图画描写一个被财富压得喘不过气又不知道如何分配这些财富的人。对我来说，刚才提到的所有事物似乎可以称为一种"感恩连祷文"的背诵；即使那样，我觉得一切都应该归功于诸位，而一切都远不能令人满意，但是诸位可能已经准备好重复这样的表演，而且这个愉快的庆祝会接下去还要这样发表一些公开声明，因此我就有可能表示我的一系列感谢。再过一会儿，斯塔特·库塞勒先生和梅耶先生，我们将到湖边去，围坐在宴席桌旁，洛桑的传统善于把这种宴会办得异常豪华，但仍保持迷人的、热烈的、亲昵的气氛。那时我就有机会表达我内心特别的情感，这种情感把我同洛桑城市和沃州农村紧紧地捆在一起。明天一天是用做体育运动的，那时我就能够向诸位、亲爱的主席们和朋友们讲点话，同大家谈谈我们都非常关心的有关体育的一些事情，同时利用这个机会感谢在我生日时为一切事情操劳的十分忙碌的人，也就是弗朗西斯·默瑟利。现在这个时刻，既然我们聚集在这所大学，这所青年的圣殿，主宰他们的头脑并做他们的向导，我愿意首先谈一下。

这个集会的地方唤起了我对往事的强烈回忆。就在这个地方，19年前举行了国际代表大会，会议为体育心理学奠定了基础，至今有两位著名参加者同这个大会有联系，他们是罗斯福和费雷罗。又过了五年半之后，当我们经历过可怕的大战并存活时，隔壁房间成为我纪念被人忽略的法兰西共和国50周年（1870—1920年）的地方，这一活动在其他地方仍然遭受被拒绝记入历史长卷的不公正待遇。在那里，我用6次讲演叙述了法兰西的成就；同样在这个地方，我第一次向公众交流了我和协作者共同拟订的关于中学及学校教育改革的原则，这些原则概括在一份公告上，有人机智地背着我将其作为体育运动改革部分的附录放入宪章。这一切都依仗3位校长先生，德·费利斯、吕热翁和夏旺，他们的名字我必须提到，同时还要提到另一位校长，阿诺尔德·雷蒙，由于高度的同情与钦佩，我对他十分爱慕。

但是我的这些回忆都属于过去。青年们喜欢听到将来的事情，这是多么正确啊！谁要是有机会同青年们说话，千万别忘了这一点。黄昏时代发出的独特的声音，无论是由于年龄还是由于辛酸的经历，只要说到信念，都值得加倍认真倾听。这"信念"两个字就是我想说的。

歌德有一段话被翻译成了一节不太有名的英文诗，其中有两句忠告类似这样："孩子们，骑好马，大胆穿过薄雾向前进！"这薄雾……是正在消逝的黑暗，在那一边我们将重新看到太阳和蓝天。我们必须相信这一点。我亲爱的年轻朋友们，在你们路途上即将升起的薄雾是完全不透明的、黑暗的、带有威胁性的……我决不会忽视它那种令人不安的形状以及非常现实的种种危险性。但是不要管它，冲进去，我再一次告诉你们，在那一边，你们一定会找到阳光普照的新生活。勇敢，因此就有希望！要有百折不挠的勇气和执著坚忍的期待。

为了支持你们，指导你们，我提出三点希望：首先，希望你们身心愉快，这是肌体加强活动——甚至超常以及激烈活动——的结果；其次，忠实地、完整地、不屈不挠地奉行利他主义……这一点值得你们

---

① 1932年顾拜旦在洛桑举行的70寿辰庆祝会上的演说。

注意，因为将来的社会要么是利他主义的，要么就完蛋；选择将在利他与混乱两者之间进行；最后，把各种事物作为一个整体来理解。那些受专门化奴役的威胁而短视的人要抬起头来看，不要担心做有远见的人。看看自然界和人类历史遥远的地平线吧，人类就是从这样的高度汲取力量并前进的。

这些就是我对大家的祝愿，祝福这个令人喜爱的城市，祝福后辈们，祝福所有响应我们呼吁并要求体育运动增进身心健康的人们，祝福我漫长一生中到过的并愉快地接待过我的所有国家，祝福所有黎明已经到来的城市，也祝福那些还处在黑夜中的城市。

"孩子们，骑好马，大胆穿过薄雾向前进"，并且要无所畏惧。未来是属于你们的。

1914年第6届奥林匹克大会召开之际，在国际奥委会的诞生地——索邦大学的礼堂内举行了国际奥委会成立20周年庆典。

奥林匹克主义的顶峰①

《体育评论画报》非常忠实于我们，以至于我不能拒绝回答他们的询问。该刊询问我对最近的奥运会和刚在世界彼岸举行的第10届奥运会的运作方式有何意见。这次洛杉矶奥运会是我最后一次作为国际奥林匹克委员会主席提出并投票选定的举办地点。这件事是我们于1923年国际奥运会会议期间在罗马议会大厦进行的。那是在9年前！如果欧洲表示怀疑，我就不考虑这样长远的决定，因为它的轻率是显而易见的。但是加利福尼亚除地震之外，长期以来还没有受到早已使目光锐利的欧洲人苦恼的种种威胁。在结束我作为国际奥林匹克委员会主席的第3个10年的时候，我将以同样的姿态来强调从新奥林匹克主义诞生那一天起，我就向它指出了雄心，那就是，它应该囊括全世界，从而避开地区的偶然事件和民族的局限性。我的同事们和我一样，懂得这一指导原则的价值。

事情证明我们的预料是完全正确的。如果忽略不利的经济状况和意外的严重的金融危机，忽略为了私利而发动的激烈、欺诈的新闻宣传运动，我们就能说在太平洋岸边举行的第10届奥运会呈现出了光荣的顶峰的面貌。巴耶·拉图尔伯爵到达洛杉矶就好意想到给我打电报，让我知道他满意地发现"这样完美的奥林匹克组织和精神"。很多功劳当然应该归功于他，因为他在今年一年以高度的兢兢业业为我们共同的事业工作；我说这些话丝毫不想贬低奥运会的指导者和组织者的功绩。

当然，奥林匹克主义在世界上那些刚刚举行过奥运会的地方，已经家喻户晓并得到学赏识，为申办它而倾注的热情就是证明。另外，第3届奥运会（圣路易斯，1904年）现在被某些人的著作加以诽谤和贬低，但它已经使美国人了解了奥林匹克主义，更不必说他们经常不断地参加在欧洲举行的运动会。但是，这一次正是亚洲自己（靠定期举办亚洲远东运动会——"奥林匹克幼儿园"来顺便准备的）与我们的恢复工作的全部现实进行接触。

这方面的后果将是巨大的。有人不得不承认，对于那些站在个人利益的立场来看奥运会和一般的国际锦标赛的人们来说，这些后果已经十分明显，因为他们的怒气从试图玩弄新花招的企图中显露出来，1936年第11届奥运会十之八九不会让它们得逞。

在这一领域同在其他很多领域一样，权力在易手，原则正在改变自己的形式，重心正在被转移；由独立的协会组成的联合会势必取代保护的关系，欧洲在很长的时期内从这种保护关系中得益，欧洲以它利用这种保护关系的笨拙方式，大大加快了这种关系的崩溃。

尽管预报有塌陷几乎临近的破裂声，奥林匹克主义的力量仍在于它纯粹是人的，因而是世界范围的东西；同时还在于它的组成，正像来自纯粹古希腊人文主义的大多数制度的情况一样。奥林匹克主义有一群不谋私利的牧师为它服务，他们既不苦恼于利欲熏心地专心捞取物质好处，也不苦恼于沽名钓誉，抬高自己，因此它始终能够置身于攻击者的射程之外。

如果人们摆脱习惯的偏见客观地评价最近举办的奥运会，那么上面这些就是对它的感想。大自然普照着神圣的加利福尼亚土地上的人民，那些早已被艺术和美的本能引上崇高的命运的人民，在他们努力的光辉中具有深刻后果的事件发生了。

……加利福尼亚，充满劳动、艺术和歌声的光荣土地！……

---

① 1932年发表于比利时《体育画报》。

致美国青年①

在可能是结束我社会活动时期的这一庄严时刻，我特别想呼吁美国青年，请他们接过我传递给他们的继承物，并尽力使之硕果累累。

在这样做的时候，我回忆起西奥多·罗斯福、威廉·斯隆和很多美国朋友，他们长时期心甘情愿地同我一起工作，理解我，支持我；当时我在全世界、特别是在我自己的祖国法兰西，同缺乏理解的公众舆论做斗争，因为它们对恢复奥运会的意义未能做出正确评估。

不管怎么说，各地年轻人在致力于强身健体活动方面没有过头的地方。如果这是满怀激情地去做的话，那么这是有益于健康的激情。但是，也有一些浮夸，那就是国际的比赛和锦标赛增多了。因此，应该进行持久的努力来限制这些集会的数目。每4年一次的奥运会，对于使各个国家的竞赛精神保持在正常水平是必要的和适当的。

一项同样迫切的改革是对中等教育的改革。后者被理应属于大学课程的特别科目压得负担过重而且被搞混乱了。在所有的国家中，中等教育都应该是一个旨在飞越知识领域的智力飞行时期，以便每个人在他于某个地点着陆而做出卓有成效的努力之前，至少有机会看见广阔的全景。

那个问题与各个国家间的和平以及个人间的和睦有很密切的关系。很多人仍然不愿意承认这一点。我感到高兴的是，我能够为最终强制每个人实行的改革奠定基础、起草各项计划并对目的和各种方法进行总结。

亲爱的海外朋友们，我希望你们的工作将加强我已经完成的一切，并且完成我留下的未完成的工作。

我感谢你们，我对你们伟大国家的命运抱着最深刻的信念，在我生命的黄昏时刻，就像在我生命的黎明时刻一样，我仍然崇敬和热爱你们伟大的国家。

---

① 1934年6月23日，在洛桑举行了庆祝复兴奥林匹克运动40周年纪念活动，顾拜旦通过美联社转达了自己的感谢。

奥林匹克主义40年①

国务顾问先生，市长先生，副校长先生，我的亲爱的秘书长和朋友们，刚刚听完你们的所有讲话，我非常感动。我衷心感谢你们的这些讲话，它们充满了来自真正友谊的热烈的同情心，它们给了我很大的安慰。

女士们，先生们！

在这个纪念的喜庆节日，我的思想回溯到每隔一段时期纪念恢复奥运会的种种往事。

1904年，30年前，我们还只是在我们自己当中谈论这些事情。恢复起来的制度当时只有10年。10年！这对于一个有上千年历史而又渴望恢复的制度来说意味着什么？活动举办的很成功，它的意义是重大的。那一年，在爱德华国王的赞助下，国际奥委会在伦敦市长古老的官邸举行会议。6天富有成果的会议因迷人的节庆而增色。国际奥委会已经被视为主要的国际力量，这已由意大利国王和罗马市长科龙纳亲王的电报证实，他们欢迎选择意大利首都作为第4届奥运会举办地点的临时决定。我在别处已经谈到为什么罗马奥运会被移到其他地方举行；以后这就成为不可避免的了。

当国际奥委会在泰晤士河岸举行会议的时候，第3届奥运会在密西西比河边进行准备；尽管在很多方面不够完善，然而仍然应该强调这样一个事实，那就是从一开始，新奥林匹克主义的普遍性和世界性就是不容置疑的。它涉及所有的运动项目，所有的国家。后来的背叛徒劳地想把关于不确定的创造物（一个接一个胆怯地和随意地上演）的观念强加于人。而真实情况完全不同。这时，奥林匹克主义像密涅瓦一样全副武装地诞生出来，它有完整的纲领和全部的地理；整个地球将成为它的领域。

1914年6月，又一个10年之后。在这期间，分别在伦敦和斯德哥尔摩举行了第4届和第5届奥林匹克运动会，都取得了圆满成功，奥运会非常壮观、协调，群众热情高涨，组织完美无缺。现在颂扬新奥林匹克主义似乎是一件非常简单的事情。在它恢复青春的第20年，它富有魅力的往日光环仍然可以察觉出来。绝大多数国家已经建立的各国奥运会的代表被召集到巴黎开会。14天的节庆活动使会议具有与这座大都市相称的背景。政府当局与从前的君主贵族竞相使代表们在巴黎的逗留更加愉快，他们对客人的款待更加慷慨大方：于是出现了空前的壮观场面，因为这样的合作在共和制度下是前所未有的。在政治上，国际奥林匹克委员会已经显示出自己的影响力，使波希米亚和芬兰在体育运动方面自治，而最初哈布斯堡和罗曼诺夫帝国都拒绝承认这一点。除此之外，1906年的一次特别会议确定了艺术比赛这个"缪斯的五项运动"的计划，从此以后，艺术比赛计划与每4年一次的奥运会密不可分。最近设计的白底五色的五环旗迎风飘扬，增加庆典庄严性的迷人乐曲也有了最终的形式。

真是不幸的巧合，在恢复奥运会后的第一天卡洛特总统被暗杀，而现在，庆祝它的第20个周年纪念的1914年节日却在大祸临头的惨痛闪光中结束。当费兰西斯·斐迪南大公爵被刺身亡的时候，参赛者刚刚离别。但是奥林匹克主义不怕悲剧，它能够从容面对危险。因此，它能在整整四年的世界大战中，未受到丝毫损害；在这一时期，在和平行动得到避难的旧金山博览会上，它将接受以美国方式专门为它确定特别日子所表示的敬意；它将为了未来的奥运会而继续登记候选城市的资格。当国际奥委会在洛桑（在此期间，洛桑已成为国际奥委会的永久总部）开会，并在瑞士联邦主席阿多尔·古斯塔夫光临下庆祝它的第25岁

---

① 1934年6月顾拜旦在洛桑纪念复兴奥林匹克运动40周年纪念大会上的讲话。

生日的时候，和平实际上几乎尚未建立起来，并且还没有在法律上下定义。一些所谓的运动员，无视公开的面对面的进攻是体育道德的首要品质这一事实，秘密施展阴谋诡计，试图打乱奥运会的秩序，夺取对奥运会的控制，这些阴谋诡计已经彻底破产。潘兴将军大笔一挥，去掉了试图给各协约国军队运动会加上的"奥林匹克"一词，而克里孟梭总理把一中队法国飞机派往洛桑，请求国际奥委会把这一做法视为他的全力支持的表现。

又过了5年，恢复的奥林匹克主义到了30岁（同时，威尔斯亲王也到了30岁，他与它是同年诞生的）。这是发展最快的5年。在安特卫普，第7届奥运会重新锻造了链条。新近获得解放的城市看来既活跃又宁静。阿尔贝国王在市政厅主持了国际奥委会的第一次会议；巴耶伯爵花了很大力气并想尽办法临时装修了运动场，并在那里庄严地宣布奥运会开幕。在1921年，代表大会在洛桑把其1914年前人的工作继续下去，并增加了各个国际单项体育联合会的代表，这些联合会经过长期筹建，最后终于建成。最后还创立了冬季奥运会。1923年国际奥委会在罗马议会大厦举行会议；会议由意大利国王宣布开会，它继续保持着伦敦、海牙、斯德哥尔摩和布达佩斯举行的庄严会议的传统。

1924年，第30周年的庆祝活动与巴黎第8届奥运会正好巧合，这次庆祝活动充满迷人的光彩，但是也缺少1914年节庆的和谐的魅力。

1924年以来的十年见证了奥林匹克博物馆开馆，以及最近的教育计划的纲要。教育计划的原则也许会给所有往往在某些方面过于简化的和科学上幼稚的"高级课程"注入新的生命，这些"高级课程"力图把体育教师的训练限制在它们限定的教学大纲之内。

最后，这10年中还有刚刚在雅典和伯罗奔尼撒举行的令人赞美的希腊节日，节日结束时，在建立的奥林匹亚纪念碑下，该地区的一些小学生举行了令人感

奥林匹亚考古遗迹。

动的仪式。他们在自己老师的陪同下来到这里，把自古就有的橄榄枝放在新的大理石上。也许在他们中间会出现某个未来的科罗波斯。

现代的运动员，我必须在讲话结束时赞美他的身影，因为这也是他的节日，是古代运动员，他祖先的崇高形象所支配的他的再生之日。

……

我仍然认为，与妇女体育运动接触对他是不好的，并且这些体育运动应从奥林匹克计划中去掉——恢复奥运会是为了对个人运动员进行难得的隆重赞美，而且在它们当中没有团体运动的地位，除非是不准进入"阿尔提斯"（古时的荣誉名称）的，也就是在神圣的围场之外举行的次要比赛。

我仍然认为国际奥委会的组织方式是很好的，它的原则是我称为"反向委派"的原则，意思就是说，委任是从思想开始以唤起追随者，而不是从不团结的信徒群众开始以形成思想——这一原则能够适用于很多领域，即便它不能保证拯救当今的社会，至少也会明显地减少这个社会的弊病，正如间歇性原则能对这个社会悲惨的财政状况起到唯一可靠的缓解作用一样。

你们也许看到，我这个七十多岁的人的讲话已经是顽固不化……然而不要让人到处说，我的工作已经误入歧途，我对这些想象中的偏差感到委屈和惊恐。

40年前的这个时候，我在索邦庄严地宣告恢复奥运会。它的命运完全是与我的工作和我的意愿一致的。我十分认真地指出这一点，是出于证实事实真相这个简单的需要，而无知或别有用心则歪曲了它。

另外，让我们不要总是倾向于不公正地对待我们自己的时代；让我们更加尊重它。

1919年，在庆祝我现在谈到的那个节日期间，我在回答古斯塔夫·阿多尔总统时说过："目前的时势依然很严峻。即将拂晓的黎明是暴风雨过后的那种黎明。但待到日近中天，阳光就会普照大地。丰收的谷物又将劳累收获者的双臂。"先生们，现在还不是日近中天的时候。历史的岁月是漫长的，让我们坚韧不拔，充满信心。

位于洛桑的奥林匹克博物馆。

现代奥林匹克运动会的初创宗旨①

作为奥林匹克运动会的创始人和名誉主席，我欣然接受了率先发表广播讲话，颂扬奥林匹克运动会伟大意义的邀请，并为此感到荣幸。为了答谢这一盛情邀请，我认为最好的方式是详细地阐明我最初的想法和奠定我工作基础的初创宗旨。

无论是古代还是现代，奥林匹克精神最基本的特点是贯穿其中的宗教精神。古代运动员像雕塑家雕凿塑像那样，通过锻炼塑造自己的躯体。他们以此向上帝致敬。同样，现代运动员也以同样的方式为自己的祖国、民族以及国旗赢得荣誉。因此，我认为我最初围绕着重新崇尚的奥林匹克精神再创一种宗教感情是完全正确的。标志着当今时代特征的国际主义和民主改变并且丰富了这种感情。但无论怎样，它仍然与曾引导着雄心勃勃地向往以健壮的肌肉赢得胜利的年轻的希腊人向宙斯的圣坛脚下走去时的情感是一致的。

这就是现代奥运会庆祝活动中各种仪式的渊源。我必须努力地使时常难以左右的公众舆论一个一个地接受这些仪式。公众舆论曾把仪式仅仅看做戏剧性的表演，看做有损于这一国际性力量角逐的严肃性及其尊严的毫无意义的闹剧。

宗教体育的思想缓缓地渗入竞赛者们的心田。虽然，他们许多人仍然是在无意识地实践着这种思想，但他们终究会逐步信奉它。

宗教体育的思想不仅包括国际主义和民主这两个所有文明国家建立新型人类社会的基础，同时还包括科学。科学的发展，不断地为人类提供增强体魄、修身养性的新方法；提供摆脱以个性解放为由而产生的使人堕落的扭曲情感的新方法。

奥林匹克精神的第二个特点是拥有杰出人物，精英至上。当然，精英是在绝对平等的条件下产生的。他们身体条件的优势，他们的力量以及他们参加训练的坚强意志决定了他们出众的地位。年轻人并非都是培养运动员的材料。将来，通过改善公共和个人卫生环境，通过提高民族素质的直接措施，有能力适应艰苦的体育锻炼的人数肯定会大大增加，但总人数永远不会超过每代人的半数，最多不会超过三分之二。目前，各国离这个标准还相差甚远。然而，即使这个目标得以实现，年轻的运动员也不会全部成为"奥林匹克之魄"，例如，成为世界纪录的挑战者。这正是我在下面一段中表达的思想（已被译成多种文字）。它已不知不觉地成为几乎全世界都供认不讳的一条法则。

"为吸引100个人参加体育锻炼，必须有50个人从事运动；为吸引50个人从事运动，必须有20个人专业化；为吸收20个人接受专门训练，必须有5个人具备创造非凡成绩的能力。"

希望对运动员所需的是"超越的自由"。这正是向他们提出"更快、更高、更强"口号的原因，也正是那些勇于立志打破纪录的运动员的法宝。

但是，仅仅成为精英还不够，还要有骑士精神。骑士高于一切"战友"。他们勇敢坚强，精力充沛。共同的志趣使他们的密切关系远远胜过本身已很牢固的单纯的同志关系。因为同志关系建立在互爱互助的思想之上，而骑士更加崇尚竞争精神，崇尚出于对力量的热爱而进行的力与力的抗衡，崇尚既勇敢又勇猛的争斗。这正是古代奥林匹克精神的精髓。在国际竞赛的天地里，它的广泛影响和作用是显而易见的。40年前，当我努力使之重新指导现代奥林匹克运动会时，我被认为是在编织不切实际的幻想。然而，我们越来越清晰地看到它不仅能够体现在4年一度的奥林匹克庆祝会的庄严气氛中，而且也已体现在较为轻松

---

① 1935年顾拜旦在柏林电台播放的讲话。

的气氛中。尽管它从一个国家传播到另一个国家的速度很缓慢，但这一进程不会间断。它必须并且已经影响了所有的观众。例如：去年3月17日在巴黎举行的足球赛。我们必须保证在这种场合，并在奥运会的许多类似场合中摆脱民族偏见，将我们的掌声献给那些值得为之鼓掌的运动员。应该克制任何狭隘的民族感情，或者说，让它"暂时休假"。

休战的思想是奥林匹克精神的又一基本特点。休战与节奏密切相关。奥运会的庆祝活动必须准确地按照天体运行的节奏举行。因为奥运会是庆祝4年一度的人类春朝佳节的组成部分，是为了纪念人类一代又一代永不间断的繁衍，所以必须严格地按照这种节奏进行。今天，像古时候一样，意外的情况可能会阻止我们召开4年一度的奥运会。但是，各届奥运会的顺序都决不会改变。

人类的春天既不属于儿童也不属于稚气未脱、嘴上无毛的青年。所有国家，或者说，许多国家往往都犯有一个严重的错误，即过分地重视儿童，让他们自治并让他们享有过多的不成熟的特权。人们相信这样做可以赢得时间，增加有效创造期。这是错误地理解"时间就是金钱"的结果。这不是某个种族或某种文明的产物而是产生于美国。它当时正处于一段特殊的、暂时的兴盛时期。

成熟的青年是人类春天的化身。他们好像一台优质机床，各种部件都已组装完毕，马上可以正常运转。正是为了他们才必须举办奥运会。正是为了适应他们才必须保持奥运会的节奏。他们是未来的希望，也是融洽地联系过去与未来的纽带。

没有任何方式更能表达对他们的敬意，必须在他们周围有规律地宣布暂时停止一切争吵，纠纷和误解。人非天使。我不相信多数人变成天使会有利于人类。但是人的确是强大的。人的意志力足以驱使个人和社团停止为了获取利益、为了满足统治欲和占有欲而进行的争斗，我个人将对此表示热烈的欢迎。

我曾说过，我心目中的奥林匹克英雄是成年男子个人。那么集体项目因此必须取消吗？当人们认识到无论古代或现代奥林匹克精神的另一特点——阿耳提斯或圣地的存在时，就会找出答案了。奥运会的许多项目都在阿耳提斯之外举行。虽然圣地周围到处沸腾着人间的世俗生活，但这种生活决没有权利进入圣地。阿耳提斯本身是一块圣地。因为，此时它已成为主持崇拜健壮体魄的宗教仪式的教士。

同样，我想象现代奥林匹克精神的中心耸立着阿耳提斯这样一座神圣的城堡。里面，力量的抗争使竞争者团结在最能充分表现阳刚之气的最佳运动中。其目的是保护人类，使人类能够主宰自己，战胜艰难险阻，控制自然环境，克服动物本性并驾御生活；体操运动员，长、短跑运动员，赛马运动员，游泳运动员，划船运动员，击剑运动员，还有摔跤运动员，他们的周围也许是希望组织运动生活的其他组成部分……足球赛、其他球赛、团体操等等。这些运动也会受到应有的尊重，但处于次要地位。如果认为有必要，妇女也可参加比赛。我本人不赞成妇女参加公开的竞赛。这并不是说她们不能参加各种体育运动，只是她们绝不能成为公众场合注意的中心。她们在奥运会上同在过去的比赛中一样应为胜利者佩戴桂冠。

最后一点：通过参加艺术运动和思维运动赢得美丽。怎样才能头脑轻松、精神愉快地庆祝人类的春天呢？问题是肌肉和大脑相互作用，其特点是相互关联协同工作。毫无疑问，大脑起支配作用，肌肉服从大脑指挥，但必须运用艺术、文学创造的最高级形式，而不是现在严重损害文明真理、人类尊严和国际关系的低劣形式，这种形式在一张不断扩大权限的特许证允许下大量繁殖。

我知道与我曾被准予表达的愿望一致，第11届奥运会将在贝多芬第九交响乐最后乐章的绝妙旋律中隆重开幕。庞大的群众合唱团届时将高唱"欢乐颂"。为此，我感到无比的高兴。从儿时起，每当我听到这一乐章，就感到热血沸腾，精神上得到升华。我仿佛通过那和谐的旋律与主交谈。我希望这种成功地表达年轻人的欢乐和雄心壮志的大合唱将来能够更经常地响彻在展示奥林匹克辉煌成就的活动中；我还希望历史与诗歌一起，在奥运会庆祝活动和围绕奥运会展开的思想文化活动中发挥重要作用。这很自然，因为奥林匹克精神是历史的一部分。庆祝奥运会就是要唤起对历史的回顾。

历史是和平最好的守护神。让世界各国人民相互热爱的想法是天真幼稚的，但是让人民相互尊重却并非乌托邦的幻想。为了互相尊重，人民首先需要互相了解。世界历史，例如今天讲给下一代的历史，由于它准确的史实和地理部分，它成为建立和维护真正的和平的唯一而牢靠的基础。

1936年奥运会上，纳粹徽章掩盖了奥林匹克五环。

高举火距前进①

运动员们，你们将以你们热情的双手把圣火从奥林匹亚传到柏林，我想告诉你们，我依据什么精神从而和你们在思想上协调一致，还有我认为你们的努力所具有的意义。我们正度过庄严的时刻，意想不到的壮观正在我们四周各处出现。当新欧洲和新亚洲形态像在晨雾中一样依稀可辨的时候，看来，人类最终将要认识到，它所卷入的危机首先是教育危机。1886年至今，50年过去了，当时我把任何个人偏见撇在一边，把毕生努力奉献给教育复兴的准备工作，确信如果教育改革不能先行，那今后就无从取得政治的或社会的稳定。

我认为我完成了我的任务，但不是全部。

从散布在地球上的无数体育场上，现在发出了运动员欢乐的喧闹，就像它曾从雅典体育场发出的一样。它不分民族、阶级和职业。现在复活的对体育的崇拜不仅仅改善了公众的健康。它传播一种乐观的坚韧精神，帮助个人抵御生活中日常的磨难和沮丧。让我们祝贺我们的这些成果；但并非一切都因此完成

了。现在轮到必须使精神从过度专门化强加于它的镣铐中解放出来，从狭窄职业的紧身衣的束缚中摆脱出来。向我们时代展开的广阔景象定会在积极人生的入口显示给每个人，即使只是作为瞬息的幻象。未来属于那些敢于首先改革青年教育的人们。

因为是他们——而不是儿童——把握并支配命运。

我把我的祝词托付给你们——无疑这是我发表的最后祝词。祝你们愉快地传递。德国组委会细心策划并组织了这次比赛，它受到各国赞赏。而且，它是在不朽的古希腊文化的标志下，在比所有其他地方都辉煌的地方开始的，不朽的古希腊文化一直不停地照亮了多少世纪的道路，它古老的解决方法对许许多多当代的问题仍然适用。

我请求聚会于柏林的青年人接受我的工作传统并完成我已开始的事业，完成这项被盛行的常规观念和陈规旧套阻碍的事业，为了人类的尊严和人类的进步而最终使肌肉和思想紧密结合起来。

---

① 1936年7月顾拜旦致柏林奥运会火炬传递者的祝词。

永恒的奥林匹克圣火①

请继续守护圣火!

第11届奥林匹克运动会不久将成为记忆,但记忆是多么深刻有力,多么丰富多彩!

首先是美的记忆。刚好30年前,我在巴黎召开了讨论文学、艺术和体育的会议,目的是在恢复的奥林匹克主义和心灵工程之间建立起永久的桥梁,从那时以来,从斯德哥尔摩到洛杉矶,明智的努力帮助实现了这一理想。如今,柏林以大胆的革新为这一理想做出永久的奉献,这些革新获得了完全的成功,比如从奥林匹亚出发的神圣火炬的接力,奥运会第一个夜晚在雄伟体育场所的宏大庆典,这两个项目都是由我热情的天才朋友卡尔·迪姆构想出来的。

其次是勇气的记忆。勇气之所以需要是为了面对困难。先生们,你们大家仍然留在记忆中的不仅有柏林和加米施奥运会的成功,而且有在奥运会准备过程中遇到的困难,以及力图使奥运会失败的种种活动。

为什么这些困难没有了?为什么这些活动徒劳无力了?因为国际奥委会在捍卫奥林匹克运动原则方面同德国当局在尊重这些原则方面的考虑是一样的:"因为我们的3位德国同事以及他们的合作者都只承认一项法律——奥林匹克宪章……"

最后是希望的记忆。在五环旗的庇护下,锻造了比死亡本身更强大有力的理解……

历史的统治和斗争将继续下去,但是知识将一点一点地取代危险的愚昧无知;相互理解将减轻不经思考的仇恨。这样,我曾为之劳动了半个世纪的大厦将得以巩固。愿德国人民和他们的领袖因他们刚刚完成的业绩而受到感谢!愿你们的运动员牢记太阳点燃之火,它从奥林匹亚来到你们这里以照亮和温暖我们的时代。愿你们在生命深处保卫它,以便4年后它在世界另一边再次燃起,那时,你们将在伟大的、遥远的太平洋彼岸举行第12届奥林匹克运动会!

---

① 1936年顾拜旦在柏林奥林匹克运动会闭幕式上的演说。当时顾拜旦没有认清希特勒的政治意图而吹捧了希特勒。

解读现代
奥林匹克运动

奥林匹克运动

奥林匹克运动是在奥林匹克主义指导下的国际社会活动。它以体育运动和4年一度的奥运会为主要活动内容，促进人的生理、心理和社会道德健康协调发展，沟通各国人民之间的相互了解，在全世界普及奥林匹克主义，维护世界和平。奥林匹克运动包括了以奥林匹克主义为核心的思想体系，以国际奥委会、国际单项体育联合会和各国奥委会为骨干的组织体系和以奥运会为周期的活动体系。

奥林匹克运动的目标是通过没有任何歧视且体现奥林匹克精神的体育运动教育青年，从而为建设一个和平、美好的世界做出贡献。为实现这一目标需要相互理解，发扬友谊、团结和公平竞赛的精神。

奥林匹克运动是人类社会罕见的杰作：它充分发挥了体育运动的各种功能，但其影响力远远超出了体育的范畴，在当代世界的政治、经济、哲学、文化、艺术和新闻媒介等很多方面都产生了非常重大的影响。奥林匹克运动构成了现代社会特有的一种体育文化景观，具有特殊的文化魅力，它强烈的人文精神不断激发着人们去进取和拼搏。

奥林匹克五环最早根据1913年顾拜旦的提议设计，后由《奥林匹克宪章》确定。它由五个奥林匹克环套接组成，可以是单色，也可以是蓝、黄、黑、绿、红五种颜色。

《奥林匹克宪章》

《奥林匹克宪章》是国际奥委会制定的关于奥林匹克运动的最高法律文件。宪章对奥林匹克运动的组织、宗旨、原则、成员资格、机构及其各自的职权范围和奥林匹克各种活动的基本程序等作了明确规定。这个法律文件是约束所有奥林匹克活动参与者行为的最基本标准和各方进行合作的基础。

《奥林匹克宪章》随着奥林匹克运动的发展而逐渐完善。1894年国际奥委会成立时没有制定具体的规章制度，只是确定了一些基本的意向与原则，如每4年举办一次奥运会以及国际奥委会与政府的关系等。第一个具有宪章性质的文件是1908年顾拜旦起草的《国际奥委会的地位》一文。这个文件对国际奥委会的任务、组织管理、委员产生方式等问题作了比较明确的阐述。其后，在这个文件的基础上逐渐形成了奥林匹克运动的规章。在很长一个时期内，这些规章的名称用语混乱，如"奥林匹克规则"、"奥林匹克章程"和"奥运会规则"等。从1978年开始，国际奥委会正式使用"奥林匹克宪章"这一名称。在实践中为了表述方便，人们将以前这些名称不同的规章也都称为"奥林匹克宪章"。

随着奥林匹克运动的发展，国际奥委会在保持奥林匹克基本原则和精神始终如一的前提下，针对不断变化的情况，对《奥林匹克宪章》做过多次修改。现行的《奥林匹克宪章》在1996年7月18日国际奥委会亚特兰大第105次全会上批准生效。该宪章由"基本原则"、"奥林匹克运动"、"国际奥林匹克委员会"、"国际单项体育联合会"、"国家奥林匹克委员会"和"奥林匹克运动会"6部分组成，共74款，对奥林匹克运动的思想、组织、活动和制度等重要方面做了明确规定。

《奥林匹克宪章》的内容包括以下几个方面：
1.阐述了奥林匹克运动的宗旨，确定了奥林匹克运动

古希腊的运动会其实是宗教活动中的一环，在神坛前由祭祀点燃圣火、祈祷、敬献贡品、宣誓等都是祭祀程序。

的目标，规定了奥林匹克运动的发展方向。2.界定了奥林匹克主义和奥林匹克精神等重要概念，奠定了奥林匹克运动实现其目标的思想基础。3.将奥林匹克运动组织体系以法律条款的形式固定下来，对奥林匹克大家庭的各个成员，特别是三大支柱(即国际奥委会、国家奥委会和国际单项体育联合会)在这一运动中各自的位置、功能、任务以及相互之间的关系作了清晰表述和规定，既保证了它们各自的独立性，又使它们互相联系，形成一个完整的功能体系，从而提供了一个与奥林匹克运动相称的组织基础。4.界定了奥林匹克运动的基本内容，如奥运会、大众体育活动及奥林匹克教育与文化活动。

奥林匹克运动的宗旨

《奥林匹克宪章》指出，奥林匹克运动的宗旨是"通过没有任何歧视、具有奥林匹克精神——以友谊、团结和公平精神互相了解——的体育活动来教育青年，从而为建立一个和平的更美好的世界作出贡献"。

奥林匹克运动的宗旨可以更详细地阐述为：使体育运动为人类的和谐发展服务，以提高人类尊严；以友谊、团结和公平竞赛的精神，促进青年之间的相互理解，从而有助于建立一个更加美好、更加和平的世界；使世界运动员在每4年一次的盛大体育节日——奥林匹克运动会中聚集在一起。

奥林匹克运动的目标就是促使人类社会向真善美的方向发展。在进入工业社会以后，人类社会的交往越来越紧密了，但同时也出现了非常激烈的国际冲突，再加上人类掌握了毁灭自身的武器手段，使人类社会面临着非常大的威胁。另外，当代世界各国还面临着很多需要共同协作才能解决的问题，比如环境、难民、地区冲突和贸易壁垒等等。奥林匹克运动希望能成为沟通各国人民联系的桥梁，增进不同民族、不同文化的人们之间的相互了解、促进世界和平、减少战争的威胁。奥林匹克运动的宗旨和人类社会正义事业所要达到的目标是一致的；奥林匹克运动是世界和平事业的一个非常重要的组成部分；它希望通过富有人文精神的体育运动来实现自己的主张，在世界各国人民之间建立起友谊的纽带。

奥林匹克主义

"奥林匹克主义"一语是顾拜旦首先使用的，但是他却从来没有直接为自己创造的这一术语提出明确的定义，因此人们对奥林匹克主义也有很多不同的解释。

经过多年的讨论，"奥林匹克主义"一词终于出现在1991年6月16日生效的《奥林匹克宪章》中，这也是国际奥委会第一次给"奥林匹克主义"以正式的定义：奥林匹克主义是将身、心和精神方面的各种品质均衡地结合起来并使之得到提高的一种人生哲学。它将体育运动与文化和教育融为一体，奥林匹克主义所要开创的人生道路是以奋斗中所体验到的乐趣、优秀榜样的教育价值，和对一般伦理的基本原则的尊敬为基础的。

这个定义明确指出：

1. 奥林匹克主义的中心思想是人的和谐发展。

2. 奥林匹克主义强调人的和谐发展，其关键是生活方式的改善。

3. 奥林匹克主义将体育运动作为实现人和谐发展的途径。

4. 为达到人的和谐发展的目的，体育运动必须与教育、文化相结合。

5. 奥林匹克主义强调奥运选手的榜样作用。

奥林匹克主义极大地丰富了体育的内涵，扩大了体育的作用。它不但是主宰体育的最高纲领，而且还是具有普遍意义的一种生活哲学。

奥林匹克主义是奥林匹克运动的指导思想，规定了奥林匹克运动的性质和发展方向。在奥林匹克主义指导下的奥林匹克运动，不只局限于体育，更不局限于奥运会的竞技比赛，而是一种超越体育和竞技运动的关于人的全面发展、人类完善和社会发展的思想、理论和运动。其特征是以体育为载体，通过体育运动的社会学校对青年进行身体、心智和精神的教育，以培养全面发展的人为目标的世界性的社会运动。

奥林匹克精神

《奥林匹克宪章》指出：奥林匹克精神就是互相了解、友谊、团结和公平竞争的精神。

奥林匹克精神对奥林匹克运动具有特别重要的指导作用，没有奥林匹克精神，奥林匹克主义就不可能得到贯彻，奥林匹克运动也无法实现其促进世界和平和建立美好世界的目标。

首先，奥林匹克精神强调对文化差异的容忍和理解。

奥林匹克运动是国际性的运动，奥林匹克运动会是世界各国运动员的大聚会，这种空前规模的大聚会首先遇到的一个不可避免的问题就是各种文化之间的差异。这种差异常常会因为各个国家之间在政治体制、经济制度和意识形态等方面的冲突而强化。如果处理不妥，奥林匹克运动不仅不能实现其促进世界和平的神圣目的，反而会妨碍世界上各个国家之间的沟通，加深民族之间的隔阂。因此，必须有一种文化氛围和精神境界，使人们可以较容易地跨越文化心理上的障碍，学会容忍、欣赏和借鉴别的文化，进而促进文化的世界性交流与融合，奥林匹克精神为奥林匹克运动提供了这样一种氛围和境界。在它强调的友谊、团结和互相了解下，人们才有可能摆脱各自的文化带来的种种偏见，在不同文化的展现中看到的不再是各种文化间的差异、矛盾和冲突，而是人类文化千姿百

雅典卫城山上的帕提农神庙。

态的壮丽图景。有了这种精神境界，人们才能跳出各自狭隘的民族局限，以世界公民的博大胸怀，去认识和理解自己民族以外的事物，领悟到各个民族都有着神奇的想象力和巨大的创造力，学会尊重其他民族，学会以比较客观和公正的态度去看待别人和自己。只有这样，奥林匹克运动所提倡的国际交流才能真正得以实现。

其次，奥林匹克精神强调竞技运动的公平和公正。

奥林匹克运动以体育，特别是以竞技体育作为它的主要活动内容。竞技体育具有多种教育功能和文化娱乐功能，它的一个突出特点就是具有鲜明的比赛性和对抗性。在剧烈的身体对抗和比赛中，运动员的身体、心理和社会公德可以得到良好的锻炼，观众也可以得到健康的娱乐和享受。但是发挥竞技体育的这些功能需要一个不可缺少的条件，这就是公平竞争。只有在公平的基础上竞争才有意义，各国运动员才能保持和加强团结，增进友谊，奥林匹克运动才能实现它的神圣目标。因此《奥林匹克宪章》将公平竞争列为奥林匹克精神的一个重要因素。

国际奥委会（IOC）

国际奥委会（IOC）的全称是国际奥林匹克委员会，它是奥林匹克运动的最高管理机构，根据奥林匹克宪章的规定，它的宗旨是：鼓励组织和发展体育运动；在奥林匹克理想指导下，鼓舞和领导体育运动，促进加强各国运动员之间的友谊。

国际奥委会是一个国际性的、非政府的、非赢利性组织，成立于1894年6月23日，1981年9月17日得到瑞士联邦议会的承认，确认其为无限期存在的具有法人资格的国际机构。国际奥委会的机构有国际奥委会全体委员会议、执行委员会、设立在瑞士洛桑的总部和专门委员会。

目前国际奥委会有167个会员，有国际奥委会委员的国家或地区为数不多。1894年国际奥委会刚成立时，委员为14人，至1986年增至91人。国际奥委会委员是分布于73个国家或地区的奥委会的代表，而不是各国或地区派往国际奥委会的代表，所在国家或地区无权撤换这些委员和干预委员的选举工作。过去委员的任期是终身的，从1965年起，当选委员年满72岁时，必须呈请退休。国际奥委会委员很长时间是清一色的男性，至1981年才增选了第一批女委员。

国际奥委会对奥运会的组织、市场、转播以及所有衍生产品保有全部权利，确保奥运会的独立性和广泛性。

国际奥委会管理机构的主要任务包括：

1. 起草，执行和监督国际奥委会全体委员大会、执委会的相关决议和政策；

2. 监督各相关工作委员会；

3. 负责与各单项体育联合会、国际奥委会和各举办国奥运会组委会的联络工作；

4. 协调奥运会准备工作；

5. 组织和准备其他奥林匹克活动；

6. 传递奥林匹克运动的相关信息；

7. 向奥运会申办城市提出相关的建议；

8. 与国际政府和非政府的体育、卫生和文化等相关机构联系；

9. 与奥林匹克团结委员会联系，负责执行国际奥委会主席和执委会的相关决议和任务。

火炬手跑进奥林匹克会场。通常组委会要选择一位成绩卓著，有一定影响力的运动员担任火炬手。

国家（地区）奥委会

国家（地区）奥委会负责在本国家（地区）内开展包括组队参加奥运会在内的各种活动。如，中国奥林匹克委员会简称"中国奥委会"，是以推动奥林匹克运动和发展体育运动为宗旨的全国性体育组织。它的任务和职能是：促进奥林匹克项目在中国的广泛开展；组织中国奥委会代表团，参加国际奥委会主办的夏季、冬季奥运会，并提供必要的经费和运动器材；协助其他全国性体育组织举办体育竞赛和运动会。

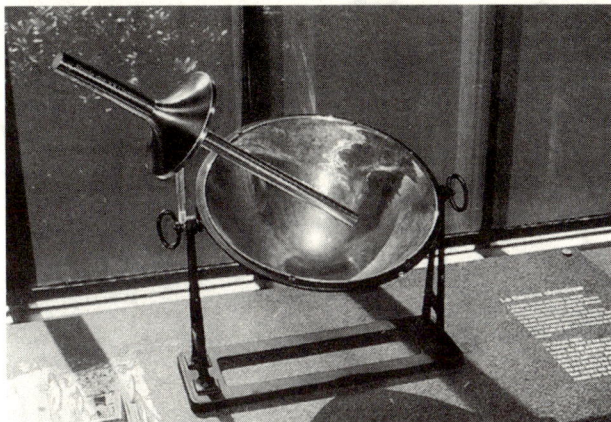

奥运圣火火种采集器。

奥运会组织委员会

奥运会组织委员会是由奥运会主办国的国家奥委会主持成立的、专门负责奥运会组织工作的临时机构，简称奥运会组委会。

组委会负责运动会的接待、财政、竞赛、安全、医务、外事、电视广播、艺术表演、建筑工程、活动计划、奥运器材和保险等事务。组委会的工作非常庞杂，包括资金筹集、场馆建设、日程安排、安全保卫、运动员和奥运官员的食宿行等。组委会的成员主要由奥运会举办国各有关方面人员组成。组委会主席由举办城市的市长或主办国奥委会主席担任，成员必须包括国际奥委会在该国的委员。

组委会从成立时起，就直接和国际奥委会联系，并接受它的指示，同时还负责就奥运会的各项事宜，同各国家奥委会指派的联络员保持联系。组委会具有法人身份，可以独立享有法律权利和承担法律义务。从成立到结束，组委会进行的一切活动都应符合《奥林匹克宪章》，符合国际奥委会、国家奥委会和主办城市签定的协议，以及国际奥委会执委会的指示。如发生违反上述规则或不履行协议义务的情况，国际奥委会有权撤销(随时采取并立即生效)主办城市、奥运会组委会和国家奥委会举办奥林匹克运动会的任务。

国际单项体育联合会

国际单项体育联合会是世界范围内管辖一项和几 项运动并接纳若干管辖这些项目的国家级团体的国际

195

性的、非官方的组织。由国际单项体育联合会的定义可知,它的职权是在世界范围内,这是判断某个体育联合会是否是国际单项体育联合会的一条基本原则。

国际单项体育联合会被限定为"国际性的、非官方的组织",目的在于尽量避免政治和其他因素的干扰,以维护各国际单项体育联合会在管辖其他运动项目方面的独立性和自主性。

从19世纪末期始,国际单项体育联合会相继问世,使各运动项目有了统一的国际领导核心,正是这些团体制订了得到国际公认的比赛规则,使该运动项目真正走向了国际化。

目前得到国际奥委会承认的国际单项体育联合会共有62个,其中列入奥运会项目的国际单项体育联合会有34个;未列入奥运会项目的有28个。

奥运会主办城市的遴选

根据顾拜旦的理想,奥运会应该由世界各国城市轮流主办,这样有利于奥林匹克精神的传播。国际奥委会确定奥运会举办城市目前采用的程序是:

1. 申办城市向国际奥委会提出书面申请。

由于现代奥运会筹备工作需要足够的时间才能完成,国际奥委会在奥运会举行的前8年就开始招标,并规定明确的截止日期。意欲举办奥运会的城市须在此日期前以正式的书面形式向国际奥委会提出申请。申请报告必须经本国奥委会批准,并由该国政府同意并签署表示支持。如果同一国家有两个以上的城市拟申办,由该国奥委会从中确定一个。也就是说,国际奥委会只允许每一个国家有一个城市申办一届奥运会。

2. 国际奥委会执委会对提出申办的城市进行初步筛选。

国际奥委会执委会对提出申办的城市进行"资格"审定,根据申办城市自己的陈述以及执委会对城市基本情况的了解,筛选出数名城市"入围",进入正式的申办程序。

3. 国际奥委会评估委员会对申办城市进行实地考察。

国际奥委会和负责奥运会项目的国际单项体育联合会发出对申办城市各种条件进行调查的有关表格和问卷,这些问题具体而详尽,涉及举办奥运会的各个方面。申办城市将自己对这些问题的回答汇总,装订成长达数百页的申办报告,实际上就是

一个非常详细的举办奥运会的计划。在国际奥委会全会表决前6个月送交国际奥委会。然后,国际奥委会组成评估委员会,由以下各方代表组成:国际奥委会委员、国际单项体育联合会代表、国家奥委会代表、前奥运会组委会代表、运动员代表、环境保护及财政方面的专家等。评估委员会亲自赴各申办城市进行实地考察,并将考察的结果以书面报告形式呈交国际奥委会,发送给每一位委员,作为委员在最后的全会表决时的参考依据之一。

4. 国际奥委会全会投票,确定举办城市。

奥运会举办城市的最后确定权完全由国际奥委会全会掌握。具体形式是在奥运会举办前7年召开的国际奥委会全会上,由全体委员秘密投票表决。在投票中,只要某个申办城市获得半数以上的选票,即被确定为举办城市。在有几个城市竞争的情况下,采用多轮投票的方法,每一轮淘汰票数最少的一个城市。如果两个城市票数相同,则增加一次专为这两个城市的投票,从中淘汰一个。国际奥委会主席不参加一般的投票,如最后一轮两个城市票数相等,则由主席投出一票,来决定主办者。

5. 国际奥委会与举办城市签约。

举办城市确定后,该城市与国际奥委会签订正式的协议——"举办城市合同",承担具有法律约束力的责任,保证组委会将遵照《奥林匹克宪章》和国际奥委会的指示,不折不扣地履行协议中的各项条款。

奥运圣火

奥林匹克博物馆前永不熄灭的奥运圣火。

1920年，第7届奥运会在比利时的安特卫普举办。为了悼念在第一次世界大战中死去的人们，主办者决定在主会场点燃象征和平的火炬，但未进行火炬传递活动，火种也不是从希腊的奥林匹亚采集的。

1934年，国际奥委会决定：在奥运会期间，从开幕到闭幕，主会场要燃烧象征光明、友谊、团结的奥林匹克圣火，火种必须从奥林匹亚采集，以火炬接力的形式传到奥运会主办城市。自此，奥运圣火传递就成为每一届奥运会必不可少的仪式。

从1936年第11届奥运会开始，每届奥运会之前，在奥林匹亚的赫拉神庙遗址前，都要举行庄重的圣火点燃仪式，身穿古希腊服装的希腊少女用聚光镜采集火种，然后通过接力传递，在奥运会开幕前一天将圣火传递到主办城市。火炬接力的过程十分隆重，往往有政界要员、著名运动员参加。

奥运会开幕式

开幕式历来都是奥运会的重头戏。开幕式上既要反映出以和平、团结、友谊为宗旨的奥林匹克精神，也要展现出东道国的民族文化、地方风俗和组织工作的水平，同时还要表达对世界各国来宾的热情欢迎。开幕式上，除了进行一系列基本的仪式外，一般都有精彩的富有民族特色的团体操和文艺或军事体育表演。

开幕式的主要仪式包括：

1.国际奥委会主席和奥运会组委会主席在运动场入口迎接东道国国家元首，并引导他到专席就座。

2.各代表团按主办国语言的字母顺序列队入场，但希腊和东道国代表团例外，希腊代表团最先入场，东道国最后。

3.奥运会组委会主席讲话，国际奥委会主席讲话。

4.东道国国家元首宣布奥运会开幕。

5.奏《奥林匹克圣歌》，同时奥林匹克旗以水平展开形式进入运动会场，并从赛场的旗杆上升起。

6.奥林匹克火炬经接力跑进入运动场，最后一名东道国的接力运动员沿跑道绕场一周后，点燃奥林匹克圣火，然后放飞鸽子。

7.各代表团的旗手绕讲台形成半圆形，东道国的一名运动员登上讲台，他左手执奥林匹克旗的一角，举右手，宣读以下誓言："我以全体运动员的名义，保证为了体育的光荣和我们运动队的荣誉，以真正的体育道德精神参加本届奥林匹克运动会，尊重并遵守指导运动会的各项规则。"紧接着，主办国的一名裁判员登上讲台，以同样的方式宣读以下誓言："我以全体裁判员和官员的名义，保证以真正的体育道德精神，完全公开地执行本届奥林匹克运动会的职务，尊重并遵守指导运动会的各项规则。"

8．演奏或唱主办国的国歌，各代表团退场。

这些仪式结束以后，是团体操或其他文艺表演。

这是历届奥运会开幕式工作量最大、准备时间最长、花费最多的项目，东道国往往提前一两年即开始准备，并挖空心思，以期能以恢弘的气势、独特的民族精神吸引来宾。

国际奥委会总部设在瑞士洛桑。图为洛桑湖边的奥林匹克雕塑。

奥运会闭幕式

与开幕式的庄严、隆重气氛不同，闭幕式气氛比较轻松、欢乐。

闭幕式必不可少的程序有如下这些：

1．各代表团的旗手按开幕式的顺序列纵队进场，在他们后面是不分国籍的运动员队伍，旗手在讲台后形成半圆形。

2．国际奥委会主席和当届奥运会组委会主席登上讲台，希腊国旗从中央旗杆右侧的旗杆升起，奥运会东道国的国旗从中央旗杆升起，下届奥运会主办国的国旗从左侧旗杆升起。

3.主办城市市长登上讲台，把会旗交给国际奥委会主席，国际奥委会主席把旗交给下届奥运会主办城市的市长。

4.本届奥运会组委会主席讲话，国际奥委会主席致闭幕词，奥林匹克圣火在号声中熄灭，奏《奥林匹克圣歌》的同时，奥林匹克会旗徐徐降下，并以水平展开形式送出运动场，旗手紧随其后退场，同时奏响欢送乐曲，各代表团退场。

5.进行精彩的文艺表演。

夏季奥运会

第29届奥林匹克运动组织委员会
Beijing Organizing Committee
for the Games of the XXIX Olympiad
北京 2008
Beijing 2008

北京2008

BEIJING 2008 NEW BEIJING,GREAT OLYMPICS

第1届夏季奥运会

1896年 雅典

1896年4月6日，第1届现代奥运会在希腊雅典隆重开幕，掀开了奥林匹克运动史上崭新的一页。

奥运会起源于古希腊，以1896年为界分为古代奥运会和现代奥运会。古代奥运会始于公元前776年，终于公元394年，共举办了293届，历时1169年。古代奥运会每四年召开一次，在奥运会举办期间，古希腊各城邦会停止连年不休的战争，以确保奥运会的顺利举行。奥运会从一开始就表达了人民对和平的向往。

从古代奥运会结束到现代奥运会复兴，经历了漫长的1500年。

最早提出复兴古代奥运会建议的是被誉为德国"体育运动鼻祖"的顾茨·母茨先生；但真正为奥林匹克运动的诞生和发展作出卓越贡献的是被称为"现代奥林匹克之父"的法国教育家顾拜旦先生。

1883年，顾拜旦提出定期举办类似古代奥运会的建议。

1892年，顾拜旦遍访欧洲，宣传奥林匹克理想。

1892年11月25日，在庆祝法国体育运动协会联合会成立5周年的大会上，顾拜旦发表了著名的演说，第一次公开和正式地提出创办现代奥运会的倡议。在演说中，顾拜旦阐明：现代奥运会应该像古代奥运会那样，以团结、和平和友谊为宗旨，但应该比古代奥运会有所发展和创新，它应该向一切国家、一切地区和一切民族开放，并在世界各地轮流举办。顾拜旦的倡议，使现代奥运会从一开始便冲破民族和国家的界限，具有鲜明的国际性。

1893年，顾拜旦在巴黎召开一次国际性体育协调会议，团结国际体育人士，讨论创办奥运会的问题。

1894年6月，国际奥林匹克委员会成立，并最终决定将第1届现代奥运会的会址定在希腊的雅典。

希腊首都雅典，位于希腊东南部的阿蒂卡半岛西侧，三面环海，气候宜人。这个今日希腊政治、文化、经济的中心，在古希腊时期就是重要的竞技场所之一。它特别重视文化教育，强调把智育、德育、体育和美育四者结合起来培育人才，创建了光辉灿烂的雅典文化。如果说希腊是欧洲古代文明的摇篮，雅典则是这个摇篮的中心，闻名世界体坛的古奥运会发源

观看爬绳比赛。

地奥林匹亚也在离这里约300千米的地方。因此，首届奥运会选在这个古城举行是有其重要历史意义的。

第1届奥运会终于在1896年4月6日开幕了。这是历届奥运会举行月份最早的一次。东道主之所以将开幕式选在这一天，是为了纪念希腊反抗土耳其统治起义75周年。

应邀参加首届现代奥运会的有澳大利亚、奥地利、保加利亚、英国、匈牙利、德国、丹麦、美国、法国、智利、瑞士、瑞典和东道主希腊14个国家，共311名运动员。

4月6日下午3时，希腊国王乔治一世宣布大会开幕。维凯拉斯、顾拜旦等国际奥委会官员出席了开幕式。在开幕典礼中，演奏了一曲庄严的古典弦乐，1958年国际奥委会将它定为奥运会会歌。

首届奥运会比赛项目有田径、游泳、举重、射击、自行车、古典式摔跤、体操、击剑和网球9个大项。

战幕于1898年4月6日开幕式当天拉开。美国詹姆

斯·康诺利在三级跳远赛中旗开得胜，成绩是13.71米，成为现代奥运会的第一个冠军。他获胜后，运动场奏起了美国国歌，升起了美国国旗。这在以后就成了奥运会的传统发奖仪式。

美国是这次田径赛中的宠儿，在康诺利夺冠后两小时，又一选手在希腊人自认为可稳操胜券的铁饼项目中获取桂冠。他是来自美国普林斯顿大学的学生罗伯特·加勒特，他以29.15米的成绩战胜了希腊人。

100米决赛于4月10日进行。参赛选手的起跑姿势可以说是千姿百态，有直立着的，有弯着腰的，有双手摊开的，只有美国的托玛斯·伯克采用了近似"蹲踞式"的跑法，他以12秒整的成绩夺得了冠军。

奖牌正面。

奖牌背面。

希腊在前面11个田径项目中连连失利，未拿到一项冠军，所以，最后一项马拉松比赛就成为希腊人关注的焦点。比赛于4月10日进行，参赛的有4个国家的17名运动员，气氛十分热烈。当时雅典只有13万5千人，而观看这次马拉松赛的竟达10万人之多，真可说

是"万人空巷"。时间一分一秒地过去，当希腊人斯皮里东·鲁易斯第一个冲入运动场时，全场雀跃，欢声雷动。担任大会总裁判的希腊王储康斯坦丁情不自禁地随着鲁易斯跑向终点，国王乔治一世也步下观礼台，迎接着这位凯旋的英雄。赛后，鲁易斯获得了希腊民族英雄的光荣称号。

游泳比赛在公海举行，用浮艇拉着缆绳作为起终点标志线。距离未经过仔细测量，只是大致估算。唯一的一名匈牙利选手——18岁的阿尔弗雷德·哈约什获得了100米、1200米自由泳两项冠军，成为匈牙利第一个奥运会金牌获得者，被希腊报纸誉为"匈牙利海豚"。

首届运动会对运动员参赛项目没有规定，也没有参赛标准，因此，不少运动员是跨项的。摔跤赛中这种情况更是突出，摔跤选手埃利奥特同时也是举重赛的获胜者。

获得摔跤冠军的是身体灵巧、体重比所有对手都

雅典大理石体育场。

轻的德国人卡尔·舒曼。舒曼也是跨项选手，除摔跤外，他还参加了田径、体操比赛，共获得4项第一，成为本届获金牌最多的选手。

自行车比赛共6个项目，其中5项安排在赛车场。另一项是公路赛，东道主别出心裁地把它视为马拉松赛，路线是从雅典到马拉松再折回到雅典，全程87千米。当时没有特制的赛车，再加上道路崎岖，车经常出现毛病，获得冠军的希腊人阿·康斯坦丁尼迪斯两次易车才赛完全程。

首届奥运会历时10天，于4月15日圆满结束。美国共获得11枚金牌、7枚银牌和2枚铜牌；东道主次之，获得金、银、铜牌依次为10、17、19枚；德国名列第三，共获金牌6.5枚，银牌5枚，铜牌2枚。德国的半枚金牌，是其网球选手弗里茨·特劳恩与英国约翰·博兰德合作在双打中获得的。

希腊人热切关注的马拉松比赛。

第2届夏季奥运会

1900年 巴黎

第2届夏季奥运会于1900年5月20日至10月28日在法国巴黎举行。

这次奥运会会址的最终确定经历了一番波折。在1894年的巴黎国际体育会议上，顾拜旦建议第1届奥运会于1900年与世界博览会同时在巴黎举行，借以扩大奥运会的影响。但顾拜旦的意见遭到了否决。不过与会代表考虑到顾拜旦为复活奥林匹克运动所作的贡献，尊重了他的设想，同意第2届奥运会在巴黎举行。但是，雅典奥运会胜利举行后，希腊人对奥运会表现了极大的热情，想推翻第2届会址设在巴黎的决议。希腊一些有影响的人士认为，奥运会是希腊民族文化的一部分，它只能在希腊举行，如果易地他国召开，则是对伟大的、光辉灿烂的希腊文化的公开掠夺。第1届奥运会闭幕时，国王乔治一世就亲自出面，要求将雅典定为奥运会的永久会址。当时已任国际奥委会主席的顾拜旦在这个问题上坚持不让，他说，奥林匹克运动是希腊的，也是全世界的，奥运会必须在不同国家举行，才能使之具有国际性和富有生命力。希腊终于被说服，巴黎赢得了主办权。

巴黎位于巴黎盆地中央，横跨塞纳河两岸，水陆交通便利，是举行国际比赛的理想场所。巴黎有世界花都之称，人们一想到它，就很自然地联想到世界上的第一个无产阶级政权巴黎公社，想到巴黎圣母院、卢浮宫、埃菲尔铁塔、凯旋门等这些名胜古迹。但是，这样一个美丽的城市并没有敞开胸怀热情迎接这届奥运会。

顾拜旦想利用世界博览会来扩大奥林匹克运动影响的打算未能如愿以偿，法国政府对博览会的兴趣远胜于奥运会，而承办两项会务的主要负责人阿尔弗雷德·皮卡尔是一个不热心体育的人，他把主要精力放在博览会上，而对奥运会的比赛项目、日程、场地等均无周密安排，更谈不上花费巨款去兴建体育设施。顾拜旦竭尽全力多方游说，但一无所成。后来，实际上他甚至被挤出了领导班子。顾拜旦在日记中道出了他内心的愤慨和苦恼："世界上有一个对奥运会非常冷淡的地方，这就是巴黎。"

虽说巴黎对待奥运会是冷淡的，但它仍然以其繁华和驰名世界的风光吸引了不少参加者。参加巴黎奥运会的国家达24个，运动员共1225人，人数比上一届多了很多，尤其值得注意的是参赛选手中有19名女子，她们分别来自法国、英国、美国和波希米亚。女参赛选手的出现打破了古代奥运会和第一届现代奥运会不许女子参加的禁令。虽说这次女子参赛并未得到国际奥委会正式认可，却开创了女子走向世界体坛的先例。东道主法国派出了884名运动员组成的庞大选手团，人数居首位；英国次之，共103人；美国列第三位，共74人。首次参赛的国家有比利时、海地、西班牙、意大利、加拿大、古巴、荷兰、挪威和印度等。

由于巴黎举办方的冷淡，这次运动会比赛日程安排拖沓，从5月20日开始到10月28日结束，整个运动会历时5个多月，堪称是一次"马拉松"式的运动会。比赛的场地也很分散，大会组织者将比赛项目按

证书。

博览会工业类别分在16个区域进行。这次运动会实际上成了博览会的一部分。

本届奥运会为了取悦参加博览会的观众，比赛项目花样翻新，项目混杂，随意性很大，以至正式比赛与表演项目界限不清。据统计，整个奥运会的比赛项目共有36种85项之多，后来经过专家的多次研究讨论，正式认定为18种82项，但国际奥委会在1995年公布的正式记录只承认了60项。其他的则归入示范表演一类。具体项目与上届相比，取消了举重和摔跤两项，新增设射箭、马术、水球、赛艇、划船、足球、橄榄球、帆船和高尔夫球等项目。

巴黎奥运会不仅比赛场地分散，而且设施很差，田径赛场被安排在巴黎市区一个法国赛马俱乐部的跑马场进行，那里场地面积狭小，林木横生，土质松软，跑道不平，场内设施几乎一无所有。跳跃比赛需要选手自己动手挖掘沙坑；跨栏比赛的个别栏架临时用树枝架起来凑合；参加投掷比赛的选手更是苦不堪言，器械经常碰撞树木的枝杈，有时掷出的链球缠绕其上，还得从树上取下后再进行比赛。尽管如此，这次田径比赛仍取得了良好成绩，创造了14项奥运会纪录，其中有6项高于当时的世界最高水平，有的纪录还保持了多年，如美国弗·贾维斯在100米预赛中所创的10秒8奥运会纪录，直到1924年奥运会再次在巴黎举行时，才被英国哈·亚伯拉罕突破。

这次田径项目由上届的12项增至24项，首次列入了障碍赛、立定跳、团体跑以及拔河赛等。但这次新增设的项目，绝大部分后来都被逐渐取消了。

在首届奥运会上田径成绩领先的美国队，这次又获得了24项中的17项冠军，树立了田径强国的形象。佼佼者中首推阿·克伦茨莱因，他除获跳远冠军外，还夺得60米跑、110米栏和200米栏3项第一名，成为第一个在一届奥运会个人赛中四夺金牌的选手，也是该届获得金牌最多的运动员。

集体项目被列入比赛是本届奥运会的一个重大突破。古奥运会进行的只是个人之间的比赛，第1届奥运会时尽管一些集体项目已在欧美等国广为流行，但为了遵循古奥运会的传统仍未能列入比赛。从该届奥运会开始，集体项目足球与橄榄球进入了比赛。参加该届奥运会足球赛的虽然只有英、法、比三个国家，赛事也只进行了两场，但它是第一次世界性的比赛，对后来国际足球联合会的成立和世界足球运动的发展，都起了一定的推动作用。

第2届奥运会于1900年10月28日结束，法国以26枚金牌、37枚银牌和33枚铜牌的成绩居世界首位，美国居第二位，获金牌20枚、银牌15枚、铜牌16枚，英国位列第三，获金牌17枚、银牌8枚、铜牌12枚。

本届奥运会奖牌。这是第一次，也是夏季奥运会有史以来唯一的一次给获胜运动员颁发长方形奖牌。

第3届夏季奥运会

1904年 圣路易斯

第3届夏季奥运会于1904年7月1日至11月23日在美国圣路易斯举行。

由于美国人在雅典、巴黎奥运会上的出色表现，第3届奥运会的会址就定在了美国城市圣路易斯。

圣路易斯位于密西西比河右岸，是美国的第八大城市。圣路易斯是重要的港口城市，也是铁路、公路及航空的交叉点。交通方便，工业发达。

运动会于1904年7月1日开始，11月23日结束，延续了5个多月，是奥运会史上又一次旷日持久的运动会。东道主美国曾提出派船接送欧洲选手，但最后只是空头支票。由于远隔重洋，旅费昂贵，加上忧心远东日俄海战事态发展，包括法国在内的许多欧洲国家都未出席，仅有英国、德国、希腊、挪威、奥地利、匈牙利和瑞士7个国家，派出了总共只有41人的欧洲队伍参加，而其中有些国家的选手还是客居美国的侨民或留学生。除欧洲外，另5个队是东道主、古巴、加拿大、澳大利亚和首次参加的南非。参赛运动员共689人，其中女子8人，全由美国派出。全部参赛运动员中，美国占了533人。位居第二的加拿大队仅41人。由于外国选手总共还不到100人，以致某些项目的比赛，如拳击、自由式摔跤、射箭、网球、水球等，参赛的几乎都是清一色的美国人，无怪乎人们把这届奥运会称为"美国运动会"。

本届比赛项目略有变化。上届比赛中的马术、帆船、自行车、射击等项目这次未被列入，但新增加了拳击、曲棍球等项目，并恢复了第1届列入的摔跤、举重项目。比赛项目共17种86项，女子项目仅有射箭一项；篮球作为表演项目第一次列入了奥运会。

本届田径比赛在华盛顿大学圣路易斯分校运动场进行。跑道周长536.45米，其中直道长220米，是当时世界上最长的直跑道。场内设施虽不完美，但较之上届却有天壤之别。决赛安排在8月底至9月初的一周时间内，不少项目只有两三个国家参加，个别的甚至只有美国一国，加之美国实力雄厚，有的项目前六名均由美国包揽。

本届田径项目共打破了16项奥运会纪录，其中两

奖牌正面。

项超过世界最好成绩。

有"密尔沃基流星"之称的美国短跑手阿尔齐·哈恩在200米跑中创下了21秒6的奥运会纪录，该纪录整整保持了28年，直到1932年才被突破。哈恩还在60米、100米赛中获胜，包下了从60米至200米3个短跑项目的全部金牌，人们将这届奥运会誉之为"密尔沃基流星"大放异彩的运动会。

除哈恩外，本届田径赛获3枚金牌的还有美国另外3名运动员，詹姆斯·莱特博迪、哈里·希尔曼以及在上届曾获3枚金牌的雷·尤里。

美国黑人大学生乔治·波格在200米、400米两项跨栏赛中各获1枚铜牌，这是黑人田径运动员首次在奥运会上获奖。

田径赛共25个项目，美国夺得了其中23项冠军，只有两项丢给了他国选手。在掷壶铃赛中，加拿大一位来自蒙特利尔的警察埃蒂安·德斯马托，战胜了所有美国对手，夺取了胜利，这是美国在本次田径赛中尝到的第一次失败的滋味。掷壶铃项目除这次外，只在1920年安特卫普奥运会被再列入过一次。美国丢掉的第二枚金牌是十项全能赛。这个项目是本届首次列入，当时比赛日程只有一天，项目有100码（91.44米）跑、推铅球、跳高、880码（804.66米）竞走、掷链球、撑竿跳高、120码（118.87米）跨栏、跳远、掷壶铃和一英里（1609.34米）跑。这与今天的项目有较大的区别。同掷壶铃一样，参赛的6名选手中有5名是美国人。最后，英国的爱尔兰人托

马斯·凯利从东道主手中夺去了金牌。

本届奥运会首次出现了谎骗行为，事情发生在8月30日的马拉松比赛中。这次马拉松全程40千米，行进路线既有丘陵地带，又有平原地区。当时天气炎热，路面满是尘土。开赛后，人群、车辆，加上参赛的31名选手几乎挤满了跑道。美国选手弗雷德·洛茨一马当先，跑在了前面。但他跑完12千米后，因身体不适停下来休息后搭乘了一辆过路汽车，汽车拉他走了17千米后，他下车继续向前跑。到运动场的最后8千米，他基本是走步前进的，但他还是第一个到达终点。全场观众对他报以热烈的掌声，乐队奏起了美国国歌，观众记者拥向这位胜利者的身旁。但时隔不久，跑在洛茨后面的另一名美国选手托马斯·希克斯进入了运动场。洛茨的骗局被揭穿了。他辩解说：我是来拿衣服的，一进入运动场就出现了那样热烈的场面，我来不及解释。后来他又说，我没有想拿金牌，这一切不过是逢场作戏。洛茨被取消资格，并受到美国田联的惩处，被判从美国代表队中除名和终身不得参加美国奥运会代表团。不过，美国田联不久就收回了成命。次年，洛茨在1905年波士顿马拉松赛中获得

了冠军，这次凭的是他的真实本事。圣路易斯奥运会马拉松冠军最后为希克斯获得。但是这位选手在事后也被揭露在那次比赛中弄虚作假。

游泳比赛在博览会旁边的一个人工水池中进行，虽较首届的冰凉海水和第二届的湍急河流远为理想，但也不是一切都完美无缺。如出发台为放在水中的一块浮排，因承受不了6-8人压力，运动员站在上面时，池水盖过了膝盖。首次列入的跳水项目，除跳台跳水外，还有一项奇特的跳远赛，运动员跳入水中，不准做任何动作，看谁跳的距离最远。美国的威廉·迪基最后取胜。游泳赛中美国的查尔斯·丹尼尔斯成绩最佳，共获得3枚金牌；匈牙利的佐尔坦·冯哈尔迈和德国的埃米尔·劳施也各获取了两枚金牌。由于本届游泳比赛全部用码或英里为距离单位。不同于其他各届以米为距离单位，所以本届游泳成绩无奥运会纪录。

本届奥运会获得奖牌数目最多的是美国，共获金牌77枚，银牌81枚，铜牌78枚；位居第二的是德国，获金牌4枚，银牌4枚，铜牌5枚；位居第三的是古巴，获金牌4枚，银牌2枚，铜牌3枚。

位于圣路易斯的华盛顿大学。

第4届夏季奥运会

1908年 伦敦

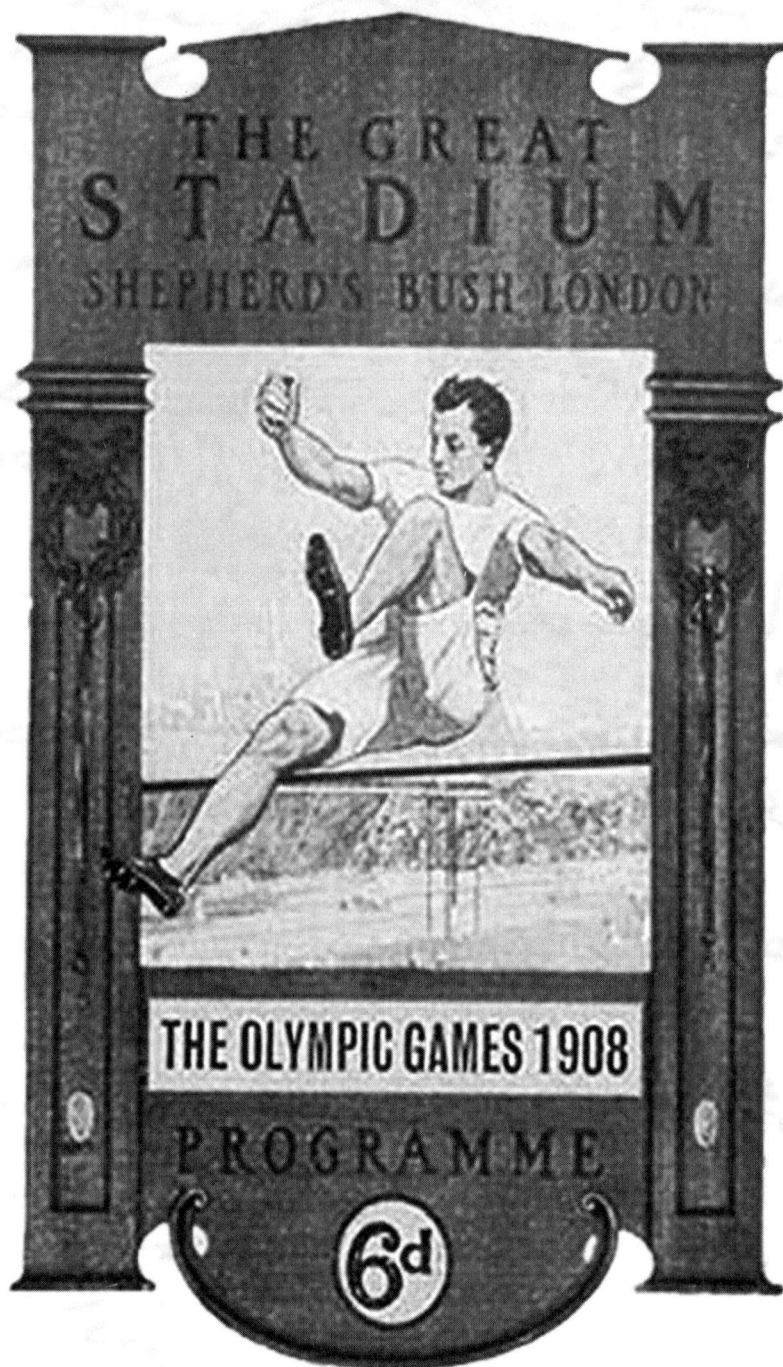

第4届奥运会于1908年4月27日至10月31日在英国伦敦举行。

申请主办第4届奥运会的有意大利罗马、意大利米兰、德国柏林和英国伦敦四个城市。会址原选定罗马，后该城因财政问题于1906年宣布放弃主办权，遂改由伦敦主办。伦敦主办方在接办后用不到一年的时间兴建了一座可以容纳66288位观众的白城运动场，场内有周长536.45米的煤渣跑道，另辟一赛车场和一个100米长的游泳池。

该届奥运会时间长达六个多月，是奥运史上时间最长的一次。参赛的有22个国家，运动员2035人，其中女运动员36人。本届总人数比前三届的总和还要多，初步展示了奥运会的魅力。东道主派出了最庞大的选手团，达710人；法国人数次之，220人；瑞典156人，居第三位。首次参赛的有冰岛、新西兰、俄国、土耳其和芬兰。土耳其队的参与，使奥运会首次实现了五洲代表聚会，这对奥林匹克运动日益国际化具有历史意义。

该届奥运会比赛项目有两个重大突破：一是首次

奖牌正面。

奖牌背面。

列入了曲棍球、水上摩托、古典网球等，使比赛项目增加到22种109项；一是在夏季奥运会首次列入了冰上项目——花样滑冰。本届女子参赛的项目有网球、射箭和花样滑冰。

伦敦奥运会于7月13日正式开幕。

这届奥运会首次规定，开幕式上各代表团要统一着装，在本国国旗引导下列队入场，同时各国旗手通过英国国王爱德华七世观礼台前时，要将旗帜下垂，以示致敬。但这一规定却在开幕式上引起了一些纠纷。担任美国旗手的美籍爱尔兰人不愿向爱德华七世致敬，高举大旗通过了主席台，引起了一阵骚动；此外，与俄国为一个代表团的芬兰选手认为在帝俄旗帜下入场是一种耻辱，因此拒绝参加开幕式。开幕式虽出现了这些纠纷，但关于统一服装及在各自的国旗引导下列队入场的规定为以后各届开创了先例。

马拉松跑从第一届奥运会起就列入了比赛，但历届距离不等。本届马拉松跑，因英王室成员要观看比赛，组委会将路线安排在温莎尔宫到奥林匹克运动场之间，全程26英里385码，合42.195千米。这也是今日马拉松跑标准距离的由来。

马拉松比赛场上最引人注目的是意大利选手多兰多·皮耶特里。参加本届马拉松比赛的有16个国家的56名运动员，多兰多·皮耶特里从比赛一开始就跑在前面，他第一个进入运动场，但在快接近终点时因体力耗尽，数次跌倒在地，每次他都挣扎着爬起来继续向前跑；离终点最后15米处，皮耶特里又一次倒下了，这次他没能再爬起来，最后被人搀扶着走过终点。因借助了他人的力量，他被剥夺了获金牌的资格。皮耶特里虽然是赛场上的失败者，但他的名字以另一种方式——顽强精神，载入了奥林匹克运动的史册。英国王后亚历山德拉为了安慰失望的皮耶特里，捐了一个奖杯，并在闭幕式上亲手将其赠与皮耶特里，以表示对他的同情和鼓励。在7月9日众人参加基督教礼拜活动的大教堂，大主教有感于皮耶特里的事迹，在讲道时使用了一句："在奥运会上，参加比取胜更重要。"这使在座的顾拜旦先生非常感动，他把这句话改为"在奥运会上最重要的是参与，而不是取胜，正如在生活中最重要的不是成功而是斗争，不是征服而是努力奋斗。"自1908年起，这句名言成为奥林匹克的信念，出现在历届奥运会及有关奥林匹克活动的场合与刊物上，流传至今。

该届的足球比赛是第一次真正的奥运会足球赛。比赛规模远远超出了上两届，1900年、1904年分别只有3个队和2个队，这次有5个国家的6个队。比赛进行了分组预赛。各队之间实力非常悬殊，如英国队对瑞典队为12∶1，丹麦对法国二队9∶0。半决赛中，丹麦队与法国队相遇，以17∶1取胜，这是奥运会史上创纪录的比分。英国也以4∶0胜荷兰。决赛中英国队以2∶0胜丹麦，获得冠军。

伦敦奥运会首次修建了游泳池，使奥运会游泳比赛结束了在海湾、河流和人造水池中比赛的历史。游泳距离计算方法又从码恢复为米制。6项比赛中有5项超过世界最好成绩。在圣路易斯奥运会上获两枚金牌的美国查·丹尼尔斯这次又获得了100米自由泳冠军，成绩1分05秒6。英国的亨·泰勒先后在400米、1500米自由泳中获胜，成绩分别为5分36秒8和22分48秒4，他还在4×200米接力赛中与队友合作夺得冠军，共获3枚金牌，是本届奥运会获金牌最多的游泳运动员。

本届运动会首次正式向获得冠军的选手颁发金质奖牌。奖牌的标准样式是1907年5月在国际奥委会全会上制定的，直径60毫米，正面使用国际奥委会制定的统一图案，反面由主办国设计，以突出国际奥委会的地位和作用。

运动会结束后，第一次印发了各国得奖统计表。本届奥运会上，英国的裁判和其他执法者处处给东道主行方便，最终使英国选手夺得145枚奖牌，其中金牌56枚，比奖牌榜第二名的美国队总奖牌数多了一倍多。美国获金牌23枚、银铜牌各12枚，奖牌数位居第二；瑞典获金牌8枚、银牌6枚、铜牌11枚，位居第三。

位于舍伯得布什的奥运会体育馆。

第5届夏季奥运会

1912年 斯德哥尔摩

OLYMPISKA SPELEN
STOCKHOLM 1912
29 JUNI — 22 JULI

第5届奥运会于1912年5月5日至7月22日在瑞典斯德哥尔摩举行。

本届奥运会原定于德国的柏林主办，但德国因其奥委会主席突然病逝而宣布放弃主办权。瑞典是现代体育开展较早的国家之一。1894年瑞典就向刚成立的国际奥委会表示过，希望能在自己的国土上举办奥运会。因此，柏林弃权后，瑞典欣然接受了主办1912年奥运会的重任，地点就选定在首都斯德哥尔摩。

瑞典把筹办奥运会作为关系国家荣辱的事情，他们兴建了柯罗列夫运动场，尽管它只能容纳37000多名观众，比起圣路易斯、伦敦奥运会主运动场的规模要小得多，但设施完备、先进。跑道全长380.33米，接近今日标准跑道长度，这也是奥运会开办以来，运动员第一次在较标准的跑道上竞赛。场内试验性地安装了电动计时器和终点摄影设备，时间精确到十分之一秒。

大会于7月6日正式开幕，17日闭幕。但网球比赛早在大会开幕前2个月即从5月5日就已开始，大会闭幕后帆船、赛艇比赛仍在进行，直到7月22日为止，所以本届运动会不以开幕至闭幕这段时间为准，而按5月5日——7月22日的比赛日程计算。

7月6日，运动会于科罗列夫运动场正式开幕。这次的开幕仪式盛况空前，非常隆重，从此形成了传统。应邀参赛的有28个国家，运动员共2547人，其中女运动员57人；首次参赛的国家有埃及、卢森堡、葡萄牙、叙利亚和日本。东道主队伍最大，共482人。其次是英国，293人。挪威列第三，207人。本届参赛的国家和运动员数都是创纪录的。

本届奥运会比赛共设15种102个项目，是近三届项目数最少的一次。一些容易受伤、有损健康和开展得不够普遍的项目被取消了，最后确定下来的比赛项目男子有田径、游泳（含跳水、水球）、自行车、射击、体操、摔跤（古典式）、马术、击剑、现代五项、赛艇、帆船、足球和网球；女子有游泳（含跳水）和网球。这为以后奥运会项目的设立形成了基本雏形。

田径比赛7月6日至15日在科罗列夫运动场进

瑞典国王古斯塔夫五世头像奖章。

行，首次列入了5000米、10000米、4×100米接力等标准项目。本届参加田径比赛的运动员非常多，竞争也相当激烈，100米预赛进行了17次，200米预赛进行了18次，连5000米和10000米也进行了多次预赛。比赛场内实验性地安装了电子计时器和电子终点摄影装置，不但使时间精确到十分之一秒，还解决了一些终点名次判别上的纷争，并首次记录了径赛的前6名成绩。

在本届奥运会田径比赛中最突出的事件是索普事件。美国印第安人吉姆·索普是本届田径赛上最出色的运动员，瑞典国王古斯塔夫五世在授予他金牌时，称赞他是"我们时代最伟大的运动员"。这不只是因为他获得两枚金牌，他之所以伟大，是因为他在五项全能和十项全能2个难度最大的项目中以绝对优势取胜。但是，在奥运会冠军史册上并没有索普的名字。因为美国种族主义分子歧视有色人种，诬陷索普违反"业余"的规定，无权获取金牌。1913年国际奥委会接受美国奥委会指控，剥夺了索普的荣誉，将追回的金牌转发给第2名。直到70年后，1982年10月，国际奥委会才恢复了索普的名誉，发还其金牌，澄清了七十多年来的一宗冤案。

本届游泳比赛取得了较好的成绩，全部奥运会纪录被刷新，并有多项高于世界最佳成绩。加拿大18岁的乔·霍奇森一人独得了两枚金牌。这两枚金牌对加拿大来说具有历史意义，因为直到72年后，即1984年这个国家才再次获得奥运会游泳金牌。美国的杜·卡哈纳莫库在这次游泳赛中只拿了1枚金牌。但后来成了泳坛和影坛的明星。首次列入的女子游泳只有两个项目，100米自由泳冠军为澳大利亚的法杜拉克夺得。第一次进行的女子跳水、跳台比赛冠军也是瑞典人，名叫格·约翰松。

马术、现代五项基本上是瑞典人的天下。这两项比赛在上届奥运会时并未成为比赛项目，这次瑞典作为东道主当然顺理成章地将其列入了比赛。马术共5枚金牌，瑞典获得了4枚。现代五项是根据顾拜旦的建议首次列入奥运会的，由射击、游泳、击剑、马术和越野跑五个项目组成。它是一个军事训练综合项目，能培养军人勇敢顽强的品质，因此参赛者大多数是军人。这次只有个人赛，赛程共6天。参赛的32名选手瑞典占了12人，瑞典人包下了前六名中除第五名外的其余名次。古·利勒赫克上尉获得了冠军。获第五名的是美国的小乔治·史密斯·巴顿上尉。在奥运会上他虽与金牌无缘，但在第二次世界大战中却成了叱咤风云的将领——巴顿将军。

本届奥运会还首次举行了文学艺术比赛，这实际上是恢复古奥运会的传统。比赛分为5项，即建筑、绘画、雕塑、音乐和文学，因此也称为"缪斯五项艺术比赛"。比赛内容以体育运动和奥运会为题材。在文学比赛中，顾拜旦发表的传世之作《体育颂》获得金牌。

1912年7月17日，第5届奥运会闭幕，闭幕式上举行了独特的发奖仪式。东道主在科罗列夫运动场设置了三个不同高度的授奖台，运动员按所获金、银、铜牌类别在台前排列长队。授奖者站在台上，传令官呼叫运动员到台上领奖，国王发金牌，皇太后发银牌，亲王发铜牌。美国获金牌、银牌、铜牌数依次为25、19、19枚，居各国之首；瑞典次之，得金、银、铜牌数分别为24、24、17枚；列第三位的是英国队，金、银、铜牌数依次为10、15、16枚。

斯德哥尔摩奥林匹克体育场。

第7届夏季奥运会

1920年 安特卫普

第7届奥林匹克运动会于1920年4月20日至9月12日在比利时的安特卫普举行。

第6届奥运会原定于1916年在德国的柏林举办，但1914年爆发了第一次世界大战，这场长达4年之久的世界大战不仅酿成了人类历史上的空前灾难，同时也使奥林匹克运动遭受了巨大损失：原定1916年在柏林举行的第六届奥运会被迫停办；燃烧的战火使巴黎日益受到威胁，国际奥委会总部被迫从巴黎迁到了瑞士洛桑，32名奥运会选手战死疆场，其中包括16名荣获奥运会奖牌的优秀选手。

1918年第一次世界大战结束后，国际奥委会提出召开第7届奥运会，有3个城市申请主办：匈牙利的布达佩斯、法国的里昂和比利时的安特卫普。国际奥委会在1918年的年会上决定由安特卫普承办本届奥运会。

安特卫普是比利时的一个港口城市，跨斯海尔德河两岸，从古代起就是一个繁华的商业城市和艺术城市，是欧洲北部的贸易中心。安特卫普素有"文化中心"、"比利时的大门"和"钻石之城"的美誉。安特卫普在战争中受到了严重的破坏，但战后比利时人民很快医治了战争留下的创伤，兴建了一个能容纳3万余人的奥林匹克体育场，使运动会得以如期召开。

1920年8月14日，第7届奥运会正式开幕。比利时国王阿尔伯特陛下宣布开幕后，大会第一次升起了由顾拜旦1913年设计的奥林匹克会旗；随后，一群象征和平的鸽子腾空而起，在场地上空盘旋飞翔，这是奥运史上第一批和平鸽。此外，为了悼念在第一次世界大战中阵亡的协约国将士，在运动场上第一次点燃了象征胜利和光明的奥林匹克火焰，但它与后来的奥林匹克圣火不同，火种不是取自奥林匹亚，也未进行火炬传递。

开幕式上，还首次举行了运动员宣誓仪式。这个仪式是顾拜旦1913年提出的，国际奥委会赞同并拟于1916年第6届奥运会开始实施的。起因是前两届奥运会上都出现了某些运动员为获取金牌而弄虚作假的现象。从此以后，运动员宣誓便成为开幕式的一个重要仪式，往往由东道国的著名运动员作为代表。首次代表运动员宣誓的是比利时水球和击剑运动员维克托·布安。

本届参赛的国家共有29个，运动员2669人，其中女运动员78人。第一次世界大战的祸首德国、奥地利、匈牙利和保加利亚被国际奥委会取消了参赛资格。第一个社会主义国家苏联也未被邀请参赛。首次参加的国家有阿根廷、摩纳哥、巴西、南斯拉夫、捷

安特卫普奥运会上，奥林匹克会旗第一次高高升起。

克斯洛伐克、爱沙尼亚，芬兰也首次以独立身份参加。参赛运动员人数最多的前三名国家是：比利时，332人；法国，292人；美国，282人。

本届奥运会的比赛项目又有所增加，共有23种166项，列入了上届被取消的自由式摔跤、拳击、马球、橄榄球、曲棍球等。16年来未举行奥运会比赛的举重项目，这次也重新恢复了。冬季项目，除重新列入花样滑冰外，首次增加了冰球，这也是夏季奥运会最后一次举行这类比赛。女子项目也进一步发展，共设网球3项、游泳5项、花样滑冰2项以及射箭和帆船各1项。

田径战幕揭开后，上届奥运会英雄、芬兰长跑名将科勒赫迈宁又出现在观众面前。他虽已年满31岁，但雄风犹在。在这次马拉松赛中，科勒赫迈宁获得了他的第四枚，也是最后一枚奥运会金牌。4年后，他在巴黎奥运会的马拉松赛中因脚伤不得不中途退出比赛，并从此挂靴引退。

长跑运动人才辈出的芬兰在这届奥运会上又涌现了一颗新星，他就是20世纪超级长跑手帕沃·努米，他获得了5000米亚军和8000米个人、8000米团体、10000米三项冠军，是本届田径赛获金牌最多的选手。

芬兰选手在这次比赛中不仅长跑成绩出色，在三级跳远、铅球、铁饼、标枪和五项全能中也接连取胜，总共得了9枚金牌，与美国恰好相等，一个小国能与世界头号田径强国在金牌上平分秋色，这在奥运会历史上是空前的。

美国男子游泳在本届比赛中获得了7个项目中的5项冠军。美国第一次派队参加女子游泳，包揽了全部4项冠军，并创造了3项世界纪录。其中艾·布莱布特雷不仅在个人参加的三项比赛中均夺得了金牌，而且包括分组预赛在内，她五次参赛均打破了世界纪录。跳水赛中，美国也占有相当优势，夺得了5个项目中的3项冠军。获得跳板跳水第一名的美国选手艾伦·里金刚刚14岁，是本届获金牌的最年轻的运动员。

奖牌正面。

自圣路易斯奥运会后一直未进行的举重赛，这次又列上了日程。重新列入的举重首次按体重分成了60公斤、67.5公斤、75公斤、82.5公斤和82.5公斤以上5个级别，为以后举重比赛奠定了基础。但这三项总成绩不是后来的推、抓、挺举，而是单手抓举、单手挺举和双手挺举。法国得了两项冠军，其他3个级别的金牌为比利时、爱沙尼亚和意大利瓜分。

本届击剑、网球赛中涌现了两位世界名手，一位是意大利的男击剑手内多·纳迪，另一位是法国网球名将苏珊娜·朗格伦。26岁的纳迪在三个剑种的个人和团体赛中，一举夺得5枚金牌，成为剑坛奇迹。朗格伦是1920年代最著名的女子网球运动员，她获得了女单、混双金牌和女双铜牌。

本届奥运会因受战争影响，创纪录数字明显低于1912年奥运会，大会共创造15项奥运会纪录，其中有9项世界纪录。获奖牌最多的是美国，共获金牌41枚，银牌27枚，铜牌27枚；位居第二的是瑞典，金牌17枚，银牌19枚，铜牌26枚；英国位居第三，获金牌15枚，银牌15枚，铜牌13枚。

1920年9月12日，本届奥运会闭幕。闭幕后，组委会将奥林匹克旗降下，并将它作为珍品交由国际奥委会保存，以后移交使用的奥林匹克旗都是复制品。

第8届夏季奥运会

1924年 巴黎

奖牌正面。

奖牌背面。

纪念章正面。

第8届奥运会于1924年5月4日至7月27日在法国巴黎举行。

1924年是现代奥林匹克运动复兴30周年。30年前，国际奥林匹克运动指挥部——国际奥委会在巴黎国际体育会议上成立了。三十年来，世界体育和奥运会都有了快速的发展。为了庆祝这个周年纪念，为了表彰奥林匹克运动的奠基人、不久即将卸任的国际奥委会主席顾拜旦在这方面所作的贡献，第8届奥运会选择在国际奥委会诞生地巴黎举行。巴黎成了第一个两次主办奥运会的城市。

1900年，奥运会在巴黎遭到了冷落，但1924年，法国人对奥运却表现了极大的热情。各种各样的设想、各种各样的设计方案从法国各地纷纷寄到了巴黎奥运会筹委会。其中法国前橄榄球队队长、上届奥运会银牌获得者伏久查里克提出的兴建一座能容纳10万观众的体育建筑群，和一个能安排两千人住宿的奥运会村的设想得到赞同。但法国政府为恢复战争的创伤耗费了巨额资金，加上1923年冬天塞纳河决堤，洪水袭击巴黎，使原来就很紧张的法国财政更是捉襟见肘。法国上层人士甚至提出放弃主办权，让洛杉矶接替。但是筹委会顶住了压力，克服重重困难，筹集了400万法郎，修建了能容纳6万多人的科龙布运动场，体育场旁盖了一排简易的房屋，供参赛选手住宿，它就是以后奥运村的雏形。

本届奥运会于7月5日正式举行。本届应邀参赛的国家有44个，运动员共3092人，其中女运动员136人。首次参加的国家有爱尔兰、波兰、罗马尼亚、菲律宾、墨西哥、乌拉圭、厄瓜多尔。选手最多的前三名国家是法国、美国、英国，人数分别为319人、291人、247人。

本届大会消减了比赛项目，取消了射箭、曲棍球、冰球和滑冰等比赛，最后剩下17种126项。其中首次增设女子击剑比赛。

本届奥运会上唱主角的依然是田径。田径比赛于开幕式翌日开始，至7月13日结束。本届奥运会田径赛打破了14项奥运会纪录，其中有8项还刷新了世界纪录。

上届奥运会田径赛，是美国在奥运会上获金牌最少的一次。而且自1908年伦敦奥运会以来，金牌数呈直线下降趋势，这引起了美国田径界的严重关注。美国人的努力在本届比赛中收到了成效，金牌数上升到12枚。

芬兰队也再次与美国队抗衡，上届奥运会10000米冠军和5000米亚军获得者芬兰长跑名将帕沃·努米再次大显威风，接连夺得了1500米、3000米、5000米、10000米和越野赛共5枚金牌，成为本届获金牌最多的运动员。

在游泳比赛中，出现了一些优秀选手，美国选手约尼·魏斯穆勒是其一，他夺得了自由泳100米、400米、4×200米接力三项冠军。他的100米自由泳仅用了59秒，是世界上第一个打破60秒大关的运动员，而且此后约有10年的时间，没人能接近这个成绩。

本届奥运会的足球比赛有22个队参加，这是一个创纪录的数字。南美劲旅乌拉圭首次派队参加比赛，这也是南美足球队首次在奥运会上与欧洲队交锋。乌队身手不凡，预赛中就以7：0淘汰了欧洲劲旅南斯拉夫队，决赛时又以3：0击败瑞士队获得了冠军。

中国有3名网球选手参加了本届奥运会的网球比赛，但预赛时即被淘汰。尽管他们是在澳大利亚参加"戴维斯杯网球赛"后自行去参赛的，但这却是中国人首次出现在奥运会的赛场上。

在本届奥运会上，妇女参加奥运会终于有了明确的说法。自1900年女子偶然参加奥运会以来，国际奥委会对此存在严重的分歧，赞成者和反对者各抒己见，一直争论不休。本届奥运会期间，举行了国际奥委会第23次会议，正式通过了允许妇女参加奥运会的决议，从此以后，妇女体育有了更快的发展并全面走向了奥运。

本届奥运会进行期间，组委会于6月23日在巴黎大学召开了奥林匹克运动诞生30周年纪念大会。组委会主席克拉里伯爵和秘书长雷歇尔在会上高度评价了顾拜旦为创办现代奥运会以来三十多年间所做的卓有成效的工作，并向顾拜旦致以崇高的敬意。顾拜旦看到经历30年沧桑的奥林匹克运动终于初步走向成熟，

特别是这届奥运会的成功，也了却了他的一个宿愿，因此更坚定了他辞职引退的念头。

本届奥运会首次引入了"更快、更高、更强"的奥林匹克格言，并在闭幕式上首次进行了升旗仪式，会场上同时升起了国际奥委会、本届奥运会主办国和下届奥运会主办国的国旗。

奥运会由于强调比赛是运动员或运动队之间的比赛，而不是国家之间体育实力的较量，因此不正式公布各国或地区比赛的团体名次。于是许多国家采取许多方法计算名次，其中有两种非正式的团体计分方法：一是第一名得7分，第二、第三、第四、第五和第六名依次为5、4、3、2、1分，最后按积分多少排序；二是以奖牌多寡排序，先排金牌，再排银牌，最后铜牌。这届获奖牌前三名的国家是：美国第一，获金牌45枚、银牌27枚、铜牌27枚；芬兰第二，获金牌14枚、银牌13枚、铜牌10枚；法国第三，获金牌13枚、银牌15枚、铜牌10枚。但是，巴黎奥运会各项比赛结束后，没有正式宣布名次，没有升获奖运动员所属国家的国旗，闭幕式上也没有举行授奖仪式。

法国运动员佐安德里代表全体运动员宣读誓约。

第9届夏季奥运会

1928年 阿姆斯特丹

第9届奥运会于1928年5月17日至8月12日在荷兰阿姆斯特丹举行。

1928年第9届奥运会只有荷兰的阿姆斯特丹一市申请主办。在没有竞争的情况下，阿姆斯特丹成了当然会址。

阿姆斯特丹是荷兰首都和世界第二大港口，有"海底之城"的称号。当时阿姆斯特丹居民不足50万，交通方便，东道主新建了一个能容纳4万人的运动场，作为这次奥运会开、闭幕式和足球、田径等项目比赛的主体育场。另外还建造了一座高塔，在奥运会期间，高塔一直燃烧着熊熊焰火。

本届参赛的有46个国家，运动员共3014人，其中女运动员290人。首次参加的国家有马耳他、巴拿马和罗得西亚。运动员人数最多的是美国，249人；其次是东道主荷兰，246人；居第三的是法国，234人。世界大战的战败国德国在1925年被批准同意重新加入奥运会，获得了参赛资格，在与奥运会关系中断16年后，德国派出了223名运动员。中国继1924年派出3名网球手赴巴黎奥运会后，这次受中华全国体育协进会的指派，在美留学生宋如海以观察员的身份出席了本届奥运会。这是中国首次正式派人参与奥运会。

奖牌正面。

奖牌背面。

7月28日，第9届奥运会正式开幕，举行开幕仪式时，鸣放了礼炮，同时会场上空有飞机编队飞过。

本届奥运会首次规定了各国代表团开幕式的入场顺序，奥运会创始国希腊率先进入场内，东道主荷兰最后入场，其他各国按东道国语言的字母顺序排列先后入场，这种顺序沿用至今。

本届奥运会还首次点燃了奥林匹克圣火。主运动场设立了一个火焰塔，火种取自奥林匹亚，首次采用聚光镜聚集阳光点燃火炬，然后通过接力传送，途经希腊、南斯拉夫、奥地利和德国4个国家，最后传到主办地，在开幕当天点燃塔上火焰，一直燃烧到大会闭幕。一般史料多记载奥林匹克火焰始自本届，大概缘由于此。不过，直到1934年国际奥委会才正式决定，从第11届奥运会开始在开幕式上举行点燃奥林匹克圣火的仪式。因此准确地说，燃烧奥林匹克火焰始于1936年柏林奥运会。

本届奥运会共设14大项109小项比赛，取消了射击、网球、橄榄球及马球等项目，恢复了曲棍球。

发给顾拜旦的证书。

自1924年国际奥委会年会决定向女子开放奥运会以后，本届奥运会首次列入了女子田径100米、800米、4×100米接力、跳高和铁饼5项比赛。女子田径的第一个决赛项目是100米跑，于7月31日举行，美国17岁的鲁滨逊以12秒2取胜，成为现代奥运史上第一个女子田径冠军。

本届田径赛创造了许多新的纪录，上届男子田径赛中获金牌最多的美国和芬兰这次仍居领先地位。值得注意的是，日本选手织田干雄在8月2日三级跳远决赛中，以15.21米取胜，这是现代奥运史上获金牌的第一位亚洲运动员。21岁的日本女选手人见绢枝参加了本届奥运会的800米比赛，获得亚军，她是亚洲第一个女子世界纪录创造者、第一个获得奥运会奖牌的女选手。

游泳比赛中，日本的鹤田义行出人意外地在200米蛙泳中取胜。这是日本第一次在奥运会游泳赛中获

开幕式上的升旗仪式。

得桂冠。美国则包揽了男、女跳水冠军，彼·德斯贾丁斯在男子跳台、跳板中都取得金牌。

瑞士体操选手在本届奥运会上出尽风头，获得了7枚金牌中的5枚，成绩最好的是24岁的乔米兹，他在个人全能、单杠和团体赛中得了3枚金牌。荷兰夺走了首次列入的女子体操赛团体桂冠。

本届只有两项球类比赛：足球和曲棍球。参加足球赛的共17个队。最后决赛在南美两个队——乌拉圭队和阿根廷队之间进行。90分钟后场上比分仍是1：1，加时赛中乌拉圭队踢进1球，蝉联了冠军。曲棍球赛共9个队参加。印度队一路势如破竹，夺得金牌。以后他们又5次蝉联，直到1960年罗马奥运会才碰上劲敌巴基斯坦队而失去了优势。

本届奥运会裁判工作经常出现差错，引起了许多国家不满。瑞典、爱尔兰、法国、埃及、甚至被人认为是裁判心目中的宠儿的美国，都纷纷向国际奥委会投诉。回顾本届裁判工作，有些地方确实难以令人满意。如自由式摔跤61公斤级赛中，瑞士的汉斯·明德尔在比赛刚结束时，被宣布为冠军，可是授奖时，他得到的却是银牌，而最后的成绩公报中，他又变成了第三名。再如男子跳台跳水赛，冠军起初为埃及的法尔德·西迈卡。旗杆正徐徐升起埃及国旗，乐队也正在演奏埃及国歌。可是一切突然停止了，埃及国旗被降下来，代之以美国国旗，乐队也改奏起美国国歌。冠军变成了美国的德斯贾丁斯，西迈卡只是第二名。问及原因，答复是起初只算了总分，没算名次分。但也有人认为，这不是计算上出了问题，而是裁判屈从美国压力的结果。诸如此类的事情，本届奥运会中还时有发生。

本届奥运会于8月12日正式闭幕。荷兰女王和国际奥委会要员出席了仪式。

本届奥运会获奖牌前三名的国家为：美国第一，获金牌22枚、银牌18枚、铜牌16枚；德国第二，获金牌10枚、银牌7枚、铜牌14枚；芬兰第三，金牌8枚、银牌8枚、铜牌9枚。本届比赛中获得金牌的国家多达28个，这一纪录此后一直保持了40年。

第10届夏季奥运会

1932年 洛杉矶

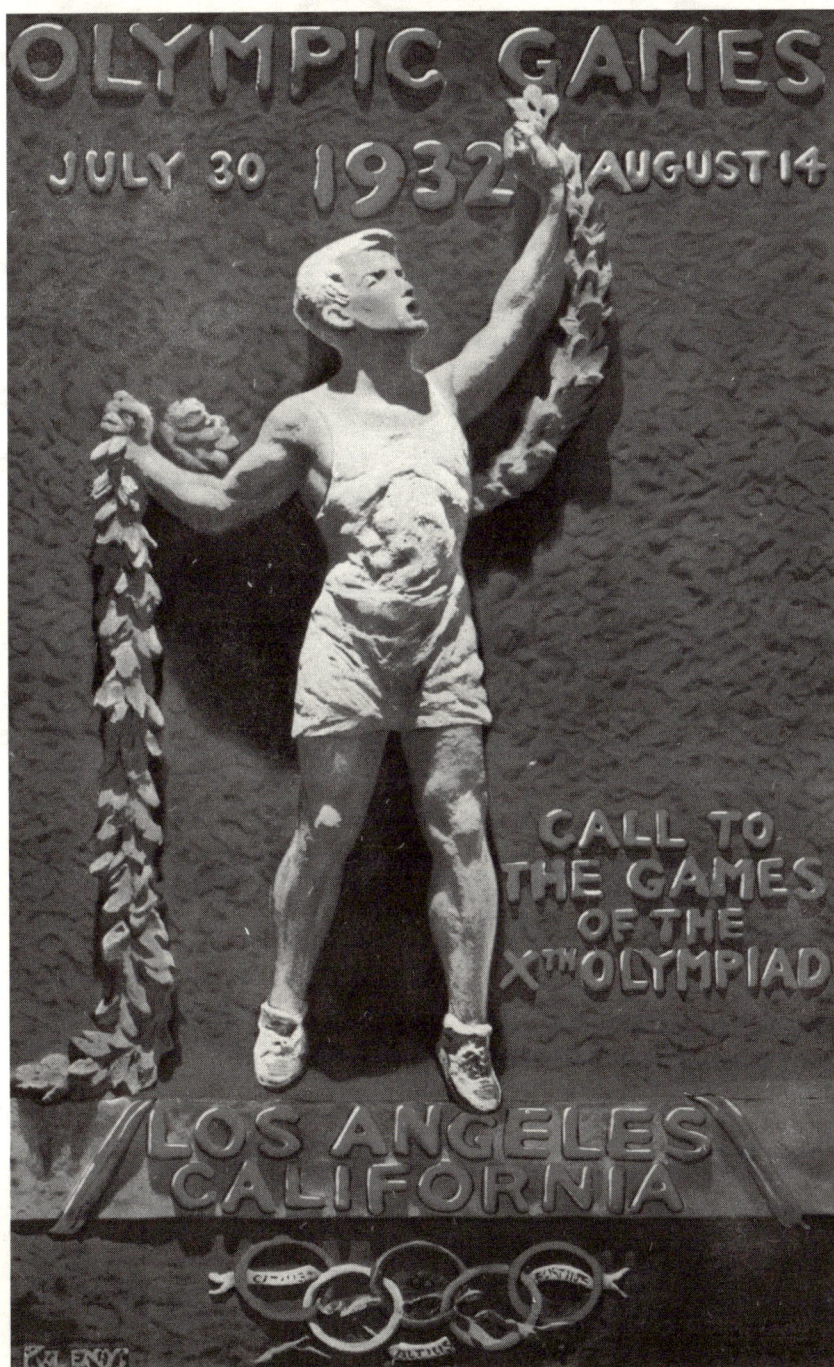

第10届奥运会于1932年7月30日至8月14日在美国的洛杉矶举行。

早在1920年安特卫普奥运会时,洛杉矶市就开始行动,争取获得奥运会举办权。1923年国际奥委会罗马会议决定了第十届奥运会于洛杉矶举行。罗马会议后,洛杉矶市便开始筹备,准备工作大致于1930年完成,体育设施和其他安排都很出色。新扩建的洛杉矶体育场造型如古罗马竞技场,宏伟壮观,可容纳观众10.5万人。此外,还兴建了有观众席1万2千多个的综合性体育馆。另外,洛杉矶还首次建立了奥林匹克村,为运动员提供了良好的服务设施。后来,国际奥委会在《奥林匹克宪章》中明确规定,今后奥运会主办国必须修建奥林匹克村,供运动员食宿。本届奥运会还首次为新闻采访记者提供信息方面的服务。

大会于1932年7月30日开幕,8月14日结束。由于当时欧美国家正处于经济大萧条期,而赛址又远在美国西海岸,因此参加本届奥运会的运动员人数还不及上届阿姆斯特丹奥运会时的一半。此次的参赛国家共有38个,运动员1048人,其中女运动员127人。首次参加的国家有中国和哥伦比亚。参赛的美国运动员人数最多,共337人;加拿大次之,120人;日本居第三,118人。

本届奥运会共设立了17种126项比赛。项目设置与上届相比变化不大,只是取消了足球,恢复了射击。

田径项目10000米赛中,芬兰人首战失利。这个项目自1912年列入奥运会以来,冠军非芬兰莫属,但这次却败在波兰人雅努什·库索辛斯基脚下。8月5日,芬兰终于在5000米赛中获得了他们在长跑中的第一枚金牌,不过这枚金牌也是来之不易。参加这项比赛的芬兰选手劳里·莱赫蒂宁的夺标呼声最高。他曾以14分17秒的成绩创造了世界纪录,可是这次他却碰上了"黑马"——美国的拉尔·希尔。发令枪响后,两人开始了激烈的争夺。比赛进入最后阶段时,希尔稍稍落后。起初他想从内侧超过对手,后来又想从外

体育场夜景。

米奇观看比赛。

侧超过去，但每次都受到了莱赫蒂宁的阻挡。最后，莱赫蒂宁和希尔同时跑到终点，成绩都是14分30秒。美国人抗议，要求取消莱赫蒂宁的资格。发奖仪式拖了很长时间，最后由裁判长、美国的古斯塔夫斯·柯尔比一锤定音，判莱赫蒂宁为冠军。

本届男子游泳比赛中，泳坛骄子东道主遭到了它在奥运史上的最大一次失败，只得到了1项冠军。来自亚洲的日本运动员成绩优异，取得了男子100米自由泳、100米仰泳、200米蛙泳、1500米自由泳和4×200米接力赛共5个冠军，其中14岁的中学生北村以19分12秒4夺得男子1500米自由泳冠军，并打破奥运纪录，该纪录20年后才被打破。不过美国仍在跳水和女子游泳中居绝对优势，包下了男、女跳水金牌。美国女选手赫·麦迪逊在100米、400米自由泳和接力赛中为美国赢得了3枚金牌，也成为本届奥运会得游泳金牌最多的选手。

本届击剑比赛再现了上届金牌分配情况。男子6项的金牌仍由匈牙利、意大利和法国三国均分。女子赛中，奥地利著名剑手埃伦·普赖斯获得了桂冠。这是她首次在奥运会上露面，当时刚19岁。普赖斯的夺冠还有一段佳话：她的决赛对手英国的朱迪·吉内斯本有希望夺魁，但吉内斯表现出了高尚的公平竞赛精神，向裁判员指出，普赖斯曾有两次

刺中她，但并未被记录下来。这样，普赖斯最终成为了胜者。

本届奥运会于8月14日结束，共进行了16天。这是自1896年奥运会举办以来，除首届之外时间最短的一届，整个比赛显得紧促而激烈，国际奥委会从此规定：包括开、闭幕式在内，奥运会举办时间不得超过16天。从此结束了以前那种"马拉松"式的奥运会。另外，本届奥运会还第一次规定各项比赛结束后立即授奖，不再像以前那样等比赛全部结束后再集中发奖；同时还专门设置了授奖台，领奖者登台授奖时，名次的先后与台阶的高低一致，改变了过去授奖站在高台而运动员反站在下面的做法。本届奥运会第一次将奥林匹克五环旗插在各比赛场馆，挂在各交通要道，扩大了奥林匹克的影响。

虽然本届奥运会参加的国家和运动员不多，但比赛成绩却非常出色，共90次刷新奥运会纪录，18次打破世界纪录，这在奥运史上是空前的。本届比赛美国以绝对优势获得第一，共获金牌41枚、银牌32枚、铜牌30枚；意大利第二，获金牌12枚、银牌12枚、铜牌12枚；法国第三，获得金牌10枚、银牌5枚、铜牌4枚。日本按金牌数位列第五，打破了以往历届奥运会金牌总数前8名均为欧美国家垄断的局面。

本届比赛中，中国代表团共有6人，分别为刘长春、沈嗣良、宋君复、刘雪松、申国权、托平，但运动员仅刘长春一人。刘长春原打算参加3个短跑项目，但因旅途劳顿，放弃了400米跑，在100米、200米预赛中，分列第五、六名，遭淘汰。此次参赛开创了中国参加奥运会比赛的历史，对中国体育的发展影响深远。

奥运会开幕仪式。

第11届夏季奥运会

1936年 柏林

第11届夏季奥运会于1936年8月1日至16日在德国柏林举行。

柏林曾被定为1916年奥运会的举办地，但德国发动的第一次世界大战使该届奥运会落空。战后，德国军国主义受到了惩罚，直到1928年方获得参加奥运会的权利。

1924年德国的特奥多尔·莱瓦尔德当选为国际奥委会委员。1927年1月29日，莱瓦尔德领导的德国奥委会致函国际奥委会，希望由德国主办第11届奥运会，并提出柏林、科隆、纽伦堡和法兰克福四地作为候选城市。1932年国际奥委会将会址选在柏林。当时纳粹尚未上台，但已蠢蠢欲动，气焰十分嚣张。1933年以阿道夫·希特勒为首的纳粹党夺取了德国政权，德国政局发生了严重变化。鉴于当时德国的政治形势，1934年国际奥委会讨论了是否仍在柏林举行奥运会的问题，并专门成立了一个调查委员会，前往德国实地调查。负责调查的是国际奥委会委员、美国人艾弗里·布伦戴奇。调查委员会到德国后受到希特勒宣传和表面现象的蒙骗，同时考虑到当时欧洲推行绥靖政策的影响，最后奥委会维持了原议，在柏林举行第十一届奥运会。

大会于1936年8月1日正式开幕，参加比赛的有来自49个国家的4066名运动员，其中女选手328人，男选手3738人。德国人数最多，共406名运动员，美国次之，330人，匈牙利第三，211人。首次参赛的国家有阿富汗、百慕大群岛、玻利维亚、歌斯达黎加、列支敦士登和秘鲁。

根据1934年国际奥委会雅典会议的决议，本届奥运会正式举行了点燃火炬仪式。火种来自奥林匹亚，采取火炬接力方式从奥林匹亚传到柏林。本届奥运会前的7月20日，在奥林匹亚举行了隆重的火炬点燃仪式，12名身着希腊民族服装的少女在乐曲伴奏声中点燃了第一支火炬。国际奥委会前主席顾拜旦亲临会场，并发表了演说，随后正式开始了每人手持火炬跑1千米的火炬接力。火炬途经希腊、保加利亚、南斯拉夫、匈牙利、奥地利、捷克斯洛伐克，全程3075千米，于开幕之日到达柏林，最后由马拉松的第一个奥运会冠军、希腊民族英雄路易斯点燃运动场上的火焰。从此以后，点燃奥林匹克火焰成为每届奥运会开幕式不可缺少的重要仪式之一。

本届奥运会共设有19个大项129个小项比赛，首次列入了篮球、皮划艇和队式手球项目。而马球则是最后一次在奥运会中露面。

本届奥运会上的杰出人物，是美国黑人选手杰

奥运会开幕式。

西·欧文斯。欧文斯总共获得了4枚金牌，成了柏林街头巷尾谈论的中心人物，新闻界甚至把本届运动会誉为"欧文斯运动会"。杰西·欧文斯原名詹姆斯·克利兰德·欧文斯，1913年9月出生于美国一个贫穷的黑人家庭。1935年5月25日，刚21岁的欧文斯，在安阿伯举行的全美大学生运动会上，创造了田坛上未曾有过的奇迹。在那次比赛中，他共参加了4个项目，全部赛程在当天下午，欧文斯总共只用45分钟，就平、破了6项世界纪录。奥运会前夕，欧文斯又在美国夏季田径赛上以10秒2改写了100米世界纪录，成为世界上跑得最快的人。8月2日，田径战幕拉开后，欧文斯在100米、200米、跳远和4×100米接力赛中共获4枚金牌，并以10秒3的成绩平奥运会纪录，以20秒7的成绩破了200米奥运会纪录。人们对他奔跑速度之快诧异万分，誉之为"黑色闪电"。

芬兰仍是长跑中的骄子。他们这次夺得了5000米、10000米和3000米障碍赛的3枚金牌。马拉松冠军则为代表日本参赛的朝鲜人孙基祯获得，成绩是2小时29分19秒2。这是亚洲人第一次夺取长跑项目的金牌。

女子田径共6项，德、美各获两项金牌，另两项由意、匈均分。100米赛的桂冠为美国的海·斯蒂芬斯摘取，成绩是11秒5。80米栏竞争激烈，前4名均为11秒7，根据终点摄影，第一名是在预赛中以11秒6创世界纪录的意大利选手特·瓦拉。跳高也是前三名成绩同为1.60米，最后冠军为匈牙利的伊·恰克夺去。德国的吉·毛厄迈尔和蒂·弗莱舍尔分获铁饼和标枪冠军。

女子游泳比赛成绩突出的是荷兰的亨·玛斯腾布罗克，她在100米、400米和4×100米自由泳赛中独得3枚金牌。4枚男、女跳水金牌全被美国夺得，其中女子跳板跳水金牌得主玛·杰斯特琳年仅13岁零9个月，是奥运史上最年轻的冠军。

举重赛中，全部6个级别的总成绩世界纪录均被刷新。其中在67.5公斤级赛中，埃及的安·穆·梅斯巴赫和奥地利的罗·法因都以342.5公斤创造了世界纪录。初判梅斯巴赫获金牌，法因获银牌，但因奥地利抗议，改判两人并列冠军。这是奥运会史上又一次罕见的事例。

篮球以往曾被列为奥运会表演项目，本届虽然是首次列入正式比赛，但已吸引了多达21个队参加，8月7日至14日进行了预赛、复赛和决赛。开赛那天，篮球发明者——美国的詹姆斯·奈史密斯曾出席助兴。经过数十场争夺，最后由美国与加拿大决第一、二名。比赛在室外进行，当天正巧碰上下大雨。在艰难的条件下，美国以19：8夺得奥运会篮球赛首枚金牌。此后美国在各届奥运会上一直保持这一优势，直到1972年金牌才易主。

本届奥运会于8月16日闭幕。东道主以主办国的有利条件，获金牌33枚、银牌26枚、铜牌30枚，列奖牌榜首位；美国第二，金、银、铜牌数依次为24、20、12枚；匈牙利第三，金、银、铜牌数依次为10、1、5枚。大会授予各项比赛第一名的奖品除一面金牌外，还有一盆经过一年多精心培养、枝繁叶茂的橄榄树盆景。这也是橄榄树最后一次被用作奥运会奖品。

这次奥运会还举办了展览会、音乐演奏、戏剧、世界青少年营、学术座谈会、舞会及接待会等文化活动。大会期间，还第一次使用电视作现场转播，并同时向许多国家转播实况，使奥运会新闻传播步入新的阶段。

奥运会大钟。

第14届夏季奥运会

1948年 伦敦

第14届奥运会于1948年7月29日至8月14日在英国伦敦举行。

这是因第二次世界大战而中断了12年后举行的第一次奥运会，也是奥林匹克运动的新起点。伦敦曾被定为第13届奥运会会址，但因当时（1944年）战争尚在进行而停办，所以本届被再次选为东道主。当时战争虽已结束，但留下的创伤仍到处可见。国家经济萧条，人民生活困难，各行各业亟待恢复。伦敦也不例外，英国有不少人反对在当时的困难情况下承办奥运会。英国奥委会做了大量宣传工作，四方奔走，克服重重困难，在资金短缺的情况下，修缮了体育场馆，还兴建了奥林匹克村，使运动会准备工作如期完成。

伦敦曾在1908年主办过第4届夏季奥运会，40年后，世界各国选手又一次在这里聚会。人们在长期的战争中饱尝了家园被毁、亲人死去的痛苦，在这里重新领略了和平、友谊的幸福。第二次世界大战后，不少国家摆脱了殖民统治。它们虽然来不及派训练有素的选手参赛，但纷纷应邀参加了这次盛会，所以本届参赛的国家和地区达59个，这是一个创纪录的数字。参赛运动员共4099人，其中女运动员385人，男子3714人。选手人数最多的前三名国家是：英国，313人；美国，303人；法国，285人。首次参加的有缅甸、英属圭亚那、委内瑞拉、伊拉克、伊朗、巴基斯坦、黎巴嫩、波多黎各、新加坡、叙利亚、特立尼达、锡兰（今斯里兰卡）、韩国和牙买加。战败的德国、日本被剥夺了参赛资格。苏联接到邀请，因时间匆促未能出席。

7月29日下午4时整，开幕式在温布莱体育场举行。英国国王乔治六世主持大会。英国首相克利门特·艾德礼发表了友好演说。点燃本届奥运会圣火的是英国田径运动员约翰·马克，代表运动员宣誓的是另一位东道主的田径运动员唐纳德·芬雷。

本届奥运会项目与上届基本相同，共有17种大项136种小项。只取消了手球，而首次列入了女子皮艇。

奥运会开幕式。

奖牌正面。

本届奥运会总体竞技水平不高，仅打破了4项世界纪录，其中射击、游泳各1项，举重2项，而田径这样一个开展普及、单项众多的项目，却1项世界纪录也未破，这在奥运史上是绝无仅有的。究其原因，是战争影响了各国的体育运动，一些有才华的选手年岁已大，而年轻的运动员又未经过系统的训练。

但是，本届奥运会仍出现了一些值得一书的人物。有"荷兰女飞人"之称的荷兰女选手布兰克尔斯·科恩就是其中的一个代表。12年前科恩参加柏林奥运会时，还只是年仅18岁的少女，而这次已是年过30岁的中年妇女了。在柏林奥运会上，她成绩平平，但柏林奥运会后，这位田径史上的多面手在100米跑、80米栏、跳高、跳远等6个项目中都先后创造过世界纪录。这次，年华已过的科恩仍是壮心不已，她报名参加了4个项目，8月2日在100米赛中，她第一个到达终点，成绩是11秒9，比最接近她的对手快了0秒3。裁判形容她疾跑如飞，"荷兰女飞人"的美称就是这样获得的。在另外的200米跑、80米栏和400米接力赛三项比赛中科恩都获得了金牌。在这届奥运会上科恩共获4枚金牌，成为与柏林奥运会欧文斯齐名的人物。

在田径赛中，美国的罗伯特·马塞厄斯也是本届的新闻人物。这名年仅17岁的少年在有20个国家35名运动员参加的全能比赛中战胜了所有的对手，成了最

年轻的十项全能夺标者和奥运会历史上夺得男子田径项目冠军最年轻的人。

在游泳比赛中，美国则包揽了男子游泳、跳水的全部8个项目冠军，这在奥运会历史上是空前的。丹麦女子游泳选手格雷塔·安德森获得了1枚金牌和1枚银牌。

匈牙利独臂射手卡罗利·塔卡奇是本届射击赛中的新闻人物。十多年前他就颇有名气。1936年在一次不幸事故后，他失去了右手，从医院出来后，这位射击运动爱好者改用左手顽强地练习，1939年便夺得世界冠军。这次他以580环的成绩创手枪速射世界纪录并夺得金牌。四年后他又蝉联了这个项目的冠军。

击剑台上引人注目的也是一位匈牙利选手，她就是伊·埃列克。12年前她曾在柏林奥运会上夺冠，现在虽然已是中年妇女，但是剑锋未老，这次又夺金牌。埃列克驰骋剑坛二十余年，在世界、欧洲赛中多次取胜。1952年，年近40岁的她，仍夺得奥运会亚军。

在首次设立的女子皮艇比赛中，冠军被丹麦选手卡伦·霍夫曼夺得。

本届奥运会中国派出了33名男运动员参加了篮球（10人）、足球（18人）、田径（3人）、游泳（1人）和自行车（1人）共5个项目的比赛，未能取得名次。其中足球比赛共有16支队伍参加，中国队首轮便以0：4负于土耳其队而遭淘汰。篮球队在预赛中3胜2负，在落选赛中2胜1负，在全部23支队伍中名列第18位。游泳选手、印尼华侨吴传玉在100米自由泳比赛中落选。荷兰华侨、自行车选手何浩华在1000米争先赛中因摔伤而落选。

本届奥运会奖牌的颁发与过去各届有所不同，如体操鞍马有3人并列冠军，按惯例后面的名次是第4、5名，但本届奥运会仍算作第2、3名，并颁发了银牌和铜牌。

这届奥运会美国共获得了38枚金牌、27枚银牌和19枚铜牌，奖牌数居各国之首；瑞典队以16枚金牌位列第二；法国队以10枚金牌位列第三；东道主成绩不很理想，仅获3枚金牌，金牌数列第十二位。

第15届夏季奥运会

1952年　赫尔辛基

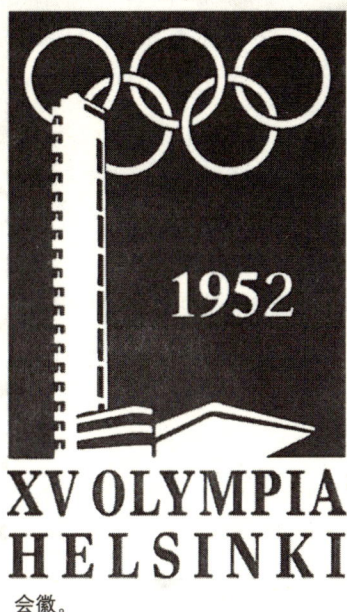

会徽。

第15届奥运会于1952年7月19日至8月3日在芬兰赫尔辛基举行。

伦敦奥运会前一年，即1947年6月，国际奥委会于斯德哥尔摩就1952年奥运会会址问题展开了激烈的讨论。此时世界一些城市对主办奥运会产生了深厚的兴趣。与第14届奥委会只有伦敦一家申请形成了鲜明对照的是，第15届则有赫尔辛基、阿姆斯特丹、雅典、底特律、明尼阿波利斯、洛桑、费城、斯德哥尔摩、芝加哥9个城市同时提出了申请。会议期间，各个城市都派来了由市长率领的代表团游说，气氛相当热烈。通过投票表决，赫尔辛基赢得主办权。

应邀参加本届奥运会的有69个国家和地区，4925名运动员参赛，其中女子518人，男子4407人。首次参加的有巴哈马群岛、加纳、危地马拉、香港、以色列、印度尼西亚、尼日利亚、荷属安的列斯群岛、泰国和南越。中国、苏联和联邦德国也首次应邀参加了本届奥运会。中国代表团行期受阻，故仅参加了1项男子仰泳比赛。首次参赛的苏联对这届运动会非常重视，共派出295名运动员，人数居各国之首；其次是美国，为286人；东道主列第三，共260人。

本届奥运会共设17大项149小项比赛，竞赛项目与上届相比变动不大，只是增加了现代五项的团体项目，同时取消了40年前设立的艺术比赛。

本届奥运会可以说是大面积丰收的一次运动会，以破世界纪录为例，举重有5项，射击有2项，游泳有1项。而田径更是突出：男子全部24个项目中有21项打破或平奥运会纪录。其中三级跳远、链球、十项全能和4×100米接力均创世界新纪录；女子9项中有8项奥运会纪录被刷新，其中200米跑、80米栏、铅球和4×100米接力创世界纪录。有的项目是一破再破，如女子铅球，破奥运会纪录的次数为21人次，男子3000米障碍为16人次，链球为13人次……这在奥运史上是极为罕见的。它与上届整个比赛只有4项世界纪录，而田径连一项都没有破的情况形成了鲜明对照。这也说明，长期战争的影响已逐渐消失，一大批训练有素的优秀选手已涌现在世界体坛。

如果说以往届次中有过以努米、欧文斯、布兰克尔斯·科恩为英雄的奥运会，则赫尔辛基的杰出人物应是捷克斯洛伐克的埃米尔·扎托佩克。扎托佩克是1950年前后田坛长跑骁将，有"人类火车头"之称。他曾先后6次刷新5000米、10000米等长跑项目的世界纪录。上届伦敦奥运会时，他初显锋芒，10000米跑获得金牌，5000米跑获银牌。这次他在赫尔辛基大显身手，先后夺得5000米、10000米和马拉松跑3枚金牌，是本届田径赛中获金牌最多的运动员。有趣的是，7月24日他在5000米赛夺冠不久，他的妻子丹娜·扎托佩科娃也荣登了女子标枪冠军台。扎托佩克生于1922年9月19日，正好与妻子丹娜同年同月同日，而这次夫妻双双又在同一天获得奥运会金牌，成为体坛一段佳话。7月24日的男子田径赛也给匈牙利人带来了喜悦，约·切尔马克将链球首次掷出60米开外，以60.34米的世界新纪录荣获金牌。

澳大利亚选手在这次女子田径赛中取得了空前的成就，三夺短跑和跨栏金牌，玛·杰克逊在100米和200米赛中两次夺冠，并以23秒6、23秒4平、破200米世界纪录。她的队友舍尔利·斯特里克兰·德拉亨蒂也在80米栏比赛中以10秒9的成绩创世界纪录并获得金牌，四年后这位选手再次在该比赛中夺魁。

首次出战的苏联女子选手出手不凡，共获2枚金牌。7月20日，苏联的尼娜·罗玛什科娃在铁饼赛中取胜，成为苏联第一个奥运会冠军。获另一项桂冠的苏联女选手加琳·吉宾娜也是50年代著名运动员。7月26日，她在恶劣气候条件下，仍将铅球推出了15.28米，创造了她的第一个世界纪录。此后多年，她一直保持着在这一项目上的优势，并8次刷新世界纪录。1956年奥运会前夕，她还以16.76米的成绩最后一次创造了新的世界纪录。

男女游泳全部11个项目的奥运会纪录这次全被刷新。曾在1932、1936年两届奥运会上称雄的日本男队成绩远不如前，这次只得了3枚银牌。美国队也没有像上届一样，获得男子游泳的全部金牌，本届只获得了6枚金牌中的4枚金牌。女子比赛的结果使人惊异，美国队一金未得，而上届毫无名气的匈牙利队夺得了4枚金牌，并在4×100米自由泳中创造了4分24秒4的世界纪录。这也是本届游泳赛创造的唯一一个世界纪录。男、女跳水的全部金牌仍被美国队夺得。男子跳水跳台冠军萨米·李是美籍朝鲜人，他继上届奥运会后，又一次夺得这项比赛的金牌。女子帕·麦考密克重复了上届维·德弗雷斯的成就，成为板、台双料跳水冠军。

为期两周的赫尔辛基奥运会于8月3日正式闭幕。大会期间，虽然气候不佳，不时遭到寒冷和风雨的袭击，但仍然是一次成功的、高水平的运动会，美国仍保持了金牌总数领先的地位，共获40枚金牌，另外获得银牌19枚，铜牌17枚。苏联步其后，金、银、铜牌数分别为22、30、19枚。如计算前六名非正式团体总分，两国均为490分。赫尔辛基奥运会揭开了新的篇章，进入了美、苏两个体育强国抗衡的年代。

赫尔辛基奥运会比较成功，这首先表现在大会的气氛很好，如参赛者的范围较广，会间又有成千上万的观众到场支持助威；再者，本届比赛的裁判受到好评，他们执法的态度严谨，较好地保证了客观和公正；其次，运动员连创佳绩，打破或平奥运会纪录的有29项，其中田径比赛男子有96人次，女子有30人次。

早期的成绩板。

第16届夏季奥运会

1956年 墨尔本、斯德哥尔摩

第16届奥运会于1956年11月22日至12月8日在澳大利亚墨尔本举行。

申请承办本届奥运会的有10个城市，除澳大利亚的墨尔本外，其余全属美洲，即阿根廷的布宜诺斯艾利斯，墨西哥首都墨西哥城，加拿大的蒙特利尔，美国的底特律、洛杉矶、明尼阿波利斯、旧金山、费城和芝加哥。1949年国际奥委会罗马年会上，墨尔本以一票优势击败最后一个竞争对手布宜诺斯艾利斯，赢得了主办权，奥运会有史以来第一次离开了欧、美两大洲。

本届奥运会原定于2月举行，因为2月正是澳洲的盛夏，但国际奥委会认为此时正是多数国家运动员的休整期，不利于创造优异成绩，后经协商，决定于1956年11月22日至12月8日为会期。这是历届奥运会举办时间最晚的一次。

本届奥运会与历届奥运会的不同之处在于它是奥运会史上唯一分在两个洲举办的奥运会。因为按

照澳大利亚的法律，牲口入境后，必须经过6个月的隔离检疫，而马术比赛的马都是骑手自己携带并经常训练的马匹，实行6个月隔离检疫，将使训练中断，无法参赛。因此国际奥委会决定马术比赛改在瑞典的斯德哥尔摩举行，其余项目按原计划不变。因此本届奥运会实际上是在不同时间、不同地点进行的。

马术比赛于6月10日至17日举行，有29个国家和地区的158名运动员参加比赛，其中有13名女选手。赛前举行了开幕式、点燃圣火和运动员宣誓等仪式，其中点燃主体育场奥林匹克圣火的是骑在马背上的瑞典骑手维克涅。整个形式俨然像一个独立的奥运会。因此，尽管马术比赛很成功，还是遭到舆论的批评，认为两个国家举办同一届奥运会将毁掉奥运会的完整性，并希望以后不再有类似的情形发生。

11月22日奥运会开幕式在墨尔本美因运动场举行，参赛国家共67个，运动员3184人，其中女运动员371人。本届奥运会（包括斯德哥尔摩）首次参加的国家和地区有肯尼亚、柬埔寨（只参加了马术比赛）、利比里亚、马来西（今马来西亚）、乌干达、斐济、埃塞俄比亚。参加运动员人数最多的国家是：美国，298人；澳大利亚，287人；苏联，283人。民主德国、联邦德国联合组团参赛。国际奥委会承认了中华全国体育总会为中国奥委会，并保留了台湾的"中华民国奥委会"，作出了允许这两个奥委会同时参加第16届奥运会的决定，并规定两个代表团使用的名称一个是"台湾中国"，一个是"北京中国"，新中国奥委会对此表示了坚决的反对，最终拒绝参加，中国台湾派出了21名男运动员参赛。

本届奥运会共设17个大项145个小项，田径、游泳（包括跳水、水球）、举重、自行车、射击、篮球、足球、曲棍球、体操、击剑、现代五项、摔跤、拳击、赛艇、皮划艇、帆船和马术。

本届奥运会田径比赛只有男、女各两项打破了世界纪录，其他成绩平常。苏联运动员库茨夺得5000米和10000米两项冠军，是苏联第一个获奥运会长跑

奥运圣火抵达体育场。

会徽。

金牌的选手。其他田径项目金牌大部分由美国夺得。

游泳比赛中，拥有绝对优势的美国队出人意料地败给了东道主澳大利亚。澳大利亚包揽了这次决赛时所创造的3项世界纪录，夺得了男、女13个项目中的9项冠军。本届游泳单项中蝶泳首次从蛙泳中分出。匈牙利蝉联水球比赛冠军。在跳水赛中，美国女将帕特·麦考密克重演了四年前在赫尔辛基奥运会包揽两枚金牌的好戏。

体操比赛中，以体坛名将男选手维克托·丘卡林、沙赫林、阿扎良和女选手拉蒂尼娜、马尼娜、穆拉托娃组成的苏联队取得绝大多数项目的冠军。其中在男子项目中，丘卡林和瓦伦丁·穆拉托夫在体操比赛中各3次取胜。如果算上本届获得的5枚奖牌，丘卡林在参加的历届奥运会上共夺得了11枚奖牌，其中金牌7枚。匈牙利女队获得女子团体冠军和器械操冠军。本届奥运会获金牌最多的是匈牙利阿格内斯·凯莱蒂和苏联拉里萨·拉蒂尼娜两位女子体操选手，各得4项第一。

美国篮球队保持了自1936年以来的不败纪录。在一代篮球巨星比尔·拉塞尔和琼斯的率领下，他们在各场比赛中占据了绝对优势，每场均能以至少30分的差距击败对手。

拳击比赛中，匈牙利的拉斯洛·帕普成为第一位三夺奥运会金牌的拳击手。

举重比赛中，首次使用了在两名队员举起同样重量的情况下，以体重较轻者为胜的排定名次方式。美国运动员保罗·安德森首先成为这一规则的受益者，在男子重量级比赛中，他和阿根廷运动员温贝托·塞尔维蒂都举起了500千克的重量，但体重为137.9千克的安德森因体重轻于塞尔维蒂（143.5千克）而获得了金牌，塞尔维蒂则只能获银牌。

本届奥运会于12月8日闭幕，闭幕式与往届不同。当时大部分比赛完毕的代表团都已先行回国，余下的选手不多。为使闭幕式进行得紧凑而热烈，澳籍华裔选手文强森（John Ian Wing）建议：运动员入场打破国家顺序，相互混杂不分国籍。国际奥委会对此先是不同意，但最后还是表示认可，但前提是至少要有400人参加。闭幕式那天晚上，留下来的选手全部参加，结果闭幕式比以往任何一届都温馨感人。这种革新，打破了国际间的生疏，象征着人类的合作与和平，为大众热烈接受，从世界各地来的运动员携手游行，成为本届奥运会闭幕式的最大特色，也为日后其他各届奥运会所仿效。

本届奥运会在田径、游泳、举重、射击、自行车比赛中共破56项奥运纪录，其中16项为世界纪录。

本届奥运会获奖牌数最多的国家是苏联，共获金牌37枚、银牌29枚、铜牌32枚，首次在金牌和非正式团体分上均高于美国。美国居世界第二位，奖牌数依次为32、25、17枚。澳大利亚列第三，奖牌数依次为13、8、14枚。

第17届夏季奥运会
1960年　罗马

GAMES OF THE XVII OLYMPIAD

ROMA  25.VIII-11.IX

第17届奥运会于1960年8月25日至9月11日在意大利的罗马举行。

罗马是一座具有2700多年历史的世界文化名城，1908年，罗马获得第4届奥运会主办权，可是由于经济等原因，后来不得不由伦敦接办。这次罗马历尽险阻，最终战胜了申办该届奥运会的其他14个城市。

2600年前，罗马帝国以征服者的姿态，将古奥运会从希腊奥林匹亚强行移到罗马举行。1960年，罗马作为意大利首都，燃起了象征和平与友谊的奥林匹克火焰。古今两届，意义不可同日而语。

本届奥运会于1960年8月25日拉开序幕。应邀参加本届奥运会的有83个国家和地区，共5348名运动员，其中女运动员610人，男运动员4738人。这是自1896年以来规模最大、人数最多的一届盛会。首次参加的国家有摩洛哥、苏丹、突尼斯和圣马力诺。特立尼达和牙买加组成了西印度联队，埃及和叙利亚组成了可阿联队，两个德国仍以德国联队名义参加。由于国际奥委会的少数人坚持"两个中国"的政策，中国奥委会于1958年8月19日宣布退出国际奥委会，故自本届奥运会起，中国中断了对奥运会的参与。中国台湾派出了47名运动员参加本届奥运会。本届奥运会参赛运动员人数最多的几个队是：德国联队，293人；美国，292人；苏联，284人；东道主意大利，279人；英国，253人；法国，237人。

开幕式于8月25日下午举行，由于参赛人数太多，奥运会组委会规定仅由各代表团的部分运动员和官员参加入场式，这在奥运史上是第一次。

本届奥运会的比赛项目共有17种150项。国际奥委会对比赛项目作了增删，如射击取消了"跑鹿"，体操取消了女子团体轻器械操，田径恢复了女子800米跑，游泳增加了男、女4×100米混合泳接力，击剑增加了女子团体等。此外，为了限制参加比赛的人数，田径的每个项目还规定了报名标准。球类比赛也以16个队为限，若报名超过16个队时，则先举行外围赛。这样，奥运会的比赛项目及参赛方法就变得更加规范了。

金牌背面。

田径比赛中，澳大利亚的赫·埃利奥特获得了1500米跑金牌，成绩3分35秒6，打破了自己所保持的世界纪录。这是澳大利亚人自1896年后再次在径赛中获取奥运会冠军。

跳远成绩取得了重大突破，1935年欧文斯创造了8.13米奇迹，四分之一世纪过去后，1960年8月12日，美国的拉·博斯顿终于以8.21米打破了欧文斯保持了25年的纪录；20天后，博斯顿又在本届奥运会上以8.12米夺金牌，再次刷新欧文斯自1936年以来所保持的7.94米的奥运会纪录。

十项全能是本届田径争夺最激烈的项目，参赛的有当时田坛十项全能"三杰"：美国的拉·约翰逊、苏联的瓦·库兹涅佐夫和中国台湾运动员杨传广。自1955年以来，十项全能世界纪录的争夺在约翰逊和库兹涅佐夫之间形成拉锯战，纪录几度相互易手。"三杰"罗马相逢，竞争立即白热化。杨传广战胜了库兹涅佐夫，但以58分之差输给了约翰逊，只得了银牌。他是中国第一个获得奥运会银牌的人，也是亚洲在这次田径赛中获得奖牌的唯一选手。

本届田径成绩最出色的是苏联队，他们在中跑、跳跃和投掷项目中共拿了6枚金牌。从此届起，逐渐

会徽。

形成了美苏在田径中分别占据男女优势的局面。

参加马拉松比赛的有35个国家的69名运动员，埃塞俄比亚的赤脚选手阿贝贝·比基拉击败所有竞争对手获得了冠军，他也成为第一位夺得奥运会冠军的非洲黑人运动员。

游泳比赛美、澳平分秋色，在女子7项中，美国占有较大优势，夺得其5枚金牌。获金牌最多的是美国的苏珊·克里斯汀·冯萨尔察，她在400米自由泳和两个接力泳项目中均夺金牌。澳大利亚女队这次仅获得一枚金牌。

跳水项目中，美国仍包揽了男子跳板、跳台两项冠军。但女子两枚金牌却被德国17岁的英·克雷默尔夺去。

举重7个级别有6个世界纪录被刷新。苏联成绩突出，获5项冠军。多年来在举重台上称雄的美国队这次成绩明显下降，仅查·温奇保持了56公斤级的冠军。罗马奥运会是美国举重走向衰落的起点。此后一蹶不振，始终未能恢复往昔的地位。

丹麦选手保罗·埃弗斯特隆在帆船"芬兰人"型赛中再次取胜。这是他1948年以来第四次获得这项冠军，也是奥运会史上4届蝉联该项冠军的第一人。

自行车赛中意大利占有绝对优势，获得了6枚金牌中的5枚。另1枚得主是苏联的维克托·卡皮托诺夫，这也是苏联在奥运会上首次获得自行车金牌。

上届体操比赛中初露头角的日本队本届在男子团体赛中战胜了自1952年首次参赛以来从未败阵的苏联队。但在个人项目中，苏联仍占有明显优势，28岁的鲍·沙赫林在本届大显身手，独得了全能、双杠、鞍马、跳马4项冠军，并在其他项目中获2个第二、1个第三，共获7枚奖牌，是本届获奖牌最多的运动员。日本第一个体操奥运会冠军小野乔这次蝉联了单杠冠军，并获得了另外2枚金牌。苏联女队取得了比上届更出色的成绩，除继续保持团体冠军外，还获得单项中的4项冠军。

本届运动会上，兴奋剂的严重危害开始表现出来。自行车赛中丹麦运动员詹森暴死途中，后经尸体解剖证明是服用兴奋药物所致，这是奥运史上第一例服用兴奋剂致死的案例。詹森之死引起了大会的震惊和重视，同时促使国际奥委会开始重视反兴奋剂的问题。

9月11日，罗马奥运会闭幕。这是一次高水平的运动会，共76次打破奥运会纪录，其中有30次超过世界纪录。苏联队在这届比赛中取得了出色的成绩，获金牌43枚，银牌29枚，铜牌31枚，远远超过了美国，位居第一；美国这次获金牌34枚，银牌21枚，铜牌16枚；东道主意大利获取了它在奥运会史上的最佳战绩，得金牌13枚，银牌10枚，铜牌13枚，位居第三。

第18届夏季奥运会

1964年 东京

第18届奥运会于1964年10月10日至10月24日在日本东京举行。

30年代柏林奥运会期间，东京被选为第12届奥运会会址，但第二次世界大战使12届奥运会成为泡影。战争使日本自身也遭到了严重破坏，从战争灾难中复苏过来后，东京便提出了主办第17届奥运会的申请，但罗马捷足先登，东京落空了。随后，东京再次申请，选票超过对手布鲁塞尔、维也纳、底特律，赢得了第18届奥运会主办权。

东京是世界人口最多的首都之一，也是引人注目的现代化城市。日本政府和体育界对东京奥运会非常重视，他们筹集了近30亿美元的巨款，扩建城市，改善交通，兴建体育场馆和配套设施，其中包括有75000多个座位的东京国立体育场，还修建了14幢4层的东京奥运村。

奥运会于1964年10月10日开幕。整个开幕仪式隆重、壮观。蓝天上，8000只白鸽上下翱翔，5架飞机凌空盘旋，用烟花绘出了五环标志。日本天皇裕仁及政府官员、国际奥委会主席布伦戴奇等出席了开幕式。美国发射了"辛科姆"卫星，向世界各地转播，这在奥运会史上还是第一次。由于1964年是现代奥林匹克运动复兴70周年，开幕式上还播放了创始人顾拜旦在1936年奥运会上的法语讲话录音："奥运会重要的不是胜利，而是参加；生活的本质不是征服(索取)，而是奋斗。"

这是首次在亚洲举行的奥运会，规模也是空前的。参赛的有94个国家和地区的5140名运动员，其中女运动员683人。运动员人数最多的是美国队，共346人，其次是德国联队，336人，东道主列第三，329人。苏联派出了319名选手参赛，仅次于美、德、日代表团。首次应邀参加的有阿尔及利亚、象牙海岸、喀麦隆、刚果、马里、尼日尔、塞内加尔、坦噶尼喀和桑给巴尔、乍得、多米尼加、特里尼达和多巴哥、蒙古、尼泊尔。南非因推行种族歧视政策，被剥夺了参赛资格。中国台湾派出了55名运动员，参加了田径、篮球、举重等8个项目的比赛。

本届比赛项目有19种163项。除田径、游泳(含跳水、水球)、举重、射击、篮球、足球、曲棍球、体操、击剑、自行车、摔跤、拳击、马术、赛艇、帆船、皮划艇、现代五项17个传统项目外，新增添了排球(男女)、柔道这两个日本拿手的项目。这是奥运会项目规范化后，大项数首次达到19个。

田径开赛后，美国咄咄逼人。罗伯特·海斯和亨利·卡尔旗开得胜，夺回了美国在上届失去的100米、200米两项短跑冠军。海斯在100米预赛中跑出了9秒9的超世界纪录成绩，可惜因超风速，未被承认为新纪录。决赛中海斯又以10秒整平了世界纪录，比亚军古巴的恩·费格罗拉快了0.2秒。在4×100米接力赛中，海斯跑末棒，由于他的努力，美国由落后而超前，夺得了这一项的金牌，并以39秒整创造了世界纪录。美国不仅在其传统短跑项目中获胜，而且在自奥运会以来从未问鼎过的5000米、10000米两个长跑项目中也得了金牌。

在男子田径激烈角逐时，女子赛场也已硝烟弥漫。美国19岁的怀·泰厄斯和20岁的埃·麦圭尔分获得了100米、200米冠军。麦圭尔还得了100米和4×100米接力两枚银牌。泰厄斯在100米预赛时以11秒2平了世界纪录，决赛以11秒4夺冠。她在这次比赛中也获得了4×100米接力赛银牌。英国女选手玛丽·兰德以6.76米的跳远成绩创下世界纪录，为英国女子田径获得第一枚奥运会金牌。在墨尔本奥运会上获3枚短跑金牌的澳大利亚选手贝蒂·卡思伯特8年后又在这次东京比赛中获得首次列入的400米跑冠军。苏联在女子田径比赛中连遭挫折，成绩远不如上届理想，仅普雷斯姐妹获得了3枚金牌。

游泳赛中美国再次取得出色的成绩，男女18个项目他们获得了其中13项冠军，创造了11项世界纪录。18岁的唐·斯科兰德在男子100米、400米自由泳和两个自由泳接力项目的比赛中共获4枚金牌，成为本届获金牌最多的选手。上届男子游泳可与美国抗衡的澳大利亚队这次成绩很不理想，总共只拿了4枚金牌。

举重比赛共8次刷新世界纪录。7枚金牌中苏联夺去了其中的4枚，其余3枚被日、波、捷均分。

单人赛艇比赛中，苏联的维·伊凡诺夫获得了第一名，他是奥运会史上单人赛艇中唯一的三连冠选手，连续获得墨尔本、罗马、东京三届奥运会单人赛艇冠军，他也是第一个世界赛艇冠军。

一度称雄的苏联男子体操队本届仅鲍·沙赫林获得单杠冠军。日本队不仅保住了男团优势，还获得了包括个人全能在内的4项冠军。远藤幸雄是其中的优秀代表，他获得了全能、双杠、团体3枚金牌。捷克斯洛伐克的恰斯拉夫斯卡，是东京奥运会女子体操赛中成绩最佳者，她除获全能冠军外，还在跳马、平衡木中夺得两枚金牌，并在团体赛中得了1枚银牌。

首次列入的柔道和排球两项比赛中，日本战绩最佳。柔道4个级别日本夺得3枚金牌，另一项无差别级冠军为荷兰30岁的老将安·盖辛克获取。

东京奥运会于10月24日落下帷幕，该届奥运会上许多项目的成绩比上届又有了较大幅度的提高。大会共81次破奥运会纪录，其中32次为世界纪录：田径世界纪录8次，奥运会纪录28次；举重世界纪录8次，奥运会纪录28次；游泳世界纪录13次，奥运会纪录19次；射击世界纪录3次，奥运会纪录6次。

自1952年苏联首次参加奥运会以来，美、苏两国之间的争夺一直是世界注目的中心，金牌霸主宝座两国轮流坐。1952年苏联金牌数远远落后于美国，1956、1960年两届，苏联均超过美国。这次美国又跃居领先地位，共获金牌36枚，苏联获金牌30枚，日本首次进入前三名之列，获金牌16枚。

纪念章背面。

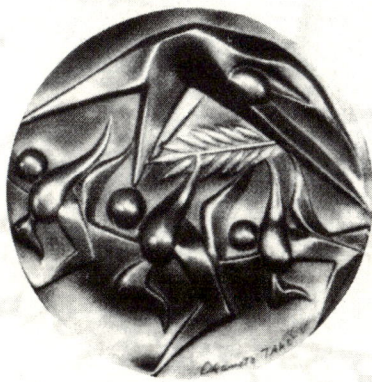

纪念章正面。

纪念币正面。

纪念币背面。

佩章。

第19届夏季奥运会

1968年 墨西哥

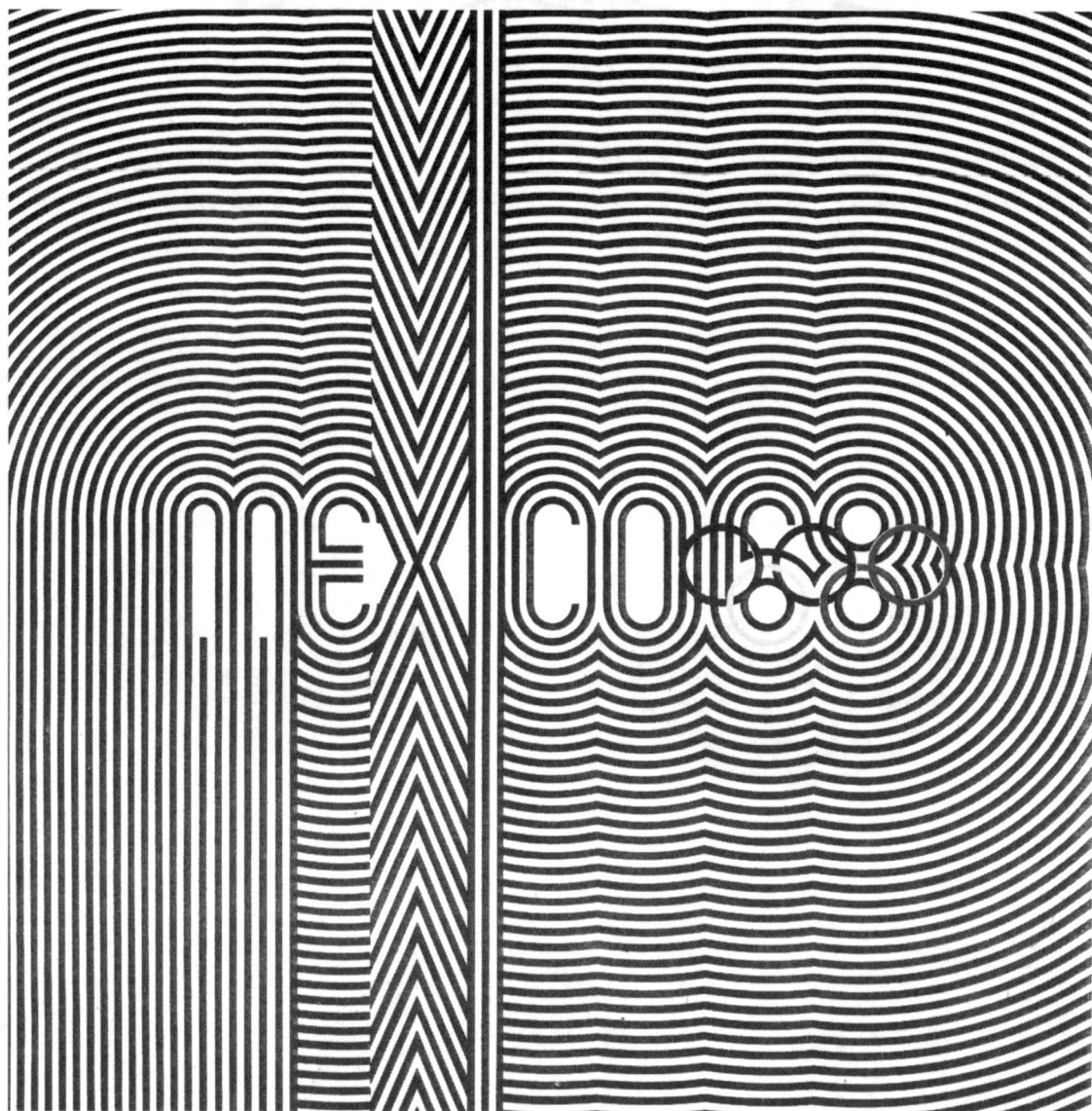

第19届奥运会于1968年10月12日至10月27日在墨西哥的墨西哥城举行。

选择墨西哥城作为1968年奥运会的主办城市颇具争议,因为这座城市海拔达2300米,与海平面相比,这里的空气含氧量要少30%。人们对生活在平原地区的运动员能否适应这个高原城市的气候,表示了严重的关注。会址最终确定下来后,各国立即寻找高原地区进行适应性训练。墨西哥奥运会筹委会在奥运会前3年分别举办3次"奥林匹克周",让各国选手到墨西哥城做适应性准备,又在1968年奥运会前两周邀请各国代表团提前到达并免费接待,这些措施都较好地解决了人们对高原问题的忧虑。

墨西哥政府对这届奥运会非常重视,用5360万美元修建运动场馆及有关设施,用1.7584亿美元进行市政建设和奥运会改建。主会场设在距奥运村4千米的大学校园内,可容纳八万多观众。主会场最具特色的是一条塑胶跑道,这在奥运会史上还是第一次出现。

运动会于1968年10月12日至27日举行。应邀参赛的有112个国家和地区。这是奥运会史上参赛单位首次突破100个。参赛运动员有5530人,其中女运动员780人。首次参加的国家和地区有巴巴多斯、英属洪都拉斯、维尔京群岛、几内亚、洪都拉斯、刚果(金沙萨)、科威特、利比亚、尼加拉瓜、巴拉圭、萨尔瓦多、苏里南、塞拉利昂和中非共和国。由于许多国家奥委会的反对,南非再次被排除在外。两个德国从本届起,各自派队独立参加比赛。

本届奥运会取消了上届刚列入的柔道,其余未变,共18个大项,但单项略有增加,总数达172个。

运动会于10月12日开幕。这天是哥伦布(1492年)发现新大陆476周年纪念日。墨西哥总统狄亚斯主持了开幕式。墨西哥20岁的女田径选手巴西利奥点燃了奥林匹克圣火,她是奥运会史上第一个点燃奥林匹克圣火的女性。为了加强裁判员的责任感,开幕式上首次增加了裁判员宣誓,由主办国裁判员宣读誓词。

这次高原盛会男子田径赛中接连创造了几项神奇般的世界纪录。10月14日,美国的吉姆·海因斯在100米决赛中首次突破10秒大关,以9秒9获胜。这项成绩电子计时为9秒95,直到1983年才被美国另一名

会徽标志塑像。

运动员卡尔文·史密斯以9秒93刷新。10月16日，在200米决赛时，美国的托姆·史密斯以19秒8破20秒大关，11年过后，意大利的皮·门内阿才再次在这一高原地区以19秒72超过该成绩。10月18日，美国选手李·伊万斯在400米赛中，跑出了43秒8的成绩，再创世界纪录。跳远比赛中，美国的鲍勃·比蒙跳出了8.90米的惊人成绩，这一成绩超过当时世界纪录整整55厘米，在跳远史上是空前的。10月20日，美国4×400米接力队又创造了世界纪录，成绩是2分56秒1，这一纪录更是保持了长达24年之久。

本届奥运会不仅所破纪录"质量"高，而且个别项目的纪录几度更新，这也是过去极为罕见的。如三级跳远，世界纪录5次被突破：意大利选手朱·詹蒂莱先后跳出了17.10米、17.22米的成绩，接着苏联选手维·萨涅耶夫以17.23米超过了他，随后又是巴西选手内·普鲁登西奥以17.27米战胜了萨涅耶夫，而最后萨涅耶夫又再次创造了17.39米的新纪录，夺得了金牌。这个项目前五名运动员的成绩，都超过了赛前17.03米的世界纪录。

在男子田径赛中，还有几件引人注目的事：一、从1500米到马拉松各种径赛距离的冠军，全被非洲选手包下。二、美国选手迪·福斯贝里在跳高赛中以"背越式"取胜，虽然成绩仅2.24米，还低于世界纪录4厘米，但他所采用的过杆姿势是一次技术上的革命，对促进跳高成绩提高起了积极推动作用。三、美国选手阿·厄特在铁饼赛中夺冠，第四次获奥运会金牌。他是奥运

奥运圣火。

会田径史上在同一项目中四连冠的唯一选手。

同男子比赛一样，女子短跑、接力、跳远也都打破了世界纪录。

中国台湾运动员纪政，在80米栏赛中以与第二名相同的成绩(10秒4)获得了铜牌。这也是亚洲女田径选手在这届奥运会上取得的唯一奖牌。

与田径场上的轰轰烈烈相反，游泳池里却波澜不惊。男女项目比上届增加了11项，但总共只打破了5项世界纪录。美国依旧居绝对优势，获得了29个项目中的21项冠军。

本届男女排球赛中苏联获得了双丰收，不仅蝉联了男子冠军，还从当时驰名世界的日本女排手中夺得了金牌，标志着苏联女排进入了全盛时期。

体操比赛中，日本仍保持了男子方面的优势。23岁的加藤泽男获得了个人全能、自由体操和团体3枚金牌；中山彰规所获金牌数更多，除获团体冠军外，还在吊环、双杠、单杠(并列)赛中三次问鼎。

捷克斯洛伐克的维·恰斯拉夫斯卡几乎垄断了整个女子体操赛场，她夺得了个人全能、跳马、高低杠、自由体操(并列)4项冠军。

运动会于10月27日下午6时举行了闭幕式。本届奥运会共打破了61项纪录，其中世界纪录22项。田径成绩最突出，刷新了26项奥运会纪录，其中世界纪录14项。

美国在这届奥运会上取得了极大成功，获金牌45枚，银牌28枚，铜牌34枚。苏联却只获得金牌29枚，银牌32枚，铜牌30枚。这是自1952年以来，苏美两个体育强国在奥运会的较量中，苏联第一次在金牌和总分上都输给了美国。日本获金牌11枚，银、铜牌各7枚，居美、苏之后。

本届奥运会还第一次正式进行了性别和兴奋剂检查。在性别检查中，全部女运动员都取得了参赛资格。但兴奋剂检查却发生了两起违规事件。保加利亚一古典式摔跤运动员因被发现服食了兴奋剂一类药物而被除名。瑞典队在现代五项中获团体第三，因队中运动员汉斯冈纳尔·里里安瓦尔饮酒，在检查中发现他血液中酒精含量超过规定限度，结果名次被剥夺。

第20届夏季奥运会

1972年 慕尼黑

第20届奥运会于1972年8月26日至9月11日在德国慕尼黑举行。

慕尼黑是联邦德国巴伐利亚州的首府，是欧洲最美的城市之一。为了使奥运会顺利进行，筹委会花6亿多美元兴建了一个体育建筑群，包括一个可容纳8万观众的运动场、可供1.5万名运动员住宿的奥运村、一个有1万座席的游泳馆和有1.3万座位的赛车场等，各场馆设施都很先进。主体育场别具一格，有一个半透明帐篷形顶棚，可以使观众避免日晒雨淋。不少场馆的顶棚还是活动的，可以上下升降。场馆内还使用了先进的电子计时器和有"投掷运动员魔镜"之称的激光测距仪检验成绩，这些设备准确、快速、自动化，结束了运动会的跑表、皮尺时代。

慕尼黑对这次新闻报道也很重视，进行了大量投资，设置了新闻中心、电视大楼、广播大楼。新闻中心有3台电子计算机，能提供5亿条资料，回答记者提出的各种各样的问题；还有63种不同键盘的打字机，供数千名记者使用；另有12台闭路电视机供记者观看各个现场比赛的实况。在太平洋和大西洋上空还设置了4个卫星转播站，几十个国家可收到大会实况转播。

运动会原定于1972年8月26日至9月10日举行。由于9月5日5名巴勒斯坦"黑九月"成员袭击奥运村的以色列选手，造成了流血事件，大会被迫停办一天，顺延至9月11日结束。这在奥运会史上是第一次。

参加本届奥运会的国家和地区共121个，运动员7123人，其中女运动员1058人。运动员最多的国家是联邦德国，共421人；苏联次之，411人；美国列第三，394人。首次参赛的国家有阿尔巴尼亚、上沃尔特、加蓬、达荷美、莱索托、马拉维、多哥、沙特阿拉伯、斯威士兰和索马里。

本届比赛项目除上届的18个大项外，又增加了上届取消的柔道，恢复了中断多年的手球和射箭，大项总数达到21个。大会还增设了一些单项，使小项总数达到195个。此外，还将羽毛球和滑水列为表演项目。

慕尼黑田径赛的成绩虽然远不如上届辉煌，但也

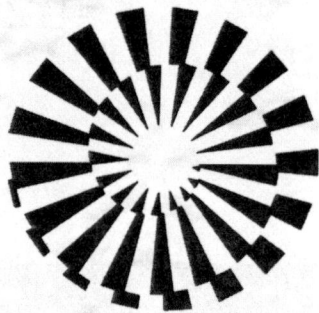

Munich1972
会徽。

有自己的纪录。苏联男子短跑运动员瓦·鲍尔佐夫获100米和200米跑两项金牌，他是奥运史上欧洲获得这一殊荣的第一人。

4×400米接力赛美国队在预赛中即被淘汰，这是自1912年该项列入奥运会以来，美国第一次未能进入决赛。

长跑赛中，23岁的拉·维伦再次为芬兰在世界上树立了"长跑之国"的形象，他在10000米比赛中以27分38秒4创世界纪录并获金牌，随后，他又在5000米赛中取胜。这是芬兰自柏林奥运会36年后又重新取得这样的成就。

本届奥运会女子田径赛欧洲囊括了全部金牌，而昔日的强手美国和澳大利亚均无所建树。欧洲主要力量集中在两个德国与苏联三家。本届获金牌最多的选手是民主德国的雷·施特歇尔和联邦德国的海·罗森达尔，她们各获2枚金牌和1枚银牌。

女子田径赛中另一引人注目的明星是联邦德国的乌尔里希·迈法特。她在跳高比赛中获胜，成绩为1.92米，平世界纪录。当时她年仅16岁，是田径史上获奥运会金牌最年轻的选手。女子1500米赛首次列入奥运会女子长跑项目，前七名运动员的决赛成绩都超过了赛前的世界纪录，其中最突出的是获该项冠军的苏联选手柳·勃拉金娜，她在预、复、决赛中都刷新了世界纪录。

与墨西哥城奥运会形成鲜明对照的是，这次游泳取得了出色的成绩：30次破22项世界纪录。成

绩突出的首推美国的马克·施皮茨。他在100米、200米自由泳和100米、200米蝶泳以及3个接力赛中均创造了世界纪录，共获7枚金牌，成为奥运会史上一届获金牌最多的运动员。澳大利亚的沙·古尔德是本届游泳赛女选手中的强者。在这届奥运会上，她独得了3枚金牌、1枚银牌和1枚铜牌，并且所获金牌的成绩都刷新了世界纪录。日本游泳运动员田口信教和青木真弓分别在男子100米蛙泳和女子100米蝶泳中夺得了金牌，两人成绩都是世界新纪录。这是自1956年后日本再次在奥运会中取胜。

同游泳情况相似，本届举重成绩也大有起色。上届举重1项世界纪录都未破，这次有3个级别(56、67.5、75公斤级)的世界纪录被刷新。本届比赛的级别设置也从7个级别分成了9个，增加了52公斤级，另将原90公斤以上级分成了110公斤和110公斤以上两个级。在这次比赛中，苏联和保加利亚两国各获3枚金牌，而且保队还多得两枚银牌。

自1936年男篮列入奥运会后，美国队一直稳居冠军宝座。这次却在有争议的最后3秒钟失去了金牌。比赛结束前3秒时，场上比分是49比48，苏联领先。但这时苏联犯规。美国罚中2球，反超1分。美国人欣喜若狂，以为大功告成。而苏联却抓住战机，在无人防守的情况下命中1球，结果以51：50取胜。

日本在本届奥运会男子体操中继续保持优势，获得了包括团体、个人全能在内的5枚金牌。女子方面，以柳·图里舍娃、奥·科尔布特等组成的苏联队在奥运会上居优势地位，除蝉联团体冠军外，并获得个人全能、平衡木和自由体操3枚金牌。民主德国卡·扬茨也是这次女子赛中的强者，在跳马和高低杠比赛中各得了1枚金牌，还在全能赛中得了银牌。

本次奥运会于9月11日结束，苏联获得了50枚金牌，27枚银牌，22枚铜牌，美国金、银、铜牌分别为33、31、30枚。这是苏联在上两届失利后，再次以金牌多数压倒美国。位列第三的民主德国队获金牌20枚，银、铜牌各23枚。联邦德国也取得了出色的成绩，获金牌13枚，银牌11枚，铜牌16枚，居第四位。

体育场。

第21届夏季奥运会

1976年 蒙特利尔

Montréal 1976

第21届奥运会于1976年7月17日至8月1日在加拿大蒙特利尔举行。

蒙特利尔是加拿大最大的城市之一，人口近300万。1825年至1849年间蒙特利尔曾是加拿大政府所在地。该市位于魁北克南部圣劳伦斯河蒙特利尔岛上，是世界重要海港之一。蒙特利尔市曾先后五次申请举办奥运会。在争取1972年奥运会主办权时，以一票之差败于联邦德国慕尼黑。1970年在国际奥委会阿姆斯特丹年会上，蒙特利尔经过激烈的竞争，终于击败了对手美国洛杉矶、苏联莫斯科和意大利佛罗伦萨三市，赢得了第21届奥运会的主办权。加拿大耗费巨额资金，在城区北部开辟了奥运中心，新建了可容纳8万观众的主运动场，并修建了游泳池、自行车场、奥运村等。这一切付出了昂贵的代价，耗资大约24亿美元，有1亿6千万由纳税人负担。

运动会于7月17日正式开幕。本届奥林匹克火焰传递采取了与以往不同的做法，7月13日在奥林匹亚点燃，火种传到雅典后，不像以往那样用轮船、飞机或接力传递，而是利用卫星传到加拿大首都渥太华，随后进行火炬接力跑，7月17日传递到蒙特利尔。最后点燃主体场奥林匹克火焰的是一对少年男女，这是奥运会史上的第一次、也是唯一一次由两人共同执行这一光荣的使命。体育界对利用卫星传递奥林匹克火焰有颇多异议，认为不利于宣传奥林匹克理想，所以卫星传送方式仅用于本届奥运会。

本届奥运会规模远逊于上届慕尼黑奥运会，非洲国家为抗议新西兰的橄榄球队1976年6月访问南非，

奥运会上第一次由男女运动员共同点燃圣火。

退出比赛；加拿大于1976年刚刚与中国建立外交关系，因而拒绝台湾代表入境参加比赛。最终参加本届奥运会的共92个国家和地区，运动员6028人，其中女子1247人，男子4781人。运动员数最多的是美国队，共425人；东道主次之，416人；苏联列第三，409人。民主德国和联邦德国各派出300名以上的运动员队伍。首次参赛的有安道尔、安提瓜、开曼群岛和巴布亚新几内亚。

本届仍设21个大项。根据国际奥委会于慕尼黑运动会期间所作的决定，本届奥运会增设了女子篮球、女子手球等项目，其他项目如游泳等作了相应的调整和增删，单项数由上届的195增加到198。

本届田径比赛是参赛人数最多的项目，高达1039人。美国男子在径赛中仅获得两项接力和一项跨栏冠军，这是美国在奥运会田径赛中又一次大的失败。苏联的成绩也远不如上届。民主德国却出人意外，战果辉煌，特别是女子，获得了14项中的9项冠军。民主德国男女选手共获11枚金牌，超过了美(6枚)、苏(4枚)两国的总和。

25岁的古巴选手阿尔伯托·胡安托雷纳是这次田径赛的新闻人物。他先在800米赛中取胜，并以1分43秒50的成绩破世界纪录，后又在400米赛中夺金牌。他被评为当年世界最佳运动员。

苏联优秀女子中长跑运动员塔·卡赞金娜也是这次田径赛场上引人注目的新星，她在800米、1500米赛中接连夺冠。

苏联的维·萨涅耶夫在三级跳远比赛中击败了曾在1975年创17.89米世界纪录的巴西选手约·德奥维利拉，成为奥运会史上三次获该项金牌的唯一选手。

女子跳高是这次竞争最激烈的项目，参赛的有上届冠军、联邦德国的乌·迈法特，前世界纪录创造者、保加利亚的约·布拉戈耶娃和七十年代后期田坛最著名的两名跳高选手，民主德国的罗·阿克曼和意大利的萨·西梅奥尼。阿克曼最后夺得了金牌。

游泳池中之争，主要是美国和民主德国两家。美国男子表现了无可争议的优势，囊括了除200米蛙泳外全部项目的金牌；民主德国则获得女子13个项目中

的11项冠军，这是它在世界性比赛中第一次取得如此辉煌的成就。

美国21岁的詹姆斯·蒙哥马利在100米、自由泳和两项接力赛中三夺冠军，他的100米自由泳成绩为49秒99，是世界上第一个突破100米50秒大关的选手。美国17岁的布里安·古德尔在这次比赛中也成绩优异，获得了400米、1500米自由泳两项金牌，成绩分别为3分51秒93和15分02秒40，均为世界纪录。他们的队友约翰·内伯成绩更为出色，不仅包下了两项仰泳冠军，还与队友在两个接力赛中取胜，共获4枚金牌、1枚银牌。

女子游泳中成绩突出的是民主德国18岁的科尔内娅·恩德尔，这是她首次参加奥运会，她在这届游泳赛中共获取了4枚金牌、1枚银牌，而且成绩非常出色，在100米和200米自由泳以及100米蝶泳三项上均创世界纪录，在4×100米混合泳接力中，也以4分07秒95刷新了世界纪录。

国际举重联合会鉴于推举对运动员健康不利，以及在裁判工作中容易引起争议，在1972年奥运会后，决定将推举从举重比赛中取消。因此，本届奥运会举重是首次按抓、挺两项计总成绩进行排名的比赛。在9个级别比赛中，苏联最终获得7块金牌，成为最大赢家。

体操比赛中，最为引人注目的是14岁的罗马尼亚女选手科马内奇。她以精湛的技艺在7月18日的高低杠比赛中首次获得满分，接着，她又6次获得满分，一人独得3枚金牌，成为令世界体坛瞩目的新星。

球类项目中，美国男篮夺回了上届失去的冠军。首次列入的女篮，苏联实力高出一截，以全胜成绩夺得第一个奥运会女篮冠军。女子排球赛中，日本队势不可当，不仅以5战全胜夺取了冠军，而且每场比赛均以3：0的比分取胜。

本届奥运会于8月1日结束，田径、游泳、举重、射击、射箭共82次破奥运会纪录，其中34次为世界纪录。游泳成绩最为突出，共26项比赛，刷新了25项奥运会纪录，21项世界纪录。

苏联以49枚金牌、41枚银牌和35枚铜牌的绝对优势居世界第一，民主德国以40枚金牌、25枚银牌、25枚铜牌的成绩居第二，美国队再次受挫，以34枚金牌、35枚银牌、25枚铜牌的成绩居第三位。

室内游泳场。

第22届夏季奥运会

1980年 莫斯科

第22届奥运会于1980年7月19日至8月3日在苏联莫斯科举行。

申请主办本届奥运会的,只有苏联莫斯科和美国洛杉矶两个城市。1974年10月国际奥委会第75届会议决定,由莫斯科承办。

莫斯科是一座有800多年历史的古城,城区横跨莫斯科河及其支流亚乌扎河两岸,是苏联的政治、经济、文化中心。1975年3月,莫斯科成立了奥运会筹委会,开始对各项工作进行积极的准备。筹委会兴建了许多体育设施,使莫斯科休育场馆来了个大发展。据有关资料统计,苏联为主办这届奥运会总共耗费了90亿美元左右,这在奥运会史上是创纪录的数字。

运动会于1980年7月19日至8月3日举行。由于苏军在1979年圣诞节前夕出兵入侵阿富汗,践踏国际法准则,所以许多国家的奥委会相继表态,拒绝参加本届奥运会。中国奥委会也发表声明,不参加莫斯科奥运会。国际奥委会已承认的147个国家和地区奥委会,公开抵制或拒绝参加的占五分之二,最终参赛的国家和地区仅81个。

1980年7月19日下午2时奥运会在列宁中央体育场正式开幕,这个日期是精心选择的。28年前,第15届奥运会在赫尔辛基开幕,那是苏联首次参加奥运会,并从此揭开了美、苏两大体育强国抗衡的序幕。

参加本届奥运会的运动员共5217人,其中女运动员1124人。苏联运动员人数最多,为534人;民主德国、波兰次之,分别为378、340人。与会的81支队伍中,有16个队在入场式上没有打本国国旗,以奥林匹克五环旗替代;有10个队只有旗手一人,运动员没有出场。在奥林匹克会旗交接仪式中,因加拿大属抵制国家行列,上届主办城市蒙特利尔市市长只派了代表将奥林匹克会旗交给了莫斯科市。

本届竞赛项目仍为21个大项,但单项数从上届的198增至203。

抵制使比赛受到了影响。由于上届奥运会非正式团体总分列前十名的美国、联邦德国、日本等国拒绝参加,田径、游泳、体操、柔道所受的影响尤为明显,有的甚至不能反映当时的世界实际水平。如男子

会徽。

游泳,在上届奥运会全部13个项目中,破12项世界纪录,本届仅破了1项。另如马术,上届奥运会进入前六名的14个队中,13个队没有代表去莫斯科。再如曲棍球,上届前五名也全都没有出席。人们评论说:莫斯科奥运会金牌贬值达50%。

本届奥运会田径开赛较迟,于7月24日至8月1日在中央体育场举行。73个国家的1088名选手参加了角逐。由于美国、联邦德国、肯尼亚等一些强手缺席,男子部分项目如跨栏、长跑等受到了影响,但总的成绩还算差强人意。引人注目的是埃塞俄比亚的米鲁茨·伊夫特。这个年已35岁并有5个儿女的选手一举获得5000米、10000米两项金牌。跳跃类项目成绩除三级跳远较平淡外,其余3项均较突出。21岁的民主德国跳高选手格尔德·韦西克战胜了上届冠军波兰名将亚·弗绍瓦,以2.36米创世界纪录并获金牌,成为第一位在奥运会上打破跳高世界纪录的运动员。波兰26岁的弗·科扎基耶维奇在撑竿跳中越过了5.78米世界新高度,夺得冠军。女子田径与男子情况不同。由于民主德国、苏联及其他东欧国家,一直居主导地位,所以抵制行动带来的影响不大,上届称雄的民主德国女将这次意外丢掉了几枚金牌,输给了苏联(金牌数5比7)。

男子游泳是受抵制影响最明显的项目。由于强手缺席,苏联取得了从未有过的成绩:获金、银牌各7枚,铜牌3枚。20岁的苏联大学生弗拉季米尔·萨尔尼科夫是本届男子游泳的新闻人物,共获得了3枚金牌。1500米赛中,他以14分58秒27取胜,成为游泳

史上第一个突破15分大关的选手。随后又在400米和4×200米自由泳比赛中夺取了他的第二、第三枚金牌。

民主德国女子游泳选手再现了上届奥运会的战绩，共获11枚金牌、8枚银牌、7枚铜牌，在整个女子比赛中，7创世界纪录。巴巴拉·克劳泽不仅在100米自由泳中先后以54秒98、54秒79两破世界纪录，而且在200米自由泳和4×100米自由泳中分别创下世界纪录。刚17岁的中学生梅丘克在100米蝶泳和两个接力项目中三获金牌，并在100米自由泳中得了银牌。赖尼施是这次获3枚金牌年龄最小的运动员，仅15岁，她获得了100米仰泳、200米仰泳及混合接力赛三项冠军。16岁的英内斯·迪尔斯获游泳奖牌最多，共得5枚奖牌：400米、4×100米接力获金牌，200米、800米获银牌，100米获铜牌。

本届举重新增加了一个100公斤级，总数达到10个级别。在金牌分配上，打破了上届苏、保瓜分局面。10枚金牌分属苏、保、捷、匈、古五国。苏联仍居优势，夺取了金牌总数中的一半。本届举重赛共18次刷新13次世界纪录，108次破参赛选手所属国家纪录。

苏联和东欧国家垄断了这次的体操比赛。男子项目中，由于从1960年起一直获团体冠军的日本缺席，苏联取代了这个位置，这是它自1956年后再次获得这个荣誉。苏联列宁格勒22岁的大学生亚历山大·季佳京表现出色，除获得个人全能、吊环和团体3枚金牌外，还在鞍马、跳马、双杠、单杠中四获银牌，也因此成为迄今唯一一位在单届奥运会上夺取8枚奖牌的运动员。

球类项目除男女曲棍球外，冠军全被欧洲人包下，而苏联又是其中的最大赢家，获取了男、女排球，女子篮球、女子手球4项桂冠。

8月3日奥运会闭幕。本届比赛共打破33项世界纪录，其中田径6项，游泳8项，举重13项，自行车、射击各3项。

本届奥运会苏联共获金牌80枚、银牌69枚、铜牌46枚，居各队之首。这是苏联自1952年以来在奥运会获金牌最多的一次。民主德国金、银、铜牌分别是47、37、42枚，列第二。保加利亚获金牌8枚、银牌16枚、铜牌17枚，首次进入奥运会前三名之列。

本届奥运会开幕式。

第23届夏季奥运会

1984年 洛杉矶

第23届奥运会于1984年7月28日至8月12日在美国洛杉矶举行。

1932年，洛杉矶主办了第10届奥运会。52年后，奥林匹克圣火再次在这座城市燃起，它成为继巴黎、伦敦之后第三个举行两届夏季奥运会的城市。

洛杉矶奥运会是自1896年奥运会创办以来首次由民间承办的运动会，既无政府补贴，又不能增加纳税人负担，加之美国法律还禁止发行彩票，一切资金就都得自行筹措。在筹委会主席、45岁的金融人士彼得·尤伯罗斯的领导下，委员会压缩了各项开支，他们充分利用现有设施，尽量不修建体育场馆，不新盖奥林匹克村，并招募志愿人员为大会义务工作。他们还与企业集团订立资助协议，并且出售电视广播权和比赛门票。采取这些措施后，原预算耗资5亿美元的奥运会不仅没有亏损，尚可盈余2.5亿美元。洛杉矶奥运会的成功给许多经济不发达国家承办奥运会以启迪，同时也给奥林匹克运动的发展带来了生机。

大会于7月28日开幕。参赛的共有140个国家和地区，远远超过了以往各届的规模。苏联、民主德国等16个国家和地区先后以各种借口宣布不参加本届奥运会。中国奥委会派出了一个大型体育代表团参加这次盛会，中国台北奥委会也派出67名运动员比赛，这是海峡两岸中华儿女首次在夏季奥运会上相逢。

本届参赛运动员共6797人，其中女运动员1567人。东道主选手最多，共622人；加拿大次之，计483人；联邦德国列第三，为444人。

本届奥运会比赛项目仍为21个大项，但单项数从上届的203项增加到221项。新增加的18个单项中，男子占6项，女子为12项。由于科学技术的发展，对女子身体机能有了进一步的了解，加之女子体育在许多国家得到了日益广泛的开展，使得奥运会中的女子项目有了历史性的突破。新增设的女子项目，有长期以来被认为是女子不适宜参加的马拉松跑，有自1896年以来一直只有男子项目的射击和自行车，还有首次列入的纯女子项目：花样游泳和艺术体操。

7月29日，普拉多(本届射击赛场)的枪声给本届奥运会带来了第一枚金牌，中国射手许海峰是夺得这个荣誉的幸运儿，他也是中国自1932年参加奥运会以来的第一个奥运会金牌得主。随后，各项金牌之争进入白热化状态。

本届田径项目首次增设了女子400米栏、3000米和马拉松跑。男女总项数达到41个。另外，女子五项全能改成了七项全能。参加比赛的有115个国家和地区的1377名男女运动员。但全部比赛仅破了一项世界纪录。美国取得了出色的成绩，头号新闻人物是卡尔·刘易斯。23岁的刘易斯是当时田坛宠儿，他在本届奥运会上实现了自己赶超欧文斯夺金纪录的诺言，一举夺得100米、200米、4×100米接力及跳远四个项目的金牌。

男子田径赛中另一神奇人物是美国黑人跨栏选手埃德温·摩西。他在1976年获400米栏奥运会金牌后，除1977年在一次国际赛中败于联邦德国施密特外，曾在其间十余年一百多场比赛中保持全胜，被誉为"常胜将军"和"跨栏之王"。这次他又轻松地战胜了所有对手，以47秒75的成绩再次夺得奥运会金牌。

女子田径赛中的出类拔萃者是24岁的美国选手瓦·布里斯科·胡克斯，她在本届奥运会上夺得200米、400米及4×400米接力3枚金牌，成为仅次于刘易斯的人物。

游泳比赛中美国成绩出色，20个项目中共获得21枚金牌(有1项并列)。联邦德国、加拿大、荷兰、澳大

颁奖典礼。

利亚分获了其他金牌。

男子跳水主要是中美两国之间的较量。24岁的美国选手格·洛加尼斯8年前就曾在蒙特利尔获奥运会银牌，这次争夺中，他又双夺板、台冠军。中国谭良德、李孔政分获板、台银、铜牌。女子跳台赛中，19岁的中国选手周继红获得冠军。

球类有男女9个项目。南斯拉夫双夺男女手球冠军。美国男女篮球水平高于其他各队，较轻易地摘下了这两项桂冠。排球比赛竞争较为激烈：美国男队夺取了他们在奥运会上的第一枚金牌；以海曼为首的美国女队，在8月3日预赛中以3：1战胜中国队，但8月8日决赛时，中国女排充分发挥所长，直落三局击败美国队，拿下了金牌，实现了三连冠(1981年世界杯和1982年世界锦标赛冠军)的夙愿。

参加体操比赛的有19个国家和地区的156名男女运动员。在男子团体赛中，美国出人意料地击败了卫冕世界冠军的中国队，获得了团体冠军，中国队屈居亚军。但中国队在单项赛中发挥了实力，李

宁在自由体操、鞍马、吊环中一人独得3枚金牌，此外，还得了2枚银牌和1枚铜牌，是本届获奖牌最多的运动员。女子比赛中，21岁的马燕红在她的拿手项目高低杠比赛中与美国朱·麦克纳马拉并列冠军。本届体操比赛，中国队共获11枚奖牌，体操成为中国代表团在这届奥运会上获奖牌最多的项目。

本届奥运会于8月12日结束。本届赛会上共打破45项奥运会纪录，其中世界纪录13项。田径破奥运会纪录20项，其中世界纪录1项。游泳破奥运会纪录17项，其中世界纪录10项。射击破奥运会纪录7项，其中世界纪录1项。举重破1项奥运会纪录1项世界纪录。

本届奥运会东道主美国获得了奖牌大丰收，共获金牌83枚，银牌61枚，铜牌30枚，其中金牌数是其参加历届奥运会中获得最多的一次。罗马尼亚也取得了历史上最好的名次，列第二，获得金牌20枚，银牌16枚，铜牌17枚；联邦德国位居第三，金牌17枚，银牌19枚，铜牌23枚；中国队按金牌数排第四位，计金牌15枚，银牌8枚，铜牌9枚。

开幕仪式。

第24届夏季奥运会

1988年 汉城

第24届夏季奥运会于1988年9月17日至10月2日在韩国首都汉城举行。

汉城是继东京之后第二个主办奥运会的亚洲城市。这也是奥运会第一次在一个发展中国家举行。

汉城申办奥运会，是韩国政府"和平统一外交政策"的一个重要步骤。韩国为提高本国的国际形象和国际地位，在1973年制定了该政策，并倡导"门户开放"，措施之一就是积极进行体育文化外交，并争取主办1986年的亚运会和1988年的奥运会。因此，对这届奥运会韩国政府给予了大力支持。

汉城为举办本届奥运会共修建了竞赛场馆34座。奥林匹克公园占地186450平方米，除主会场外，园内还设有自行车、举重、击剑、体操、游泳及网球共6个场馆，而且完成了公园绿化的目标，开发了供民众休闲娱乐的功能。各个场馆均采用现代化与标准化的设计，并且符合多功能的要求，许多场馆可随时提供相关的竞赛与训练条件，游泳池冬天可用温水，配合空调可不受气候的影响。奥运村和记者村都是公寓式的建筑，会后可以出售。另外还修了一个直达市中心的交通系统，使之成为交通方便、环境幽雅的新区。

参加本届奥运会的共有159个国家和地区的8465名运动员(其中女运动员2186人)，参加了25个大项237个单项的比赛。参赛运动员最多的国家和地区是：美国612人、苏联524人和韩国467人。中国奥委会派出299名运动员参赛，人数居参赛国的第11位。首次参赛的国家和地区有文莱、马尔代夫、美属萨摩亚、圣文森特、格林纳达、阿鲁巴、瓦努阿图、关岛、库克群岛。

本届奥运会新列入了乒乓球比赛项目，恢复了已中断64年的网球比赛项目，使大项增至23个。奥运会过去特别强调"业余"参赛资格，本届奥运会允许网球和足球职业运动员参赛，但足球职业运动员年龄限制在23岁以下，这对职业选手可以参加奥运会有重要的意义。本届奥运会还列入了在韩国流行的跆拳道、棒球、羽毛球和女子柔道等表演项目。

参与报道本届赛会的新闻记者共有11331名，其中文字记者4978名，广播记者6353名。共招募到27221名志愿服务者。

开幕式于9月17日10时30分在可容纳10万观众的蚕室奥林匹克体育场举行。汉城奥运会组委会委员长朴世植致开幕词，国际奥委会主席胡安·安东尼奥·萨马兰奇致欢迎词，韩国总统卢泰愚宣布大会开幕。曾获第11届奥运会马拉松冠军的76岁的孙基祯手持火炬进入会场，第10届亚运会3枚金牌获得者林春爱接过火炬绕场一周后，由象征体育、科技和艺术的二男一女接过火炬点燃奥林匹克圣火。

汉城奥运会是东西方体育强国自1976年蒙特利尔奥运会后的第一次全面较量，竞争异常激烈。

奥运圣火。

奖牌正面。

奖牌背面。

GAMES OF THE XXIVTH OLYMPIAD SEOUL 1988

纪念章。

　　田径赛场上，非洲国家包揽了中长跑除马拉松外的全部金牌，肯尼亚尤为突出，获得800米、1500米、5000米和3000米障碍赛4枚金牌。金牌数仅次于两个头号田径强国苏联和美国。女子田径赛场上成绩最突出的是美国短跑运动员、绰号为"花蝴蝶"的弗洛伦斯·格里菲斯·乔伊纳，她不仅勇夺100米和200米桂冠，在200米赛中刷新世界纪录，还获得4×100米接力金牌和4×400米接力银牌，成为本届奥运会获奖牌最多的田径运动员。

　　游泳比赛中，来自民主德国莱比锡的姑娘克里斯汀·奥托连夺6枚金牌（50米、100米自由泳、100米仰泳、蝶泳和4×100米混合泳、自由泳接力），获金牌数为本届参赛运动员之冠，并且成为奥运会历史上一届获金牌数最多的女选手。美国游泳名将马特·比昂迪获得5枚金牌（50米、100米自由泳、4×100米混合泳、自由泳接力和4×200米自由泳接力）、1枚银牌（100米蝶泳）和1枚铜牌（200米自由泳），其中50米自由泳和3项接力均打破世界纪录。

　　跳水比赛中，中国女运动员高敏和许艳梅分别获跳板跳水和跳台跳水冠军。

　　体操比赛中，苏联男子体操队以绝对优势摘走了团体冠军。民主德国、日本分获银、铜牌。苏联运动员阿尔捷莫夫在男子体操比赛中独得个人全能、双杠、单杠3枚金牌和团体金牌。中国选手楼云在男子体操比赛中夺得跳马金牌和自由体操铜牌。罗马尼亚女子体操运动员希利瓦斯获高低杠、自由体操和平衡木3枚金牌和个人全能银牌、跳马铜牌，成为本届奥运会女子体操明星。

　　加拿大短跑名将本·约翰逊在100米赛马中以9秒79的成绩震惊田坛，但被查出服用兴奋剂，终被取消纪录，追回金牌，成为本届奥运会最为轰动的丑闻。"约翰逊事件"使奥林匹克运动和世界体育界把兴奋剂问题提高到严重损害体育道德和违反奥林匹克精神的高度来对待。

　　本届奥运会于10月2日落下帷幕。这次奥运会共打破了64项奥运会纪录，其中有22项世界纪录：田径破奥运会纪录30项，其中世界纪录5项，游泳破奥运会纪录23项，其中世界纪录11项；举重总成绩破奥运会纪录8项，其中世界纪录3项；射击和射箭破奥运会纪录与世界纪录各2项和1项。

　　本届奥运会上苏联占据了奖牌榜的首位，获金牌55枚、银牌31枚、铜牌46枚；民主德国居第二位，获金牌37枚、银牌35枚、铜牌30枚；美国位居第三，获金牌36枚、银牌31枚、铜牌27枚。东道主韩国以12枚金牌、10枚银牌和11枚铜牌的成绩名列第四。

第25届夏季奥运会

1992年　巴塞罗那

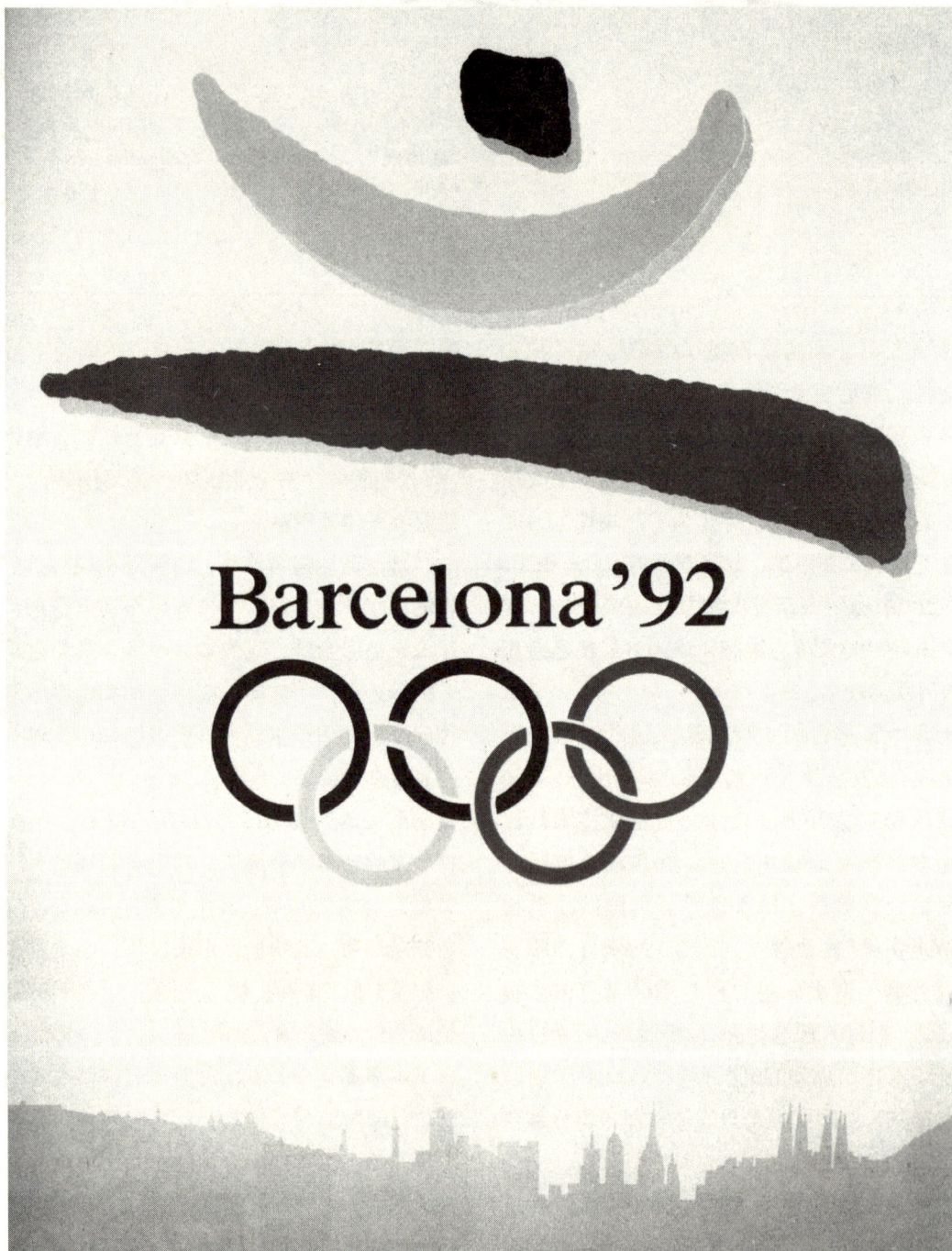

第25届奥运会于1992年7月25日至8月9日在西班牙巴塞罗那举行。

巴塞罗那是第七任国际奥委会主席萨马兰奇的故乡，是素有"地中海明珠"之称的国际旅游胜地。历史上巴塞罗那曾申办过1924、1936和1940年的三届奥运会，但均未获得成功。因而，他们非常珍惜这次的机会，为这届奥运会付出了6年之久的艰辛劳动并耗资数十亿美元。

参加本届奥运会的有169个国家和地区，国际奥委会的成员全部参加了本届奥运会。南非废除了种族隔离制度，自1960年后再次被批准参加奥运会。柏林墙被推倒，东西德统一，两个也门也统一。爱沙尼亚和拉脱维亚自1936年后首次参赛，立陶宛自1928年后也组建了他们的首支参赛队伍。原苏联国家以"独联体"的身份参加。参赛运动员有9367人，其中女运动员2708人。参赛运动员最多的国家是美国，共537人；其次是独联体，472人；接着是德国，463人。中国派出251名运动员参加了20个项目的比赛，中国台北有37名运动员参加7个项目的比赛。

参与报道本届赛会的新闻记者共有13082名，其中文字记者5131名，广播记者7951名。共招募到34548名志愿服务者。

开幕式于7月25日当地时间晚8时整在蒙锥克体育场举行，大西洋上空的通讯卫星同时用32条线路向五大洲约35亿观众进行实况广播。西班牙国王卡洛斯、国际奥委会主席萨马兰奇和来自24个国家的首脑和政府要员出席了大会。

本届奥运会的开幕式有许多特色。第一，在火炬接力过程中，72岁高龄的国际奥委会主席萨马兰奇在巴塞罗那附近一个小城中，兴致勃勃地持火炬跑了1000米，成为奥运史上第一位直接参加火炬传递的国际奥委会主席。第二，巴塞罗那奥运会筹委会邀请国外人士参加火炬接力，共邀请了50个国家和地区的155名选手，其中包括中国6名，中国台北2名。这在奥运史上是第一次。第三，火炬传到主会场后，由1984、1988年两届残疾人奥运会射箭奖牌获得者，37岁的巴塞罗那选手雷波洛(Antonio Rebollo)射箭点火。他从轮椅上站起来，用火种点燃箭头，然后准确地射向70米远、21米高的圣火台，圣火随之而起。第四，开幕式上，大会特制一面巨幅奥林匹克五环旗，覆盖了会场中的所有代表团，以此象征奥林匹克大家庭的团结、和谐与完美。

本届奥运会共有25个大项257个单项，首次列入棒球、羽毛球两个大项，并新增设了女子柔道等20个单项。轮滑冰球、回力球和跆拳道及残障轮椅赛跑被列为表演项目。

足球赛于开幕前一天举行，是本届比赛中开始最早的一项。

7月26日上午，韩国18岁的女中学生吕甲顺在气步枪赛中，夺得本届奥运会第一枚金牌。

田径比赛仍是本届奥运会的主旋律，但奖牌分布比较均匀。100米跑中，参加决赛的全是黑人选手，最后32岁的英国老将克里斯蒂以9秒96的成绩夺得冠军。跳远比赛金牌的有力争夺者是美国的两位名将卡尔·刘易斯和迈克尔·鲍威尔，最终刘易斯以8.67米的成绩如愿实现了奥运跳远比赛的三连冠；鲍威尔以

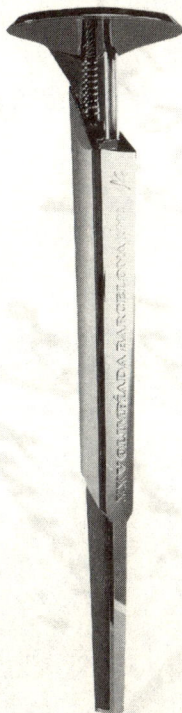

本届奥运会火炬。

8.64米屈居亚军。埃塞俄比亚选手图鲁赢得10000米比赛桂冠，成为首位奥运会非洲黑人女冠军。

本届游泳比赛获得了全面的丰收，共创下9项世界纪录。男子赛中，独联体成绩出色，共获5枚金牌。女子赛中，中国运动员获得了较好的成绩：7月26日，庄泳在100米自由泳中为中国获得了第一枚金牌，随后，7月29日钱红的100米蝶泳、7月30日林莉的200米个人混合泳和7月31日杨文意的50米自由泳各获得金牌一枚。此外，庄泳的50米自由泳、王晓红的200米蝶泳、林莉的200米蛙泳和400米个人混合泳也分别获得银牌。

跳水比赛中中国队三度摘金。女子跳板决赛中，高敏在分数连续多轮落后的不利局面下，顶住压力，最终成功卫冕。刚刚在国际跳坛崭露头角仅两年的小将伏明霞则在女子跳台比赛中获胜，以14岁的年龄成为奥运会冠军。孙淑伟在男子跳台项目中为中国取得了历史上第一枚男子跳水金牌。

本届奥运会首次为职业篮球运动员敞开了大门，使早已风靡全球的美国职业篮球NBA明星球员得以参加奥运会。以"飞人"乔丹、"魔术师"约翰逊等职业篮球选手组成的美国"梦之队"以极其精彩的表演轰动了巴塞罗那，他们不仅以全胜成绩轻松夺冠，而且把其球艺通过电视传给全世界更多的观众，扩大了篮球运动的影响。

在体操单项决赛中，中国队的领军人物李小双以技惊四座的后空翻"团三周"夺取了男子自由操的金

Barcelona'92

本届奥运会会徽。

牌。陆莉则以完美的表现在高低杠比赛中夺金。

本届奥运会于8月9日圆满闭幕。该届奥运会共破19项世界纪录，其中田径3项、游泳9项、射箭5项、自行车2项。最终获得金牌前三名的国家依次是：独联体，金牌45枚、银牌38枚、铜牌29枚；美国，金牌37枚、银牌34枚、铜牌37枚；德国，金牌33枚、银牌21枚、铜牌28枚。中国队也取得了历史最好成绩，以金牌16枚、银牌22枚、铜牌16枚名列第四。

本届奥运会的电视转播权被美国全国广播公司(NBC)以4.01亿美元购得，再加上欧洲广播电视联盟、日本NHK、澳洲电视台等相继投资，使筹委会获得六亿多美元的收入。此外，各大厂商的赞助、发行纪念币、出售门票等，使巴塞罗那奥运会获得了盈余。

本届奥运会的吉祥物，是一只取名为"科比"的小狗。它是一位西班牙著名画家早在1987年专门为这届奥运会设计的。经过5年的宣传与展示，小"科比"的形象已深得人心。

奥运会自行车项目比赛一景。

第26届夏季奥运会

1996年 亚特兰大

第26届奥运会于1996年7月19日至8月4日在美国亚特兰大举行。

1996年是奥运百年大庆，申办该届奥运会的城市众多，在1990年9月18日东京举行的国际奥运会第96届全会上，亚特兰大市以51∶35击败了最有竞争力的对手雅典，获得了奥运百年庆典的主办权。

本届奥运会是奥林匹克大家庭的全家福，197个会员国全部出席，参加的运动员也增加到10318名，其中女运动员3512人。比赛项目由上届的25个大项257个小项增加至26个大项271个小项。这是现代奥运会百年历史中参加成员国最多、运动员最多、运动项目最多的一次盛会，创下了参赛代表团、参赛人数和比赛项目3项最高纪录。参与报道本届赛会的新闻记者共有15108名，其中文字记者5695名，广播记者9413名。大会共招募到47466名志愿服务者。

本届奥运会共设26个大项271个单项，其中男子项目163项、女子项目97项、男女混合项目11项。首次列入的大项目有女子垒球。14个大项中新增22个单项，取消8个单项，实际增加14个单项，其中女子项目增加9项。新列入的单项比赛有：女子三级跳远、女子5000米跑（田径），女子4×200米自由泳接力、花样游泳团体（游泳），艺术体操团体（体操），男子双向飞碟，女子双多项飞碟，男子轻量级双人双桨、男子轻

本届奥运会会徽。

量级4人单桨、女子轻量级双人双桨（赛艇），男子自行车个人计时赛、男子山地车越野赛、女子个人记分赛、女子个人计时赛（自行车），女子重剑团体、女子重剑个人（击剑），男女混合双打（羽毛球），男子沙滩排球、女子沙滩排球（排球），女子足球（足球）。本届奥运会没有设表演项目。

开幕式于7月19日当地时间晚上8点30分在亚特兰大奥林匹克体育场举行。国际奥委会主席萨马兰奇出席了大会。开幕式表演约有8000名演出人员，进行了7个主题场次的表演，分别体现了奥运会的宗旨和精神、亚特兰大对世界的盛情、佐治亚州和美国南部的文化风情与底蕴、奥运会传统等主题。开幕式表演以现代声光效应与传统表现手法相结合，吸引了全场8万多观众。

在游泳、田径、自行车、射击和举重5个大项比赛中，来自12个国家和地区的18名运动员、27人次刷新了23项世界纪录，其中游泳4项、田径2项、自行车和射击各1项、举重15项。

美国田径选手迈克尔·约翰逊成为了奥运会历史上在200米和400米两个项目上都夺冠的第一人，他在200米比赛中还以19.32秒的成绩创造了新的世界纪录。

法国田径运动员佩雷克被认为是法国田径史上最成功的女子田径选手，本届奥运会上她赢得了200米冠军，随后又打破了400米奥运会纪录，她是首位连续两届赢得400米金牌的女运动员。

土耳其举重选手苏莱曼诺古成为了历史上首位连续三届获得奥运金牌的举重选手。在完成这一"壮举"后，土耳其记者这样写道："当他在饭店吃饭时，没有人要他付账；如果他超速，也不会收到罚单，警察们只希望他可以有一个愉快的旅行。"

奥地利的帆船选手劳达施尔是首位参加了9届奥运会的选手，他参加的首届奥运会是1964年，尽管他当时只是以一个替补选手的身份参加。

体操比赛中，俄罗斯选手涅莫夫表现突出，获得2枚金牌、1枚银牌和2枚铜牌，是获得奖牌数最多的选手。

本届奥运会赛场上，中国选手表现出色：举重小

本届奥运会火炬。

将占旭刚以自己的神力连破3项世界纪录，显示了中国人"力拔山兮气盖世"的精神面貌；5000米长跑名将王军霞，在外国选手的围追堵截中奋力冲杀，以甩下亚军二十多米的成绩夺得金牌，跑出了中国人的骨气、志气和勇气；射击老将王义夫带病参赛，在10米气手枪决赛最后一枪前还一直领先第二名3.8环，最终因身体不支而痛失冠军。他以顽强的毅力打完最后一枪后，便晕倒在靶场上。王义夫这种不屈不挠的顽强精神引起了强烈反响，连最后取胜的意大利运动员也对王义夫表示了由衷的敬意。

本届奥运会与1984年洛杉矶奥运会类似，也是由私人或公司承办的，没有得到美国政府的有力支持，甚至没有本国奥委会和各单项体育组织的介入，因而出现了不少的问题。其中最突出的问题是交通系统不畅。开赛之初，运动员和记者的班车就运转不灵。运动员的班车出车祸，因晚点耽误比赛；记者要经过班车转运站转换两次班车才能到达目的地。再者是大会的安全保卫出现漏洞，7月27日凌晨奥林匹克公园发生一起爆炸事件，造成1人死亡、110人受伤，使与会者惶惶不安。

尽管出现了不少问题，但本届奥运会还是取得了大的突破，共创造和打破世界纪录24项，其中大多数是在田径、游泳、举重、射击等比赛中产生的。79个国家赢得了奖牌，其中有53个国家获得金牌，这些数字都是创纪录的。

本届比赛获得奖牌前四名的国家是：美国第一，金牌44枚、银牌35枚、铜牌25枚；俄罗斯第二，金、银、铜牌分别为26枚、21枚、16枚；德国第三，金、银、铜牌分别为20枚、18枚、27枚；中国名列第四，获金牌16枚、银牌22枚、铜牌12枚。

这届奥运会的吉祥物首次用电脑合成，全身呈浅蓝色，有白色肚皮和牙齿，脚踏红色胶底鞋，头顶和尾巴上各围绕一个奥林匹克环，并按孩子们的意见将原来的名字"什么东西"改为"伊奇"(Izzy)。尽管人们对这个模拟式的动物褒贬不一，但作为亚特兰大奥运会的象征，还是受到人们特别是孩子们的欢迎。

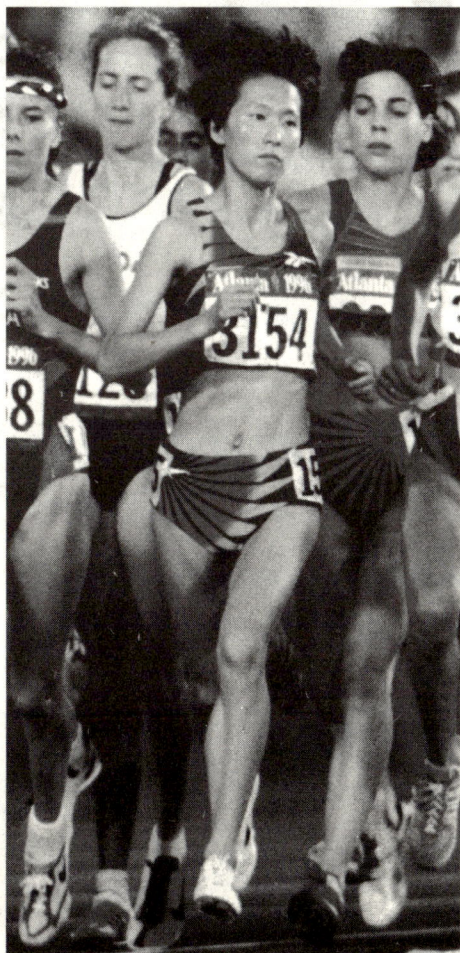

中国运动员王军霞，亚洲第一位欧文斯奖获得者。

第27届夏季奥运会

2000年 悉尼

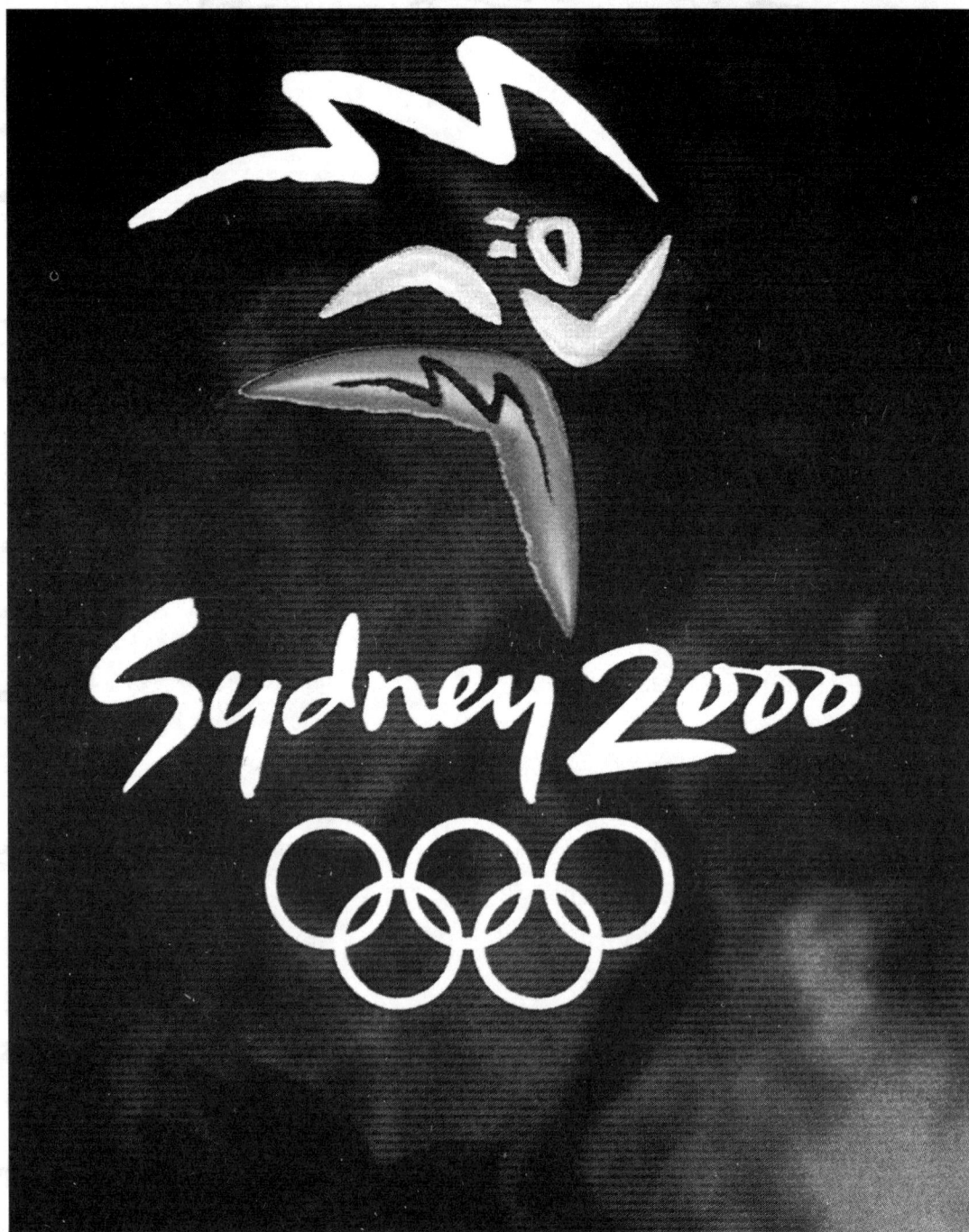

第27届奥运会于2000年9月15日至10月1日在澳大利亚悉尼举行。

2000年奥运会是20世纪的最后一届奥林匹克盛会，人们对此投入了更多的关注，与悉尼争办第27届奥运会的有中国北京、德国柏林、土耳其伊斯坦布尔和英国曼彻斯特四个城市，最终悉尼以领先中国北京两票的优势赢得了本届奥运会的主办权。

参加本届奥运会的有来自国际奥委会的199个会员国家和地区，共10651名运动员，其中女运动员4069名。参加奥运会的代表官员有5100人，参与报道本届赛会的新闻记者共有16033名，其中文字记者5298名，广播记者10735名。共招募到46967名志愿服务者。参赛运动员人数最多的国家是美国、澳大利亚和俄罗斯，人数分别为820人、628人、457人。中国派出了包括310名运动员的大型奥运代表团。

本届奥运会共设28个大项300个小项，首次列入比赛的大项有铁人三项、跆拳道，另外还增设了现代女子五项、男女蹦床、女子水球、花样跳水、帆船49人型和女子双向飞碟等单项。

开幕式于2000年9月15日当地时间23点10分正式开始。本次奥运会开幕前的圣火传递活动富有新意，组织者充分利用了水、陆、空各种运输方式，开幕式上，澳大利亚优秀女子短跑运动员卡茜·弗里曼用火炬点燃了水中的第27届奥运会圣火。全球大约有37亿观众通过卫星转播观看了开幕式的实况。

本届奥运会的比赛提前开幕式两天，从9月13日开始。美国女子气手枪运动员约翰逊夺得本届奥运会的首枚金牌。

田径赛场上，美国著名短跑运动员马里昂·琼斯独得5枚奖牌，成为第一位在一届奥运会上夺取5枚田径项目奖牌的女运动员。在首先进行的100米比赛中，她以较大优势获得金牌，随后又在200米跑中顺利取胜。在夺得了跳远和4×100米接力的两枚铜牌后，她又帮助美国队夺得了4×400米接力的金牌。在开幕式上点燃圣火的弗里曼不仅是澳大利亚民族和解的象征人物，而且也是澳洲土著人获取奖牌的希望。她不负众望，在开幕式十天后摘取了400米跑的金牌，令东道主的观众兴奋不已。

游泳赛中，美国依旧占据霸主地位，获得了全部33枚金牌中的14枚，这是美国人自1972年奥运会以来取得的最佳战绩。澳大利亚运动员伊安·索普也在游泳赛中大放异彩，这位17岁的游泳巨星在400米自由泳中打破了自己保持的世界纪录，夺得男子金牌；随后，又随澳大利亚队夺取了4×100米自由泳接力和

点燃火炬。

4×200米自由泳接力的两枚金牌；此外，他还在200米自由泳比赛中获得了银牌。

本届跳水比赛新增了双人项目，金牌数也增加了一倍，达到8枚。赛前被寄予厚望的中国队出人意料地在前三项比赛中接连失手，均只得到了银牌。关键时刻，奥运会前复出的老将熊倪为压力骤然增加的跳水队稳住了军心，他在男子跳板决赛中凭借最后一跳的稳定发挥，以微弱优势击败了强劲对手墨西哥的普拉塔斯和俄罗斯的萨乌丁，为中国在本次跳水比赛中夺得了第一块金牌。随后，熊倪又与队友肖海亮合作，在跳板双人项目中称雄，再次获得了金牌。最后一项男子10米跳台赛中，田亮、胡佳以高分拿下金、银牌。女子跳水中伏明霞在跳板中蝉联了奥运会冠军。

乒乓球比赛中，中国队包揽了全部4个单项的金牌。女子单、双打和男子双打的决赛都是在中国运动员之间进行的，唯有男子单打决赛在中国选手孔令辉

田亮夺得男子跳水10米跳台冠军。

和瑞典老将瓦尔德内尔之间进行，孔令辉最终击败对手，确保了中国队连续第二次包揽奥运会乒乓球项目的全部冠军。

古巴队在赢得本届奥运女排冠军后，继1992年巴塞罗那奥运会、1996年亚特兰大奥运会，已经连续三届摘取女排金牌，成为当之无愧的"梦之队"。

羽毛球的5项比赛中，中国除了传统弱项男子双打无缘奖牌外，在其他4个单项中全面开花。男子单打选手吉新鹏状态出色，连续击败了世界前两号种子球员印度尼西亚的陶菲克和叶诚万，一举摘得金牌。铁双打葛非和顾俊则在收山之战中战胜队友高崚和秦艺源，卫冕了奥运会女子双打冠军。高崚尽管在女双项目中未能夺金，但她与张军合作，在混合双打决赛中力挫印尼搭档许一敏和特里古斯，获得了冠军。龚智超则在女子单打决赛中，击败了丹麦名将马尔廷，为中国代表团锦上添花。

赛艇比赛中，英国运动员斯蒂文·雷德格雷夫本届再夺冠军后，成为第一位在连续五届奥运会上都获得金牌的赛艇选手。

除上述比赛情况，本届奥运会还有其他一些重要事件：南、北朝鲜的运动员再次携手出现在了国际体育舞台，在开、闭幕式的入场仪式中，来自朝鲜半岛的两国运动员均行进在同一面代表团旗帜下。四名东帝汶运动员以个人身份参加了本届奥运会。35岁的马里亚·伊萨贝尔·乌鲁蒂亚在女子举重75公斤以下级中夺得冠军，为哥伦比亚获得了第一枚奥运会金牌。越南跆拳道运动员唐赫南在57公斤级比赛中获得银牌，这块银牌是越南自1952年开始参加奥运会以来赢得的第一枚奥运奖牌。同时，苏桑蒂卡·贾雅辛格在田径女子200米跑中荣获银牌，成为斯里兰卡第一位夺得奥运会奖牌的女运动员。

本届奥运会上，美国以40枚金牌、24枚银牌和33枚铜牌的成绩排名第一，俄罗斯以32枚金牌、28枚银牌和28枚铜牌的成绩列第二。中国队也取得了优异的成绩，跃入世界三强之列，获金牌28枚、银牌16枚、铜牌15枚。东道主澳大利亚排名第四位，获得16枚金牌、25枚银牌和17枚铜牌。

第28届夏季奥运会

2004年 雅典

第28届奥运会于2004年8月13日至29日在希腊雅典举行。

希腊是奥林匹克运动的发源地，自1896年举办首届现代奥运会以来，希腊又多次申办过奥运会，但均未成功，直到1997年9月5日，在瑞士洛桑举行的国际奥委会第106次全会上，雅典才再次获得奥运会的主办权。奥运会在时隔108年后，终于又回到了故乡。

在雅典举办奥运会有着其他城市无法比拟的优势：本届运动会田径项目中的男、女铅球比赛是在古奥林匹亚体育场进行的；曾举办过1896年首届现代奥运会的帕那西奈科体育场经过重新布置，承办了本届赛会射箭和马拉松终点阶段的比赛；曾经作为1896年首届现代奥运会自行车赛场的卡莱斯卡基体育场经过翻建后，成为本届男、女足球比赛的场地；马拉松赛的路线则完全是传说故事中公元前490年希腊勇士菲里皮迪斯传递消息时所跑的原路线。

参加本届奥运会的有来自国际奥委会201个会员国的11099名运动员。本届奥运会共设28个大项301个小项的比赛。

奥运会开幕前的圣火传递开创了多项第一。为了纪念奥运会重新回到故乡，组委会对火炬传递路线进行了精心设计。本次奥运会火炬首次传遍了全世界的五大洲，并首次到达了非洲和南美洲；圣火传遍了历史上举办过夏季奥运会的所有城市；此外，火炬还到达了一些有特殊意义的城市，如欧盟中心城市布鲁塞尔、国际奥委会总部所在地洛桑以及下届奥运会主办地北京等，最后圣火还传遍希腊所有行政大区和所有州。整个火炬传递过程共用78天，在全世界传递了78000千米，全世界2.6亿人有幸目睹了奥运圣火。

开幕式于8月13日举行，本届开幕式异彩纷呈，希腊演员以如诗如梦般的表演展示了爱琴海的浪漫和古代希腊的文明。而独树一帜的圣火点燃仪式更是将开幕式的热烈气氛推向了高潮。雅典奥运会主体育场的巨型火炬呈细长的纺锤形，如同一个"针鼻"，高约30米、直径有1米多；而且可以被放倒。希腊优秀帆板运动员尼科拉奥斯·卡克拉马纳基斯

会徽。

手持圣火跑至设计位置，主火炬被慢慢放倒，在全场的欢呼声中被点燃后，再次缓缓恢复到原来高度。点火仪式表现了天与地，物质与精神的连通。熊熊烈火将本次开幕式推向了最高潮，开幕式也在高潮中戛然而止。

本届奥运会的比赛提前开幕式两天，从8月11日开始。

在田径赛场上，美国和俄罗斯是最大的赢家，分别获得了8枚、6枚金牌。美国的金牌主要来自男子项目和短跑项目。男子100米比赛中，进入决赛的三名美国运动员均跑进了前四名，而且成绩都在9秒90以内，其中夺冠的朱斯汀·加特林成绩为9秒85。俄罗斯的田径金牌则大多来自女子项目和田赛项目，由女选手获得的金牌多达5枚。

中国运动员在田径项目上也取得了空前的好成绩。男子110米跨栏选手刘翔在决赛中以完美的一跑，平了已保持了11年之久的世界纪录，打破了奥运会纪录。他为中国夺取了第一个田径男子项目的奥运会冠军，还成为第一位获奥运会田径男子短跑项目冠军的亚洲人。长跑女选手邢慧娜也在女子10000米比赛中夺取了冠军，使中国首次在一届奥运会上收获两枚田径金牌。

波兰36岁的老将罗伯特·科热尼奥夫斯基连续第三次夺取男子50千米竞走的冠军。多米尼加共和国的菲利克斯·桑切斯在男子400米栏比赛中获胜，为本国夺取了历史上的第一枚奥运会金牌。巴哈马选手托尼克·威廉姆斯·达灵在女子400米比赛中击败墨西哥的埃娜·格瓦拉，夺取了本国在奥运会上的第一个个人项目冠军。喀麦隆运动员弗朗索瓦·埃托内·姆邦戈在女子三级跳远比赛中夺冠，不仅成为第一位夺取奥运会金牌的喀麦隆女选手，也为本国首次获得了奥运个人项目的金牌。

本届奥运会的游泳比赛再次呈现出2000年奥运会时美国和澳大利亚两国对峙的格局，两国共夺走了全部32个单项中六成的金牌，双方分别获得了12枚、7枚金牌。 美国游泳选手迈克尔·菲尔普斯一人独得6枚金牌和2枚铜牌。美国游泳女选手娜塔莉·考夫林则以5枚奖牌（其中2枚金牌）的成绩成为获奖牌最多的女运动员。非洲选手也在本次游泳比赛中异军突起，南非队在男子4×100米自由泳接力比赛中力克荷兰、美国等诸路劲旅，夺得了非洲历史上第一枚男子游泳项目的奥运会金牌。津巴布韦女选手克尔斯蒂·考文特里在女子100米仰泳比赛中夺冠。

跳水比赛则仍是中国运动员一统天下，继上届获得全部8个项目中的5枚金牌后，本次中国跳水选手又扩大了战果，将金牌数增加到6枚。

赛艇、皮划艇和帆船、帆板等水上项目中，欧洲国家继续占据着明显优势，全部41枚金牌中，除被澳大利亚、新西兰、美国、巴西和中国夺走6枚外，其余35枚都被欧洲选手夺得。

射击比赛中中国再次成为最大赢家，总共摘取4枚金牌，俄罗斯也在三项比赛中夺冠。美国和德国各获两项冠军。

男子篮球比赛中，金牌为阿根廷夺走，阿根廷队早在2002年世界锦标赛时，便成为世界上第一支击败由NBA球员组成的美国男篮球队。本届奥运会中又一次在半决赛中战胜美国队，获得了当之无愧的冠军。

欧洲人主宰了手球项目，男、女两项的冠军分别被克罗地亚队和丹麦队夺得。

亚洲选手则依然捍卫了自己在乒乓球和羽毛球项目上的世界领先地位。两个项目的9枚金牌被亚洲悉数夺走，其中中国独获6金。另外3枚金牌分别被韩国（2枚）和印度尼西亚夺走（1枚）。

举重比赛中，亚洲和欧洲选手各占据了半壁江山，其中亚洲获得8枚金牌，欧洲获得7枚金牌。中国以5金3银的成绩在举重项目中独占鳌头。

激烈的比赛于8月29日最终结束。经过角逐，美国最终以35枚金牌、39枚银牌和29枚铜牌的成绩列第一位。在近几届奥运会上逐渐崛起的中国以32枚金牌、17枚银牌和14枚铜牌的成绩列第二位。俄罗斯以27枚金牌、27枚银牌和38枚铜牌名列第三。

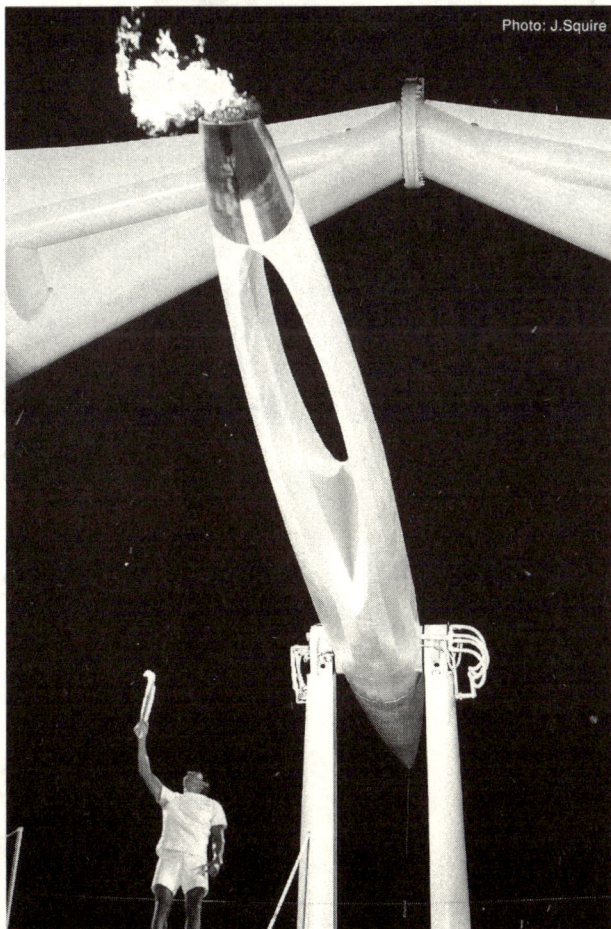
Photo: J.Squire

点燃奥运圣火。

第29届夏季奥运会

2008年　北京

2001年7月13日，萨马兰奇先生在莫斯科宣布，2008年奥运会将在北京举办。中国沸腾了，北京沸腾了，中华民族百年的奥运梦圆了！

1908年，中国《天津青年》杂志曾向国人提出过三个问题：中国何时才能派一位选手参加奥运会？中国何时才能派一支队伍参加奥运会？中国何时才能举办奥运会？从1908年到2008年恰巧是100年。

1991年3月8日，中国决定申请在北京举办2000年奥运会。1991年12月4日，中国正式向国际奥委会递交了主办2000年奥运会的申请书。1993年9月23日，国际奥委会蒙特卡洛会议上，北京以两票之差失去2000年奥运会举办权。

8年后，北京再次向奥运会发起了冲击，1998年11月25日上午，北京市人民政府正式向中国奥委会递交了申办2008年奥运会的申请书，从此拉开了北京申办2008年奥运会的序幕。1999年4月7日，经中国奥委会批准，北京市正式向国际奥委会递交申请书。萨马兰奇主席在国际奥委会代表该组织正式接受北京的申请。

2000年2月24日，10个提出申办的城市代表在洛桑聚首。国际奥委会发放了共设有22个问题的"试卷"，涉及六大主题：一、申办的动机和概念；二、政府和民众的支持；三、城市基础设施；四、体育设施；五、后勤和经验；六、财政能力。这是对申办的第一次"考试"。中国奥申委对"试卷"进行了认真回答，七易其稿，前后共修改了近三十遍。6月19日，中国奥申委赴洛桑向国际奥委会递交了申请报告答卷。

8月28日国际奥委会执委会对10个申办城市的申请报告（即22个问题的答卷）进行了研究和评估，被确定为申办2008年奥运会的候选城市。北京、大阪、巴黎、多伦多和伊斯坦布尔顺利入围。何振梁表示："这次入选了，这只是意味着北京申奥第二阶段的开始，北京还需努力。"中国奥申委秘书长王伟则认为："真正的角逐刚刚开始。"

2001年2月19日起，国际奥委会评估团17名成员陆续抵京，开始了为期5天的考察活动。2月24日，国

会徽。

际奥委会评估团举行新闻发布会，表示北京给他们留下了深刻印象。评估团主席海因·维尔布鲁根说，评估团看到了一个真实的北京，北京申办奥运会得到了政府和市民的强有力支持，提出了一个非常好的比赛规划以及场馆建设方案，并认为申奥将会提高北京人民的生活质量。他表示，经过考察，94.9%的市民支持率是准确的、真实的。

2001年7月7日，北京奥申委代表团离京前往莫斯科，参加最后的"决战"。

北京时间12日23时许，在俄罗斯的国歌与《奥林匹克颂歌》声中，国际奥委会第112次会议在莫斯科国家大剧院开幕。北京时间13日，莫斯科市风和日丽，室外温度摄氏28度，决定2008年夏季奥运会举办城市的会议在莫斯科市中心著名的国际贸易中心内召开。中午12时，五个申办城市代表相继进入会场，13时，会议正式开始。

19时整，北京代表团庄重地步上了会议厅主席台，中国奥委会主席何振梁用流利的法语介绍了代表团的成员，中共中央政治局常委、国务院副总理李岚清首先代表中国政府作陈述，他强调中国政府坚定支持北京申请举办2008年国际奥运会的立场，中国政府尊重并赞赏国际奥运会评估团所作的评估报告，在过去的半个世纪里，由于开展了全民健身运动及其他因素，中国人民的健康水平有了很大提高。中国已经成为世界上经济增长最快的国家之一，他承诺如果2008年奥运会有赢余，中国将建立奥林匹克友谊基金会，来帮助发展中国家的体育事业发展。如果发生赤字将

由中国政府承担。紧接着中国奥委会主席袁伟民、北京市市长刘淇、北京奥申委体育主任楼大鹏依次出场。作为北京申奥形象大使的邓亚萍、杨澜和悉尼奥运会射击冠军杨凌也分别进行了充满感情的陈述。

晚上21点50分，经过一次模拟投票，22时，国际奥委会委员开始正式投票选举2008年夏季奥运会主办城市。萨马兰奇拆开信封郑重宣布："2008年夏季奥运会主办城市是——北京。"会场中一片沸腾！中国代表团的成员们欣喜的狂呼出声，所有人都紧紧拥抱在一起，尽情宣泄心中的快乐和喜悦。

奥林匹克运动会将在世界的东方——中国北京演绎新的华章。

2008年北京奥运会的举办时间最终定在8月8日至24日。该届奥运会的比赛拟设28个大项302个小项，包括165个男子项目、127个女子项目和10个男女混合项目。与雅典奥运会相比，女子项目增加两个，女运动员将增加大约130名。本届奥运会的新增项目包括男、女BMX（小轮车），女子3000米障碍，男、女10千米游泳。击剑方面取消男子花剑和女子重剑团体赛，增加女子花剑和女子佩剑团体赛。此外，乒乓球项目中的男、女双打比赛由男、女团体比赛代替。

北京奥运会提出了三大奥运理念——人文奥运、绿色奥运、科技奥运。人文奥运，即通过奥运传播现代奥林匹克思想，展示中华民族的灿烂文化，展现北京历史文化名城风貌和市民的良好精神风貌，推动中外文化的交流，加深各国人民之间的了解与友谊；促进人与自然、个人与社会、人的精神与体魄之间的和谐发展；突出"以人为本"的思想，以运动员为中心，提供优质服务，努力建设使奥运会参与者满意的自然和人文环境。绿色奥运，即用保护环境、保护资源、保护生态平衡的可持续发展思想筹办奥运会，广泛开展环境保护的宣传教育活动，促进北京和中国环保基础设施的建设和生态环境的改善，倡导绿色健康的生活方式和消费方式。科技奥运，即紧密结合国内外科技最新进展，集成全国科技创新成果，举办一届高科技含量的体育盛会；提高北京科技创新能力，推进高新技术成果的产业化和在人民生活中的广泛应用，使北京奥运会成为展示新技术成果和创新实力的窗口。

北京奥运会的主题口号是"同一个世界 同一个梦想"，集中体现了奥林匹克精神的实质和普遍价值观——团结、友谊、进步、和谐、参与和梦想。

北京奥运会的会徽名为"中国印·舞动的北京"，它将肖形印、中国字和奥运五环有机结合起来，巧妙地幻化成一个向前奔跑、舞动着迎接胜利的运动人形，表示北京热情地张开双臂迎接来自世界各地的朋友。

北京奥运会的吉祥物是福娃。福娃是五个可爱的亲密小伙伴，他们的造型融入了鱼、大熊猫、藏羚羊、燕子以及奥林匹克圣火的形象，其原型和头饰蕴涵着其与海洋、森林、圣火、大地和天空的联系，每个娃娃都代表着一个美好的祝愿：繁荣、欢乐、激情、健康与好运。福娃的名字分别是"贝贝"、"晶晶"、"欢欢"、"迎迎"、"妮妮"，五个名字连在一起，就是北京对世界发出的盛情邀请——"北京欢迎你"！

福娃贝贝 Beibei　　福娃晶晶 Jingjing　　福娃欢欢 Huanhuan　　福娃迎迎 Yingying　　福娃妮妮 Nini

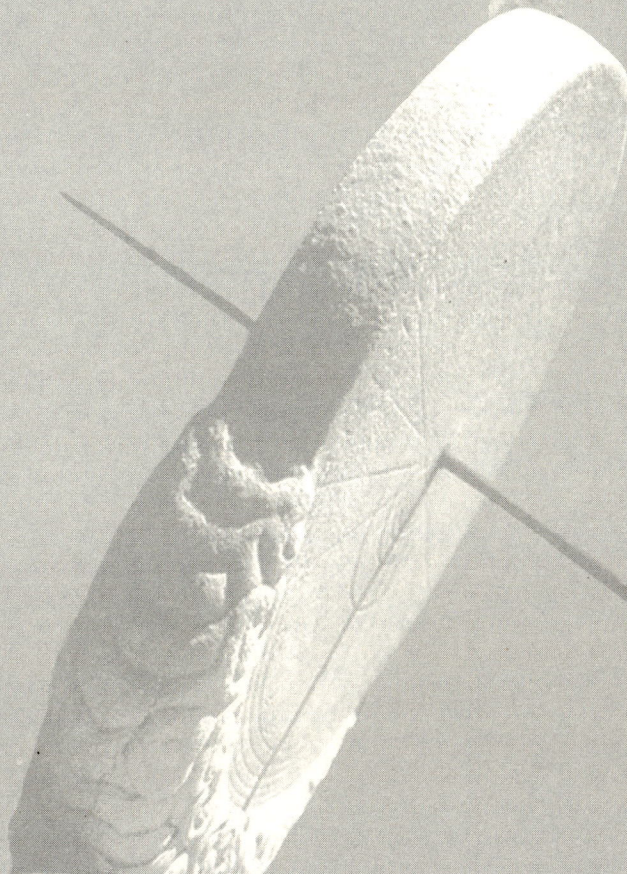

冬季奥运会

HAMONIX-MONT BLANC

第1届冬季奥运会

1924年 夏蒙尼

第1届冬季奥运会于1924年1月25日至2月5日在法国夏蒙尼举行，当时仅以"奥林匹亚德体育周"的名义出现，并未正式定名为冬季奥运会。

本世纪初期，冰雪运动就已在欧美一些国家广泛开展。1901年斯堪的纳维亚国家举行了北欧运动会，后来这项比赛形成了传统，直至1926年才停办。顾拜旦很早就设想单独举办冬季奥运会，国际奥委会曾就此进行过讨论。但是顾拜旦的建议遭到了斯堪的纳维亚国家的强烈反对。瑞典、挪威等国的代表认为，既然已经有了一个传统的北欧运动会，再搞一个平行的冬季奥运会是没有必要的；再说，古奥运会也没有冬季项目。这些国家扬言，如果国际奥委会强行召开冬季奥运会，它们将不参加。不言而喻，如果当时冬季奥运会没有瑞典、挪威等这类冰雪运动开展较普及、水平较高的国家参加，那就失去了代表性，失去了人们对它的兴趣。

单独举办冬季奥运会的问题搁浅以后，1908年伦敦奥运会首次列入了花样滑冰比赛，引起了人们的极大兴趣。1920年安特卫普奥运会，除花样滑冰外，还增加了冰球赛。这届奥运会各项比赛的观众都不多，唯独花样滑冰、冰球赛是例外，吸引了成千上万的冰上运动爱好者。这说明观众对这类项目是极为喜爱的，促使单独举办冬季奥运会的问题再次提上了议程。1921年国际业余田径联合会布拉格会议期间，挪威、瑞典、瑞士、法国、加拿大等国代表重新讨论了举办冬季奥运会问题。在1922年国际奥委会巴黎会议上，顾拜旦竭尽全力劝说反对者，终于取得了成功，并决定在1924年夏季奥运会前举行这类比赛。但避开了"奥运会"字眼，称为"第8届奥林匹亚德体育周"。第8届奥运会东道主是法国，因此，国际奥委会也将这个体育周委托给法国承办，会址定在法国小镇夏蒙尼。

体育周于1924年1月25日开始。参赛的有冰雪运动水平较高的挪威、芬兰、瑞典、瑞士、奥地利、美国、加拿大、法国以及对比赛不抱多大希望但颇有兴趣的英国、意大利、比利时、捷克斯洛伐克、拉脱维亚、匈牙利、南斯拉夫、波兰等，共16个国家，参赛运动员共258人，其中女选手13人，男选手245人。由于没有亚洲和非洲国家参赛，这实际上还是一次欧

第1届冬季奥运会海报。

第1届冬季奥运会开幕典礼。

美的冰雪赛。比赛项目有滑雪、滑冰、冰球和有舵雪橇。1月25日，本届冬季奥运会正式开幕。法国教育部长加斯东·维达尔主持了开幕式。

同1896年夏季奥运会一样，获第一个冬季奥运会冠军的也是美国人，男子速滑运动员查尔斯·朱特劳。他在500米速滑中取胜，成绩为44秒整。本届速滑除500米外，还有1500米、5000米、10000米和全能。芬兰人包下了其余4项的全部金牌，其中克拉斯·顿贝格一人独得了3枚金牌和1枚银牌，是本届成绩最出色的运动员。挪威女子花样滑冰运动员索尼娅·赫妮参加本届冬奥会时只有11岁，是年龄最小的参赛选手。

奥地利在20世纪初期是花样滑冰强国。19世纪末维也纳就创办了一所花样滑冰学校，培养了不少在国际上享有盛誉的运动员。这次他们派出了最优秀的选手参赛。在男子单人女子单人和男女双人项目中，夺得了他们预期的胜利。

滑雪项目北欧占有明显优势，挪威29岁的托雷夫·豪格是其中的佼佼者。从1918年始至1923年，他在世界性的霍尔门科伦滑雪大赛中，7次在40千米、50千米和两项全能赛中获取冠军。赛前人们预测，以豪格为首的挪威滑雪选手将是这次比赛中的主要夺标者。结果正如所料，在滑雪4个项目（18千米、50千米、跳台滑雪和两项全能）赛中，12枚奖牌几乎全被挪威囊括。豪格一人独得了4枚金牌中的3枚，另得了1枚跳台滑雪铜牌。但时隔半个世纪后，国际奥委会于1974年发现，当时在跳台滑雪比赛中，豪格的分数（18.000）是因计算错误得出的，他的正确分数应是17.821，低于美国运动员安德斯·豪根的17.915分。这枚铜牌应属于美国人。于是1974年9月12日，在挪威首都奥斯陆举行的一次特别仪式上，豪格的女儿郑重地将这枚铜牌交还给了豪根。

加拿大和美国在冰球项目方面占有明显优势。预赛中，加拿大胜捷克斯洛伐克30∶0，胜瑞典22∶0，胜瑞士33∶0；美国胜英国11∶0，胜比利时19∶0，胜法国22∶0。从比分来看，当时欧美水平的差距是相当大的。最后决赛时，加拿大以6∶1胜了美国，获得金牌。

本届共14个单项，挪威得金牌4枚，银牌7枚、铜牌6枚；居第二名的芬兰队金牌数与挪威相等，但银、铜牌少于挪威，分别为4枚、3枚；奥地利得金牌2枚，银牌1枚，居挪威、芬兰之后。

当时谁也没有想到，这届原称作"第8届奥林匹亚德体育周"的冬季运动项目比赛会成为历史上的第一届冬季奥运会。据说由于这次比赛的成功，1925年国际奥委会布拉格年会正式承认这次比赛的成绩和纪录，并作为第8届奥运会的一部分。但由于秘书人员的疏忽，在会议记录中竟然误写为"第一届冬季奥运会"。后来国际奥委会也由此而予以认可和追认并决定以后每4年可以由夏季奥运会主办国优先承办同年的冬季奥运会（从1948年开始，为减轻主办国的负担，同一年内的冬、夏季奥运会被放到了不同国家举办；1994年，国际奥委会又决定将冬奥会与夏奥会分开在不同年份举行），但届次与夏季奥运会的记法不同，按实际举办的次数计算。

第2届冬季奥运会

1928年 圣莫里茨

第2届冬季奥运会于1928年2月11日至19日在瑞士山城圣莫里茨举行。

夏蒙尼"第8届奥林匹亚德体育周"在世界体坛引起了巨大反响，就连斯堪的纳维亚国家这些原先的反对者也认可了冬季奥运会的必要性。1925年国际奥委会决定，此后与夏季奥运会同年举办冬季奥运会，但届次与夏季奥运会不同，按实际召开次数计算。并决定将"第8届奥林匹亚德体育周"正式命名为第1届冬季奥运会。瑞士山城圣莫里茨成为了第2届冬季奥运会的主办城市。

本届冬季奥运会于1928年2月11日开幕。参加比赛的有25个国家，共464名运动员，其中女子26人，男子438人。运动员数比上届几乎增加了一倍。首次参赛的有德国、荷兰、罗马尼亚、立陶宛、卢森堡、墨西哥、日本、阿根廷和爱沙尼亚。项目稍有变化，出现了俯卧式雪橇这一新的项目，还增加了一项单人操作的冰橇赛，表演项目只有军事滑雪射击一项。项目总数为4大项14小项。

圣莫里茨一向以气候良好著称，但那年的天气却变化无常，时而风雪满天，天寒地冻，时而阳光灿烂，气候温暖。这给比赛带来了困难，也使成绩受到了影响。由于天气多变，本届速滑只举行了500米、1500米、5000米3个项目的比赛。500米赛时，正好碰上了大风雪，但运动员仍取得了较好成绩。上届3枚金牌获得者芬兰的克·顿贝格和挪威的贝·埃文森以43秒4的成绩同时到达终点，并列冠军；美国的约·法雷尔、芬兰的亚·弗里曼和挪威的罗·拉尔森成绩同为43秒6，各得了1枚铜牌。一星期前曾在达沃斯世界锦标赛获得5000米桂冠的挪威年轻选手伊瓦尔·巴兰格鲁德这次又取得了胜利；顿贝格遭到了惨败，只获第十二名。

不过在随后举行的1500米比赛中，顿贝格夺得了本届比赛的第二枚金牌。10000米决赛时，天气突然转暖，冰雪开始融化，使比赛无法进行。裁判决定中断比赛，已赛出的成绩作废。根据已赛完的成绩，美国贾菲最佳，挪威的埃文森次之，奥地利的奥托·波拉策克列第三。金、银、铜牌极有可能是他们获取。成绩作废的决定遭到贾菲等人反对，组委会曾考虑延

第2届冬季奥运会海报。

纪念章。

纪念章。

期重赛，但挪威、瑞典却不表赞同，他们认为一切都已结束了，正打点行装准备回家。经过长时间商讨，最后组委会做出决定，取消了这个项目。

花样滑冰王国奥地利这次接连失利，遭到了全军覆没的厄运。男子单人滑中，又出现了与上届同样的景象。奥地利的威·伯克尔虽然在上届只得银牌，但翌年夺得世界冠军，并在1926、1927、1928年接连三届蝉联。伯克尔对这届比赛充满了信心。他在规定滑中动作舒展自如，成绩明显领先。可是自由滑时又不如人意，再次输给了瑞典格拉夫斯特罗姆，只得了银牌。奥地利在女子单人和男女双人滑中，也丢掉了上届获得的冠军宝座，只得了2枚银牌和1枚铜牌。

夺得女子单人桂冠的是挪威15岁的索妮亚·黑妮。她在自由滑中伴随着柴柯夫斯基芭蕾舞剧《天鹅湖》中的"天鹅之死"乐曲，将各种造型、跳跃、旋转动作与芭蕾舞姿融为一体，博得了观众阵阵热烈的掌声。这位才华出众的冰坛小姑娘4年前刚刚11岁多一点，就在夏蒙尼奥运会获得这项比赛的第八名。黑妮获得金牌后有点骄傲地说："我多么想跟上届冠军

普兰克·索博再次较量，可惜她没有来。"1932、1936年奥运会，黑妮蝉联了这个项目的冠军。她还在1927年至1936年世界锦标赛中10次夺得桂冠，是花样滑冰历史上最出色的女子单人滑运动员。

男女双人滑冠军是法国的一对未婚夫妇安德烈·若利和皮埃尔·布律内。4年后在普莱西德湖他们夫妻俩又蝉联了冠军。后来他们移居美国，为美国花样滑冰培养了不少人才，其中包括后来获得奥运会金牌的卡罗尔·海斯。

滑雪比赛也碰上了反复无常的天气。50千米越野赛时，气温在零度以上，给滑行带来了很大困难。赛前人们预测，挪威将像上届那样垄断这项比赛。可结果出人意料，瑞典囊括了前三名。这是连瑞典人自己也没想到的。获得冠军的是佩尔·埃里克·赫德伦德，不过，他到达终点的时间要比上届冠军慢1个多小时。

3天后，气温又突然下降，大地又出现了冰冻。挪威人大概习惯在这样的气候条件下滑雪，包下了18千米的全部奖牌。豪格的继承人、上届亚军约·格勒图姆斯布罗滕获第一名。第二天，他又在北欧两项比赛中再获1枚金牌。跳台滑雪冠军也为挪威的阿·安德森夺取。上届冠军挪威的亚·图林·塔姆斯在这项比赛中受重伤，但8年后他又在夏季奥运会帆船比赛中获得1枚银牌。

5人座雪橇赛因天气变暖，只赛了两轮，而不是规定的4轮，不过仍公布了名次，美国二队、一队分获冠亚军。冠军橇的驾驶者威廉·菲斯克当时只有16岁零3个月，是美国获冬季奥运会金牌最年轻的运动员。

冰球赛共11个队参加。上届亚军美国队没有参赛。加拿大以11：0胜瑞典、13：0胜瑞士、14：0胜英国，轻松地蝉联了冠军。

本届共设13个单项，赛出了14枚金牌。挪威成绩再次领先，获金牌6枚，银牌4枚，铜牌5枚，美国和瑞典金、银牌都是2枚，但美国获铜牌2枚，比瑞典多1枚。美、瑞分居第二、三名。另4枚金牌芬兰得2枚，加拿大、法国各1枚。

第3届冬季奥运会

1932年 普莱西德湖

第3届冬季奥运会于1932年2月4日至2月15日在美国普莱西德湖举行。

第1、2届冬季奥运会胜利举行后，人们对冰雪比赛产生了浓厚兴趣，要求主办冬季奥运会的城市也逐渐增多。第3届时，申请承办的有8个城市，其中除加拿大的蒙特利尔外，其余7个均为美国城市，国际奥委会最后将会址选在普莱西德湖。普莱西德湖是美国

III Olympic Winter Games

LAKE PLACID

WITOLD GORDON

Lake Placid, USA February 4-13, 1932

第3届冬季奥运会海报。

东北部的一个山间小镇，地势偏僻，人烟稀少，严冬季节，气候寒冷、干燥，是从事冬季运动十分理想的场所。

本届冬季奥运会东道国向56个国家发出了邀请，但当时经济危机正席卷世界各国，因此，应邀参加的只有17个国家的252名运动员，其中女子21人，男子231人。

欧洲一些冰雪运动发达国家，也出于经济上的考虑，没有出席或只派了少数运动员参加，如瑞典只有12人，芬兰只有7人，等等。美国和加拿大运动员数目最多，共150人，几乎占参赛选手总数的一半。但总的来说，无论从参加国家还是运动员的数目看本届规模都要比上届小。

对于速度滑冰项目的竞赛方法，美国和欧洲国家出现了意见分歧。欧洲人坚持采用上两届的办法，即分两人一组比赛，最后以成绩决定名次。美国则要求采用田径比赛方式，首先分组预赛，然后成绩优秀者再决赛，以决赛成绩分名次。分歧直到开幕前夕还未能获得解决。欧洲一些优秀选手，包括曾在上两届获5枚金牌的、芬兰的顿贝格提出，如果美国坚持己见，他们将不参加比赛。但是美国对此置若罔闻，我行我素，最后仍按美国提出的办法行事。本届速滑取消了全能，只保留了500米、1500米、5000米、10000米4项，比赛也只记录了冠军成绩。美国的约·谢伊和欧·贾菲均分了这4项金牌。欧洲只有挪威两名选手贝·埃文森和伊·巴兰格鲁德各得了1枚银牌。但是，美国遭到了欧洲人的讥讽，认为他们是依靠欧洲选手不习惯的竞赛方法取胜的。

普莱西德湖的花样滑冰在室内冰场进行。美国又出了新点子，首先进行自由滑，然后是规定滑。男子单人滑中，35岁的瑞典老将格拉夫斯特罗姆再次露

面。第一天自由滑中，成绩出色，他认为第四次夺取奥运会金牌已胜利在握。可是他失算了，在规定滑中他输给了奥地利23岁的年轻世界冠军卡尔·舍费尔，屈居亚军。女子单人赛时，看台挤得水泄不通。许多观众是为了一睹黑妮的丰姿和她优美的舞姿。黑妮的支持者们希望比赛在明亮的阳光照耀下进行，以便摄下黑妮的舞姿。为了满足这些人的要求，组委会将比赛延至白天举行。黑妮的表演再次赢得了观众的心，掌声、叫好声此起彼落。7个裁判都给了她最高分。人们有点疯狂了，到处都是"黑妮迷"，要求签名留念者应接不暇。陪同黑妮前来的她的父亲不得不婉言谢绝说："黑妮需要训练，实在没有时间为大家签名。"

女子单人赛中，英国的塞西莉娅·科莱奇得了第八名。她刚11岁零两个月，是参加冬季奥运会年龄最小的运动员。有趣的是，双人赛中获第七名的美国人约瑟夫·萨维奇(舞伴是格特鲁德·梅雷迪思)，年已53岁，是参赛选手中年龄最大的，可以说是科莱奇的奶奶这一辈人了。

普莱西德湖的天气也是变幻莫测的。18千米越野滑雪时，气温突然升高，使冰雪迅速融化，加之这年降雪很少，滑道只剩下薄薄一层冰雪，比赛不得不在极其复杂和困难的条件下进行，不少运动员摔得鼻青脸肿。瑞典的斯文·乌特尔斯特罗姆和阿克尔·维克尔斯特罗姆分获了冠、亚军。东道国最好成绩只是第二十三名。

各项比赛都快结束了，但有"马拉松"之称的50千米滑雪仍在等待老天爷发善心。人们起初期待天气变冷，但希望落空了，后来甚至下起雨来。原先安排的滑雪路线已无法使用，组委会不得不临时找了一块大的林间地带于2月14日进行了这项比赛。它的实际距离为48.239千米。在18千米赛中得铜牌的芬兰人维里·萨里宁这次夺得了桂冠。

天气变化也迫使雪橇比赛改期。第一次大风雪使原计划在2月8日至9日举行的双人雪橇赛不得不顺延一天，而第二次大风雪影响更大，使4人座雪橇赛延至闭幕后的2月14日至15日才举行。美国囊括了这两

奖牌正面。

奖牌背面。

项金牌。在冬、夏季奥运会上均获金牌的唯一选手美国人埃迪·伊根(1920年安特卫普奥运会时拳击冠军)就是在这次4人座雪橇赛中夺冠的。

冰球仅有4个队参加，比赛为双循环制。美国、加拿大都比较轻松地战胜了欧洲的德国队和波兰队。美、加交锋时，第一场美国以1：2败北。关键性的第二场比赛使本届运动会进入了高潮，仅有3000座位的冰场一下子涌进了7000人。起初，美国以2：1领先，但不久加拿大就将比分扳平，直到终场哨声吹响，双方都再无建树。加时赛仍未使场上2：2的比分改变局面。加拿大连续第四次拿下了冠军(包括1920年第七届奥运会冰球赛)。

第3届冬季奥运会于2月13日正式闭幕，因受气候影响，比赛至15日才最后结束。本届冬季奥运会共进行了14项比赛。东道主获金牌6枚、银牌4枚、铜牌2枚。挪威退居第二，得3枚金牌、4枚银牌、3枚铜牌；瑞典列第三位，获金牌1枚、银牌2枚。

第4届冬季奥运会

1936年 加米施、帕滕基兴

第4届冬季奥运会于1936年2月6日至2月16日在德国加米施和帕滕基兴举行。

在1931年巴塞罗那的国际奥委会上，确定将由德国的柏林举办1936年冬季奥运会，在这届会议上，德国奥委会也宣布根据当时的国际奥委会章程，他们将开始行使举办冬季奥运会的权利，德国领导人认为加米施和帕滕基兴这两个城市联合举办，更有利于宣传效果，德国奥委会的领导人因此将冬季奥运会的举

ALLEMAGNE 1936
IVᵉˢ JEUX OLYMPIQUES D'HIVER
GARMISCH-PARTENKIRCHEN
DU 6 AU 16 FEVRIER 1936

第4届冬季奥运会海报。

办城市改为这两个城市，国际奥委会被迫接受这项决定，并再次确认柏林作为夏季奥运会的举办城市，同时接受加米施和帕滕基兴作为冬季奥运会的举办城市。在这届奥运会上，运动场主火炬第一次引入奥运会赛场。

加米施、帕滕基兴是由加米施和帕滕基兴两个老村庄合并而成，1935年设镇，成为国际疗养地和冬季运动中心。加米施、帕滕基兴还是南部民族手工艺中心，以传统的铁器、艺术木器、雕刻和酿酒闻名欧洲。这里旅游业发达，每年有大批游客来此游览和锻炼，以中心滑雪区旅游者最多，这里有许多旅馆、疗养院，还有夏季登山设施、滑雪学校。为举办奥运会，又建了奥林匹克冰场等设施。

本届冬季奥运会于1936年2月6日开幕，参赛的有28个国家，668名运动员。本届冬季奥运会共设4大项17小项比赛，项目比上届增加了男子4×10千米越野滑雪接力赛和男女高山滑雪两项(回转障碍滑雪和快速降下)。

在本届冬季奥运会开幕仪式上，德国总理希特勒宣布本届冬季奥运会开幕，代表运动员宣誓的是东道主的滑雪运动员维尔赫姆·博格纳。

本届冬季奥运会速滑比赛恢复了以前分两人组赛，最后按成绩定名次的方法。挪威囊括了全部金牌，冰坛老将伊瓦尔·巴兰格鲁德一人独得500米、5000米、10000米三块金牌；他的队友查尔斯·马蒂森获1500米金牌，而巴兰格鲁德以1秒之差在本项中屈居亚军。在第一、二届速滑中大显威风的芬兰队由于顿贝格退役而后继无人。在上届包揽速滑全部金牌的美国选手这次仅得1枚铜牌。

花样滑冰男女单人滑金牌得主仍是上届旧人。奥地利的会费尔轻松地蝉联冠军。而挪威名将黑妮仍

第4届冬季奥运会奖牌。

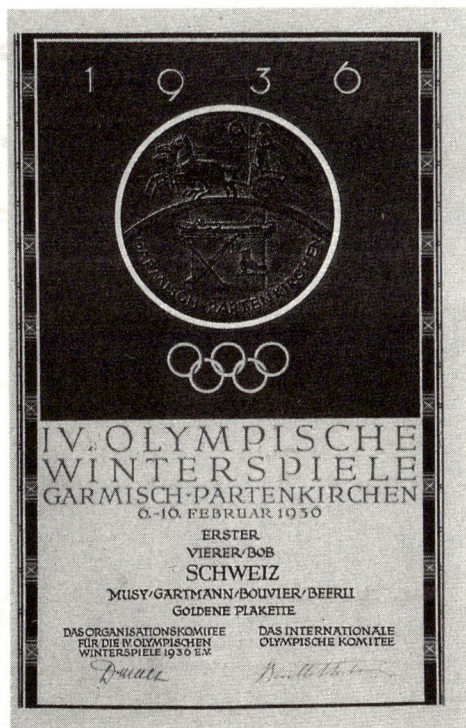

第4届冬季奥运会邮票。

夺得金牌,上届获第八名的英国小姑娘科莱奇获得银牌。男女双人滑比赛中,德国的布律内夫妇拒绝参赛,德国15岁的玛·赫贝尔与男子单人滑银牌得主埃·拜尔合作,夺得金牌。

本届滑雪比赛中,50千米越野赛的前四名被以埃·维克隆德为首的瑞典选手包下。18千米赛中瑞典的埃·拉尔松夺冠,挪威的奥·哈根以1分05秒之差屈居亚军。不过哈根在两项全能赛中获金牌,他的队友奥·霍夫斯巴肯和斯布罗达尔包下了银、铜牌。上届跳台滑雪冠军挪威的比·鲁德再次取胜,这位奥运会金牌获得者,二次大战时,被入侵挪威的德国法西斯投入集中营。首次列入的4×10千米越野滑雪接力赛,芬兰选手奋力拼搏,以6秒钟的微弱优势赢得了冠军。阿尔卑斯山式综合滑雪的金、银牌被德国人囊括。男子项目的冠、亚军是弗·普弗尼尔和古·兰奇纳尔;女子冠、亚军获得者分别是克·克兰茨和克·格拉泽格尔,挪威16岁的莱·绍·尼尔森赢得了女子赛的铜牌,她是当时网球名将和世界滑冰能手,曾多次在网球赛中取得好成绩并多次创造了速滑世界纪录。

雪车项目中,美国未能再次垄断,仅男子双人座蝉联了冠军。4人座金、银牌为瑞士一、二队夺走。冰球赛中有11名加拿大运动员的英国队获得了这届冠军,四夺这项金牌的加拿大队在奥运会上第一次遭到失败,位居亚军。

在本届共17个单项的比赛中,挪威队表现出色,夺回了在普莱西德湖失去的优势,获金牌7枚、银牌5枚,铜牌3枚;东道主得金、银牌各3枚;瑞典居挪、德之后,金、银、铜牌分别为2、2、3枚。余下的5枚金牌为芬、瑞士、奥、英、美均分。

总的来看,本届冬季奥运会组织得比较成功,加上新增加的项目很符合德国人的口味,因此比赛期间的观众人数很多。据统计约有50万名观众现场参与,即使是最后一项的跳跃滑雪也吸引了15000名观众,这对促进冬季奥运会的发展是十分有益的。

第5届冬季奥运会

1948年 圣莫里茨

第5届冬季奥运会海报。

第5届冬季奥运会于1948年1月30日至2月8日在瑞士的圣莫里茨举行。

第二次世界大战迫使两届冬季奥运会中断。第二次世界大战结束后，奥运会恢复举行。当时，1948年夏季奥运会已选定在伦敦召开，国际奥委会希望英国同时承办冬季奥运会，但遭到英国拒绝。随后瑞士建议由圣莫里茨承办。就这样，圣莫里茨成为第一个主办两届冬季奥运会的城市。

本届冬季奥运会于1948年1月30日开幕。应邀参赛的有28个国家和地区，669名运动员，其中女子77人，男子592人。德（两个德国）、日因为是第二次世界大战策源地，被拒之于奥运会门外。本届竞赛项目大项仍为4个，但单项比以前有所增加，项目数量首次突破20个大关，达到22个。

昔日曾在花样滑冰项目上享有盛誉的挪威、奥地利、瑞典诸国，这次均与金牌无缘，获得桂冠的全属他国新人。美国过去对花样滑冰并不重视，但自法国布律内夫妇、挪威黑妮等世界知名选手移居美国后，这项运动就有了较快的发展，技术水平也提高很快，涌现了不少人才。在这次男子赛中，美国成了欧洲的主要对手，其中最有威胁的是在16岁时即获美国冠军的理查德·巴顿。在圣莫里茨，这位刚刚18岁的哈佛大学生的出色表演使欧洲选手目瞪口呆。他摘取了男子单人项目的金牌。值得一提的是，进入这项前六名的选手中，美国占了3人。

女子单人金牌得主是来自加拿大渥太华的20岁选手芭芭拉·斯科特。她是欧洲观众早已熟识的明星。本届运动会前一年，她在斯德哥尔摩夺得了世界冠军。这次规定滑时，她取得了无可争议的优势。但是令人惊异的是出现在第二天报刊上的标题却是"斯科特遭到了厄运"、"斯科特未必能赢得奥运会冠军"。这是怎么回事呢？原来她在自由滑之前抽得的号码是13号，"13"对西方人来说是个不祥的数字。但是，这个不吉利的"13"，并未能影响她登上这次冬季奥运会的冠军领奖台。

斯科特来这里参赛是颇费踌躇的。一年前，她在斯德哥尔摩世界锦标赛上的成就，使她的家乡渥太华欣喜若狂，决定赠送给她一辆豪华汽车。但当时对"业余"资格要求很严。国际奥委会主要负责人之一美国的布伦戴奇听到这个消息后，立即向她提出了警告，如果她接受赠礼，就违反了奥运会"业余"的规定条例，就会失去参加奥运会的资格。斯科特考虑再三，婉谢了家乡人民的情意。不过，她在圣莫里茨夺得金牌3个月后，仍接受了这项馈赠，并转为职业运动员。

瑞典在男子滑雪赛中取得了出色的成就，接连获得了3枚金牌。以马·伦德斯特罗姆为首的3名瑞典选手，包下了18千米越野滑雪赛的全部奖牌。50千米赛中，瑞典的尼·卡尔松和哈·埃里克松分获银牌。在4×10千米接力赛中，瑞典队又战胜了强手芬兰、挪威队，赢得了桂冠。滑雪赛中最大的失败者是挪威队，在前四届中挪威一直囊括两项全能的前三名，这次1枚奖牌未拿，挪威仅在跳台滑雪中取胜而聊以自慰。跳台滑雪的上两届冠军、在德寇集中营里劫后余生的比·鲁德虽年已36岁，仍取得了较好成绩，仅输给了比他年轻10岁的队友彼·胡格斯泰德，居亚军。

山地滑雪比赛中，法国男选手亨·奥雷耶最为突出，一人独得两枚金牌和1枚铜牌。瑞士、奥地利男女选手也取得了好成绩。瑞士获金牌两枚，奥地利得1枚。这项比赛欧洲运动员占有明显优势。大洋彼岸仅有美国20岁的格·弗雷泽在女子回转障碍滑雪和山地两项赛中得了1枚金牌和1枚铜牌。

参加冰球赛的有9个队。美国一下派了两个队：一个属美国奥林匹克协会（即现在的美国奥委会），另一个属美国业余冰球协会，后者不受美国奥林匹克协会管辖，但它是国际冰球联合会会员。两者都自称代表美国队。本届冬季奥运会开幕前，美国奥委会向东道主提出了警告，如果本届冬季奥运会接纳美国业余冰协派出的球队参赛，美国则退出本届冬季奥运会。但国际冰联也向瑞士施加压力，如果不让美国冰联的队出席，则撤销对这次运动会的财政支持；而这又是这次圣莫里茨的主要经费来源。东道主决定不顾美国奥委会的警告，让美国业余冰协队参加比赛。但是国际奥委会进行了干预。经过一再协商，取得了戏剧性的结果。美国奥委会派出的队代表美国参加开幕式，但不参加比赛；美国业余冰协的队参加比赛但不计名次，属于表演性质。

本届冬季奥运会瑞典、挪威两队获奖牌数相等，均得金牌4枚，银、铜牌各3枚；美国获奖牌数为金牌3枚、银牌4枚、铜牌2枚。

第6届冬季奥运会

1952年 奥斯陆

第6届冬季奥运会于1952年2月14日至2月25日在挪威的奥斯陆举行。

国际奥委会从挪威的奥斯陆、美国的普莱西德湖和意大利的科蒂纳丹佩佐3个申办城市中，选择了奥斯陆举办1952年第6届冬季奥运会。冬季奥运会终于回到了现代滑雪运动的诞生地挪威，而这也是冬季奥运会首次由在当时冬季项目最为强盛的斯堪的纳维亚地区国家举办。

第6届冬季奥运会海报。

挪威举国上下投入了这次运动会的筹备工作，奥斯陆到处洋溢着欢乐的节日气氛。可惜天公不作美，瑞士、法国等周围国家都是大雪纷飞，积雪满盖，而奥斯陆却雪量很少。东道主不得不动员士兵将积雪从树林深处、沟壑地方集中到比赛场地的线路上，但雪量仍然不足。国际奥委会甚至曾考虑临时变换比赛地点，幸好开幕前一天降下大雪，这届奥运会才如期开幕。

应邀参加本届比赛的有30个国家和地区的694名运动员，其中女子109人，男子585人。首次参加的有新西兰、葡萄牙。日本又回到了奥运会赛场上。德国在战后分成了民主德国和联邦德国两个国家。联邦德国参加了本届比赛。

比赛项目中首次列入了女子10千米越野滑雪。高山滑雪中的两项全能被取消了，改为传统的3项：大回转障碍滑雪、回转障碍滑雪和快速降下。

本届冬季奥运会于1952年2月14日开幕，首次在主会场燃烧了奥林匹克火焰，但与夏季奥运会不同的是，火种不是来自奥林匹亚，而是取自挪威冰雪运动奠基人松德雷·诺德海姆(1825-1897)生前居住过的莫尔盖达尔村的一所石房中。本届点燃圣火的是挪威著名探险家弗里迪奥夫·南森的孙子埃吉尔·南森。

本届冬季奥运会的头号新闻人物是挪威28岁的速度滑冰老将亚马尔·安德森。冬季奥运会前他就已驰名于冰坛。1950年、1951年他连续两次登上世界全能冠军宝座。这次他一人包下了1500米、5000米、10000米3个项目的金牌，成为本届最显赫的运动员。其中他在5000米和10000米两项中，也创造了这两个项目奥运会历史上冠军优势最为悬殊的纪录。奥运会结束后不久，他在世界锦标赛中再次蝉联了冠军。但

第6届冬季奥运会开幕式。

是，挪威未能像1936年巴兰格鲁德时代那样，包下全部冠军。500米赛时，美国的肯·亨利和唐·麦克德莫特分夺了金银牌。

上届男子花样滑冰冠军美国的理·巴顿，这次再度夺得桂冠。女子金牌得主是鲜为人知的英国的珍·阿特韦格。男女双人滑中出现了一些麻烦。美国一位名叫肯尼迪的牙科医生，认为金牌应属他的一双儿女卡·肯尼迪和马·肯尼迪。他指控获得冠军的联邦德国人里·法尔克和保·法尔克违反了"业余"规定。不过组委会对他的指控未予重视，事情不了了之。肯尼迪的儿女仍只得了银牌。

挪威在滑雪赛中再次取得出色成绩，夺取了18千米(哈·布伦登)、两项全能(西·斯洛特维克)和跳台滑雪(阿·贝格曼)3项金牌，但在50千米赛中失利，芬兰的韦·哈库利宁和埃·科莱赫迈宁分取了该项冠亚军。4×10千米接力赛场面非常壮观，沿途观看的达

5万人之多。这项比赛芬兰占有明显优势，金牌已属囊中物。挪威和瑞典谁将获银牌在前40千米时还伯仲难分，但最后10千米中，本届18千米冠军挪威的布伦登战胜了上届18千米冠军瑞典的伦德斯特隆，取得了亚军。第一次列入比赛项目的女子10千米越野滑雪赛中，以吕·维德曼为首的芬兰3名选手气势逼人，囊括了全部奖牌。

上届越野滑雪赛中曾三夺金牌的瑞典本届接连失利，只得了两枚铜牌。高山滑雪项目中的男子大回转障碍赛中，挪威的斯·埃里克森对周围地形了如指掌，轻车熟路，较容易地取得了金牌。不过他后来在回转障碍赛中却输给了奥地利的奥·施奈德，只得了银牌。意大利33岁的老将泽·科洛，是山地滑雪能手，1950年曾获世界冠军。这次他在快速降下赛中，比其他选手技高一着，轻松地获取了金牌。女子高山滑雪金牌，由奥地利、美国瓜分。奥地利25岁的格·约胡姆·拜泽尔在上届夺得两项全能冠军后，接着又在1950年世界锦标赛中赢得了快速降下的桂冠，本届再获快速降下金牌。联邦德国安·布赫纳比她稍慢了一步，居亚军，但布赫纳对此已经很满意，因为比赛这天(2月16日)，恰逢她28周岁生日，以奥运会银牌作为自己生日的礼物也是惬意的。两个障碍滑雪项目金牌均为20岁的美国姑娘安·劳伦斯夺得。

冰球赛共9个队参加。加拿大蝉联了冠军，历史上第五次摘取该项奥运会金牌，美国居亚军。截止到1952年奥运会，加拿大队在历届冰球赛所参加的41场比赛中总的战绩为37胜1负3平，进球403个，失球34个。上届比赛中几乎将加拿大挤下冠军宝座的捷克斯洛伐克队这次全由青年选手组成，他们与瑞典队积分、净胜分均相等，但在争第三名的重赛中以3：5失利，瑞典队获得了铜牌。

本届22个单项比赛全部结束后，挪威再次居领先地位，共获金牌7枚，银牌3枚，铜牌6枚；美国也夺得了仅次于1932年的最好成绩，获金牌4枚，银牌6枚，铜牌1枚；芬兰队金、银、铜牌分别为3、4、2枚。

第7届冬季奥运会

1956年 科蒂纳丹佩佐

第7届冬季奥运会于1956年1月26日至2月5日在意大利科蒂纳丹佩佐举行。

1949年国际奥委会罗马会议上终于将曾于1944和1952年两次申办未果的科蒂纳丹佩佐选为本届冬季奥运会的会址。

科蒂纳丹佩佐是意大利的一个山间小镇，它早就是驰名遐迩的冬季运动中心。远在1897年，这里就举行过滑雪比赛。从1902年始，滑冰赛成了家常便饭。

第7届冬季奥运会海报。

而至1908年，除滑雪、滑冰赛外，又增设了雪橇类项目的比赛。第一次世界大战后它更以新的面貌出现在旅游者和冰雪爱好者面前。新的冰雪运动设施不断出现，一幢幢旅舍饭店拔地而起。每年来此观光和参加冰雪运动的络绎不绝，它成了冰雪运动爱好者的旅游胜地。

本届应邀参赛的有33个国家和地区(代表队32个)，820名运动员，其中女子132人，男子688人。首次参加的有伊朗、玻利维亚、苏联；德意志民主共和国和德意志联邦共和国经过协商，组成了德国联队参赛。

本届冬季奥运会于1956年1月26日开幕。代表运动员宣誓的是上届奥运会女子高山滑雪速降比赛铜牌获得者朱里亚娜·切纳尔·米努佐。她也是奥运会史上第一个执行这种光荣使命的女性。

从1924年到1952年的历届奥运会速度滑冰比赛成绩都不很理想，无一人突破世界纪录。本届1月28日举行的500米比赛，打破了这种长期沉寂的局面。苏联选手叶夫根尼·格里申以40秒2首次在冬季奥运会上创造了世界纪录。格里申还与队友尤里·米哈伊洛夫同时取得1500米比赛2分08秒6的成绩，再次刷新世界纪录，两人同登冠军领奖台。此外，苏联的鲍里斯·希尔科夫还在5000米比赛中夺得了桂冠。速滑中全部4个项目，苏联只有10000米比赛未能取胜，冠军为瑞典的西格瓦德·埃里克松获得。第一次参加冬季奥运会的苏联是冰雪运动广泛开展的国家。由于这位冰上新客的出现，打破了过去速滑由挪威、芬兰、美国等垄断的局面。

美国在这次男女花样滑冰中都取得了优异的成绩。以艾·詹金斯为首的3名选手包下了男子单人滑的全部奖牌；坦·奥尔布赖特和卡·海斯分获了女子单人滑的金、银牌。欧洲在这次花样滑冰比赛中，只有奥地利的伊·施瓦茨和库·奥佩尔特在男女双人滑中赢得了冠军。

滑雪比赛是人们注意的中心，因为冬季奥运会滑雪赛既是奥运会赛，又是世界锦标赛，可同时获取奥运会冠军和世界冠军。男子越野滑雪主要竞争者是挪威、芬兰、瑞典和苏联，实力各有千秋。比赛结果，各获取1枚金牌。瑞典的西·耶恩伯格是滑雪名手，他在15千米、30千米比赛中都功败垂成，只得了银牌，但在50千米比赛中，终如愿问鼎。苏联在4×10千米中实力较强，赢得了金牌。女子10千米越野滑雪，夺标呼声最高的是1954年世界冠军、苏联的柳博夫·科济列娃。她未负众望，夺取了胜利。

有"白色闪电"之称的奥地利19岁选手安东·扎勒，是本届头号新闻人物，他在速降、回转障碍和大回转障碍赛中三夺金牌。因奥运会滑雪成绩同时作为世界锦标赛成绩，3项的总成绩列为锦标赛全能成绩，这样，扎勒一下获得3枚奥运会金牌和4个世界冠军，成为滑雪史上取得这样出色成绩的第一位选手。日本的猪谷千春在回转障碍滑中获银牌，是亚洲在冬季奥运会上的第一个获奖者。

在女子的这3项比赛中，瑞士的马·贝尔托德和伦·科利亚尔分获速降和回转障碍滑雪两个项目的冠军，德国的奥·赖歇特夺得大回转障碍赛的第一名，这也是德国联队在本届比赛中取得的唯一金牌。在开幕式上代表运动员宣誓的意大利滑雪选手朱·米努佐只得了两个第四名。

冰球赛共有10个队参加。当时实力最强的是加拿大、美国、苏联3个队。决赛时美国以0∶4负于苏联，但以4∶1胜了加拿大。因此苏联对加拿大是关键的一仗，如果苏联负于加拿大，则三队积分相等，将以净胜球数定名次。苏、加开赛后，加队攻势凌厉，苏队门前经常出现险情。但加队始终未能破门，反以0∶2败北。苏联第一次获得奥运会冰球冠军，并同时获该年世界冠军和欧洲冠军。

本届运动会共24个单项，因速度滑冰有两人并

列冠军，总计为25枚金牌。冰坛新贵苏联独占鳌头，获金牌7枚，银牌3枚，铜牌6枚；奥地利列第二，金牌为4枚，银牌3枚，铜牌4枚；芬兰居苏、奥之后，金、银牌各3枚，铜牌1枚；多次在冬季奥运会上成绩领先的挪威队，这次仅列第七位，获金牌2枚，银、铜牌各1枚。

本届冬季奥运会第一次进行了电视转播。同时，本届冬季奥运会的花样滑冰比赛也是最后一次在室外进行。

奖牌正面。

奖牌背面。

第8届冬季奥运会

1960年 斯阔谷

第8届冬季奥运会于1960年2月18日至2月28日在美国斯阔谷举行。

第8届冬季奥运会再次从欧洲大陆转至大洋彼岸举行。美国的斯阔谷获得了本届冬季奥运会的举办权。

斯阔谷是加利福尼亚州内华达山脉间的一块盆地。斯阔谷海拔1889米。以往几届冬季奥运会会址的海拔高度都比这里低，斯阔谷冬季奥运会是第一次在海拔较高点举行的冬季盛会。这个谷地是美国著名冬季运动中心之一，体育设施完善，并有一个可容纳1万1千名观众的冰场。组委会还专门修建了一个奥林匹克村供运动员住宿。这是冬季奥运会史上第一个专门的运动员村。大会还安装了一台"拉马克"电子计算机，供花样滑冰等比赛使用。每一项目结束后，计算机只需几秒钟就用英法两种文字公布全部比赛成绩，并附有运动员的简单履历。这大大减少了裁判统计工作，缩短了成绩公布时间。

运动会于1960年2月18日开幕，参赛的有31个国家和地区(30个队)，共665名运动员，其中女子143人，男子522人。因为旅费等问题，欧洲削减了参加人数。大会规模比上届略小。本届首次列入了男子冬季两项(滑雪和射击)和女子速度滑冰。因为设备问题，取消了雪橇项目。大会共设有4个大项27个单项比赛。

2月18日举行了隆重的开幕式，1万5千名观众出席了盛会。宣布本届冬季奥运会开幕的是当时任美国副总统的里查德·尼克松。在圣火点燃仪式中，两次冬季奥运会冠军安·劳伦斯·米德高举着来自挪威的火种，从白雪皑皑的陡峭山坡上飞驰而下，奥运会速滑冠军肯·亨利接过火种绕场一周，随后燃起熊熊的奥林匹克火焰，将大会气氛推向了高潮。

速滑场上，苏联在男子比赛时再现了上届的成就，夺取了4枚金牌中的3枚。29岁的叶夫根尼·格里申在500米赛中，以与上届同样的成绩40秒2蝉联冠军。1500米赛时，又出现了上届两人同时到达终点的现象，格里申和挪威选手罗·奥斯的成绩均为2分10秒4。格里申还在这届运动会上取得了另一出色成绩。闭幕式那天，大会组委会组织了一次优秀速滑运动员破纪录赛，格里申以39秒6创世界纪录，成为世界上第一个用不到40秒时间滑完500米的选手。

2月25日，对苏联速滑运动员维克托·科西奇金

SQUAW VALLEY CALIFORNIA　FEBBRAIO 1960

VIII GIOCHI OLIMPICI INVERNALI

第8届冬季奥运会海报。

来说，可谓双喜临门。这一天，他正好满22周岁，同时又获得了5000米赛的金牌，使自己的生日倍增光彩。挪威这次成绩也不差，除奥斯获1500米赛金牌外，克·约翰内森在最后10000米赛中也赢得了胜利。

女子速滑是各国选手第一次在冬季奥运会上较量。同男子项目一样，苏联同样占有明显优势，获得了3项冠军，其中著名女速滑手利迪娅·斯科布利科娃一人独得了1500米、3000米两项金牌。

欧洲国家在这次花样滑冰赛中遭到了惨败。自1924年冬季奥运会创办以来，欧洲第一次没有拿到金牌。而美洲则出尽了风头。上届男子单人滑铜牌获得者达维德·詹金斯这次荣获了该项桂冠。女子单人金牌得主，则是法国著名花样滑选手、两届奥运会男女双人滑冠军布律内夫妇的得意门生、美国的卡罗尔·海斯。海斯在上届奥运会上就已初显锋芒，取得了这项比赛的银牌。加拿大的巴·瓦格纳和罗·保罗夺得了男女双人滑冠军。

但是欧洲在滑雪赛中仍占了上风。男子越野滑雪依旧是芬兰、挪威、瑞典等国争雄。金牌得主多属新人，仅30千米冠军瑞典的西·耶恩伯格是上届50千米金牌获得者。苏联在女子10千米项目中实力雄厚。以29岁的老将玛利亚·古萨科娃为首的4名女选手将他国选手远远抛在后面。高山滑雪则是瑞士、德国等欧洲国家争夺男女比赛中的金牌。仅回转障碍1项为美洲国家加拿大的安·赫格斯维特夺去冠军。整个滑雪项目德国成绩最佳，它在男子跳台滑雪、北欧两项全能和女子快速降下等比赛中共夺取了3枚金牌。瑞士在大回转障碍赛中表现出色，罗·斯托布和伊·吕格分获男女冠军。

第一次出现在冬季奥运会比赛中的冬季两项由滑雪和射击两个完全不同的项目组成，既要求运动员有良好的滑雪技术，又要求枪打得准。这项运动在冰雪地区开展较为广泛，因为它可用于狩猎，又具有军事意义。它的隶属关系与其他项目不同，它与现代五项组成同盟，称"现代五项和冬季两项同盟"，这是一个在冬夏季奥运会均设有比赛项目的唯一的国际体育

高山滑雪选手安·劳伦斯·米德高，高举圣火火炬。

组织。本届只有男子20千米个人赛，瑞典的克·勒斯坦德尔赢得了这项胜利。

冰球比赛共9个队参加。上届冠军苏联队这次与美国、加拿大交锋都遭到了失败。东道主以2：1战胜最后的对手加拿大队，首次赢得了桂冠。

本届冬季奥运会共举行了27个单项比赛，由于同上届一样的原因，在男子速滑中有两人并列冠军，共决出了28枚金牌。苏联再次居领先地位，获金牌7枚，银牌5枚，铜牌9枚；德国联队这次成绩出色，上升到第二位，得金牌4枚，银牌3枚，铜牌1枚；美国作为东道主，成绩不很理想，金、银、铜牌分别为3、4、3枚，居第三。挪威成绩略有回升，金牌数与美国相等，只是银、铜牌少一些，名次居苏、德、美之后。

第9届冬季奥运会

1964年 因斯布鲁克

第9届冬季奥运会于1964年1月29日至2月9日在奥地利因斯布鲁克举行。

奥地利是一个爱好冰雪运动的国家，在以往几届冬季奥运会上都曾取得过好成绩，特别是高山滑雪和花样滑冰，还多次夺得金牌。但是直到上一届即第8届，奥地利才由因斯布鲁克提出主办冬季奥运会申请。并最终赢得了主办权。

因斯布鲁克是奥地利西南部的城市，为蒂罗尔州首府。市区分布在因河两岸，临近阿尔卑斯山，海拔570米，交通方便，是旅游和举行冬季运动竞赛的理想场所。该市有一个能容纳1万人的体育馆，是欧洲有名的冬季运动体育馆之一。馆旁是一个滑雪场，滑雪场有良好的体育设施。不过天不作美，从1月开始，由于反常的温暖，无论是城区，还是山地，积雪都迅速融化。市政当局只好紧急动员军队、学生和附近居民上山，从阴冷积雪处筐背篮提，将雪搬往需要的地方。由于各方人士的积极努力，终使这届白色运动会免于流产。然而由于缺雪，也酿成了事故，奥地利滑雪选手米尔尼和英国雪橇选手斯基佩齐在雪量不足的滑道上做赛前练习时，不幸丧生。这是1924年冬季奥运会以来最不幸的事件。

本届冬季奥运会于1964年1月29日开幕。应邀参赛的有37个国家和地区，共1091名运动员，其中女子200人，男子891人。这是冬季奥运会运动员人数首次突破1千人。第一次参赛的有朝鲜民主主义人民共和国、印度和蒙古。本届冬季奥运会共设6大项34个单项比赛。

本届速度滑冰开创了冬季奥运会史上的奇迹。上届两枚金牌获得者、苏联24岁的女选手利迪娅·斯科布利科娃，囊括了全部4个项目的金牌，超过了芬兰的克拉斯·顿贝格和挪威的伊瓦尔·巴兰格鲁德、亚马尔·安德森这些以往几届最佳速滑选手。1963年、1964年是斯科布利科娃的运动黄金时代。她在这两个年度的世界锦标赛上，均夺得了全能冠军，并多次创造世界纪录。因此，她在奥运会上势如破竹，接连夺取胜利。500米是她的弱项，可在本届女子速滑开始的第一项就是这项比赛，她以45秒整破奥运会纪录的成绩取胜，这为她以后接连夺取金牌增强了信心。女子3000米赛中，朝鲜的韩弼花与苏联的瓦·斯捷宁娜并列第二，获银牌，这也是亚洲女子在冬季奥运会上

第9届冬季奥运会海报。

获得的第一枚奖牌。

欧洲在花样滑冰赛中可说是打了一个翻身仗，上届1枚金牌未拿，这次却从美洲人手中夺得了全部金牌。德国的曼·施内尔德夫获得男子单人滑冠军。本届冬季奥运会开幕前刚满22岁的荷兰斯·代伊克斯特拉在女子单人滑中表现出色，赢得了观众的热烈掌声，裁判给了高分，她为荷兰在冬季奥运会夺得了第一枚金牌。男女双人滑中，苏联的柳·别洛乌索娃、奥·普罗托波波夫和德国的玛·基利乌斯、汉·博伊姆勒分获冠亚军。

瑞典35岁的老将西·耶恩伯格参加了男子全部距离的越野滑雪赛，都取得了名次，并在50千米距离中获金牌。这是从1956年始，他接连第三次在冬季奥运会30千米或50千米赛中取胜。本届他还在4×10千米越野接力赛中获得了金牌。托穆德·克努特森夺取了两项全能冠军，这是挪威自1924年以来第七次获该项桂冠。不过滑雪赛中成绩突出的是苏联24岁的女教师克·博亚尔斯基赫，她包揽了5千米、10千米第一，还在3×5千米接力赛中取胜，是本届滑雪获金牌最多的运动员。

山地滑雪赛中，充满激情的奥地利观众不停地为本国同胞鼓掌、呼叫、加油。奥地利选手在观众热情的支持下，超水平发挥，接连取得了3项冠军。经验丰富的埃冈·齐默尔曼和少年选手克里斯特尔·哈斯分获男女快速降下金牌，奥地利候补队员约瑟夫·斯蒂格勒也在男子回转障碍赛中意外取得了第一名。在众多优秀选手中，最引人注目的是法国的古瓦切尔姊妹。本届运动会前，妹妹玛丽就已是成名人物，两年前，当玛丽还只16岁时，就摘得了世界锦标赛桂冠。这次姐姐克里斯丁在小回转赛中获金牌，玛丽获银牌；而在大回转赛中，则是玛丽获得金牌，克里斯丁得银牌。本届运动会后克里斯丁再无建树，玛丽则仍是冰雪场上的活跃人物，在1964年、1966年三夺世界锦标赛冠军，后来又在1968年冬季奥运会小回转障碍赛中再次获取了1枚金牌。

冰球比赛共8个队参加。苏联队战胜了所有的对手，赢得金牌。获第二、三、四名的瑞典、捷克斯洛伐克、加拿大队都各输了两场，积分相等，最后以净胜球决定名次。获第五、六、七名的美国、芬兰、德国也是积分相等，上届冠军美国队失球比芬、德两队少，得了第五名。

本届共举行了34个单项比赛。苏联继续居领先地位，获金牌11枚，银牌8枚，铜牌6枚；奥地利列第二，金牌4枚，银牌5枚，铜牌3枚；挪威居第三，金牌3枚，银、铜牌各6枚。

奖牌正面。

奖牌背面。

纪念章正面。

纪念章背面。

第10届冬季奥运会

1968年 格勒诺布尔

第10届冬季奥运会于1968年2月6日至2月18日在法国格勒诺布尔举行。

格勒诺布尔是法国东南部一座古老的城市，远在古希腊、罗马时期就已驰名于世。该城在阿尔卑斯山区，位于罗讷河支流伊泽河畔，交通方便，是旅游和冬季运动场所。

应邀参赛的有37个国家和地区，1158名运动员，其中女子211人，男子947人。参赛人数是法国1924年第一次主办时的两倍还多。首次参加的国家有摩洛哥。两个德国自1956年组成德国联队参加了1956至

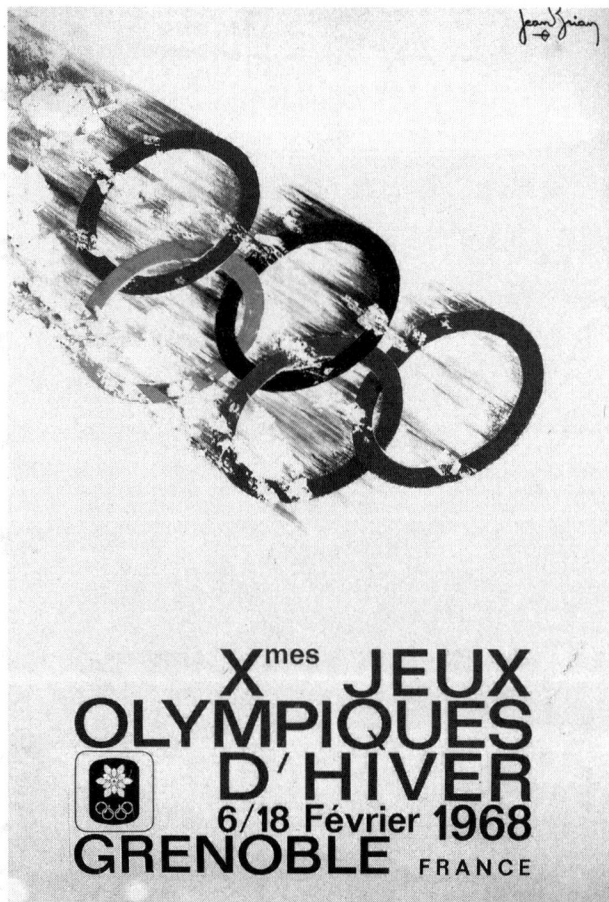

第10届冬季奥运会海报。

1964年三届冬季奥运会，从本届始均独立组队参赛。

曾在男女速滑中一度称雄的苏联队这次遭到严重打击。男子4项，联邦德国、荷兰、挪威和瑞典均分了金牌。苏联老将叶·格里申再次出现在冰场上，但只在500米比赛中获得第四名，而这还是苏联取得的最好名次。它表明，苏联男子速滑处于青黄不接的时期。女子情况稍好些，柳·季托娃夺得了500米桂冠。但上届囊括女子速滑金牌的利·斯科布利科娃这次却接连失利，仅在3000米比赛中得了第六名。荷兰女队表现出色，卡·盖伊森和约·舒特分享了1000米和3000米金牌。

自1936年冬季奥运会以后，奥地利在花样滑冰男子单人滑中从未获胜。32年过去，总算又获取了这项桂冠。女子单人滑金牌为多次世界冠军、美国19岁的明星佩吉·弗莱明获取。苏联的夫妻搭档柳·别洛乌索娃和奥·普罗托波波夫蝉联了男女双人滑冠军。

挪威、瑞典在这次男女越野滑雪中取得了突出的成就。挪威无愧滑雪"王国"之称，哈·格隆宁根和奥·埃勒夫萨特分别在男子15千米和50千米项目中夺得了桂冠，他们还在男女两个接力项目中取胜，总共获得了4枚金牌。

瑞典过去成绩并不出色，特别是个人项目从未夺得桂冠。而这次参赛的主力托伊尼·古斯塔夫松在本届冬季奥运会开幕前不久就已年满30岁，人们也未对她寄予厚望。但是在比赛中，古斯塔夫松却表现了超群的滑雪技巧和惊人的体力，她超过了一个又一个比她要年轻得多的选手，勇夺5千米、10千米冠军，并在3×5千米接力赛中得了1枚银牌。

苏联的弗·洛乌索夫和捷克斯洛伐克的因·拉斯卡分获了90米、70米跳台滑雪的金牌，为各自的国家首次在男子个人滑雪中取胜。

男子山地滑雪赛中，法国24岁的让·克洛德·基利是这次比赛的骄子。1966年他就已闻名于雪坛，在这年的世界滑雪锦标赛中，他夺取了山地三项全能和快速降下两项桂冠。1967年、1968年两度获世界杯赛冠军。1968年他还在山地三项全能中蝉联了世界锦标赛冠军。他理所当然地是这次高山滑雪赛的热门人物。基利未负众望，在大回转、回转障碍滑雪和快速降下中，接连夺冠，重现了1956年冬季奥运会奥地利扎勒的成就。本届运动会后，基利转为职业运动员，失去了在奥运会上再显身手的资格。

苏联的亚历山大·吉洪诺夫和挪威的马格纳尔·索尔伯格是冬季两项个人赛金牌主要争夺者。吉洪诺夫在20千米越野滑雪中领先后者1分多钟，但在射击中两次脱靶，而索尔伯格却弹无虚发。吉洪诺夫因脱靶被罚了两分钟时间，结果成绩反比对手差，屈居亚军，索尔伯格获得冠军。但在4×7.5千米接力赛中，苏联战胜了挪威，取得团体第一名。

运动雪橇项目按规定需进行4轮比赛，因天不作美，只赛完了3轮。奥地利的曼·施密德和意大利的埃·莱希内分获男女单座冠军，民主德国获得男子双座第一名。有舵雪橇男子双座和4人座，意大利1队战胜了所有对手，两次夺魁。而尤吉尼奥·蒙蒂因此收获了两枚金牌。

冰球比赛共14个队参加。决赛期间，在苏联以4∶5输给捷克斯洛伐克后，形势变得非常微妙。苏联、捷克、加拿大3队都各负1场，积分均为10分。谁打好最后一场，谁就将赢得冠军。捷与夺冠无望的瑞典对阵，以2∶2战和，而苏联却意外以5∶0轻取了加拿大，赢得了这项桂冠。

本届共举行了35个单项比赛。挪威卷土重来，获金牌6枚，银牌6枚，铜牌2枚，居领先地位；自1956年参赛以来成绩一直居首位的苏联队本届因在滑雪、滑冰赛中成绩不理想，退居第二名，得金、银牌各5枚，铜牌3枚；法国名列挪、苏之后，金、银、铜牌分别为4、3、2枚。列第四的意大利队也取得了它在冬季奥运会上有史以来的最好成绩，获金牌4枚，但无银、铜牌。

本届冬季奥运会之前，许多滑雪选手的运动服上出现了广告标志，这引起了国际奥委会的注意，并出现争议。后来决定予以约束管理，因此这些滑雪选手被取消了参赛资格。此举对比赛结果多少有些影响。

高高的阶梯通向圣火坛。

第11届冬季奥运会

1972年 札幌

第11届冬季奥运会于1972年2月3日至2月13日在日本札幌举行。

日本与欧美相比较，并非冰雪运动强国，在以往的几届冬季奥运会上，也仅于1956年在科蒂纳丹佩佐奥运会上获得过1枚银牌。但是，日本札幌在竞选1972年冬季奥运会主办权时，却击败了加拿大的班夫、芬兰的拉蒂和美国的盐湖城等对手，赢得了主办权。这是符合奥林匹克运动精神的：奥运会在不同国家召开，使它更具有国际性。会址选在札幌，是冬季奥运会自1924年创始以来第一次在欧美以外的洲，也是世界人口最多的大洲——亚洲举行。无疑，这对亚洲，特别是对东道国日本冰雪运动的开展将起到积极作用。

运动会于1972年2月3日开幕，应邀参赛的有35个国家和地区，共1006名运动员，其中女子206人，男子800人。首次参加的有菲律宾。中国台湾也参加了这次比赛。本届比赛项目与上届完全相同，项目总数仍为6大项35个单项。

20世纪70年代初期荷兰男子速滑处于全盛时期，而本届运动会又可说是荷兰人的金色季节。当时男子各项距离赛除500米外，荷兰都居领先地位；即使是500米，荷兰也不乏与强手争雄的人才，男子中的佼佼者首推阿尔德·申克。赛前，这位荷兰冰上飞人就成了大会新闻人物。速滑爱好者纷纷预测，他将夺取全部金牌，而申克本人也对此非常乐观。男子第一项比赛是5000米速滑，申克旗开得胜。但是500米赛时，他途中摔倒，失去了夺冠机会。联邦德国的艾·克勒蝉联了这项冠军。随后在1500米、10000米比赛中申克都获得了金牌。这位飞人虽在500米赛中失利，但他的成绩仍是优异的，他成了继巴兰格鲁德、安德森之后第三个在一届奥运会上取得3枚金牌的男子速滑选手。

荷兰女队的代表人物是33岁的阿·克伦·迪尔斯特拉。她也是女子各项距离速滑赛中的有力竞争者。可惜，她的这次成绩很不理想，虽然各项进入了前六名，并获取了3枚奖牌(1银2铜)，但其中无1枚金牌。荷兰仅斯·凯泽在3000米赛中得了冠军。出人意外的是，美国却在两项比赛中取胜。安·亨宁和黛·霍勒姆分获了500米、1500米的金牌。

从1969年开始，连续在世界和欧洲锦标赛中夺冠的苏联著名花样滑冰运动员伊琳娜·罗德尼娜和亚历山大·乌兰诺夫首次在冬季奥运会上露面。他

第11届冬季奥运会海报。

们以自己特有的风格，高超的技巧，获得了男女双人滑冠军。

苏联在这次男女越野滑雪赛中成绩突出。维切斯夫·韦杰宁在男子30千米赛中，成为本届第一个冠军，他也是苏联在男子越野滑雪个人赛中第一个得金牌的选手。韦杰宁还为苏联在4×10千米赛中夺取胜利立下了汗马功劳。苏联29岁的滑雪能手加琳娜·库拉科娃是本届成绩最杰出的女选手。她在5千米、10千米中接连取胜，另在3×5千米接力项目中也拿了1枚金牌。

东道主以笠谷幸生为首的3名选手在70米跳台滑雪中包下了全部奖牌。笠谷幸生是日本也是亚洲第一个冬季奥运会金牌获得者。跳台滑雪的另一项90米台的冠军为波兰的沃·福尔图纳获取。这也是波兰第一次取得这样的成绩。

高山滑雪赛中，意大利20岁的古斯达沃·托尼在大小回转障碍赛中分获金、银牌。托尼在七十年代是一位很有名气的运动员。1972、1974年曾3次获世界锦标赛冠军，1971、1972、1973、1975年四夺世界杯赛冠军。但本届高山滑雪成绩最突出的是瑞士队，在男女项目中共获取了3枚金牌。贝·鲁西在男子快速降下中获胜；17岁的玛丽·泰雷兹·纳迪希在女子快速降下和大回转滑雪比赛中夺得两枚金牌。

冬季两项则由挪威的索尔伯格蝉联了个人冠军，由苏联再次取得了接力赛的金牌。索尔伯格在开幕后翌日满35周岁，金牌正好成为他最好的生日礼物。札幌运动会期间有17名选手度过了自己的生日，但索尔伯格是获得金牌的唯一幸运儿。

民主德国在这次运动雪橇赛中大显身手，以沃·沙伊德尔和以安·米勒为首的6名男女选手包揽了男女单人的全部奖牌；在男子双人项目中，也与意大利队并列了第一名。有舵雪橇的男子双人和四人两项由联邦德国与瑞士分获了金牌。

冰球赛共11个队参加。多次夺冠的苏联队虽然老将退役，新手不够成熟，但仍然打出了高水平，连败美、捷等队，只与瑞典战平，再次登上冠军宝座。美、捷两队虽然最后积分同为6分，而且捷队净胜球还比美国多10个，但因捷队在决赛时以1:5输给了美国，所以捷队只得了第三名。

札幌冬季奥运会上，苏联虽然在男女速滑中再次失利，但在滑雪赛中取得了惊人的成就。总成绩从上届第二位再次跃居各国之首，获金牌8枚，银牌5枚，铜牌3枚。以往成绩一般的民主德国队，这次脱颖而出，共得金牌4枚、银牌3枚、铜牌7枚。瑞士列第三，获金牌4枚，银、铜牌各3枚。荷兰队成绩也很突出，金、银牌与瑞士相等，仅少1枚铜牌。

奖牌背面。

纪念章。

305

第12届冬季奥运会
1976年 因斯布鲁克

第12届冬季奥运会于1976年2月4日至2月15日在奥地利因斯布鲁克举行。

申请主办1976年第12届冬季奥运会的地区有加拿大的温哥华、西班牙的格拉纳达、芬兰的坦佩雷、瑞士的锡昂。美国的丹佛市也是申请者之一，并在竞选中战胜了所有对手。但是，1974年该市人民掀起了反对在他们城市举行奥运会的行动。因此当局不得不放弃这次主办权。接着，奥地利的因斯布鲁克、芬兰的坦佩雷、法国的夏蒙尼和美国的普莱西德湖立即向国际奥委会提出，希望接办这届奥运会。因斯布鲁克曾

第12届冬季奥运会海报。

是第9届冬季奥运会东道主，国际奥委会对该市各方面的工作留有深刻的印象，因此将主办任务交给了这个城市。这样，该市便成了继圣莫里茨后第二个两次召开冬季奥运会的城市。

应邀参加本次盛会的共有37个国家和地区，运动员1123人，其中女子231人，男子892人。首次参加的有安道尔和圣马力诺。竞赛项目略有变化，新增了冰上舞蹈和男子1000米速滑，另外，女子3×5千米接力由3人改为4人参加，即4×5千米接力。项目总数为6大项37个单项。

在札幌比赛中男女速滑可谓全军覆没的苏联队这次东山再起，共获取了4枚金牌(男1女3)。男子速滑，苏联25岁的叶夫根尼·库利科夫在500米比赛中取胜。挪威队的扬·埃·斯托霍尔特和斯·斯滕森分获了1500、5000米冠军。挪威还获得了两项亚军。与上届比较，荷兰这次成绩不佳，仅皮·克莱因一人在10000、500米两项长距离赛中获金、银牌各1枚。首次列入的1000米项目，美国的彼·米勒夺得了冠军。女子比赛中，苏联25岁的塔吉亚娜·阿维里娜成绩最佳，她参加了全部4项比赛，都获取了奖牌，且其中1000、3000米两项是金牌。苏联另一选手、27岁的加·斯杰潘斯卡娅夺得了1500米冠军。500米项目夺标者是美国25岁的希拉·扬。扬是当时世界著名速滑和自行车运动员。1973、1975和1976年三度获短距离速滑世界锦标赛全能冠军，并创造过世界纪录；另在1973和1976年两次在世界自行车比赛中夺标。

美国19岁的多·哈米尔在女子花样滑冰单人滑中以优异成绩赢得金牌。英国的约·柯里获得了男子单人滑桂冠。苏联的伊·罗德尼娜再次以她优美的舞姿和熟练的技巧，在男女双人滑中战胜了所有对手。首

次列入比赛的冰上舞蹈，苏联占有明显优势。曾在世界和欧洲锦标赛中多次夺冠的柳·帕霍莫娃、阿·戈尔什科夫和伊·伊谢耶娃、安·米宁科夫两对苏联选手分获了金、银牌。

男女越野滑雪主要是苏、芬两国争雄。男子项目中，苏联的尼·巴朱科夫和谢·萨维利耶夫分获了15千米、30千米冠军。芬兰队除伊·福尔莫在50千米赛中取胜外，还在4×10千米接力赛中夺标。两国各得两枚金牌，可谓势均力敌。女子比赛中，芬兰黑·塔卡洛和苏联拉·斯麦塔尼娜分别赢得5千米、10千米的金牌，又是秋色平分。但在4×5千米接力赛中，苏联战胜了芬兰，多得了1枚金牌。

高山滑雪成就突出的是联邦德国25岁的罗·米特迈尔，她在快速降下和回转障碍滑中两夺桂冠，仅在大回转障碍中以百分之十二秒之差输给了加拿大的卡·克雷纳，屈居亚军。米特迈尔还在这年的世界滑雪赛中赢得了第一名。而在男子速降赛中则出现了精彩的一幕，东道主选手弗兰茨·克拉默由于滑降速度太快，几乎无法控制住身体平衡，跌跌撞撞地飞快冲过终点线而夺冠。

雪橇项目虽然列入冬季奥运会时间较早，但无论有舵雪橇还是运动雪橇，在世界各地开展并不广泛，每届比赛，特别是近几届，主要是欧洲国家参加，而且经常是一国派两个队。本届雪橇赛中，民主德国、联邦德国、奥地利和瑞士包下全部男女5个项目的前六名，而成绩更胜一筹的民主德国又囊括了全部金牌，这在冬季奥运会史上是没有先例的。

冰球赛中，加拿大队和瑞典队因有职业选手参加，被取消了参赛资格。余下共12个队参加。夺标呼声较高的捷克斯洛伐克队在决赛阶段出师不利，与水平不高的波兰队交锋时，出人意外地以0：1败北。捷克队因队内伤员较多，特别是主力守门员严重受伤，无法出场，不得不呈请国际奥委会临时增补一名队员替代。苏捷之战是冠军之争，但由于此前捷队已负波兰一场，而苏队则是全胜，因此形势对捷队非常不利。不过开幕后，捷队勇猛顽强，奋力拼搏，打得很有声色，曾以2：0、3：2领先，后

因体力不支等原因，终以3：4输给了对手。苏联第五次获得这项桂冠。

本届运动会共举行了37个单项比赛。苏联取得了空前的胜利，获金牌13枚，银牌6枚，铜牌8枚；民主德国再次成绩卓著，较稳固地取代了往昔在冬季奥运会上居优势的挪威、美国的地位，对苏联也逐渐形成了威胁。它这次共得金牌7枚、银牌5枚、铜牌7枚；居第三位的美国队金、银牌各3枚，铜牌4枚。挪威队与美国金、银牌数相等，但铜牌只有1枚。

本届奥运会吉祥物。

奖牌正面。

奖牌背面。

第13届冬季奥运会

1980年 普莱西德湖

第13届冬季奥运会于1980年2月13日至2月24日在美国普莱西德湖举行。

作为唯一的申办城市，普莱西德湖顺利地成为继圣莫里茨、因斯布鲁克之后第三个两次承办冬季奥运会的城市。

自1932年冬季奥运会在这里举行以后，普莱西德湖这个人口不多的山间小镇，成为美国冬季运动活跃的场所之一。但是40多年过去了，原有的设施已很难适应将近半个世纪后再度承办奥运会的需要。因此，当冬季奥运会决定再度在这里举行后，美国冬季奥运会组委会从1977年就开始大兴土木。他们新建了一座奥林匹克村，改建了奥林匹克中心滑冰运动场，修造了两个跳雪台以及雪橇滑道等。

雪的问题也使本届组委会大伤脑筋。这年冬季，普莱西德湖雪量颇少，只好搞人造雪。但没想到人工雪刚造好，开幕前一天就来了一场暴风雪。因为人造雪与天然雪很难融为一体，组委会又不得不组织大量人力清扫。最终在多方努力下，雪的问题才得以妥善解决。

本届冬季奥运会于2月13日开幕，中国奥委会自1979年在国际奥委会合法席位得到恢复后首次出席冬季奥运会，共派出28名男女运动员，参加了滑冰、滑雪、现代冬季两项的18个单项比赛。首次参赛的中国男女选手与世界先进水平有较大差距，无一人进入前六名。

本届奥运会强手如林，仅男女速度滑冰的9个项目就有63人108次打破奥运会纪录并重写1项世界纪录。普莱西德湖冬季奥运会的头号新闻人物是美国男子速滑运动员海登。2月14日，他在500米赛中，以38秒03刷新奥运会纪录，击败世界纪录保持者苏联的叶·库利科夫，夺得他的第一枚金牌。两天后在5000米比赛中，他又战胜了另一世界纪录保持者，挪威的凯·斯滕斯耶梅特，夺下第二枚金牌，成绩是7分02秒29，也是奥运会新纪录。随后他又在1000米、1500米、10000米项目中接连夺冠，并以14分28秒13的成绩创造了10000米世界新纪录。海登囊括了全部5个速滑项目的金牌，这在奥运会史上是独一无二的。他因此被授予第13届冬季奥运会杰出运动员的光荣称号。

第13届冬季奥运会海报。

点燃圣火。

女子速度滑冰全部4项冠军为荷兰、民主德国、挪威、苏联均分。著名选手苏联的娜·特鲁谢娃和挪威的布·埃·延森分获了1000米、3000米冠军。但另两名夺标者却颇出人意外。由花样滑冰改练速滑不久的民主德国18岁的卡林·恩克获得了500米金牌，冰坛默默无闻的28岁的荷兰女护士安妮·博尔金克，则成了1500米的问鼎者。

苏联花样滑冰运动员伊琳娜·罗德尼娜在男女双人滑中再次夺冠，这是她从1972年开始，第三次获冬季奥运会金牌。她的舞伴仍是上届的合作者，她的丈夫亚历山大·扎伊采夫。罗德尼娜是70年代后期世界最著名的花样滑冰运动员。除奥运会外，她还10次获

世界冠军称号，后6次也是与自己的丈夫合作。

苏联的尼古拉·齐米亚托夫在男子越野滑雪赛中取得了优异成绩。他在30千米、50千米和接力赛中三夺金牌，成为冬季奥运会上第一个取得如此成就的滑雪选手。女子项目则是民主德国的芭芭拉·佩措尔德成绩突出，她在10千米和接力项目中获两枚金牌。滑雪赛中另一引人注目的人物是民主德国27岁的乌尔里希·韦林，他在北欧两项全能比赛中取胜，是第一个在这项比赛中连续三次夺冠的选手。奥地利两名滑雪手也大爆冷门。20岁的替补队员莱昂哈德·斯托克，在速降比赛中意外取胜；他的同龄队友安东·伊瑙尔带伤上阵，在70米跳台滑雪中也独占鳌头。

男女高山滑雪成绩出众的是瑞典和奥地利。瑞典名手英格马尔·斯滕马克和列支敦士登女将汉尼·文策尔分别在男女大小回转障碍滑中夺标，各获两枚金牌。23岁的汉尼在上届曾得1枚铜牌，这次她与弟弟安德列亚斯一道参赛，除上述两枚金牌外，姐弟俩还分别在速降和大回转赛中各得银牌1枚。列支敦士登是一个只有两万多人口的小国，这次获两枚金牌、两枚银牌，名列本届第六。如果按人口平均算，当居各国之首。

冰球是本届比赛时间最长、最紧张的项目。战幕于大会开幕前一天拉开，到闭幕日才告结束。其中苏、美之争使赛场气氛达到高潮。苏联自1956年参加奥运会冰球赛以来，曾5次夺魁，美国队于1960年也曾获一次冠军。这次一个想蝉联冠军，一个则力图东山再起。这支美国历史上最年轻的冰球队在比分三度落后的不利形势下顽强奋战，结果以4∶3反败为胜。消息传开，轰动了整个美国，美国总统亲自打电话向运动员表示祝贺，并邀请他们去白宫做客。2月24日美国对芬兰再以4∶2取胜，实现了他们东山再起的夙愿，打破了苏联自1964年来垄断冰球冠军的局面。

本届苏联成绩仍继续领先，获金牌10枚，银、铜牌各6枚；居第二位的民主德国队金牌比苏联少1枚，而银、铜牌却比后者各多1枚；东道主美国列第三，金、银、铜牌分别为6、4、2枚。

第14届冬季奥运会

1984年 萨拉热窝

第14届冬季奥运会于1984年2月8日至2月19日在南斯拉夫的历史名城萨拉热窝举行。

萨拉热窝建于1263年，是南斯拉夫波斯尼亚和黑塞哥维那共和国首府。这里被选为第14届冬季奥运会会址后，南斯拉夫着手开展各方面的准备工作，新建了奥林匹克村，整修和扩建了科舍沃体育场及其相邻的泽特拉体育馆，以及其他比赛场地。筹委会工作出色，受到各国好评。闭幕式上，国际奥委会主席萨马兰奇对南斯拉夫所作的贡献予以高度评价，认为是"冬季奥运会60年历史上开得最好、最精彩的一届"，并代表国际奥委会授予本届组委会主席希兰科·米库利奇1枚奥林匹克金质勋章。本届组委会还与当年夏季奥委会洛杉矶组委会联合发行了友谊纪念章。这在奥运会史上也是第一次。

应邀参加本届运动会的有49个国家和地区，共1274名运动员，其中女子274人，男运动员1000人。以往各届，参赛代表团从未超过40个，本届猛增到49个，表明近年来冰雪运动已在更多国家和地区得到广泛开展。维尔京群岛派出的唯一选手是一名黑人，这也是冬季奥运会自创办以来首次有黑人运动员出席。

继1980年冬季奥运会之后，中国奥委会第二次派队出席了这次盛会。运动员共37人，参加了滑冰、滑雪和现代冬季两项的26个单项比赛。中国台北奥委会也派了14名运动员，参加了有舵雪橇、运动雪橇、现代冬季两项等比赛。这是海峡两岸中国选手第一次同时参加奥运会。

男子500米比赛中，世界纪录(36秒57)保持者、苏联的别哥夫训练时受伤，改由21岁的谢尔盖·福基切夫出场，战胜了日本名手黑岩彰。苏联19岁的伊戈尔·马尔科夫在5000米比赛中，因经验不足，败给了24岁的瑞典名将斯·托马斯·古斯塔夫松。但是他6天之后在10000米比赛中，终报一箭之仇，战胜了古斯塔夫松，取得了金牌。男子1000米、1500米项目，主要竞争对手是加拿大的盖坦·鲍彻和苏联的谢尔盖·赫列布尼科夫。25岁的鲍彻发挥了超水平，战胜了世界纪录保持者赫列布尼科夫，连获两项金牌。

XIV zimske olimpijske igre Sarajevo 1984　　XIV Olympic Winter Games Sarajevo 1984　　XIVèmes olympiques d'hiver Sarajevo 1984

第14届冬季奥运会海报。

吉祥物。

奖牌正面。

奖牌背面。

　　民主德国在这次女子速滑中，取得了空前成绩，包下了全部4项冠军。其中成绩突出的是上届500米金牌获得者、23岁的卡琳·恩克。她在1000米、1500米赛中两次夺冠，并在1500米赛中以2分03秒42创造了本届速滑中唯一的1项世界纪录。恩克还在另两项比赛中获得两枚银牌。她的队友克里斯塔·罗滕布格尔和安德烈亚·舍内分夺了500米、3000米金牌。

　　冰上舞蹈夺标者也是驰名世界的选手——英国的杰恩·托尔维尔和克里斯托弗·迪安。14日晚上，他们在拉威尔的《波莱罗舞曲》中以优美动人的表演征服了所有裁判员，艺术印象分得到了满分。这对情侣在上届(1980年)时只名列第五，可是从翌年起就在1981、1982、1983年世界锦标赛上三度夺标。萨拉热窝运动会以后，他们又在同年3月于渥太华举行的第74届世界花样滑冰锦标赛上获得了这项桂冠。此后他们即转为职业运动员，使英国业余冰上舞蹈的水平大受影响。

　　瑞典在越野滑雪比赛中共获取了3枚金牌。上届15千米冠军、28岁的老将托马斯·瓦斯伯格此次又夺得了50千米桂冠。22岁的年轻滑雪手贡德·斯万在15千米中取胜，首次获奥运会冠军。他们两人还和另两名队友合作，在接力赛中战胜了上届冠军苏联队，再

为瑞典取得了1枚金牌。上届3枚金牌获得者、苏联的尼古拉·齐米亚托夫这次比赛中只在30千米项目中夺冠。

　　芬兰女滑雪选手玛尔娅·利萨·海曼莱宁是本届冬季奥运会的一位新闻人物，年已28岁的她是第三次参加奥运会，在前两届比赛中她成绩不佳，仅分别获得第二十二、第十八名，在本次比赛中却取得了前所未有的好成绩：首先在其主项10千米赛中获金牌，接着在5千米赛中夺标，随后又在首次列入的20千米比赛中，成为该项第一个奥运会女冠军。她还在接力赛中得了第三名，最终共获3枚金牌和1枚铜牌，是奥运会滑雪史上第一个取得这样成就的女选手。

　　美国接连在男女高山滑雪赛中夺取了男子速降、小回和女子大回转三个项目的金牌，这是美国在滑雪比赛中成绩最辉煌的一次。

　　本届大赛的特点是新手不断涌现。除冰球外，获得金牌的全部选手平均年龄仅23岁。

　　本届奥运会民主德国获金牌9枚、银牌9枚、铜牌6枚，首次居各国之首。苏联在本届冬季奥运会获得金牌6枚、银牌10枚、铜牌9枚。这是苏联自1956年参加比赛以来，第二次金牌数居他国之后。美国名列第三，金、银牌各4枚。芬兰、瑞典也各获得4枚金牌。

第15届冬季奥运会

1988年 卡尔加里

第15届冬季奥运会于1988年2月13日至2月28日在加拿大的卡尔加里举行。

申请主办本届冬季奥运会的除卡尔加里外，还有瑞典的法伦、意大利的科蒂纳丹佩佐。卡尔加里曾于1964和1968年两次申办，这次才如愿以偿。

卡尔加里在为期6年的筹备工作中，兴建了许多运动场馆与设施，最令人称道的是为本届冬季奥运会特地建成的奥林匹克椭圆馆，它是世界上第一个有400米速滑跑道的全封闭场馆。速滑比赛第一次由室外转入馆内，这是冬季奥运会发展的标志之一。多年来，冬季奥运会常为冰雪苦恼，有时甚至不得不中止比赛。本届冬季奥运会首次将滑冰安排在室内冰场进行，并第一次使用计算机控制的人工造雪机，解决了历年来的难题。

本届冬季奥运会的比赛设施堪称一流。每个比赛项目都是在最好的情况下举行的，组织工作极为出色。为此，萨马兰奇向本届冬季奥运会组委会授予了奥林匹克金质奖章。

参加本届冬季奥运会的有57个国家和地区的1423名运动员，其中女选手有313名，男选手有1110名。参赛运动员人数最多的国家是：美国118人；加拿大113人；苏联103人。首次参加的国家和地区有斐济、牙买加、关岛、危地马拉和荷属安的列斯。

本届冬季奥运会有高山滑雪、越野滑雪、现代冬季两项、跳台滑雪、冰球、花样滑冰、速滑、雪车和雪橇等10个正式比赛项目。其中新增一些小项，有男女超大回转、男女阿尔卑斯式混合、男子90米跳台团体、男子北欧式团体、女子5000米速度滑冰等，共设46枚金牌。表演项目有冰壶、自由式滑雪和短道速滑。

2月13日下午，本届冬季奥运会在卡尔加里大学的麦克马洪体育场开幕。奥运圣火由卡尔加里12岁的业余滑冰运动员罗宾·佩里点燃，加拿大越野滑雪运动员皮埃尔·哈维和花样滑冰裁判员苏珊娜·莫罗·弗朗西斯分别代表运动员和比赛官员进行了宣誓。开幕式上还进行了富有阿尔伯塔省西部风格的表演。

民主德国运动员再次获取无舵雪橇男子金牌。在各项比赛中，获两枚金牌以上的选手达8人之多。民主德国运动员勒奇在冬季两项中首次夺得10千米、20

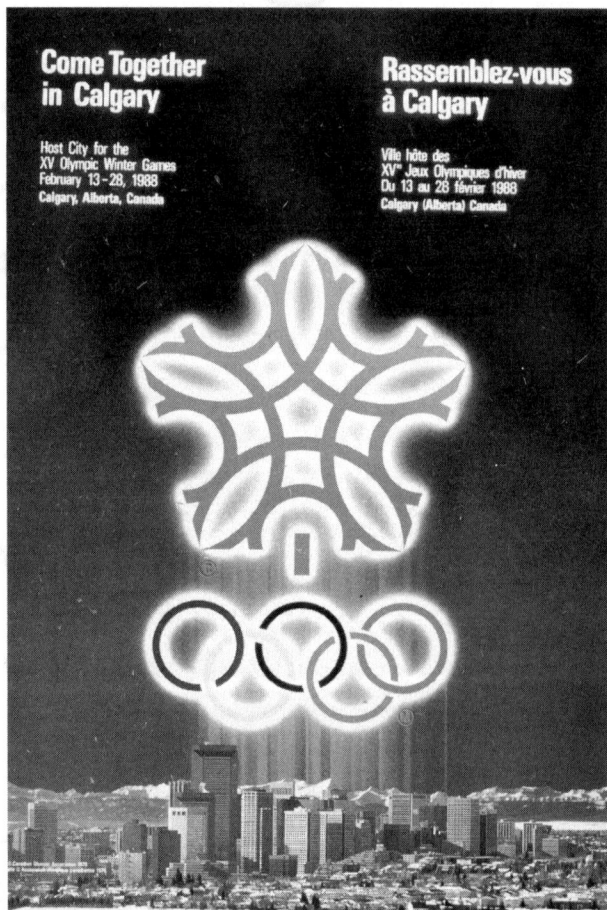

Come Together in Calgary

Rassemblez-vous à Calgary

Host City for the XV Olympic Winter Games February 13-28, 1988 Calgary, Alberta, Canada

Ville hôte des XVes Jeux Olympiques d'hiver Du 13 au 28 février 1988 Calgary (Alberta) Canada

第15届冬季奥运会海报。

奥运会吉祥物海蒂和豪迪。

千米冠军。

由于速度滑冰的比赛进入室内，避免了许多外界的干扰，因而出现了许多新纪录。10项奥运会纪录均被刷新，其中有6项世界纪录。这在冬季奥运史上是第一次。荷兰女选手亨尼普在速滑中击败民主德国劲旅，获得了1500米、3000米和5000米3枚金牌，并打破1500米的奥运会纪录和3000米的世界纪录，成为本届冬季奥运会的风云人物。美国的布莱尔以39秒10的成绩打破女子500米速滑世界纪录。在男子比赛中，民主德国运动员梅伊在500米中以36秒45的成绩创造了世界新纪录。瑞典运动员古斯塔夫松在男子5000米、10000米比赛中双破世界纪录。他以13分48秒20的成绩打破了男子1万米速滑世界纪录，他还与荷兰的菲瑟、肯克斯分别以6分44秒63、6分44秒98和6分45秒92的成绩打破了男子5000米速滑6分47秒01的世界纪录。

最后一个项目女子单人花样滑冰金牌之争是在民主德国的维特和美国的黑人选手托马斯之间进行的，她们都选用了歌剧《卡门》中的乐曲，托马斯动作失误，痛失金牌。

本届冬季奥运会中国派出了一行20人的代表团，参加速滑、花样滑冰、越野滑雪3项有18枚金牌的竞争。其中女运动员李琰在短跑速滑表演赛中获1000米金牌和500米、1500米铜牌。

本届冬季奥运会民主德国在它的强项速滑中，由于主力临场受伤，加之不适应室内赛场而大失水准，但仍夺得9枚金牌，比位居首位的苏联仅少2枚；银牌10枚，比苏联还多1枚；铜牌6枚，比苏联少3枚。苏联成绩最好，冰球队还蝉联了冠军。获奖牌第三位的是瑞士，金银铜牌各5枚。

本届冬季奥运会的标志(纪念徽)是一片枫叶，上面镶嵌着一朵雪花。吉祥物是一对名叫豪迪(Howdy)和海蒂(Hidy)的小北极熊。海蒂身着镶有黄色荷叶边的短裙，象征着参加冬季奥运会的女运动员。在一届奥运会上同时出现两个吉祥物在奥运会历史上是首创，而且使用一雌性吉祥物也是奥运会历史上的第一次。

奥林匹克博物馆。

第16届冬季奥运会

1992年 阿尔贝维尔

第16届冬季奥运会于1992年2月8日至2月23日在法国的阿尔贝维尔举行。

申办本届冬季奥运会的城市有保加利亚的索菲亚、瑞典的法伦、挪威的利勒哈默尔、美国的安克雷奇、意大利的科蒂纳丹佩佐、德国的贝希特斯加登和阿尔贝维尔。1986年10月17日国际奥委会于洛桑举行第91届全会，经过投票表决，阿尔贝维尔赢得了主办权。

阿尔贝维尔位于法国东南部，在与瑞士和意大利交界的阿尔卑斯山上，是一座山城。本届冬季奥运会筹委会副主任委员是法国滑雪金牌选手基利，他向国际奥委会保证以他多次参加冬季奥运会的经验，承办一届最完美的冬季奥运会。在筹委会的组织下，本届冬季奥运会的赞助商与国际奥委会、筹委会签订了许多赞助计划，约有58项，同时招募了8647名志愿者为大会服务，因此各项筹备工作进行得比较顺利，为大会的圆满成功奠定了基础。

本届冬季奥运会经基利的策划和建议，比赛项目由上届的6大项46小项，增加到7大项57小项。比赛项目增设了11个小项：男子10千米、女子30千米越野滑雪，短跑道速滑男子1000米和5000米接力以及女子500米和3000米接力等4项，自由式滑雪男子和女子雪上技巧，女子冬季两项。而70米跳台滑雪则改为120米跳台滑雪。此外，还增加了8项表演赛，如高空芭蕾、花样滑雪、速度滑雪等。在项目设置上出现了划时代的变化。

共有64个国家和地区的1801名运动员参加了比赛，其中女运动员488名，男运动员1313名。首次参加的有阿尔及利亚、百慕大、巴西、克罗地亚、洪都拉斯、爱尔兰、斯洛文尼亚和独联体等9个国家和地区。由于东、西德合并，德国以单一队参赛。从南斯拉夫分离出来的克罗地亚和斯洛文尼亚；苏联的爱沙尼亚、拉脱维亚和立陶宛三国均独立组队出席。苏联解体后原各加盟共和国由俄罗斯、乌克兰、白俄罗斯、哈萨克斯坦、乌兹别克斯坦五国组队，以独联体名义参加，共派出141名运动员。

独联体女子越野滑雪运动员叶戈罗娃在15千米赛

DU 8 AU 23 FEVRIER 1992
XVIᵉˢ JEUX OLYMPIQUES
D'HIVER
SAVOIE FRANCE

第16届冬季奥运会海报。

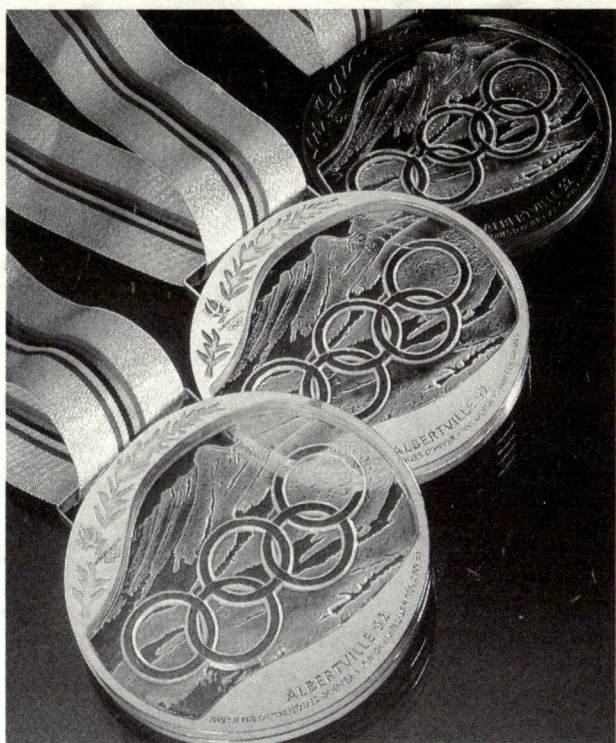
水晶制作的本届奥运会奖牌。

小将托尼·尼米宁在跳台滑雪比赛中两夺金牌，成为获得冬季奥运会男子项目冠军年龄最小的运动员。在男子冬季两项比赛中，德国的基希纳获得1金1银，成为第一位在冬季两项全部三个单项比赛中都获得过奖牌的运动员。奥地利的高山滑雪选手克隆伯格夺取了女子全能和小回转的两项冠军。

亚洲选手取得了历史性胜利。中国、韩国、日本和朝鲜共获15枚奖牌，其中3枚金牌、6枚银牌、6枚铜牌。韩国运动员获得了男子短跑道速滑两项冠军，并破世界纪录。

本届比赛共有20个国家和地区获得奖牌，中国、韩国、卢森堡和新西兰均是首次获奖。阿尔贝维尔是个仅有1.8万人口的小镇，且比赛场地分散，但大会组委会安排得当，确保了比赛顺利进行。受到国际奥委会主席萨马兰奇的赞扬。

在整整16天的比赛中，统一后的德国表现出强大的实力，夺取了26枚奖牌，为金牌10枚、银牌10枚、铜牌6枚；独联体队夺得23枚奖牌，金银铜牌分别为9、6、8枚；挪威名列第三，所得金银铜牌分别为9、6、5枚。

中国自1980年首次参加冬季奥运会以来，经过12年的努力，终于在本届实现了奖牌零的突破。本届参加比赛的队员有34人，参加了滑雪、滑冰、冬季两项等34个小项比赛。共获银牌3枚，第四名2项，是一个可喜的进步。其中女选手叶乔波，在比赛中带伤上阵，顽强拼搏，夺得500米和1000米两项速滑的银牌。此外，李琰在短道速滑比赛中也获得了1枚银牌。

中获本届首枚金牌，后又两次取胜，与在男子越野滑雪赛中各3次夺魁的挪威选手乌尔万格和代赫利三人并列本届金牌榜首。日裔美籍选手克里斯汀·山口摘取了本届女子单人滑桂冠。苏联冰球队曾7夺冬季奥运会冠军，这次独联体又获该项冠军。

德国队共夺10枚金牌，居各队之首。这是德国人在原民主德国于1976年和1984年两届获金牌总数第一后，第三次再获这一殊荣。

由苏联中的5个国家组成的独联体队，共获23枚金牌，排名奖牌榜第二位。

东道主挪威此次也取得了优异成绩，除乌尔万格和代赫利在越野滑雪中包揽5枚金牌外，还在男子高山滑雪、男子速度滑冰赛中各两次取胜，最后共得到9枚金牌，20枚奖牌。金牌数与独联体并列，也是挪威自1924年参赛以来获奖牌最多的一次。

美国女子速度滑冰运动员布莱尔勇夺500米和1000米两项短距离比赛冠军。而德国的尼曼则在女子3000米和5000米两项长距离项目中称雄。芬兰16岁的

第17届冬季奥运会

1994年 利勒哈默尔

第17届冬季奥运会于1994年2月12日至2月27日在挪威的利勒哈默尔举行。

为了使国际奥委会、各国际单项体育联合会，特别是各个国家和地区奥委会在选拔、训练及参赛工作中避免繁忙不堪，国际奥委会于1988年第93次卡格利全会上，决定自本届起冬季奥运会与夏季奥运会将不在同一年举行，相互间隔两年。这是一项具有划时代意义的改革。因此，利勒哈默尔奥运会开创了奥运史上的新时代。从1994年起，每2年就将迎来一个奥运年。

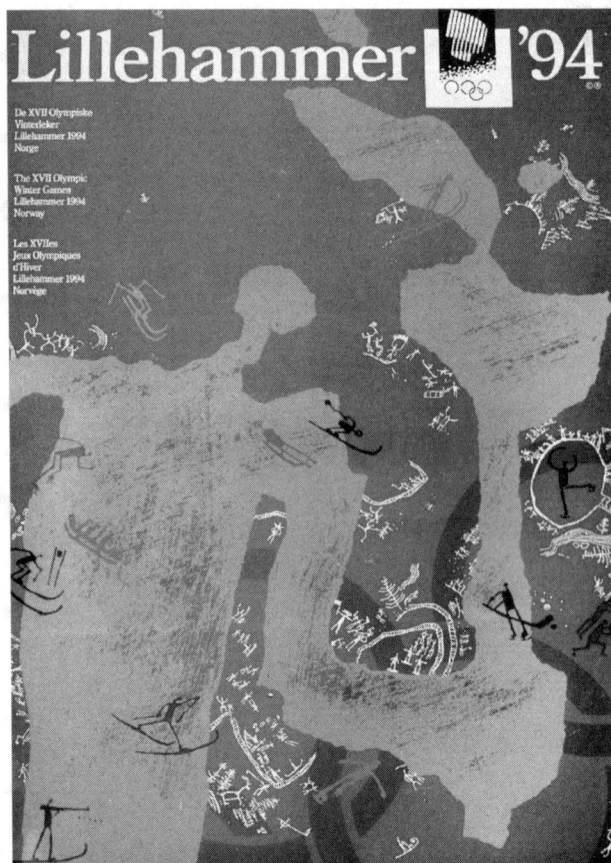

第17届冬季奥运会海报。

申办本届冬季奥运会的城市除利勒哈默尔外，还有瑞典的厄斯特松德、美国的安克雷奇、保加利亚的索非亚。

挪威在冬季奥运会的历史上有过辉煌的成绩，利勒哈默尔继1952年奥斯陆之后再次承办冬季奥运会，深得各国的信任。利勒哈默尔是挪威的一个小城镇，居民仅两万多人，但有市政府的支持和直接管理，各项筹备工作进展非常顺利。

对于在1992年奥运申办中以微弱差距失利的利勒哈默尔，能够赢得1994年冬季奥运会的举办权可谓是众望所归，而且从时间和地点上来说都是正好合适。本次冬季奥运会的电视转播权由CBS电视台斥资2.95亿美元购得，超过一百万的游客来到利勒哈默尔，创造了自1988年卡尔加里奥运会以来的最高数字。

利勒哈默尔新建了各种场馆与设施，并将冬季奥运会之后的用途设计在内。如哈孔体育馆，可容纳10500人，馆内附设保龄球馆、射击场、体能训练中心以及会议厅、餐厅等。市区建有1座6500平方米的花样滑冰馆。在市区附近的山林中建造了一座冰宫，主体是奥林匹克滑冰馆，可容纳8000人，是世界一流的速滑冰场，还附有可容5000人的大厅，以及贵宾室、游泳池、大餐厅和停车场等。坐落于格约威克的冰球馆，一半在地上一半在地下，并且一直延伸到山脚下。

本届冬季奥运会的参加者有67个国家和地区的1739名运动员，其中女选手522名，男选手1217名。首次出席冬季奥运会的国家和地区有亚美尼亚、白俄罗斯、波斯尼亚和黑塞哥维那、格鲁吉亚、以色列、哈萨克斯坦、特立尼达和多巴哥、乌克兰、乌兹别克斯坦、斯洛伐克、摩尔多瓦以及俄罗斯。中国这次选派27名运动员(女选手19名)参赛，共参加了速滑、短

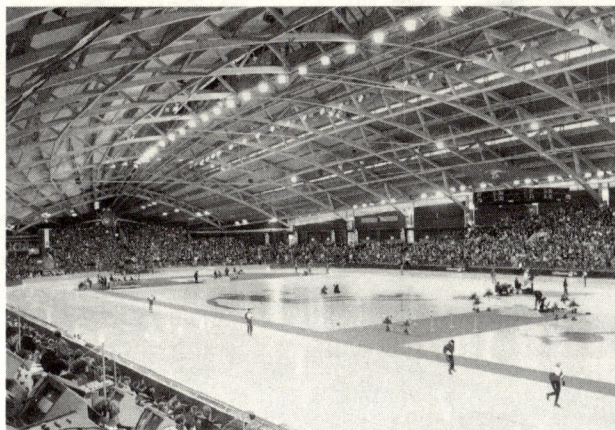

速度滑冰赛赛场。

道速滑、花样滑冰、冬季两项和自由滑雪等竞赛。

本届大会的竞赛项目为6大项61小项。新增加的小项是自由式滑雪中的空中技巧(原来只有雪上技巧项目),短道速滑中增加了男子500米和1000米两项。

2月12日,哈拉尔德五世国王在雄伟的高山滑雪场地的山脚下宣布大会开始,开幕式由挪威著名的人类学家、探险家托尔·海亚达尔和著名的女演员利夫·乌尔曼主持。在跳台跳雪运动员斯登·哥鲁本手持奥运圣火飞跃了一百多米降落在主体育场内后,由滑雪运动员凯瑟林·诺丁尼斯交给哈肯·马格努斯王子点燃火炬。随后,来自东道国的越野滑雪运动员维加德·乌尔万格和花样滑冰裁判卡里·卡林分别代表运动员和比赛官员进行了宣誓。

本届冬季奥运会比赛的明星人物是挪威速度滑冰名将约翰·奥拉夫·科斯,他一人独得了1500米、5000米、10000米3枚金牌,并在这三项比赛中均创造了世界纪录,还成功地代表挪威奥委会向奥运援助组织捐赠了225000克朗,并鼓励观看比赛的挪威同胞为挪威的每一次胜利捐献10克朗。由于挪威在本届冬季奥运会上表现出色,共夺得了十枚金牌,在金牌榜上紧跟俄罗斯之后排名第二,所以科斯成功地募集了大量基金。

新增加的男子短道速滑的金牌,为韩国选手获取。

包括许多苏联的加盟共和国在内的67个国家和地区派代表团参加了本届冬季奥运会,捷克、斯洛伐克分别派代表团参赛,连气候温暖的以色列也派了一名滑冰选手参赛。

俄罗斯北欧两项滑雪运动员利乌波夫·耶格娜娃技惊四座,共获得了四枚奖牌,其中包括三枚金牌。

瑞士名将弗雷尼·施奈德在高山滑雪项目中夺得金、银、铜牌各一枚。意大利的曼努埃拉·迪森塔则在全部五项越野滑雪比赛中都获得了奖牌。古斯塔沃·维德尔和多纳特·阿克林在本届冬季奥运会夺冠后,成为第一对卫冕冬季奥运会双人雪车项目冠军的选手。而俄罗斯的花样滑冰搭档叶卡捷琳娜·格尔吉耶娃和谢尔盖·格林科夫继1988年后,再次夺得了双人滑金牌。

本届冬季奥运会获得金牌前三名的是:俄罗斯第一,获金牌11枚、银牌8枚、铜牌4枚;挪威第二,获得的金银铜牌分别为10、11、6枚;德国第三,金银铜牌分别为9、7、8枚。

场馆外景。

第18届冬季奥运会

1998年 长野

第18届冬季奥运会于1998年2月7日至2月22日在日本长野举行。

对长野市的人民来说，冬季奥运会是他们期待了几十年的梦想。长野原在1940年获得主办权，但因为二战关系，冬季奥运会停办，因此无缘举办这场盛会。此次，他们击败了西班牙的哈卡、美国的盐湖城、瑞典的俄斯特松德和意大利的瓦尔达奥斯塔后，

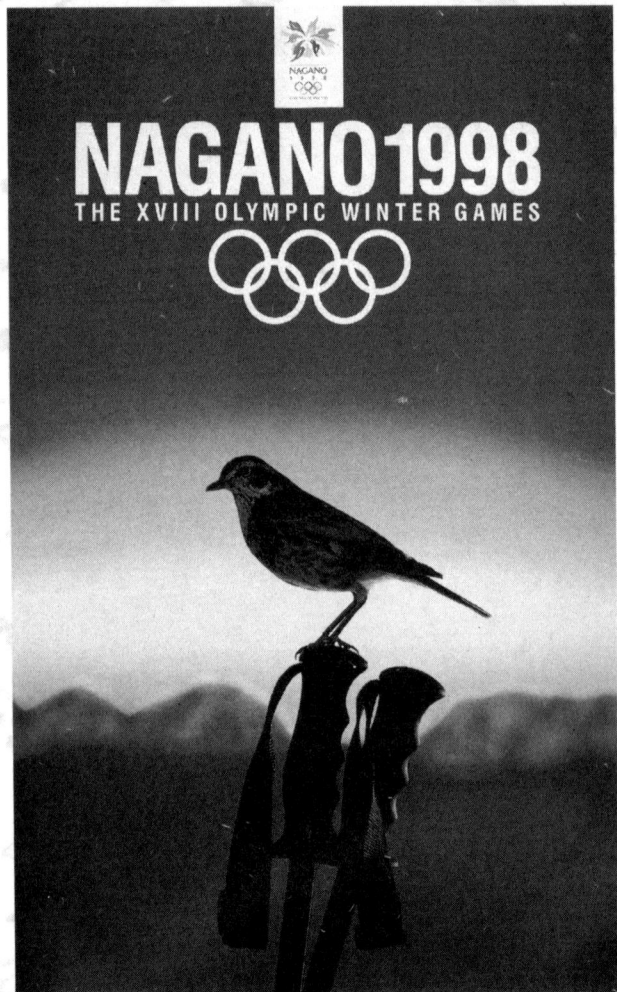

第18届冬季奥运会海报。

终于重新获得了冬季奥运会的主办权。

长野是日本本州岛中部的一座古老城市，地处东京西北200千米，有36万人口。它位于本州岛中部的多火山地区，3000米以上的火山就有13座。在白雪皑皑的大山群中举办冬季奥运会，别有一番情趣。

本届冬季奥运会有72个国家和地区的2302名运动员参加比赛，其中女运动员814名，男运动员1488名。无论是参赛代表团数目还是参加运动员人数，都是历来最多的一届。首次参赛的有乌拉圭、阿塞拜疆、马其顿，是冬季奥运会历史上最大的一次盛会。

这届冬季奥运会的主题是"人类与自然共存"。开幕式上，在日本世界级指挥大师小泽征尔的指挥下，全球5个城市的歌唱家们通过卫星演唱了《欢乐颂》，给本世纪最后一届冬季奥运会染上了一层迷人的色彩。

这届冬季奥运会的比赛共设7大项68个小项，新增加的项目有：女子冰球、雪上滑板和冰壶。中国代表团参加了滑冰、冰球、滑雪、冬季两项共4大项，短道速滑、速滑、女子冰球、花样滑冰、自由式滑雪、冬季两项、越野滑雪等共40个单项的比赛。

长野冬季奥运会上进步最快的是荷兰，一举夺得5金4银2铜的战绩，从以往金牌榜上的十几名一下子上升到本届第六名，令人惊叹。这其中的奥秘与"冰刀革命"有关。荷兰人用了10年时间，发明了名叫"斯莱普"的新型冰刀。以往的冰刀是鞋与刀相互固定，但斯莱普却将鞋跟与刀柄松开，从而加大了步幅，减少了阻力，故有"神奇冰刀"之称。荷兰选手穿这种冰鞋，取得了优异的成绩：男子速滑选手以6分22秒20的成绩获得5000米的金牌，比原来的成绩提高了7秒，还以13分15秒33的成绩夺得10000米的金牌，比原来的成绩缩短了15秒。因此荷

第18届冬季奥运会宣传海报。

在男子北欧滑雪比赛中，挪威的比约恩·达赫里一人夺取3块金牌，成为冬季奥运会历史上第一位在历届比赛中共获8块金牌、12块奖牌的运动员。美国15岁的塔拉·利平斯基则在花样滑冰女子单人滑中击败同国竞争对手关颖珊，力夺冠军，成为冬季奥运会历史上夺得个人项目冠军年龄最小的选手。而高山滑雪运动员赫尔曼·迈耶则诠释了奥林匹克精神，本届参加四个单项比赛的他在速降赛中发生意外，身体在空中飞行了三四秒钟，飞行距离达100多米，落到了两道护栏外才站住。幸好他并没有受伤。三天后，他又顽强地出现在了赛场上，并最终在超级大回转和大回转两个项目中都夺得了冠军。

中国冰雪健儿团结奋战，出现了许多感人的场面，最后中国选手共获银牌6枚、铜牌2枚，是历来取得最多奖牌的一次，但遗憾的是仍未取得金牌"零的突破"。

本届冬季奥运会总共创造7项世界纪录，20项奥运纪录。获金牌前三名的是：德国第一，获金牌12枚、银牌9枚、铜牌8枚；挪威第二，获金牌10枚、银牌10枚、铜牌5枚；俄罗斯第三，获金牌9枚、银牌6枚、铜牌3枚。东道主日本队借主办国之利，夺得5金1银4铜，超过了昔日亚洲冰雪霸主韩国的3金1银2铜，成了亚洲冰雪项目的领衔者。

本届冬季奥运会举办得很成功，国际奥林匹克委员会会长萨马兰奇在闭幕式上称赞主办当局所做出的努力："恭喜长野，恭喜日本。你们向世界呈献了一次历来办得最好的奥运会。"

兰人在本届冬季奥运会上得到一个美称——"飞翔的荷兰人"。

本届冬季奥运会的另一大焦点是国家冰球联盟巨星们首次在奥运赛场亮相。随着奥运会冰球比赛向职业球员敞开大门，在北美洲最大职业冰球组织——国家冰球联盟（National Hockey League）效力的世界上最优秀的职业冰球运动员终于在长野首次登上了奥运会赛场。维恩·格雷茨基、斯蒂夫·艾泽曼、亚罗米尔·亚戈尔和谢尔盖·费多罗夫等超级巨星的到来令日本球迷如痴如醉。而由NHL球员为主组成的六大"梦之队"（加拿大队、美国队、俄罗斯队、捷克共和国队、瑞典队和芬兰队）以其出神入化的精彩表演令全世界观众大饱眼福。结果由亚戈尔和哈塞克领军的捷克队力挫群雄，夺得了这枚分量十足的金牌。

第19届冬季奥运会
2002年 盐湖城

第19届冬季奥运会于2002年2月9日至2月25日在美国盐湖城举行。

共有来自77个国家和地区的2399名运动员参加了本届盛会，包括女运动员886名，男运动员1513名。本届冬季奥运会的项目增加到7个大项15个分项78个小项，新增加的两个项目是骨架雪橇和女子雪车两个大项目。其中骨架雪橇项目曾于1928年在瑞士圣莫里茨奥运会上进行过比赛，分为男、女各一项比赛。而女子雪车则是首次进入奥运会，此次列入的是双人项目。

速度滑冰运动员克劳迪亚·佩希斯泰因不仅连续第三次夺得女子5000米金牌，还在3000米比赛中也夺得金牌。无舵雪橇运动员格奥尔格·哈克尔在男子单人项目中获取银牌后，成为奥运会历史上第一位在同一项目上连续五届获得奖牌的选手。短道速滑运动员杨扬则成为第一位夺得冬季奥运会金牌的中国人。在女子雪车比赛中，沃内塔·弗劳尔斯成为第一位夺得冬季奥运会金牌的黑人运动员。随后，冰球运动员亚罗姆·伊金拉成为第一位夺得冬季奥运会金牌的黑人男运动员。

娅妮卡·科斯泰里奇在高山滑雪比赛中摘取了三金一银。这位克罗地亚运动员奥运会前刚刚因为膝伤而休息了很长时间，重返赛场后，她在本届冬季奥运会上缔造了历史。在夺取了全能比赛冠军后，她又在小回转和大回转比赛中接连夺冠，并在超级大回转比赛中获得银牌。她因此成为在一届冬季奥运会中获得四枚滑雪奖牌的第一人。

跳台滑雪选手西蒙·阿曼出人意料地在两个个

第19届冬季奥运会开幕式。

人项目比赛中都获得冠军。这位20岁的瑞士人因长相酷似"哈利·波特"而得到了与这一当今炙手可热的文学人物名字相同的绰号。在夺得90米级的金牌后三天，他又在120米级的比赛中夺取了金牌。

加拿大男子冰球队在决赛中以5：2击败美国队后，获得了50年来的第一个奥运会男子冰球冠军。由NHL巨星们唱主角的加拿大队主教练是一代冰球伟人维恩·格雷茨基，球员中也有名声赫赫的绰号为"超级马里奥"的老将马里奥·勒米厄。加拿大队上一次获男子冰球冠军是1952年在奥斯陆冬季奥运会上。

挪威的高山滑雪运动员克雷蒂尔·安德雷·阿莫特本届连夺两块金牌后，成为奥运会历史上获得高山滑雪奖牌最多的运动员，他在夺得全能金牌三天后，又在超级大回转项目中称雄，使其在参加过的历届冬季奥运会中获得的奖牌总数达到了创纪录的7枚。

澳大利亚短道速滑运动员斯蒂文·布拉德伯里堪称是本届奥运会最幸运的人物之一。已是连续第三次参加冬季奥运会的他以往在奥运会个人项目比赛中的最好名次只是第八名，已经度过了运动生涯巅峰期的他本届参赛原本也只是"重在参与"，但在男子1000米的比赛中，他首先在四分之一决赛和半决赛中接连抓住对手跌倒或者被取消资格的机会意外获胜，闯入了决赛。决赛时，他的好运气仍然在继续。比赛刚一开始，他就处在落后位置上。到比赛进入最后一圈时，他已比其他对手落后了将近半圈。就在这时，处在前边的四名运动员发生了集体碰撞，均退出了竞争。而落在后面的布拉德伯里却因祸得福，成为唯一能完成比赛的选手，终于出人意料地后来居上，获得了金牌。尽管布拉德伯里本人也为这块金牌感到极为庆幸，但他称这是自己从事这一项目艰苦训练十年应得的回报。

挪威的奥勒·埃纳尔·比约恩达伦在冬季两项的所有四个单项中均取得了金牌。在20千米比赛中，他摆脱了射击两次脱靶后的不利局面，首先夺得一金。接着，他在10千米计时赛和12.5千米追逐赛中又连夺两金。最后，他又随挪威队夺得4×7.5千米接力项目的冠军。

芬兰的桑帕·拉尤南也是本届冬季奥运会的明星人物，他夺取了北欧两项的全部三项冠军，成为第一位在一届奥运会中夺得三块北欧两项金牌的运动员。在男子个人赛中，他尽管在15千米越野赛前只名列第三，但很快就收复失地，夺取了首枚金牌。此后，他又随芬兰队夺取了这个项目的团体冠军。而在计时赛中，他又得到了第三枚金牌。

首次参加冬季奥运会的荷兰小将约申·维特哈格初出茅庐便有出色表现，在5000米比赛中，他首先以破世界纪录的成绩夺得一枚金牌。在1500米比赛中，他再次打破了世界纪录，但这一纪录很快又被其他队员打破，他不幸只获得了银牌。最后在1万米比赛中，他又一次打破世界纪录，获得了第二枚金牌。

中国此次共派出了72名运动员参赛。在短道速滑女子500米决赛中，中国队的杨扬击败了保加利亚的叶夫根尼亚·拉达诺娃和队友王春露，夺取了冠军，为中国获得了第一枚冬季奥运会金牌。此后，她又与队友一起获得了女子3000米接力的银牌，并在女子1000米比赛中再夺金牌。而申雪和赵宏博也在欧美选手传统垄断的领域花样滑冰双人滑项目中奋力拼下了一枚铜牌。

本届冬季奥运会花样滑冰双人项目的前两名都获得了金牌，而不是一金一银。比赛结束时，本来排名第二的加拿大搭档加米·萨莱和大卫·佩雷蒂埃抗议裁判员裁决不公。国际滑冰联盟主席奥塔维奥·辛坎塔在与国际奥委会主席雅克·罗格会晤后，于2月14日男子单人自由滑比赛结束时，召集国际滑联理事会开会，决定取消执法不公的法国裁判员的玛丽·雷内·勒古涅的执法资格，并呼吁国际奥委会执委会补发给加拿大选手一枚金牌。国际奥委会执委会随即同意了上述决定，并赞扬国际滑联的高效率工作为有关运动员和尚未参赛的运动员都带来了好处。本届冬季奥运会中首次在花样滑冰的裁判工作中引进了录像重放技术。

本届冬季奥运会后不久，便爆出了盐湖城奥申委贿赂国际奥委会官员的丑闻，一时引起轩然大波。这一事件导致多名国际奥委会官员宣布辞职或被解职，最后才得以平息。

第20届冬季奥运会

2006年 都灵

第20届冬季奥运会于2006年2月10日至2月26日在意大利都灵举行。

在意大利众多举世闻名的古老城镇中，都灵或许是最容易被人忽略的一个，但这一切随着冬季奥运会的来临而改观了。2月10日至26日，都灵冬季奥运会把这座城市的名声再度推向世界。

都灵时间2月10日晚上8点，第20届冬季奥运会开幕式在都灵奥林匹克体育场举行。开幕式的表演"激情在这里燃烧"充分诠释了奥林匹克精神，利用颜色的变幻奉献出各具特色的演出，让人充分感受到激情和能量同在，速度与时尚融汇。

80个国家和地区的2508名运动员参加了本届冬季奥运会，本次大赛共设84个比赛项目。

在本届冬季奥运会中，奥地利选手称雄高山滑雪赛场，他们共夺走了总共30枚奖牌中的14枚。韩国运动员则显示出在短道速滑项目中的强劲实力，在总共24枚短道速滑奖牌中，他们夺走了10枚，其中女子速滑运动员陈善有独得三金，男子运动员安贤洙也夺得三金一铜。来自德国的滑雪运动员米夏埃尔格雷斯在冬季两项的比赛中获得三枚金牌；来自加拿大的女子速滑运动员辛迪克拉森在参加的六个比赛项目中夺得五枚奖牌。来自挪威的滑雪运动员克雷蒂尔安德雷奥莫特成为在同一个项目中夺取四枚奥运奖牌的高山滑雪运动员，也成为第一位在同一个项目中获得四面金牌的高山滑雪运动员。

在越野滑雪女子1.1千米团体竞速赛比赛中，来自加拿大的运动员萨拉伦纳不慎折断了她的滑雪杆，这时，观战的挪威主教练员将自己的滑雪杆借给萨拉使用，最终萨拉帮助加拿大队获得这个项目的银牌，而挪威队则遗憾地与奖牌无缘，但他们在赛场上体现了真正的运动精神。

在男子冰球中，两支北欧传统强队瑞典和芬兰进入决赛，瑞典队在一球落后的情况下成功逆转夺冠。

2月22日结束的女子1500米速滑项目中，加拿大选手辛迪·克拉森获金牌，除这枚金牌外，克拉森在本届冬季奥运会中还获得了另外三枚奖牌：3000米速滑铜牌，1000米速滑银牌和队际追逐赛银牌。加拿大另一位选手克里斯蒂娜·格罗维斯赢得了这个项目的亚军。本届冬季奥运会速滑3000米金牌得主，荷兰名将艾琳·伍斯特获得了本次比赛的铜牌。赛后，伍斯特对克拉森的表现做了简短的评价，伍斯特说："辛

滑雪是一项十分古老的运动，也是人类最早使用器具进行运动的形式之一。

获胜运动员高举鲜花。

会也被挪威超过，就连莱比锡代表德国申办2012年奥运会也是在第一轮投票就出局。都灵冬季奥运会的胜利，终于让德国人找回了自信。这对他们即将在夏天主办的世界杯，也是幸事。

中国代表团在本届冬季奥运会上也取得了较好的成绩，最了不起的突破是韩晓鹏夺得自由式滑雪空中技巧男子金牌，这是中国第一块雪上项目金牌，也是中国男子的第一枚冬季奥运会金牌。长期以来，中国滑雪项目落后，尽管空中技巧项目带有强烈的体操色彩，滑雪所占比重降到较低，但这枚金牌毕竟标志着雪上项目本质的飞跃。与此相映成辉的是，跳台滑雪、单板滑雪这两个雪上项目中古老和时尚的极端代表，也都有了中国选手参赛。

都灵冬季奥运会于2月26日在一片狂欢中落幕。极富想象力的意大利人为全世界的观众奉献出了一个充满激情、狂欢和希望的闭幕式。运动员入场的环节也打上了狂欢的烙印，名为"英雄归来"的运动员入场式打破了以往的定式，不再像往届那样按照国家字母的顺序排列入场，而是打乱了顺序，自由排列。在这一环节首先入场的是各国的旗手，旗手们手挥国旗，尽情挥洒着积蓄已久的激情，在盛装打扮的意大利美女的陪伴下，列队入场。

本届冬季奥运会德国以11金、12银、6铜列奖牌榜第一位；美国居第二位，获得9金、9银、7铜共25枚奖牌；奥地利、俄罗斯分列三、四名。中国以2金4银5铜的成绩列奖牌榜第14位。

迪今天速度惊人。她的成绩非常出色。"

随着赛程进行到最后，金牌榜争夺也愈加激烈。一些国家也开始发起最后的进攻。23日花样滑冰中，俄罗斯名将斯鲁茨卡娅重现四年前出现失误的悲剧，屈居第三。荒川静香获得了日本代表团唯一的一枚金牌。

2月26日是都灵冬季奥运会最后一天，在男子冰球决赛中瑞典队以3∶2击败芬兰队，获得了本届冬季奥运会最后一枚金牌，芬兰队以一分之差屈居亚军。

本届冬季奥运会最大的赢家是德国。在倒数第二天的比赛中，他们又得到了2金2银1铜。这不仅确立了金牌榜的领先优势，还完成了出征都灵前代表团制定的29枚奖牌目标。为德国获得冬季奥运会首金的格莱斯，又在这一天赢得在都灵的第三枚金牌。在过去几年，老牌强国德国的竞技体育出现了严重滑坡，夏季奥运会上被美、中、俄甩在后面，盐湖城冬季奥运

中国人的百年奥运情怀

中国人的三个奥运梦想

1908年，第4届伦敦奥运会后，中国《天津青年》刊登了一篇文章，向国人提出了三个问题：中国何时才能参加奥运会？中国何时才能派出一支胜利的队伍？中国何时才能举办奥运会？

这样迫切的呐喊，在当时亟待变革的中国激起了千层浪，但是，它也加深了中国人心中的痛楚，在那样一个国贫民弱的年代，中国何时才能实现这样的三个梦想？

百年后的今天，我们无法确切知晓百年前的人们面对奥运梦想时的复杂心理，但至少有一点可以肯定：有梦想，就有希望，就有朝着梦想奋进的动力。

在奥林匹克运动的影响和推动下，中国早期体育运动有了发展。1910年10月，中国在南京举办了历史上第一届全国运动会。随后，又发起和参与了远东奥林匹克运动会（后来更名为"远东运动会"），中国因而成为奥林匹克运动在亚洲的先驱。从1913年到1934年，远东运动会共举办了10届，其中有3届在中国上海举行。

中国与奥林匹克运动的初次接触始于1922年。这年4月，中华业余运动联合会成立，在法国巴黎举行的国际奥委会第20届年会上，该会会长王正廷被推举为中国第一位国际奥委会委员(后为终身委员)。这是中国参与现代奥林匹克运动的重要里程碑。

1924年8月，中华全国体育协进会在上海成立，这是中国第一个全国性的体育组织。该会取代了原中华业余运动联合会的职能，又先后加入了田径、游泳、体操、网球、拳击、举重、足球、篮球等八个国际单项体育联合会。中国体育进入了一个新的时期。

1924年，第8届巴黎奥运会上，3名中国网球运动员参加了表演赛。这是中国人首次出现在奥运会的赛

1927年在上海举行的第8届远东运动会。

王正廷（1882—1961年）
中国第一位国际奥委会委员。

场上。

1928年，第9届阿姆斯特丹奥运会上，国际奥委会邀请中国派团参加，但由于条件所限，中华全国体育协进会只派出了体育干事宋如海作为观察员出席而未能参加比赛。

至此，中国人离第一个奥运梦想越来越近了。

1931年，国际奥委会正式承认中华全国体育协进会为"中国奥林匹克委员会"。从此，中国正式成为国际奥林匹克大家庭的一员，实现了中国在奥运会占有一席之地的愿望。

此后，从1932年到1948年，受第二次世界大战的影响和破坏，奥运会只举办了3届，而中国也因此留下了3次充满艰辛和悲壮的奥运之旅。

1932年，中国派出一个由刘长春、沈嗣良、宋君复、刘雪松、申国权、托平六人组成的代表团，但仅有一名运动员，即短跑名将刘长春。由于旅途劳顿，又缺少必要的锻炼，刘长春在100米、200米预赛中均以失败告终。此届奥运会中国虽未获得奖牌，但此次参赛开创了中国参加奥运会比赛的历史，表示着饱受欺凌的中国终于迈上了奥林匹克之路，虽然步履踉跄而艰难。

1936年，中国共派出69名运动员，参加了田径、游泳、举重、拳击、自行车、篮球和足球6个大项的比赛，比起上届，有了很大的进步，但同样由于长途跋涉、条件艰苦，未能获得任何一项奖牌，唯一的收获是中国的武术表演受到了众多国家的欢迎。

随后，1948年中国又参加了第14届伦敦奥运会，和前两次参赛情况一样，中国未能取得任何名次。

至此，当初中国人的奥运梦想，只是实现了第一个。

在这最初的发展历程中我们不能不提到两个人物，他们为中国初期体育事业的发展做出了巨大的贡献。

王正廷（1882—1961年），远东运动会的发起人之一，是中华全国体育协进会名誉会长、第二届董事会常务董事、第三届董事会主席。他在1922年当选为国际奥委会委员，成为中国的第一位国际奥委会委员。从此，中国便与国际奥委会建立了直接联系，这是中国与奥林匹克运动互相认可和接受的标识。

张伯苓（1876—1951年），中国现代体育运动的先驱。1907年，张伯苓先生在南开敬业学堂开学典礼上，向学生介绍了国际奥林匹克运动，并首次发出参加奥运会的倡议，在众多学子中激起了爱国热潮，他成为将奥运引进中国的第一人。随后在1910年，张伯苓联合上海青年会、天津青年会等热心体育人士，在南京共同举办了第一届全国运动会；1912年，他又与天津青年会干事葛瑞、菲律宾体育协会主席布朗等人发起组织远东业余运动协会和远东运动会；1924年5月，中华全国体育协进会正式成立后，张伯苓任名誉会长。1931年，张伯苓等人与国际奥委会积极斡旋，保证中国运动员刘长春顺利地孤身参加第10届洛杉矶奥运会。1936年，在张伯苓、王正廷等人努力下，中国体育代表团参加了柏林奥运会。

20世纪30年代，中国走上了奥运之路，但征途迢迢，中国在慢慢积蓄力量，待时而发。

张伯苓（1876—1951年）
将奥运引进中国的第一人。

奥运赛场，风采毕现

新中国成立后，中国的体育运动有了较快发展，但中国参与奥林匹克运动的历程仍经历了几番波折，甚至还一度中断与国际奥委会的联系。

1949年10月，原中华全国体育协进会改组为中华全国体育总会，声明对外行使中国奥委会的职能，这使得海峡两岸产生了两个不同的奥运组织，台湾因而宣布退出1952年的赫尔辛基奥运会。由于国际奥委会某些人在中国席位问题上有意制造事端，致使中国迟至7月才接到国际奥委会的邀请。待我国派出的由足、篮球队与游泳选手组成的40人代表团到达赫尔辛基时，比赛已近尾声，仅吴传玉一人参加了仰泳比赛。

1956年，国际奥委会继续"在一个国家承认两个国家奥委会"，并规定两个代表团一个使用"台湾中国"，一个使用"北京中国"。为抗议国际奥委会的这种做法，1956年11月6日，中华全国体育总会发表声明，宣布不参加第16届奥运会，以示抗议。1958年，中国中断了与国际奥委会的一切联系。

1956年到1979年的二十年时间内，中国台湾派出选手参加了5届夏季奥运会，并且结束了中国奥运之行空手而归的历史。

20世纪70年代，随着中国在联合国合法席位的恢复，随着中国的快速发展，国际社会逐渐认识到拥有世界上最多人口的中国缺席奥运会，是奥林匹克运动的一项重大损失。经过多方努力，1979年11月26日，国际奥委会在洛桑宣布，经过国际奥委会全体委员通信表决，以62票赞成，17票反对，通过了国际奥委会执委会10月在名古屋做出的"承认中国奥委会为全国性奥委会"的决定。中国体育代表团参加大会时，使用中华人民共和国国歌和国旗；台北的奥委会作为中国的一个地方机构，以"中国台北奥委会"的名称留在国际奥委会内，但必须使用有别于迄今使用的歌曲、旗帜和会徽。至此，国际奥委会同中国的关系才得到了解决。

告别奥运舞台多年后，中国于1984年重返奥运会。

刘长春（1909—1983年）首位参加奥运会的中国运动员。

1984年第23届洛杉矶奥运会上，中国运动员徐海峰为中国夺得男子手枪速射金牌，实现了中国在奥运史上金牌零的突破。在这届奥运会上，中国队共夺得15枚金牌，列金牌总数第4。

至此，中国人的第二个奥运梦想终于实现了！从此以后，在奥运赛场上，中国运动员顽强拼搏的身影构成了一道道美丽的风景，高高飘扬的五星红旗向世界宣示了中国的骄傲。

1988年，第24届汉城奥运会上，中国运动员夺得5枚金牌。1992年，第25届巴塞罗那奥运会上，中国运动员夺得16枚金牌，列金牌总数第4。1996年，第26届亚特兰大奥运会上，中国运动员夺得16枚金牌，列金牌榜第四名。2000年，第27届悉尼奥运会上，中国运动员夺得金牌28枚，列金牌榜第三名。

一次次奥运之旅，一次次辉煌成绩，中国向世界展示了社会的繁荣与稳定，也让世界见证了中国的实力与风采。

中国，离最后一个奥运梦想，越来越近了。

中华全国体育协进会部分董事。前排左起：冯少山、卢炜晶、沈嗣良。后排左起：陈时、张伯苓、王正廷。

2008，欢聚北京，梦圆北京

从20世纪80年代起，奥运赛场上的捷报频传让中国人欣喜不已，可欣喜之余，最让中国人魂牵梦萦的莫过于在中国举办一届奥运会。

在成功地举行了第11届亚运会之后，中国对奥运会的热切期盼开始转化为具体的申奥行动。1991年，北京以"开放的中国盼奥运"为口号，迈出了申办2000年奥运会的步伐。然而遗憾的是，在1993年9月24日国际奥委会第101次全会上，北京以两票之差与第27届奥运会擦肩而过，那是一个让日光也黯淡的时刻。

蒙特卡洛让中国经受了失败的考验，但也让中国积累了宝贵的经验，它让世界看到了改革开放后中国的巨大变化，它向世界展示了中国人民对奥林匹克运动的热诚和期盼。中国对奥林匹克梦的追求依然不变。

经过六年的酝酿，北京在1999年再一次提出申办奥运会。

1999年4月7日，北京申奥代表团来到了国际奥委会总部，递交了北京申办2008年奥运会申请书，提出了"新北京，新奥运"、"人文奥运、绿色奥运、科

1952年，五星红旗首次在奥运村升起。

技奥运"、"以申办促发展，以发展助申办"的申办口号，北京也由此成为世界关注的焦点。

2001年7月7日，北京奥申委代表团前往莫斯科，参加最后的"决战"。

2001年7月13日，萨马兰奇宣布，2008年奥运会将在北京举行。这是一个让全中国沸腾的时刻，是一个让所有中国人永生难忘的日子，奥运圣火将在古老的华夏大地上熊熊燃起，中国人期盼了百年的奥运之梦终于要实现了！

中国有太多的理由让世界对2008年的北京奥运会充满期待：中国是世界上人口最多的国家，中国对发展奥林匹克运动、促进世界和平能做出巨大的贡献；举办奥运会是中国人民的强烈心愿，得到了政府的有力支持，在中国举办奥运会，必将推动奥林匹克精神的广泛传播；改革开放20多年来，中国在社会、经济、文化等各个领域都取得了世人瞩目的成就，中国有能力举办一场"有特色、高水平"的奥运会；中国有五千年的文明，有悠远深厚的文化底蕴，通过奥运会中国会向世界展示兼容并蓄的宽广胸怀、谦和礼貌的公德素养和奋发有为的进取精神……

100年的沧桑、100年的期待，所有的力量都聚集在2008。

2008，欢聚北京，圆梦北京。

中国国家体育场效果图。

北京获得2008年奥运会举办权的消息传来后，北京中华世纪坛顿时成为欢乐的海洋。

展望2012年伦敦奥运会

在自己的国土上角逐比拼之后，2012年中国队将踏上新的征程，体育健儿们将在伦敦的赛场上奋勇争先，去赢得更多的荣誉和胜利。

在奥运的各支参赛队伍中，中国队的实力不容小觑。跳水、乒乓球、羽毛球、体操、射击……这些是很可能在2012年奥运会上成为中国队"金库"的项目。

在雅典奥运会上，中国体操队仅获得一枚金牌，这"与中国体操大国的形象不符"，所以，在体操项目上中国队始终在追求更好的成绩。近两年中，中国体操队在德国和丹麦举行的世锦赛上都取得了不错的成绩。因此，在2012年伦敦奥运会上，相信中国队的金牌数还将节节攀升。

乒乓球一直是中国队的强项，中国队新老队员在国际上都是名列前茅。2004年雅典奥运会上，不到22岁的张怡宁击败朝鲜黑马金香美加冕女单桂冠，包括蔡振华在内的很多人都认为这个北京小姑娘已经成为了中国女乒当仁不让的领军人物。在雅典夺得双金之后，张怡宁一直稳坐女乒的一姐之位；小将郭跃近来的强势表现风头几乎盖过了这位乒坛大姐，很多人看好郭跃，认为她将成为张怡宁之后女乒的新一代领军人物。小小年纪的郭跃能夺得世乒赛的女单冠军，就已经说明她不俗的实力，更何况经历了之前的雪藏风波，这使得郭跃更多了几分成熟，有同龄人少见的

伦敦塔桥。

老成。谁都不能预测郭跃会在2012年书写下如何的篇章。男子乒乓球团队的实力也同样强大，王励勤、王皓、马琳都有实力向鼎冠军奖杯。

中国女排虽然有辉煌的历史，但目前的世界格局中强手如林。中国队要想在2012年伦敦奥运会取得好成绩，必然需要面对艰难的厮杀。女排世界杯硝烟散尽，意大利、巴西和美国女排如愿率先拿到了北京奥运会入场券，她们将是中国女排在奥运赛场上夺冠的最大拦路虎。

羽毛球与乒乓球一样，中国队是夺冠大热门。羽毛球男子单打，中国队的一号主力林丹，被媒体称为"超级丹"，在各项国际大奖赛中都有不错的表现，如果他能正常发挥，是非常有机会夺冠的。

与体操和乒乓球、羽毛球项目的相对高调相比，中国队另有两个非常有优势的项目———跳水和射击。在2004年雅典奥运会上，中国队获得6枚跳水金牌，1枚游泳金牌。三年多过去，中国跳水仍旧处在世界前列，新人在世锦赛等大赛中都获得了良好的锻炼，所欠缺的只是奥运会经验。在2012年奥运会中，如果心理能够调试正常，有望获得好成绩。但中国队在游泳项目上与世界先进水平尚有差距，要夺金难度较大。

由于媒体预测北京奥运首金可能在射击项目上产生，中国射击队近期再次受到人们的高度关注。中国射击队在北京奥运会上的目标，还是立足于发挥自己的正常水平。对于2012年伦敦奥运会，中国射击队目前还没有明确的目标，他们所能做的就是努力争取更好的成绩。

中国队的传统强项举重将在2008年北京奥运会首先开战，中国队有把握在这一项目上取得奖牌。对于2012年伦敦奥运会，举重项目将是新秀、老将同时对奖牌发起冲击，力争取得进一步突破。

田径原本不是中国队的强项，但在飞人刘翔打破世界纪录后，这一项目成为中国队夺金的新热门。2012年中国能否在田径项目上赢得更好的成绩，我们拭目以待。

伦敦钟塔。

参考文献

1、冯成平、韩欣主编：《看奥运》， 北京：人民出版社，2008年1月。

2、西门文化编著：《提前看奥运》，北京：中央文献出版社，2007年4月。

3、余蓉晖著：《奥林匹克运动》，湖南：湘潭大学出版社，2007年。

4、陈立基著：《论奥林匹克运动发展观》，北京：北京体育大学出版社，2007年。

5、（法）瓦诺耶克著：《奥林匹克运动会的起源及古希腊罗马的体育运动》，徐家顺译，天津：百花文艺出版社，2006年。

6、张先德著：《顾拜旦》，北京：中国少年儿童出版社，2006年8月。

7、（俄）阿特列斯金、瓦·利·施泰因巴赫著：《奥运图像》，王春雨、左凤荣译，山东：山东画报出版社，2005年11月。

8、任海主编：《奥林匹克运动读本》，北京：人民体育出版社，2005年8月。

9、华远路主编：《奥运百科》，郑州：海燕出版社，2005年6月第2版。

10、中国人民大学人文奥运研究中心撰稿：《奥林匹克知识市民读本》，北京：北京出版社，2005年5月。

11、赵长杰主编：《奥林匹克进展——从雅典到雅典》，北京：北京体育大学出版社，2004年11月。

12、黄亚玲编著：《奥运传奇》，郑州：大象出版社，2004年7月。

13、时文忠、胡利民主编：《奥林匹克精神与文化教育丛书》，河南：河南人民出版社，2003年。

14、（西）胡安·安东尼奥·萨马兰奇著：《奥林匹克回忆》，孟宪臣译，北京：世界知识出版社，2003年。

15、韩志芳著：《点燃圣火——现代奥运之父顾拜旦》，四川：四川文艺出版社，2002年1月。

16、任海主编：《奥林匹克运动百科全书》，北京：中国大百科全书出版社，2001年7月。

17、詹汝琮等译：《奥林匹克理想》，北京：奥林匹克出版社，1993年9月。

18、尤惠励编著：《奥运精粹一百年》，新加坡：民生国际有限公司。

鸣　谢：

国际奥林匹克委员会

中国奥林匹克委员会

第29届奥林匹克运动会组织委员会

北京奥林匹克文化促进会

顾拜旦研究会

北京体育大学奥林匹克文献信息中心

雅昌企业（集团）有限公司

北京西门文化发展有限责任公司